Der Große Begleicher

Bernd (bejot) Jacobs

Der Große Begleicher

NeoLit aus dem Neanderthal

Bibliografische Information der Deutschen Nationalbibliothek
Die Deutsche Nationalbibliothek verzeichnet diese Publikation in der Deutschen Nationalbibliografie; detaillierte bibliografische Daten sind im Internet über http://dnb.d-nb.de abrufbar.

© 2008 Bernd (bejot) Jacobs
Satz, Umschlaggestaltung, Herstellung und Verlag: Books on Demand GmbH, Norderstedt
ISBN 978-3-8370-4782-0

Vorwort

Im Januar 1990 brachte ich diesen Roman, allerdings unter einem anderen Namen, zum erstenmal heraus. Der Untertitel jedenfalls lautete »Eine Zukunft aus Deutschland«, wobei der Wortlaut schon signalisiert, dass dies weit jenseits nationalistischer Gefühle liegen sollte. -

Das Konzept dieser möglichen Geschichte war zu jener Zeit bereits fünf Jahre alt. Ich wollte damals einmal abklopfen, wie sich im Zuge der Raketennachrüstung im Rahmen des NATO-Doppelbeschlusses eine eventuelle deutsche »Wiedervereinigung« gestalten könnte; auch mit militärischer Gewalt. -

Der Zusammenbruch des Ostblocks zwang mich, das gesamte Konzept zu überdenken.

Die Zeitläufe heute - gegen Ende des 1. Jahrzehnts des 21. Jahrhunderts - zeigen mir, dass ich das Gerüst der Rahmenhandlung in der Tat nur ganz wenig ändern musste, denn die menschlichen Aktionen und Reaktionen der Antagonisten sind allgemein gültig; sie sind zeitlos . . .

In diesem Zusammenhang: Als mich mein Sohn 1990 fragte, ob ich mir jemals nochmal einen Krieg - sagen wir - zwischen Dänemark und Deutschland vorstellen könnte, sagte ich im Brustton der Überzeugung »Nein!«

Nach dem Balkan-Debakel, den Kaukasus-Episoden, nach Afghanistan, dem qualvollen Sterben des Urkontinents der menschlichen Zivilisation, Afrika, war ich mir nicht mehr so ganz sicher.

Heute, nach dem 3. Golfkrieg weiß ich es besser . . .

Zum Schluss: Sollen Sie in diesem Roman Parallelen zu heutigen Begriffen, Gegebenheiten, Entdeckungen, Neuerungen, zu heutigem Geschehen erkennen; lassen Sie sich nicht irritieren. Der Roman ist - nachweislich - vor mehr als zwanzig Jahren entstanden.

Das Wispern der Märznacht schleicht um das Hochhaus, dringt ein in den Hauseingang, vorbei an dem dösenden Posten mit der rotglühenden Zigarette im Mund, erweitert sich im Treppenhaus zu einem gellenden Schrei. Der Mann im Hauseingang zuckt jäh hoch, reißt die Zigarette aus dem Mund, die funkenstiebend auf den Boden fällt, und greift zu seiner Waffe. Hellwach nun lauscht er ins Haus hinein, und ist beruhigt als er feststellt, daß der Schrei aus dem Inneren des Hauses kommt. Der Mann in der erdfarbenen Uniform der O-Truppen hantiert an einem Scheinwerfer; und der Vorplatz des Hochhauses ist in helles Licht getaucht.

Und wieder das Stöhnen und Schreien aus dem Hause, vermischt mit einzelnen Hilferufen. Auf einigen Korridoren des Hochhauses – die nach außen hin offen sind – irrlichtern Kerzenschein und Taschenlampen-Strahlen, verdichten sich irgendwo an einer Stelle im 4. Stockwerk, und wanken langsam dem dunklen Schacht des Treppenhauses zu. Der Posten und sein inzwischen aufgewachter Kamerad sehen lauernd und angespannt ins dunkle Treppenhaus hinauf, an dessen Wände von oben herab die Leuchtflecken der Lichter herabträufeln. Sie sehen nicht die sieben Gestalten, die sich in ihrem Rücken ans Haus heranschleichen, und hinter den dichten Latschenkiefern neben dem Hauseingang verstecken.

Nun war der Zug aus dem Treppenhaus unten angekommen. Eine Schar von Männern, Frauen und Kindern steht vor den Läufen der Waffen, die ihnen die beiden Soldaten entgegenhalten. Die Schar drängt sich um zwei Frauen, die eine Dritte fest untergehakt haben. An der Wölbung ihres Leibes unter dem Morgenmantel ist zu erkennen, daß diese Frau kurz vor der Niederkunft steht.

»Stop«, ruft der eine Soldat, der andere ruft: »Ruhe! Was ist hier los?«

»Das sehen sie doch selbst. Die muß ins Krankenhaus«, sagt eine Frau, circa 55 Jahre alt, mit ihren mausgrauen Augen über den Brillenrand den Soldaten fixierend und auf die Schwangere deutend.

»Ja, natürlich. Krankenhaus, Krankenwagen«, tönt es nun durcheinander; und die Menge rückt fast unmerklich gegen die Soldaten vor, die ebenfalls unmerklich und unbewußt ganz langsam zurückweichen.

»Ich muss mit meinem Kommandeur telefonieren. Treten sie zurück«, sagt nun der eine Soldat, während der andere seine Waffe quer nimmt, und vor der Menge wie mit einem Besenstiel herumfuchtelt, doch wenig Wirkung erzielt.

Die Schwangere schreit nun wieder laut auf, die anderen stöhnen und schreien ebenfalls, so daß der Soldat ziemlich nervös das Funkgerät bedient. Dann sagt er: »Ruhig, Leute. Ein Sanitätswagen kommt. Geht wieder in eure Wohnungen.«

Dies beeindruckte aber niemanden, im Gegenteil: Menschen jammern und schreien, Kinder laufen über den Vorplatz des Hochhauses, was die Posten in der Nacht eigentlich mit allen Mitteln verhindern sollten. Mütter und Väter setzen ihren Kindern nach, um sie wieder einzufangen. Dazu wurden nun auch andere Bewohner des Hochhauses laut; und es wäre bestimmt Schlimmes passiert, wenn nicht gerade der Krankenwagen gekommen wäre.

Der Krankenwagen hält mitten im Lichtkegel des Scheinwerfers, die Menschenmenge wankt auf ihn zu, umrundet von den nervösen Posten die ihre Befehle bellen, aber einsehen müssen, dass es nichts nutzt. Und beim Einladen der schwangeren Frau in den Sanitätswagen bemerkt auch keiner von ihnen, wie sieben Gestalten aus den Koniferen herausspringen, und lässig – mit anderen Personen – durch den freien Eingang des Hochhauses ins Innere gehen. Nur die Frau mit den mausgrauen Augen schaut auf die verstreute Gruppe, und ein ungewisses Grinsen umspielt ihre Wangenknochen.

[]

Arnold Becde steht am Fenster der kleinen Wohnung im 9. Stock des Hochhauses und sieht in die aufgehende Sonne.

»Willst du Kaffee oder Tee?« fragt eine Stimme aus dem Nebenraum. Die Stimme gehört seinem Vater Ulrich, mit dem Arnold Becde schon seit Jahren in dieser kleinen Wohnung zusammenlebt, und zwar seit Arnolds Mutter ihrem Leiden erlegen, und in einer Heil-und Pflegeanstalt untergebracht ist.

»Gib mir Kaffee. Hast du was zum Essen?« fragt Arnold den Mann, der nickend – mit einem Tablett in der Hand – hereinkommt.

8

Arnold wendet sich von dem seltsam leuchtenden Gebilde am östlichen Himmel ab, welches immer noch die Sonne – im astronomischen Sinne: gelblicher Zwerg, vierter Größe – ist.

- Die radioaktive Strahlung von Nuklearexplosionen hatte die Atmosphäre in diesem Landstrich ionisiert. Auch infolge dessen erschien die Form der Sonne eher einem Rugbyball; und die Farben des Himmelsgestirns waren unnatürlich und erschreckend. Erst, wenn die Sonne sich in ihrem Scheitelpunkt bewegte, erschien sie den Menschen als halbwegs normal. -

»Setz dich, Arnold. Iss und trink. Ich habe schon gegessen«, sagt der alte Becde, stellt das Tablett ab, und schlurft zurück in den Nebenraum. Während Arnold den Kaffee – es ist echter! – schlürft, beobachtet er die Rauchwolken, die immer noch aus dem nächtlichen Einsatzgebiet aufsteigen, hört und sieht er die gepanzerten Hubschrauber der O-Truppen, die um dieses Gebiet kreisen. Er sieht vor der Sonnenscheibe am Horizont deutlich eine schwarze Wolke, deren Pilzform sich langsam auflöst. Irgendwo in der Nähe von Iserlohn oder Brilon muss wieder eine Rakete niedergegangen sein. Arnold denkt mit Bedauern daran, dass darin wieder Tausende Menschen in einer radioaktiven Wolke aufgelöst gegen den Himmel gequalzt sind, und als öliger, schwarzer Regen wieder zurückkommen werden – denn es ist Krieg. Und Arnold ist voller Genugtuung, dass seine Gruppe heute nacht vier Panzer und drei Hubschrauber zerstört hat. Er ist sehr froh darüber, dass von den vier Männern und zwei Frauen seiner Gruppe alle heil und unversehrt nach Hause kamen.

»Vater, meinst du, die Giminus hätte heute morgen etwas gemerkt?« fragt Arnold.

»Natürlich. Die hat doch die Schau mit dem Abtransport der Tochter von der Frau Kaltz inszeniert. Und ich sage dir jetzt schon: Beim nächstenmal muss was anderes gemacht werden, damit die Gruppe noch während der Sperrstunde ins Haus kommt.«

Arnold kannte das Problem unbemerkt zu bleiben sehr gut. Am Unbemerktesten blieb man immer noch in den Häusern selbst, denn den Partisanen bot sich draußen kein schützender Dschungel, der Dschungel waren eben die Behausungen. Dies wurde damals auch bei der Umordnung der Bundeswehr in eine Miliz-und Partisanenarmee berücksichtigt. Jedes, in den letzten neun Jahren erbaute neue Gebäude, und auch ältere Häuser bekamen Geheimräume als Versteck für Menschen und Waffen. Großzügig gab der Staat dafür Zuschüsse in Geld, welches er bei der Abschaffung seines großen, mechanisierten stehenden Heeres mehr als genug einsparte.

»Geh ins Bett und versuche zu schlafen«, sagt der Alte, »ich halte Telefonwache und passe aufs Radio auf. Der Code für heute ist doch 3108?«

Arnold nickt, fragt, ob Wasser da ist, und geht ins Badezimmer.

Der alte Becde stellt das Radio an. Da die beiden Männer gewiss nicht den Regionalsender der Besatzungstruppen hören, hat Ulrich Mühe, seine Welle zu empfangen. Durch die Ionisation der Atmosphäre ist der Funkverkehr total durcheinander. Doch dank der Technik der programmierbaren Frequenzwahl bis in den Gigahertz-Bereich und der digitalen Signalübertragung gelang es fast immer, die Störungen zu überwinden. Ebenfalls half bei der Nachrichtenübermittlung der Partisanentruppe die Tatsache, dass die Republik in den letzten Jahren total verkabelt worden war. Es gab für gute Nachrichtentechniker – und auf die beste Ausbildung derselben legte die Heimatarmee in der Vergangenheit größten Wert – unendlich viele Möglichkeiten und Wege, auch am Gegner vorbei, Nachrichten zu senden und zu empfangen.

So sitzt also der alte Becde vor dem Empfänger, schreibt geduldig Zahlen um Zahlen aufs Papier, raucht, und trinkt den nun stark verdünnten Kaffee.

[]

Stadtdirektor Laumann, Amtsvorsteher der Kleinstadt Luppesrath, einer Gemeinde im Rechtsrheinischen, sitzt im Wohnzimmer seines kleinen Eigentums am Tannenweg. Er nippt an der Kaffeetasse, die ihm seine Tochter hingestellt hat, und blickt in das unnatürliche, schaurige Rot des Sonnenaufgangs, welches die kahlen Büsche und die Latten des Jägerzauns draußen am Gehweg umwabert. Er muß gleich in den Dienst, oder, wie es seit Dezember vergangenen Jahres hieß: auf die Ortskommandantur.

Die Besatzungstruppen taten alles, um ein möglichst ziviles Leben in den besetzten Gebieten zu gewähren; deswegen hatten die Zivilverwaltungen gewisse Freiräume, so sie sich loyal verhielten.

Alfred Laumann denkt an den vergangenen Dezember, als die O-Truppen angriffen, und blitzschnell bis zum Rhein vorstießen. Der Übergang über den Strom gelang den O-Truppen allerdings nicht, weil die O-Marine es nicht schaffte, vom Kanal durch die Niederlande und Belgien eine Zangenbewegung durchzuführen, um linksrheinisch einen Brückenkopf zu errichten

»Else, sei vorsichtig, wenn du heute aus dem Hause gehst«, sagt Laumann zu seiner Tochter, »die Terries waren heute nacht unterwegs, und es muß irgendwo mächtig gekracht haben.«

»Keine Sorge«, sagt Else: »Ich versuche, gegen Mittag etwas einzukaufen, und... – ach ja – Frau Altenbeeke von nebenan hat angerufen, ob ich heute nachmittag mal rüberkommen wolle.«

Laumann nickt, erhebt sich, fährt in den Mantel den ihm die junge Frau bereit hält, und ergreift seine Aktentasche. Er öffnet die Haustür, tritt hinaus in das Licht der aufgehenden Sonne, spürt den Wind, der aus Richtung Osten weht und merkt, daß es nach Brand riecht. Der Geruch dieses Brandes allerdings ist ein anderer als der, den er früher als Feuerwehrmann roch, wenn sie einen Gebäudebrand löschten. Laumann war, als wenn dieser Brodem direkt von der Sonne käme, Millionen Kilometer von einem Wind durchs Weltall getrieben, einem Wind, der der Lebenshülle des bewohnten Planeten feindlich ist.

Langsam geht er die Steigung zur Hauptstraße hinauf, an den beiden Hochhäusern vorbei, vorbei auch an den grün-grauen Ungetümen von Panzerwagen der O-Truppen. Die Besatzungen der Ungetüme halten sich immer im Inneren der Kampfwagen auf, auch die Einstiegsluken bleiben geschlossen. Daß er aber trotzdem beobachtet wird erkennt er an den sich langsam drehenden Periskopen auf den Panzertürmen. Sehr wenige Posten auf den Straßen; und wenn, dann nur in ABC-Schutzanzügen. Noch weniger Zivilisten auf der Straße unterwegs; dafür aber umso mehr Hubschrauber in der Luft. ‚Ja, die Terries haben heute nacht zugeschlagen, das erstemal nach der Besetzung‘, denkt Alfred Laumann; und er weiß, daß die relativ ruhigen Tage für die kleine Stadt vorüber sind. -

Gewißheit hat er, als er seine Amtsräume betritt, und seine Sekretärin ihn schreckensbleich anblickt.

»Was ist, Frau Wachenrod. Warum schauen sie mich so merkwürdig an?« fragt er, als die Frau ihm beim Ablegen des Mantels behilflich ist.

»Sie möchten sofort zum Standortkommandanten kommen«, sagt Frau Wachenrod: »Krämer und Terbold sind schon drüben.«

Laumann zündet sich eine Zigarre an, und zwar eine der dunklen und schweren Sorte, die er bis auf zwei Dutzend noch in Besitz hat, und die es nun nicht mehr geben wird. Er weiß genau, daß die Situation nun da ist, und daß die Situation den Einsatz eines dieser seltenen Stücke rechtfertigt.-

Er tritt zur Tür, die von zwei Posten flankiert wird. Die Männer kennen ihn und salutieren. Laumann nickt dankend, klopft an und tritt ein. An einem Tisch sitzt ein Offizier der O-Truppen, neben ihm sitzen noch zwei andere Soldaten.

Kämmer, der Ordnungsamtsleiter, und Terbold, der Erste Beigeordnete stehen verloren in einer Raumecke, drehen verlegen ihre Hände, und Laumann weiß: Die psychologische Kriegsführung hat ebenfalls begonnen.

»Ah, lieber Herr Laumann«, tönt nun der Offizier, während er aufsteht und Laumann entgegen geht: »Kommen sie. Setzen sie sich.«

Er zeigt dabei auf einen Stuhl am Tisch, den Laumann nun heranzieht; dabei schaut er auf die Männer in der Zimmerecke, macht sie mit einer auffordernden Handbewegung auf andere Stühle im Raume aufmerksam, und fordert sie auf, sich ebenfalls an den Tisch zu setzen.

Der Offizier duldet dies räuspernd, setzt sich gerade, veranlaßt, Herrn Laumann einen Aschenbescher zu geben, und fängt an zu reden:

»Heute nacht haben verbrecherische Elemente einen kriminellen Anschlag gegen unsere Streitmacht begangen. Sie überfielen im Schutze der Dunkelheit die ahnungslosen Soldaten, schossen wahllos mit Maschinenpistolen um sich, und feuerten einige Raketen ab. Zum Glück kam von unseren Soldaten niemand ums Leben, es wurden lediglich nur drei Soldaten mittelschwer verletzt, sowie ein Panzerkampfwagen beschädigt. Wir sehen dies als einen feindlichen Akt an, und werden gemäß Kriegsrecht antworten. Wir erwarten die Mitarbeit von Ihnen, um diese Verbrecher zu stellen und abzuurteilen. Jeder, der von Personen weiß, die sich verbrecherisch gegen unsere Streitkräfte stellen, ist unter Strafe aufgefordert, diese Personen zu melden. Es wird eine Bekanntmachung von der Kommandantur erstellt, und im gesamten Stadtgebiet verteilt.«

So sprach der Offizier, und seine Adjutanten schrieben und nickten eifrig, während Alfred Laumann vorsichtig und sparsam an seiner Zigarre sog.

Diese Situation, in der er sich nun befand, war vorprogrammiert und erschreckte ihn nicht. Ebenso vorprogrammiert spult sich seine Gegenrede ab:

»Verehrter Herr Major. Wie ich gerade von ihnen hörte, haben heute Nacht die regulären Truppen der Bundesrepublik Deutschland einen nach der Haager Landkriegsordnung zulässigen Angriff auf ihre widerrechtlich im Lande befindlichen Truppen ausgeführt. Wie sie selbst sehr genau wissen, hat die Regierung der Bundesrepublik Deutschland in keiner Weise kapituliert, und diese Regierung ist gewillt, den bewaffneten Kampf mit Hilfe ihrer regulären Truppen gegen ihre Besatzungsmacht fortzuführen. Es stimmt also in keiner Weise, die bewaffneten regulären Streitkräfte der Bundesrepublik Deutschland als ‚verbrecherische Elemente‘ zu bezeichnen. Wie sie, verehrter Herr Major, selbst wissen, haben die Milizstreitkräfte, auch »Terries« genannt, den Kombattanten-Status, der von der U N O einstimmig – auch von ihrer damaligen Regierung, Herr Major! – anerkannt wurde. Die Streitkräfte der Bundesrepublik Deutschland kämpfen mit zugelassenen Kriegswaffen, und sind während der Kampfhandlung auch als Kombattanten gekennzeichnet, wie es die Haager Landkriegsordnung von 1907 vorschreibt. Sie unterliegen also deswegen eindeutig der Genfer Konvention. Daß die regulären Streitkräfte der Bundesrepublik Deutschland nur n a c h t s kämpfen, ist ihnen nach den taktischen Bedingungen nicht zu verwehren und nicht als besondere böswillige Heimtücke zu unterstellen, wie sie zu sagen beliebten.«

Nun nickten und schrieben Kämmer und Terbold eifrig.

Der Major spricht zu einem seiner Adjutanten in einer fremden Sprache, und beide Soldaten verlassen mit ihren Unterlagen den Raum.

»Herr Stadtdirektor Laumann. Veranlassen sie bitte, daß ihre Herren dafür sorgen, daß so schnell wie möglich die Bekanntmachung unter die

Bevölkerung gelangt. Ich möchte mit ihnen unter vier Augen reden«, so der Offizier.

Laumann bittet Kämmer und Terbold, die Anweisungen der Adjutanten des Majors auszuführen; die beiden verlassen den Raum.

Der Major tritt ans Fenster, öffnet es, so daß der Lärm der Hubschrauber in der Luft zu hören ist. Laumann sieht durch die noch winterkahlen Bäume den Himmel, der eine dunkelviolette Wolke in Zungenform aufweist. Der Ursprung dieser zungenförmigen Wolke stammt aus einem senkrechten, dunklen Wolkenbaum, der, von der Sonne angestrahlt, in einem gespenstischen, irisierenden Licht leuchtet. Der Major zeigt auf die Wolke und sagt: »Das waren ihre Leute.«

Dabei geht es Laumann schmerzhaft auf, daß der Mann in doppeltem Sinne recht hat: Die Nuklearladung war von den W-Truppen mit einer Rakete herübergeschleudert worden; und in dieser Wolke befinden sich Tausende von Menschenleibern, in Moleküle und Atome aufgelöst, die nun langsam herabregnen.-

Der Major verschließt das Fenster, setzt sich, sieht Laumann an und sagt: »Es wäre besser, wenn die Terries den Kampf nicht aufnähmen. Wir haben keinen Grund, Nuklearraketen auf ihr Land zu schießen. Deswegen, Herr Laumann, bitte ich sie, alles zu unternehmen, daß sich derartige Aktionen der Partisanen nicht wiederholen.«

»Wie ihnen bekannt, Herr Major, habe ich einen Eid auf die Verfassung geschworen. Ich sehe mich außerstande, unseren regulären Truppen in den Rücken zu fallen«, sagt Laumann »und wie sie wohl besser wissen, kann ich, selbst wenn ich wollte, keine Namen nennen.«

»Ja, ja! Ich weiß«, schreit der Offizier, springt auf, und schlägt durch die Luft: »Die neue Strategie des Bundesheeres! Überrollen lassen und dann von hinten zurückrollen. – Unser Generalstab hat im Entfernten nicht damit gerechnet, daß die Miliz tatsächlich aktiv wird. Daß E U N A T Raketen herüberschickt, hatten wir einkalkuliert. Daß die Bevölkerung Widerstand leistet, nicht. Ja, daß sie dazu überhaupt in der Lage sein könnte. Also, Herr Laumann, was sollen wir tun, um Deutschland zu retten. Sie wissen ja, daß ich selbst aus einer deutschen Stadt stamme.«

»Ziehen Sie wieder ab, Herr Major.«

»Nein, Herr Laumann. Ich kann nicht.«

»Und i c h kann ihnen die Namen der Freiheitskämpfer nicht nennen; und i c h kann die Nuklearraketen nicht aufhalten«, sagt Laumann.

»Laumann. Ich kann mir nicht vorstellen, daß es keine Daten, keine Listen, keine Unterlagen über die Terries gibt.«

»Sehen sie beim Kreiswehrersatzamt nach«, sagt Laumann.

»Quatsch! Das haben wir längst ausgehoben«, sagt der Major, »da gibt es nur Listen von Personen, in denen vermerkt ist, wann und wo sie ihren Wehrdienst abgerissen haben. Da bei euch die Frauen auch wehrpflichtig sind, umfassen diese Listen ungefähr 60 % der Bevölkerung. Das haben eure verdammt klug hinbekommen.- Sie stehen da übrigens auch drin, Herr Laumann.«

»Herr Major. Ich kann ihnen wirklich nicht helfen. Ihr Geheimer Dienst ist mit Sicherheit informierter als ich«, bemerkt Laumann.

Die Kaumuskeln im Gesicht des Offiziers zucken: ‚Der Geheimdienst weiß nur, daß er nichts weiß. Er weiß nicht mehr als wir - die Militärs – und die verantwortlichen Zivilisten im besetzten Gebiet‘ -

Laumann zieht, nachdem er vom Major aus dem Gespräch entlassen worden war kräftig an seinem Zigarrenstummel; aber nur noch kalter, schaler Hauch streicht ohne Biß um seine Zunge – die Glut war erloschen.

[]

Else Laumann geht die paar Schritte zu Frau Altenbeekes Haus ohne Schirm und Mantel. Es hatte inzwischen zu regnen begonnen, und die Sonne war längst hinter dicken, schwarzen Regenwolken verschwunden.

Der Regen schien genauso zu sein, wie er seit Jahrmillionen die Erde wässerte. Doch etwas war in ihm, was unnatürlich, unheimlich war, wenn davon abgesehen wird, daß sich in den Tropfen Asche- und Staubteilchen von gewaltigen Höhenwolken befinden. Sowas hatte es freilich früher bei großen Vulkanausbrüchen und Sandstürmen ebenfalls gegeben. Doch dieser Regen war verseucht mit etwas, was der Mensch ihm in seiner Unreife dazugegeben hatte.

Else klopft bei Altenbeekes an die Haustür, weil die Klingel nicht funktionierte: der Strom war wieder mal ausgefallen.-

Christa Altenbeeke, eine Frau von über 50 Jahren, macht auf. Die Leibesfülle Frau Altenbeekes, dies sah Else, ist in der letzten Zeit merklich zurückgegangen.

,Na, wenigsten hat diese Zeit Frau Altenbeeke etwas Gutes beschert', denkt Else Laumann.

»Hallo, komm ,rein Kind«, sagt Frau Altenbeeke, faßt Else an die Hand und führt sie in ein geräumiges Zimmer, um dessen Tisch in der Mitte sich noch weitere Frauen befinden.

In einer Ecke des Zimmers steht ein Ofen, aus dem prasselnder Feuerschein hervorzuckt. Auf dem Herd deckelt geräuschvoll ein Topf Wasser, der auch kräftige Dampfwolken ausspeit.

- Je länger das Wasser kocht, um so weniger Radioaktivität bleibt im Wasser zurück, wurde den Leuten erklärt, was barer Unsinn war.-

Else wird von Frau Spatz, einer Mittfünfzigerin, begrüßt, sowie von Frau Giminus, einer Frau mit verschlagenem Blick.

»Setz dich, Else. Hier, ein Stück Kuchen. Der Kaffee ist auch bald fertig. Was macht dein Vater?« fragt die Altenbeeke.

»Vater ist bis jetzt noch nicht zu Hause«, sagt Else.

»Kein Wunder. Schaut euch das mal an. Die werden dem alten Laumann ganz schön auf der Kommandantur eingeheizt haben.«

Frau Spatz sagt es, und hält einen Zettel hoch, auf dem zu lesen ist:

Befehl

1)
Ab sofort wird die Ausgangssperre um drei Stunden verlängert. Sie beginnt ab sofort nun am Abend um 20:00 Uhr, und endet am Morgen um 7:00 Uhr. Jeder, der sich unbefugt während der Ausgangssperre im Freien befindet, wird als Feind betrachtet und ohne Warnung erschossen.
2)
Alle Geheimverstecke von Nahrungsmitteln, Waffen, Kleidung, u.s.w. der sogenannten Territorialen Verteidigungsmiliz der Wehrkräfte der

Bundesrepublik müssen der Kommandantur gemeldet werden. Zuwiderhandlungen werden standrechtlich bestraft; in schweren Fällen mit dem Tode.

3)

Es ist bekannt, daß unter der Bevölkerung leitende Köpfe von Verbrecherbanden hausen, die sich »Terrorist« nennen. Ferner ist bekannt, daß diese Elemente mit Funkgeräten Kontakt zum Feinde herstellen. Jeder ist angehalten, diese Personen zu benennen und den Besitz dieser Funkgeräte zu melden. Zuwiderhandlungen werden ebenfalls nach dem Standrecht abgeurteilt.

Luppesrath, im März 199. Der Ortskommandant:

Demlow Major

Alle schauen schweigend auf den bedruckten Zettel. Else Laumann nimmt einen Schluck Kaffee, schüttelt den Kopf und sagt: »Daß sie die Territorialarmee als »Terroristen« bezeichnet ist das Schlimmste an der Sache. Die Leute sollen aufgehetzt werden, damit sie sich gegen die eigene Miliz stellen. Das können sie mit mir aber nicht machen.«

»Wie meinst du das, Else?« erregt sich die Altenbeeke: »Soll ich mit ansehen, wie die unser Häuschen umkrempeln, und unsere Gärten umgraben? Wie die unser Haus kaputt machen, für das wir ein Leben lang geschuftet, und uns selbst kaputt gemacht haben? Nee, da geh ich doch lieber zur Kommandantur und sag denen, was Sache ist.«

Die Spatz und die Giminus pflichten der Frau bei, so daß Else irritiert meint: »Ihr alle habt den Eid nach dem Wehrdienst auf die Verfassung geschworen. du, Christa, hast vom Staat Geld dafür bekommen, weil du auf deinem Grundstück ein Depot bauen ließest. Es gibt keinerlei Unterlagen über diese Depotbauten, damit keiner im Kriegsfalle – wie jetzt! – unter Druck gesetzt werden kann. Von den Depots haben die Terries Kenntnis, und sonst keiner. Und wenn jemand in den nächsten Tagen... nein, unmittelbar jetzt!... in seinen Garten schaut, Christa, sag nicht ‚Guten Tag‘ oder ‚Geh weg‘, sondern schau du lieber weg.«

Else hatte sich vom Stuhl erhoben, und klammert sich mit den Händen an die Stuhllehne, wobei ihr Blick nach draußen geht; und sie sieht, wie

17

Arnold Becde am Eckpfahl des Gartenzauns steht, und in den Garten von Altenbeekes hineinschaut.

Gerade kommt auch Herr Laumann den Weg herunter, erwidert den Gruß des jungen Manns, und wechselt mit ihm ein paar Worte.

»Vater ist da. Ich muß nach Hause«, ruft Else, verabschiedet sich kurz und verläßt abrupt das Haus.

[]

– Nun ist es doch an der Zeit, den Leser darüber aufzuklären, von welchem Krieg hier die Rede ist. Es ist ein Krieg, der noch nicht stattgefunden hat, und auch nicht stattfinden dürfte. Trotzdem würde dieser Krieg, falls er d o c h geführt werden sollte, die Welt – insgesamt – retten.

Der Schlagabtausch der Hegemonialmächte im Militärischen ist überfällig; und das Areal des Schlagabtauschs ist schon lange vorherbestimmt: Es ist Deutschland, also die Mitte Europas.

Die Tragik Deutschlands ist, daß es erst seinen Nationalstaat entdeckte, als die Machtverhältnisse in der Welt zu Beginn der technischen Revolution längst abgeklärt waren.

Das Unheil Deutschlands war besiegelt, als die Vereinigten Staaten von Nordamerika den Ersten Weltkrieg durch ihren Kriegseintritt sehr zu Ungunsten des deutschen Nationalstaates entschieden, wobei eine der Hauptursachen des Eintritts der USA in den Ersten Weltkrieg die enormen Schulden der Alliierten bei amerikanischen Banken und Lieferanten waren, die durch den Sieg der Mittelmächte verloren gewesen wären, wie es ein Senatsbeschluß der Regierung der U S A aus dem Jahre 1917 offen und ehrlich darlegte.

Wenn die U S A nicht in diesen Krieg eingetreten wären, hätten sich die europäischen Länder sehr wohl arrangiert. Jedenfalls wäre keines der beteiligten Völker total besiegt worden.

In Europa hätten sich Machtverhältnisse herausgebildet, die einerseits die sowjetische Revolution gebremst hätten; andererseits wäre aber auch das deutsche Kaiserreich klein gehalten worden. Es hätte nicht die Revanchegelüste der Deutschen gegeben, die auch zu dem 2. Weltkrieg geführt

18

haben mit der Folge, daß die deutsche Nation verschwand, und in dieses Vakuum die erstarkende Kontinental-Supermacht ideologisch, politisch und militärisch eindrang.

Die Nordamerikaner befanden sich gegenüber dieser Hegemonial- und Kontinentalmacht in Europa auf einem Brückenkopf, der im Falle eines Konfliktes schwer zu halten wäre. Sie rüsteten ihre Truppen und die der Verbündeten mit Nuklear- und Chemowaffen aus. Diese Waffensysteme und deren Dislokation waren so konzipiert, daß unweigerlich die Besorgnis und Angst der Kontinentalmacht geweckt wurde. Diese Waffensysteme würden also im Konfliktfalle das Feuer des Angreifers auf sich ziehen.

Der Bundesrepublik gelang es, sich aus dem Verteidigungsbündnis des Westens zu lösen. Sie erklärte sich neutral, und schloß mit jedem Anrainerstaat einen Nichtangriffsvertrag und einen Beistandspakt ab. Die Bundesrepublik stellte ihr Heer um, es wurde eine sogenannte »Territorial-Verteidigung« konzipiert, die ein Milizheer umfaßte. Die Frauen mußten selbstverständlich ebenfalls Wehrdienst leisten. Es wurden gewaltige geheime Material- und Waffendepots konventioneller Art angelegt. Durch Vereinbarungen innerhalb der Weltorganisation wurde der Territorial-Armee der Bundesrepublik der Kombattantenstatus insofern zugesprochen, daß auch nach einer eventuellen Besetzung des Territoriums durch kriegsführende Mächte die Miliz Krieg – also Partisanenkrieg – führen durfte. Als die Umstellung der Bundeswehr soweit fortgeschritten war, zogen die damaligen Siegermächte USA, Großbritannien und Frankreich – die auch gleichfalls Signatarmächte bei der Gründung der Weltorganisation waren – ihre Truppen ab, und nahmen ihre Nuklearraketen mit, freilich nicht allzuweit; diese wurden nämlich in einem Falle am Abhang der Vogesen und auf dem Hochland von Langrès stationiert.

Die gefährlichste Bedrohung des Landes in einem Konfliktfalle waren jedoch die Atom-U-Boote der Hegemonialmächte, die sich im Atlantik, im Mittelmeer und in der Nordsee tummelten.

Die Kontinentalmacht erkannte schnell, daß die strategische Lage für sie nun keinesfalls besser geworden war. Es war, wie die Politiker dieser Macht glaubten, ein Vakuum in Mitteleuropa entstanden, das es auszufüllen galt. Denn keinesfalls war die andere, ozeanische Hegemonialmacht aus Europa gewichen, nein, sie baute ihre militärische Macht in anderen europäischen Ländern verstärkt aus, und wartete nun darauf, daß die kontinentale Hegemonialmacht in das freigeräumte Niemandsland stieß, stoßen mußte; denn trotz – oder gerade wegen – einschneidender Änderungen im politischen System der kontinentalen Supermacht gewann der militante Islam in Asien, und ein Gespenst – was längst totgewähnt: der Nationalismus – an Boden und Zustimmung. Die Expansion aus Nahost und dem indischen Subkontinent konnte nur in eine Richtung erfolgen: nach Norden. – Um der Kontinentalmacht ihre Ausweichrichtung anzudeuten, wurde in Ostasien ein wenig nachgeholfen; denn diese Richtung hieß Westen. –

So ließ sich die Kontinentalmacht willig in die Richtung des geringsten Widerstands drängen; zumal nichts ein vom heimlichen Bürgerkrieg zerfaserndes Reich mehr einigt, als ein nach außen getragener Krieg. -

Beim schnellen Vormarsch der O-Truppen brach selbstverständlich n i c h t der 3. Weltkrieg aus, der alles vernichtende Overkill. Denn – was zum Teufel – sollen Nuklearraketen auf Moskau, Minsk, Kiew, St.Petersburg, wenn die Panzer der O-Truppen so schnell wie nur möglich das Territorium der Bundesrepublik unter die Ketten nahm. Nuklearraketen auf diese vordringenden Truppen waren eben taktisch wirkungsvoller; und der Generalstab der O-Truppen hatte auch nicht die geringste Veranlassung, sein eigenes Nuklearpotential einzusetzen, denn die Verteidigungskonzeption der Territorialverteidigung der Bundespublik war bekannt; und mit atomaren Gegenschlägen war sowieso zu rechnen. Es würde also viel Mühe kosten, die eigenen Truppen durch verseuchtes Gebiet zu führen.

Da die zu besetzenden Gebiete weitgehend beherrschbar und bewohnbar bleiben sollten, griffen die O-Truppen mit konventionellen Waffen an. Die zu dieser Zeit noch neutralen Staaten Europas gaben ihre Neutralität auf – nicht zuletzt auch wegen ihrer Vertragsverpflichtungen –, und griffen zu Gunsten der Bundesrepublik, also des Westens, ein. Währenddessen standen die unterentwickelten Völker der Dritten- und Vierten Welt fassungslos und beobachteten, wie sich die Industrienationen der nördlichen Hemisphäre anschickten, sich gegenseitig zu vernichten, und in die Steinzeit zurück zu bomben. -

»Du mußt über Nacht bei uns bleiben, Arnold«, sagt Else Laumann, und ihr Vater nickt.

»Oh, verdammt! Ich habe die Ausgangssperre vergessen. Trotzdem versuche ich es doch noch. Ich frage meinen Vater, ob die Luft rein ist.«

Arnold zieht ein kleines Kästchen aus der Tasche, nestelt aus der anderen Tasche zwei dünne Drähte, sucht die nächste elektrische Steckdose, und steckt diese beiden Drähte – nachdem er sie an dem Kästchen befestigt hatte – in die Steckdose hinein.

Er macht sich die Tatsache zunutze, daß über ein öffentliches Energieversorgungsnetz alle stromabnehmenden Punkte, also alle Häuser, alle Räume, und natürlich auch alle Steckdosen miteinander verbunden sind. Umspanntransformatoren mit ihren galvanischen Leitungstrennungen sind im Zeitalter der Hochfrequenztechnik kein Hindernis mehr für Signale, die über die elektrischen Netze laufen.

Arnold spricht leise auf das Kästchen ein: »Abe an Ube. Frequenzkontrolle! Abe an Ube. Frequenzkontrolle!«

»Ube an Abe. Frequenzkontrolle in Ordnung. Komme wie vereinbart.«

Arnold stellt etwas am Kästchen ein, es pfeift und summt aus dem Gerät. Dann ein paar Sekunden nichts. Wieder eine neue Einstellung an dem Gerät; und nun klingt, leise zwar, aber dennoch deutlich, auch für die beiden Laumanns hörbar, eine bekannte Stimme aus dem Gerät: »Bitte kommen. ‚Sag mir, wo die Blumen sind‘.«

Lächelnd beugt sich Arnold vor und sagt: »Sie sind genau bei 3108.«

»Richtig«, tönt die bekannte Stimme – Arnolds Vater: »Was ist Arnold?«

»Vater, ich komme heute abend um viertel nach Zehn nachhause. Will den Kanal an der Westseite benutzen. Sieh zu, daß unser Kellerfenster offen ist. Und lege mir Hausschuhe und einen Kittel in den Keller, damit ich ohne Schwierigkeiten am Posten im Treppenhaus vorbeikomme. Ende.«

»Habe verstanden. Melde um 21:30 Uhr Vollzug. Ende.«

Sorgfältig verpackt Arnold sein Gerät wieder, und setzt sich zu Laumanns an den Tisch. Nun war Laumann endgültig klar, was er vermutet hatte: Arnold Becde war der Ko Offizier für diesen Wohnbezirk. -

Ko-Offizier war die Abkürzung für Koordinationsoffizier. Es waren die Soldaten oder Soldatinnen, welche in einem genau abgegrenzten Wohnbezirk über die Untergrundkämpfer das Kommando hatten. Dieser Bezirk umfaßte in der Regel 1000 Menschen, mit circa 300 aktiven Kämpfern. Der Ko-Offizier war im Idealfall in seinem Kommandobezirk aufgewachsen, und kannte somit jede Örtlichkeit, und fast jeden Menschen. Er kannte vor allem alle Waffen- und Materialdepots in seinem Gebiet, sowie alle Codezahlen für die Nachrichtenübermittlung; und über diesen Nachrichtenstrang stand er als einziger in seinem Bezirk mit dem Verteidigungsministerium der Exilregierung in Verbindung, und mit den Einsatzzentralen der W-Truppen.

Wenn es notwendig war, konnte er mit den Stäben von EUNAT genauso direkt in Verbindung treten, wie mit dem Atombomber, der gerade die Britischen Inseln überflog; dem Jagdflugzeug, welches linksrheinisch gerade zweifache Schallgeschwindigkeit zu einem Blitzangriff auf die rechtsrheinischen Stellungen der O-Truppen aufnahm, oder dem Atom-Unterseeboot der »Südfuß«-Klasse, welches mit dreißig Atomraketen bestückt, im Golf von Biskaya in über 500 Meter Wassertiefe auf den Einsatz wartet.

Der Ko-Offizier hatte nichts Schriftliches bei sich, oder in seiner Wohnung. Alles, was er wissen mußte hatte er im Gedächtnis. Er bestimmte, wen er in dieselben Kenntnisse einweihte, und dieser gab sich gegenüber den Anderen nie zu erkennen. Niemals zogen der Ko-Offizier und sein Stellvertreter zusammen ins Gefecht. Der Ko-Offizier hatte die vollständige Gewalt über die Menschen in seinem Bezirk, auch die Gewalt über Leben und Tod; so, wie sein Gegenspieler, der Stadtkommandant der O-Truppen.

Daß Arnold nun dem alten Laumann durch seine Aktion zu verstehen gab, welch eine Position er einnimmt hatte noch einen anderen Zweck: Er wollte den Mann schonend darauf hinweisen, daß Else seine Stellvertreterin war. -

[]

Drei Menschen sitzen am Tisch. Draußen ist es stürmisch, der Wind rüttelt an den Rolladen vor den Fenstern. Die Straßenbeleuchtung ist erloschen, Verdunkelung. Alfred Laumann, der Stadtdirektor, zieht an seiner Zigarre.

Else nippt Wein aus dem Glas, und Arnold schaut auf die Uhr. Laumann durchbricht das Schweigen: »Meinen sie, Arnold, daß es zweckmäßig ist, den Kampf aufzunehmen? Wie ich gehört habe, sind allein auf bundesdeutschem Gebiet seit Dezember vergangenen Jahres mindestens zwölf nukleare Sprengsätze gezündet worden. Der letzte vorige Nacht in der Nähe von Brilon.«

»Doch. Ich glaube, es ist notwendig. Wenn wir nicht aktiv werden, werden die W-Truppen uns mit der hundertfachen Menge eindecken. Denn sie haben Angst vor der Frühjahrsoffensive der O-Truppen über den Rhein. Wenn wir hier militärische Erfolge erzielen, haben wir ein Alibi und einen Erfolgsnachweis, der uns davor verschont, von denen zerblasen und zugepflastert zu werden. Ich behaupte sogar, daß es um so weniger Atomraketen auf uns gibt, je aktiver wir werden.«

Alfred Laumann senkt den Kopf, er wußte, daß der Jüngere recht hatte. -

»Was meint ihr, was ich heute auf der Kommandantur alles erlebt habe«, sagt Laumann: »Der Demlow will Haus für Haus durchsuchen lassen. Bei jenen, wo er etwas findet, will er das Wissen über die Struktur der Miliz aus ihren ,Därmen pressen'. Er will das Trinkwasser für die Bevölkerung vergiften lassen, damit er diese – willenlos gemacht durch Nervengifte – leichter kontrollieren kann. Als ich ihm erklärte, daß seine Soldaten ebenfalls auf das Trinkwasser angewiesen seien, so wie die Bevölkerung, ließ er davon ab. Alle Männer will er internieren. Dies hätte auch keinen Zweck, erkläre ich ihm; die Frauen machen dann weiter. Jeden zehnten Mann erschießen will er in Erwägung ziehen. Keinen Zweck, sagte ich, die Überlebenden machen um so erbitterter weiter.«

Else nickt und sagt: »Ja. Das wird wohl so sein. Doch es gibt auch welche, die ihre Ruhe haben wollen, die nicht mitmachen wollen. Besonders ärgere ich mich über die früheren Kommunistenfresser, die auf Pump bei der Allgemeinheit sich ihr Häuschen gebaut haben, und sich dann als Baron Rothschild fühlten. Jetzt zittern sie um ihr Eigentum und haben Angst, daß eine Neutronenrakete ihr Häuschen ankratzt.«

»Else, denke dran«, sagt Laumann: »Wir haben auch ein Eigenheim, und ich möchte so lange wie möglich in diesem Hause wohnen, auch, wenn

Mutter ihre letzten Tage vor ihrem Tod darin verbracht hat. Schöne Zeiten hatten wir hier. Und wenn ich mich richtig besinne, wohnt die Familie, die du meinst, garnicht so weit von uns entfernt.« Laumann nimmt seine Zigarre wieder in den Mund und zieht heftig daran.

Else nickt abermals und erklärt, daß sie in Zukunft viel weniger auf Besuch gehen will.-

»So, ich bin müde«, sagt Alfred Laumann, »ich gehe ins Bett. Hoffentlich haben wir heute Nacht etwas Ruhe. Else, du weckst mich morgen nicht, ich stehe allein auf. Und, ihr beiden: Keine Dummheiten, wenn ich bitten darf«, scherzt er, macht eine Verbeugung zu Arnold, und geht leise die Treppe ins Obergeschoß hoch.

»Willst du wirklich nicht bleiben? Denke an die Gefahr«, sagt Else.

»Nein«, meint Arnold, und legt seine große, nervige Hand ganz leicht an Elses rechte Kopfseite. Das Mädchen reibt sich daran, und kuschelt sich in die Handhöhle.

»Ich muß nachhause. Vater spielt mal wieder verrückt. Er hat in der letzten Zeit wieder zuviel getrunken, und ist auch sonst ziemlich nervös. Wenn es um die Abwicklung von Aufträgen geht, ist er zuverlässig wie ein Uhrwerk. Wenn er aber nichts zu tun hat, und außerdem noch allein ist, wird es gefährlich. Dann bringt er es fertig, und holt sich einen Soldaten von dem Posten vor dem Hochhaus, nur, um etwas zu quatschen.«

»Dein Vater, Arnold, hat viel mitgemacht mit deiner Mutter. Erst später, als alles nach dem Zusammenbruch deiner Mutter so richtig herauskam, haben sich einige hier sehr geschämt. Mein Vater auch.«

»Ja, dein Vater, Else. Seine Schuld war wohl sehr gering. Als diese Hyänenweiber deinem Vater die Amtsstubentür einrannten, mußte er wohl handeln, sozusagen von Amts wegen.«

»Stimmt. Und als meine Mutter um jene Zeit an Krebs starb, dachte Vater tatsächlich, dies sei eine Strafe des Himmels. Du weißt ja, daß mein Vater sehr religiös ist.«

»Ich weiß«, sagt Arnold, und zieht die junge Frau näher zu sich, »aber die Rechnung, die mein Vater mit Laumann hatte, ist ausgeglichen. Ich glaube aber, daß die Rechnungen mit den Hyänenweibern offen bleiben werden, und das wäre verflucht ungerecht.«

24

Er schaut auf die Uhr, zieht hastig das bewußte Kästchen aus der Tasche, steckt Teile zusammen, sucht eine Steckdose in der Nähe. Als er die Anschlußdrähte einsteckt, glimmt auch schon eine winzige Leuchtdiode auf. Kontakt!-

»... trolle! Ube an Abe. Frequenzkontrolle!«

Nachdem Arnold die Frequenz dekodiert hatte, kam sein Vater klar und deutlich: »Melde dich doch gefälligst! Ich rufe seit zehn Minuten schon ununterbrochen an. Ich habe alles vorbereitet. Es ist sehr unruhig draußen. Im Nachbarsektor wird es mit Sicherheit heute nacht einen Angriff geben. Es knallt dauernd dort drüben. Die Posten vor dem Haus achten nur auf das Geknalle und auf das Feuerwerk. Der Kanaldeckel ist frei. Sei trotzdem vorsichtig. – Du kommst gut rüber. Bist du hier irgendwo in der Nähe? Ende.«

»Ja, Alter. Ich komme zur vereinbarten Zeit. Ende«

»Wieviel Zeit hast du noch?« fragt Else.

»Noch ungefähr fünfzehn Minuten.«

»Das ist sehr wenig«, sagt Else, und Arnold nickt.

»Was anderes, Else. Übernächste Nacht will ich die Stellung am Plögers Steinbruch angreifen. Übernimmst du das Kommando?« Sie nickt.

»Gut«, redet er weiter: »Am Steinbruch stehen circa zwölf Panzerwagen. Gleich daneben stehen drei schwere, gepanzerte Hubschrauber. Die Stellung ist ziemlich stark bewacht. Geht also nicht zu nahe heran. Ihr könnt das Depot im alten Eisenbahnstollen zum Bruch hin benutzen. Dann möchte ich, daß Frau Altenbeeke und Frau Spatz mitgehen.«

Else zuckt hoch, als sie die beiden Namen hört: »Denk dran, die Beiden sind nicht mehr die Jüngsten.«

»Ich weiß«, sagt Arnold: »Deswegen sollen sie ja auch zu Anfang eingesetzt werden. Die O-Truppen haben sich noch nicht auf die neue Lage eingestellt. Wenn die mal erst wach geworden sind, können die Älteren sowieso nicht schnell genug laufen. Dann sind wir Jungen eben dran; und wir werden die Hasen in diesem Jägerspiel sein. – Ich komme morgen abend wieder, und dann besprechen wir alles weitere. Und morgen übernachte ich bei euch, ja?«

»Sehr gerne«, sagt Else, gibt Arnold einen Kuß auf die Stirn, und führt ihn zur Tür.

Draußen regnet es noch immer. Gedämpft knattert entfernt Gewehrfeuer. Ein Hubschrauber ist in der Luft; irgendwo am nächtlichen Himmel zieht er seine Kreise in der Schwärze, die ab und zu von den Perlenketten der Leuchtspurgeschosse zerrissen wird.

Arnold macht einen Satz über den Gartenzaun, duckt sich, verschmilzt mit der Dunkelheit der Nacht. Es fällt ihm nicht schwer, den Eingangsschacht des Straßenkanals zu erreichen. Er schlüpft hinein, zieht den Deckel in die alte Stellung, und tastet sich gebückt vorwärts. Ihn stört schon, daß es regnet, denn er wird beträchtlich naß, weil der Kanal viel Wasser führt. Aber so überwindet er die kritischen hundertfünfzig Meter bis zum Ausschlupf vor seinem Kellerfenster.

Nun sieht er über sich durch die Öffnungen im Kanaldeckel die gläserne Fassade des Hochhauses, in der sich – wer weiß, woher – irisierende Lichter spiegeln. Er war angekommen, und klettert an den Steigeisen im Schacht empor. Ein kleiner Spiegel, durch die Öffnung im Kanaldeckel geschoben, zeigt ihm, daß kein Posten in der Nähe ist. Er sieht sogar die gähnend dunkle Öffnung des Kellerfensters, durch das er einschlüpfen muß.

Vorsichtig stemmt er den Kanaldeckel zur Seite, klettert geschwind heraus, und springt, nachdem er den Deckel wieder an die alte Stelle gerückt hatte, zum offenen Kellerfenster. Als er hindurch ist, schließt er das Fenster; er war zuhause.-

Schnell zieht er seine Stiefel aus, und legt seinen Parka ebenfalls ab. Ein Blick an sich herab läßt ihn feststellen, daß die Hosenbeine beim Durchwaten des Kanals sehr naß geworden sind. Er zieht sich den Kittel an, den sein Vater hingelegt hatte und schlüpft in die Hausschuhe. Wenn er so durchs Treppenhaus nach oben ginge, würden die Posten Verdacht schöpfen. Also nimmt er eine Flasche Bier aus dem Kasten, öffnet mit den Zähnen den Verschluß, nimmt einen kräftigen Schluck, und gießt einen Teil des Biers über die nassen Hosenbeine. Er versteckt seine Stiefel und den Parka, verläßt mit der Bierflasche den Keller, schließt ab, und macht sich auf den Weg nach oben.

Die Posten oben in Paterre hören das Latschen der Hausschuhe auf der Kellertreppe – sie hatten sich wegen des Regens hinter die gläserne Eingangstür verzogen. Sie schauen interessiert und wachsam nach unten, neugierig, wer da noch zu so später Stunde aus dem Keller kommt. Als sie Arnold sehen, der gekonnt die Stufen hinaufwankt, stößt der eine seinen Kameraden in die Seite und sagt: »Nu gugge mal, Pfotr. Nu brad m' r eener 'n Schdorsch! Da gommt doch so äner 'n Gäller nauf, un had s' ch dä Bandoffeln vollgeschifft. -Wo willst' n du hin, äh?«

Arnold brabbelt »Öh, öh«, rülpst ausdauernd, daß die Bierfahne den beiden Soldaten auch kräftig um die Nase weht, zeigt nach oben, sagt »Hm – hkks – Neunten«, und macht sich daran, langsam die Haustreppe zu erklimmen.

»Nu horje mal. Du gannz mi' m Fahrschuhl fohrn. Schdrom is da«, sagt der eine Soldat, drückt auf den Knopf des Aufzugs, der auch sofort kommt. Die Tür öffnet sich, Arnold stolpert hinein, drückt auf einen Knopf, salutiert wankend und blöd lachend den Soldaten, bis die sich schließende Fahrstuhltür der Posse ein Ende macht.

Aufatmend lehnt sich Arnold an die Fahrstuhlwand, zählt träge die Stockwerke auf der Leuchtknopf-Leiste, bis der Aufzug mit einem sanften Ruck hält. Ein paar Schritte, und er steht vor seiner Wohnungstür. Durch den Spion in der Tür schimmert ein winziger Lichtstrahl – sein Vater wartet. Er klopft leise, stellt sich so, daß sein Gesicht genau vor der Linse des Glaskörpers ist. Die Tür öffnet sich vorsichtig, ein Männergesicht erscheint, der Mann sagt: »Endlich bist du da. Komm herein, Arnold.«

[]

Am anderen Morgen geht Arnold zum Hause der Altenbeekes. Dieses Haus befindet sich in der Nähe der Laumannschen Behausung. Er klingelt. Aus dem Türtelefon tönt eine weibliche Stimme: »Wer ist da?«

»Hier ist Arnold Becde. Guten Morgen, Frau Altenbeeke. Ich möchte sie besuchen, und mit ihnen etwas bereden«, so Arnold, und vernimmt sodann einen leisen Aufschrei, der in noch leiseres Jammern und Stöhnen übergeht.

»Aber, aber... Ich bin noch garnicht angezogen! Und außerdem bin ich krank, sehr krank. Ich glaube nicht, daß Ihr Besuch mir helfen wird«, sagt nun die Altenbeeke in totaler Konfusion.

»Gut«, sagt Arnold: »Ich komme in ungefähr einer Stunde wieder. Auf Wiederhören.«

Er dreht sich um, und geht zwei Häuser weiter, und klingelt bei Familie Spatz. Frau Spatz öffnet die Tür, sie hatte Arnold kommen gesehen. Arnold begrüßt Frau Spatz, erkundigt sich nach Gatte und Tochter. – Herr Spatz sei in der Firma, und die Tochter bei ihrer Beschäftigung im Krankenhaus.

Nachdem Arnold Platz genommen hatte, eröffnete er das eigentliche Gespräch damit, daß er ein kleines, dünnes Papierröllchen aus der Tasche nimmt, dieses langsam abrollt, bis ein Papierstreifen von acht mal zwei Zentimeter zum Vorschein kommt. Frau Spatz wurde unterdessen sehr nervös, als Arnold sie bat, mit ihm an eine Lampe zu treten. Dort hält er das dünne Papier so vors Licht, daß Frau Spatz das Wasserzeichen – unter anderem auch das Bundesemblem – erkennt. Kein Zweifel: Dieser Mann neben ihr war legitimiert. -

Arnold wird dienstlich: »Frau Spatz. Mein Name ist Arnold Becde. Sie sind Frau Gina Spatz. Ihre letzte Wehrübung war am 12. September 199.. Nach dieser Wehrübung haben sie wiederholt mündlich und schriftlich gelobt, der Bundesrepublik Deutschland im Verteidigungsfalle mit all Ihren Kräften zu dienen. Ich stelle fest: Der Verteidigungsfall ist nun eingetreten. – Ich bin befugt, getreu ihrem Versprechen, ihre Hilfe in Anspruch zu nehmen.«

Während Arnold noch redete, hatte die Spatz ihm das Stückchen Papier zurückgegeben, welches er nun zusammenrollt.

»Aber, aber...«, stammelt Frau Spatz: »Ich hätte doch nie daran gedacht, daß so etwas kommt, und... und... ich bin auch nicht mehr die Jüngste!« Sie schreit plötzlich in einem Ausbruch von Angst und Verzweiflung: »Aber, nehmt doch die Jüngeren! Ja, nehmt doch die Jungen. Was sollen wir da draußen, wir Alten.«

»Also soll ich ihre Tocher einberufen?« fragt Arnold kalt, so daß die Frau zusammenzuckt, und sich wie eine geprügelter Hund windet.

»Bitte, setzen sie sich«, sagt sie: »Was muß ich tun?«

»Im Moment nichts, als daß im Laufe des Tages Else Laumann zu ihnen kommt«, meint Arnold: »Else wird ihnen dann alles Weitere mitteilen. Ich erwarte, daß sie die Anweisungen von Frau Laumann befolgen.«

Danach jedoch wird Arnold wieder zivil und sagt: »Sehen sie Frau Spatz. Wir sind erst am Anfang des Widerstands. Jetzt müssen die Männer und Frauen in ihrem Alter antreten. Wenn die O-Truppen sich gesammelt, und auf den Widerstand eingestellt haben, könnt ihr Älteren nichts mehr bestellen.«

Frau Spatz fragt: »Ist es überhaupt sinnvoll, den Kampf aufzunehmen?«

Arnold nickt, und erklärt ihr dasselbe, was er dem alten Laumann gestern gesagt hatte.

»Nehmen sie ihren Vater auch mit?« fragt Frau Spatz.

»Bei diesem Einsatz bin ich mit meinem Vater nicht zusammen«, schüttelt Arnold den Kopf, und bemerkt leicht die tiefere Ausdehnung dieser Frage.

»Herr Becde, gestatten sie mir eine halb persönliche Frage?«

»Bitte«, sagt Arnold.

»Hat ihr Vater noch was gegen mich? Na, Sie wissen; wegen früher.«

»Frau Spatz. Was mein Vater über sie und andere Leute denkt, weiß ich im Allgemeinen nicht. Eines kann ich ihnen aber versichern: Gegen sie als Soldatin habe ich nichts. Und wenn ich sie zum Einsatz hole, sind sie für mich nur eine im Guerilla-Krieg ausgebildete Kämpferin. Irgendwelche Angstgefühle vor irgendeiner Rache sollte ihren Einsatzwillen nicht stören; sie würden andere Leute gefährden.«

Frau Spatz schaut Arnold erleichtert, aber auch etwas ängstlich an. Daß Arnold ihre Frage soweit ausschöpfte ließ sie erkennen, daß der junge Mann sehr wohl weiter dachte, und bereit war, weiter zu gehen.

»Schauen sie, Frau Spatz«, sagt Arnold: »Mein Vater hat alles überlebt, und er hat uns Beide – meinen Bruder und mich – groß bekommen. Meine Mutter war unheilbar krank, dies können sie getrost aus Ihren Schuldüberlegungen streichen. Und daß Mutter in einer Heil-und Pflegeanstalt enden würde war voraus zu sehen, auch von meinem Vater. I h r e Schuld war, dem schwer gezeichneten Mann ohne Not und mit vollem Wissen zusätzlich Schwierigkeiten gemacht zu haben. So, nun muß ich weiter. Else Laumann wird sich um sie kümmern. Und nun: Glück und Sieg für Recht und Freiheit, Frau Spatz!«

Nach dieser vorgeschriebenen Formel verläßt Arnold die Wohnung der Spatz, und geht zum Hause der Altenbeekes. Er klingelt. Am Türtelefon wieder die Stimme von Frau Altenbeeke. Arnold meldet sich und bittet um Einlaß. Im Flur steht Frau Altenbeeke, weinend und zitternd im Morgenmantel.

»Sie sehen doch, ich bin krank. Eben war Dr. Nickelsen bei mir; er hat mich krank geschrieben, und ich muß liegen«, überfällt sie Arnold mit einer Wortkaskade.

»Beruhigen sie sich«, sagt Arnold: »Mit kranken Kämpferinnen können wir nichts anfangen. Aber die Bescheinigung von Dr. Nickelsen hätte ich doch gerne gesehen.«

Christa Altenbeeke reicht Arnold einen Zettel, auf dem zwar der Arztstempel zu erkennen war, aber das übrige Handschriftliche nicht.

»Ist gut, Frau Altenbeeke. Sie haben sieben Tage Ruhe. Danach komme ich nochmal vorbei.«

Auf der Treppe aus dem Obergeschoß erscheint Herr Altenbeeke, und fängt an zu schimpfen: »Christa. Was will der Kerl eigentlich? Hauen sie bloß ab. Kann man denn noch nicht einmal ruhig schlafen, wenn man Nachtschicht gehabt hat? Was wollen ausgerechnet s i e bei uns? Christa, hast du den gerufen?«

Arnold Becde mustert den schimpfenden Mann aufmerksam und kühl, und beschloß, sich nicht zu legitimieren. Er geht langsam zur Tür, macht eine angedeutete Verbeugung zu den Beiden, die sich nun fest aneinanderklammern, und tritt hinaus.

»Weißt du, was der wollte?« fragt Herr Altenbeeke.

»Nein«, sagt sie; doch alle beiden wußten, daß dieser Mann etwas von ihnen forderte, was sie ihm nicht ohne Konsequenzen verweigern durften. -

Aus einer Telefonzelle ruft Arnold Dr. Nickelsen an. Er läßt sich mit dem Arzt persönlich verbinden.

»Hier Becde. Guten Morgen, Herr Doktor. Ich hätte eine Frage betreffs Frau Christa Altenbeeke. Mir liegt ein Attest vor, in dem sie bescheinigen, daß Frau Christa Altenbeeke krank ist. An was leidet Frau Altenbeeke, bitte?«

Am anderen Ende der Leitung hört Arnold ein empörtes Schnaufen; und nun poltert die Stimme los: »Wer sind sie überhaupt? Das geht sie wohl einen Dreck an! Und jetzt belästigen sie mich nicht mehr, und lassen ihre dummen Fragen.«

Arnold merkte, daß er einen Fehler begangen hatte und sagt: »Okay. Ich komme dann eben selbst vorbei«; und dann knallte der Arzt auch schon den Hörer auf.

Arnold macht sich auf den Weg, und gerät in eine Militärkontrolle. Die Soldaten fragen nur nach der Kennkarte der Militärbehörde, dann kann Arnold weitergehen. Beim Arzt in der Praxis wurde er zunächst mal von diesem angefaucht, was er sich überhaupt unterstehe. Dann, als Arnold seine Legitimation zeigte, sagt der Arzt zur Schwester, die im Nebenraum herumhantiert: »Schwester Anneliese. Im Moment brauche ich sie nicht mehr. Ich werde Sie wieder rufen. Danke schön.«

Die Schwester, Anneliese genannt, kommt aus dem Raum hervor, wirft Arnold einen finsteren Blick zu und verschwindet.

»Herr Doktor Nickelsen«, sagt nun Arnold: »Ich wollte heute morgen Frau Christa Altenbeeke ausheben. Diese gab mir ein Attest, auf dem sie Frau Altenbeeke krank, und somit auch wehrunfähig geschrieben haben. Ich habe den Verdacht, daß Frau Altenbeeke sich vor dem Einsatz drücken will. Sie brauchen mir nicht zu sagen, w a s Frau Altenbeeke hat; allerdings müssen sie mir bestätigen, ob die Diagnose der Dienstunfähigkeit richtig ist.«

Dr. Nickelsen nickt, und sagt: »Ja, sie ist tatsächlich krank und dienstunfähig, Herr Becde. Und durch ihr Erscheinen, Herr Oberleutnant, hat sich meine Diagnose bestätigt. Frau Christa Altenbeeke hat mächtig Schiß; schlicht und einfach gesagt: Sie hat Angst. War mal etwas zwischen ihr und ihrer Familie, Herr Becde?«

Arnold nickt und erzählt kurz dem Arzt die Geschichte. Doktor Nickelsen sagt: »Ich an ihrer Stelle würde mit der Aushebung dieser Frau vorsichtig sein. Sie bringt es fertig, und vergeigt ihnen einen Einsatz.«

»Angst haben wir alle«, sagt Arnold, »nur: ich brauche die Altenbeekes noch aus anderen Gründen. Und deswegen bin ich auch zu ihnen gekommen, Doktor Nickelsen.«

Der Mann versteht und nickt: »Der Zugang zum Depot wird ihnen bekannt sein«, meint Doktor Nickelsen, nestelt an seinem Schlüsselbund herum, und reicht Arnold einen kleinen Schlüssel: »Die Kondensatorgeschosse sind am Ladegerät, und die Thermodecken sind in der Kühlbatterie.«

»In Ordnung«, sagt Arnold: »Und sie brauche ich für den Einsatz nächste Nacht auch, weil eine Kämpferin fehlt. Machen sie bitte heute Mittag bei Frau Else Laumann, Tannenweg neunzehn einen Krankenbesuch. Frau Laumann wird ihnen dann alles Weitere mitteilen.«

Der Arzt nickt, mit blassem Gesicht, reicht Arnold die Hand, und sagt laut: »Und kommen sie nächste Woche wieder zu mir.«

[]

Am Abend geht Arnold schon früh zu Laumanns.

- Vorher hatte er seinen Vater zum geheimen Depot am Plöger-Steinbruch gebracht. Sie wurden nicht behelligt, weil der Zugang zum Depot – ein alter Eisenbahnstollen – sehr gut versteckt und getarnt liegt. Der alte Becde ließ sich in den Stollen einschließen. Seine Aufgabe war es, über Nacht die Bestände des Depots zu überprüfen, damit sie für den Einsatz in der nächsten Nacht in Ordnung sind. -

Else empfängt Arnold mit den Worten: »Schön, daß du da bist. Vater ist noch nicht zu Hause. Er hat gerade angerufen, daß er später kommt. Er wird von den Leuten der Kommandantura wegen der Ausgangssperre nachhause gebracht.«

Arnold schließt die Tür, und zieht Else an sich.

»Nein, nein«, entwindet sie sich lachend: »Noch nicht. Heute abend haben wir Zeit genug.«

Sie setzen sich, Else schenkt Kaffee ein, reicht Arnold etwas Gebäck herüber.

»Doktor Nickelsen war da. Er ist bereit, und hat auch schon seine Vertretung geregelt«, sagt Else.

Arnold nickt und meint: »Stoffels, Möhrke und Klüsenhaus sind morgen Abend am Appellplatz. Ihr seid dann zu sechst, Else. Meinst du, daß ihr das schafft?«

Else, etwas zweifelnd: »Ich glaube, doch. Wie ist es, wenn die Übermacht zu groß ist?«

»Sofort Rückzug! Wir können keinen entbehren«, so Arnold.

Else atmet erleichtert auf. Sie als Frau, hätte unmöglich Befehle zur Selbstvernichtung geben können; die weibliche Natur zeigt in diesem Verhalten eine Vernunft, die dem Manne fremd ist. Befehle zur Vernichtung anderen Lebens? Oh ja! Das konnte sie; das hatte man ihr bei der Ausbildung eingeschliffen. Und das war der Preis, den die Frauen bei ihrer Ausbildung zu Kämpferinnen bezahlten, daß die Atomraketen vom Territorium Deutschlands verschwanden. Es war der höchste, eigentlich einzig in Frage kommende Preis, der nun eingelöst werden mußte, trotzdem deutlich zu erkennen war, daß dieser Preis faktisch keinen Wert mehr hatte. -

Draußen vor dem Hause nähern sich Schritte, die vor der Haustür halt machen. Ein Schlüssel dreht sich im Schloß, und die Türe öffnet sich. Laumann tritt ein, dreht sich nochmals nach draußen hin zu den beiden Soldaten der O-Truppen, die nun salutieren, was Laumann mit einem »Schönen Dank, meine Herren!« beantwortet. Einige Schneeflocken glitzern auf seinem schwarzen Hut, den Else ihm nun abnimmt.

»Ah, guten Abend, Arnold«, begrüßt Laumann den jungen Mann: »Gibt es was Neues in der Welt?«, fragt er, und deutet auf den Fernseher, der gerade die Nachrichtensendung der Militärregierung zeigt. Endlose Verordnungen werden von einem streng blickenden uniformierten Ansager verlesen, bis Arnold »Ihr erlaubt?« sagt, und den Stecker fürs Kabelfernsehen hinten an der Rückwand löst, und die Bedienknöpfe des Geräts betätigt.

Weißer Schnee flimmert nun über die Mattscheibe. Arnold schließt an die Antennenbuchse des Fernsehgeräts sein kleines Kästchen an, dreht ein wenig an den Einstellknöpfen des Fernsehgeräts, und plötzlich erscheint auf der Mattscheibe das E U N A T-Emblem, die Sternrose.

Der alte Laumann schaut entsetzt und verblüfft herüber, achtet aber dann darauf, daß alle Türen geschlossen, und die Rolladen heruntergelassen sind. Dann geht er interessiert hinüber zu den jungen Leuten, die vor dem Fernseher stehen und die Lautstärke regeln. Die Erkennungsmelodie des britischen Rundfunks ertönt, und der Sprecher sagt: »German coaling. German coaling. Here is the B B C....«

»Phantastisch!« sagt Laumann: »Dies habe ich noch als kleiner Junge erlebt. Aber da war es das Radio.« Else winkt ab und legt den Finger auf den Mund.

Nun erscheint auf der Mattscheibe ein Ansager der wartet, bis die Anfangstakte der Nationalhymne verklungen sind, und fängt an zu sprechen: »Guten Abend, deutsche Landsleute. Hier meldet sich die Exilregierung der Bundesrepublik über Satellit. Als erstes die wichtigsten Informationen: 17, 23, 1, 653,..... » Eine endlose Zahlenkette wird vom Sprecher verlesen, welche Else und Arnold konzentriert mitschreiben.

Als der Sprecher damit zu Ende war, spricht er weiter: »Mit Beginn des Frühjahrs hat in allen besetzten Teilen der Bundesrepublik der bewaffnete Widerstand begonnen. Besonders an der Rheinlinie entbrennen fast jede Nacht heftige Kämpfe, wobei unsere Milizen in erster Linie schweres Gerät wie Panzer, Hubschrauber und Lastwagen zu zerstören versuchen.

Nach den neuesten Erkenntnissen des Generalstabes ziehen die O-Truppen auf rechtsrheinischem Gebiet massiert schwere Verbände zusammen, um wahrscheinlich in nächster Zeit über den Rhein vorzustoßen. Leider war der Generalstab unserer Truppen gezwungen, die massierten Ansammlungen von feindlichen Kräften mit Kernwaffen zu belegen. Dabei ist leider auch die Zivilbevölkerung in Mitleidenschaft gezogen worden. So auch in Brilon, in Nordrhein-Westfalen, wo in großen.... »

Der Ton bricht ab, das Bild erlischt, und gleichzeitig auch die Zimmerbeleuchtung. Stromausfall.

Arnold springt zum Fernseher, reißt das Kästchen von der Hinterwand des Geräts, während das Feuerzeug vom alten Laumann aufflammt. Else geht zum Sicherungskasten; alle Sicherungen in Ordnung. Ein Blick durch das Glas der Haustür zeigt, daß alles draußen stockdunkel ist; allgemeiner Stromausfall.

Eine Kerze flackert auf, und Laumann und seine Tocher stellen die vorbereiteten Platten aus Isolierschaumstoff vor die Fenster, denn bei Stromausfall läuft auch kein Heizbrenner; und der kleine Herd in der

Küche reicht allenfalls, etwas Essen zu kochen, und Wasser warm zu machen.

Herr Laumann nimmt noch einen Bissen Brot zu sich, trinkt den Kaffeerest und erhebt sich vom Küchentisch: »Else, ich gehe zu Bett. Und sie, Arnold, wollen über Nacht bei uns bleiben?«

Arnold, der an einer Steckdose hantiert, nickt, und antwortet: »Wenns ihnen nur recht ist, Herr Laumann.«

Laumann lacht und sagt: »Ich glaube eher, daß dies jemand anderem recht sein wird«, schaut dabei auf Else, die in der Küche, nun etwas verlegen, das Geschirr in Ordnung bringt.

Arnold selbst war beschäftigt, Verbindungen und Kontakte über das stillgelegte Stromnetz zu knüpfen.

Die Technik war zwar in der Lage, auch über stromführende Leitungen Signale zu übertragen; aber die Spannungsschwankungen im Netz – hervorgerufen durch Zu-und Abschalten von Tausenden von Verbrauchern – ergaben Störungen, die eine Signalübertragung während des unter Spannung stehenden Netzes recht schwierig gestalteten, was aber durch die digitale Verarbeitung der Signale etwas kompensiert wurde. Zwar gab es die zuverlässigen, in der Erde verlegten Breitband-Kabel des Kabelfernsehens, doch diese konnten weniger genutzt werden, weil viele Strecken und Knotenpunkte schon mit Glasfasertechnik versehen waren. Doch für einen gut ausgebildeten Nachrichtentechniker war es kein großes Problem, irgendwo noch eine Kupferschleife zu finden, und auf Umwegen an den richtigen Empfänger zu kommen.

Eine große Gefahr allerdings ergab sich hierbei. Der Abschirmdienst der O-Truppen saß gewiß an den Knotenpunkten des Übertragungsnetzes, und kontrollierte die Datenströme. Manchmal gelang es ihm, den Weg zum Empfänger, oder zum Sender zurück zu verfolgen. -

Arnold schließt zufrieden seine Arbeit ab, als er zwei weiche, warme Arme um seinen Oberkörper spürt. Er dreht sich herum, legt sein Gesicht zwischen Elses Brüste, spürt durch den leichten Stoff der Bluse die Wärme ihres Körpers. Vorsichtig bläst er seinen Atem mit aufgelegtem Mund gegen den Blusenstoff, und eine wohlige, animalische Wärme kitzelt seine Nase und Lippen. Else schien dieselbe, wohlige Wärme zu spüren; sie stöhnte leicht auf, preßt Arnolds Kopf fest an sich, und sagt dann: »Komm«.

Sie gehen zusammen die Treppe hoch, betreten das Zimmer Elses, und kleiden sich im Schein einer kleinen Ölfunzel aus.

Das matte Licht streicht über ihren nackten, weißen Körper, und hebt besonders die dunklen Stellen an demselben hervor. Elses dunkles Haar bildet den schwarzen, barocken Rahmen für ein fast klassisches Madonnengesicht, als sie mit beiden Händen ihr Haar im Nacken schürzt. Sie schlägt die Decke ihres Bettes zurück, und lädt mit einer Handbewegung Arnold Becde – der etwas linkisch dasteht – lächelnd ein, zu kommen. Dieser nimmt seinen Platz ein, und Else beugt sich über ihn.

Und aus den Trümmern der Welt, die nun für die beiden jungen Menschen, zumindest zeitweilig, vergeht, sollte eigentlich eine neue bessere entstehen. -

[]

Alfred Laumann liegt wach. Der Regen prasselt an die Fensterrolladen. Von Zeit zu Zeit schlägt und wischt ganz leicht etwas gegen das Fenster.

-‚Ich muß unbedingt die Trauerweide noch vor dem Sprossen zurückschneiden‘, denkt Laumann.

Nun hört er die leichten Tritte auf der Treppe. Es sind zwei Personen; davon eine seine Tochter.

In normalen Zeiten hätte Alfred Laumann dieses nicht erlaubt, er hatte immer ein monolithisches Verhältnis zur Kirche und deren Sittenlehre.

‚Aber‘, so denkt Laumann, ‚die Zeiten sind nicht normal. Und nach diesen Ereignissen wird es für sehr lange Zeit nichts Normales mehr geben.‘

Er wußte um die Berichte wegen der rapiden Zunahme der Radioaktivität. Er wußte um die Verseuchung des Trinkwassers, welches ja aus Gegenden kommt, wo durch Kernexplosionen gewaltige Strahlungsmengen freigesetzt wurden.

Er wußte es dienstlich; und er mußte aus dienstlichen Gründen schweigen. Es hätte ja auch niemandem genutzt, wenn er die Leute vor dem Wasser gewarnt hätte. Aus den hiesigen Bächen und Quellen konnte man schon lange kein Wasser mehr schöpfen, weil dieses Wasser schon vor langer Zeit durch Umweltgifte geschädigt war. Außerdem stammt dieses fließende Wasser letztlich auch von der Erdoberfläche; und diese wurde mit radioaktiven Stoffen geradezu überschüttet.

Die O-Truppen hatten einige alte, aufgelassene Tiefbrunnen wieder angebohrt, um sie als Trinkwasser für die Truppen zu gebrauchen. Dieses Tiefenwasser war tatsächlich noch nicht radioaktiv verseucht.

Doch was nützt es, wenn die Soldaten sauberes Wasser trinken, aber in ihren Unterkünften radioaktives Wasser in den Heizungen zirkuliert, und ihre Motoren und Maschinen mit radioaktivem Wasser gekühlt werden. Der strahlende Tod dringt auch ohne Kontamination in ihre Körper ein, zerfrißt ihr Knochenmark, zerstört die Blutkörperchen.

-‚Wie mag Else sich bloß dabei anstellen‘, denkt Laumann; und für den Bruchteil einer Sekunde schießt es ihm durch den Unterleib, daß er ein Mann ist.-

Laumann hatte Frauen immer gern gemocht. Seine Frau war sehr hübsch gewesen. Als Else nach dem Tode Mutters merkte, daß ihr Vater sein Leben ohne Frauen weiterführen wollte, war ihr dies sehr recht; sie brauchte somit keine Rivalin zu fürchten. Sie versorgte ihren Vater aus diesem Grunde so, als wenn es ihr eigener Lebensgefährte sei; was er ja eigentlich im Grunde auch war.

Vater und Tocher gaben sich bei ihrem Zusammenleben äußerst frei. Else machte es nichts aus, sich innerhalb des Hauses ihrem Vater auch nackt zu zeigen, wenn es die Lebenssituation ergab; so, wie sich dies bei Ehepartnern zwangslos ergibt.

Dann machte Vater ihr Komplimente; und sie merkte, daß der alte Charmeur großen Gefallen an diesen Darstellungen fand. Die Gefahr eines Inzestes war niemals gegeben, dies merkten beide; und keiner hätte diese unsichtbare Grenze überschritten, ohne von dem Anderen mit Nachdruck daran gehindert zu werden.

-‚Oh ja. Else ist eine schöne Frau‘, denkt Laumann. Und er stellt sich vor, wie dieser schöne Körper, weich, warm und schmiegsam, sich windet, sich dreht, sich öffnet und schließt; wie Lippen sich öffnen und erregter Atem hindurchströmt, wie langes schwarzes Haar zwischen wohlgeformten Brüsten hin-und herwellt, in einem Rhythmus, der konsequent zu Auflösung und beiderseitiger Verschwommenheit führt. Oh, ja, Else ist eine schöne Frau; und sie versucht immer, die Oberhand zu bekommen, so, wie ihre Mutter, denkt Laumann; und es beunruhigt ihn garnicht, daß er seine Hand unter dem Oberbett an einer Stelle wiederfindet, die er als Knabe so oft und gern gesucht und gefunden hatte.-

-‚Alter Esel‘, denkt er, und horcht ins Haus hinein. Es ist alles ruhig im Hause; nur ein stetiges Prasseln und Knacken wie Hagelkörner vor die Rolladen dringt ihm nun ins Bewußtsein. Verdammt: Das Geiger-Müller-Zählrohr!

Lauman schlüpft aus dem Bett, tritt auf den Flur, sucht eine Stelle an der Wand, und knipst eine kleinen Schalter um. Das Knacken und Prasseln verstummt.

Ob dieses Ding zählt oder nicht; unsere Dosis kriegen wir so oder so ab, denkt er. Und er muß immer wieder den Kopf schütteln über die vergebliche Besorgtheit des Stadtkommandanten Demlow, der anordnete, daß im Hause des Stadtdirektors Laumann eine Meßeinrichtung für Radioaktivität angebracht wurde. Er konnte dieses Instrument nicht so ohne weiteres abweisen, doch die Gefahr einer Geheimüberwachung war unbegründet, denn Else hatte das Instrument vorher in alle Bestandteile zerlegt und untersucht: Es war keine »Wanze« oder dergleichen vorhanden.

Er legt sich wieder nieder und lauscht nach draußen. Es war ruhig, eigentlich zu ruhig. Vereinzelt nur knallen Serien von drei bis vier Schüssen, und dies ziemlich weit entfernt. Dies störte in diesen Zeiten niemanden im Schlaf. Nur westwärts rollt manchmal ein schwerer Schlag herüber. Die O-Truppen scheinen dort von den W-Truppen mit schwerer Artillerie beschossen zu werden.

Laumann hatte eigentlich keine besondere Lebensangst. Er war mit sich und seinem Gott im Reinen; und das, was sich mit ihm und den anderen abspielte, bekam er irgendwie immer in seiner Philosophie unter. Bedenklich nur fand er, wie brutal und selbstmörderisch die jungen Leute ihren Kampf führten.

Kam dies von der jahrzehntelang vorher dargestellten Brutalität in den Unterhaltungsmedien? Oder war dies gar die Reaktion auf jahrzehntelange

Unterdrückung eines der elementarsten menschlichen Regungen: dem Willen zur Auseinandersetzung, zum Streite, und letztlich zum Kampfe? Denn durch die Nuklearstrategie der Supermächte während der letzten beiden Generationen, verbot sich ein umfassender, allgemeiner Krieg, wobei die »Stellvertreterkriege« nur ein notdürftiges Ventil ergaben.

Lauman, als einem unter vielen West- und Osteuropäern war klar, daß ein Schlagabtausch der Supermächte- der beiden Antagonisten- unvermeidlich war, als die eine Supermacht begann, die zerfasernden Randstaaten der anderen Supermacht zu sich herüber zu ziehen.

Diese Gefahr blieb sich gleich, ja, verstärkte sich noch, als die Großmächte ihre Raketen in Europa dislozierten, sie aber anderweitig so in Stellung brachten, daß diese sie selbst nicht mehr so ohne weiteres bedrohten, aber jederzeit die Mitte Europas im Ernstfalle erreichten.

Laumann hatte seinen Lebenskampf geführt, wie es seinem Charakter und Temperament entsprach. Rückblickend erkennt er, daß er das erreicht hat, was er sich erstrebte, und war es zufrieden. Einmal berührten sich seine Lebenskreise mit denen des Vaters von Arnold Becde. Es war zunächst eine läppische, eigentlich kindische Sache; so zumindest sah dies Laumann, als die Sache dienstlich auf seinem Schreibtisch landete. Diese Sache allerdings war für den alten Becde, dies erkannte Laumann viel zu spät, lebensentscheidend. Und wie der alte Becde mit dieser Zäsur fertig wurde; das war das Besondere an dem Manne. -

- Laumann erinnert sich an den Tag vor Jahren, als um die Osterzeit – wie schon immer vorher – die Kommunionkinder in seiner Pfarrgemeinde zur Ersten Heiligen Kommunion gingen.

Draußen schneite es große Schneeflocken; und als die Mädchen in festlichem Weiß, und die Jungen im dunkelblauen Schwarz in die Kirche geführt wurden, glitzerten die Schneeflocken in den Haaren und auf dem dunklen Stoff der Kinder im Licht der mitgeführten Kerzen wie tausend Brillanten. Die Orgel setzte gewaltig ein, und die Kinder gingen zu den Plätzen in den vorbestimmten Bänken neben ihren Eltern. So auch der jüngere Bruder von Arnold Becde. Frau Becde hatte – so erinnerte sich Laumann – einen giftiggrünen, völlig unmodischen Mantel an.

Daß dies pure Armut bei Becdes war, erfuhr Laumann erst viel später, zu spät.

Plötzlich; in der Bank, in der sich die Becdes befanden, Unruhe, Bewegung. Frau Becde scheint es schlecht geworden zu sein. Laumann sieht, wie der Gatte seine Frau auffängt, und so ihren Sturz abmildert. Becde zieht seinen Mantel aus, und legt ihn über seine Frau. Dann – um Himmels Willen! – was macht denn der Mann mit seinem Regenschirm! Er rammt die Spitze seines Schirms in den Mund der Frau! Ja, ist der denn wahnsinnig? Und schon finden sich helfende Hände die anfassen, die ohnmächtige Frau ins Freie zu tragen. Währenddessen steht der Knabe der Becdes, der zur Erstkommunion geht, steif und gefaßt an seinem Platz, zuckt mit keiner Augenbraue, sieht auch nicht seitwärts auf den leeren Platz neben sich, auf dem vor einer Minute noch seine Eltern standen. Der Junge steht dort, kalkweiß im Gesicht; er weint nicht und zittert nicht, er steht und wartet, bis seine Tante – die Becde aus dem weiten Kirchenraum herangewinkt hatte – ihren Platz neben dem Jungen einnahm.

- Laumann erinnert sich weiter, daß der Vater des Jungen sich später wieder neben den Jungen stellte, ihm über den Kopf strich, und es fertigbrachte, das Kind anzulächeln. Es war ein versteinertes Lächeln, wiewohl es äußerst wichtig war, das sah und fühlte Laumann damals. Erst viel später sah er nochmals so ein ähnliches Lächeln, und zwar, als seine Frau – sterbend – ihn anlächelte als er ihr sagte, daß er ein schönes Leben mit ihr gehabt hätte, und daß er sie wieder zu seiner Frau nehmen würde, wenn nochmal alles mit ihnen von vorne begänne. -

Erst später erfuhr Laumann, daß Becdes Frau ein Anfallsleiden hatte; und der alte Becde keineswegs die »faule Sau« und »arbeitsscheu« war, sondern die Familie und den gesamten Haushalt versorgte, sowie die Entwicklung der Kinder beaufsichtigte, während seine Frau das – ihrer Leistungsfähigkeit nach äußerst knappe – Familieneinkommen bezog.

Nach diesem gewaltigen Ereignis – so erinnert sich Laumann – war aber nicht mehr viel zu tun für diese Familie. Die Lieblosigkeit, Unverständnis und Unfähigkeit zu helfen, zeigten Wirkung. Und für nachdenklich gewordene Mitmenschen, wie Laumann in diesem Falle, blieb letztendlich nur noch eines: sich zu schämen.-

- Später, nach fortschreitender Krankheit, kam Frau Becde in eine Klinik, und sie kehrte nicht mehr nachhause zurück. Der alte Becde führte den Haushalt weiter, und versorgte die heranwachsenden Jungen.

‚Wo ist nur der Bruder von Arnold abgekommen?' ‚denkt Laumann bei Gelegenheit werde ich mal Arnold fragen'.

Er konnte Arnold gut leiden, und würde ihn als Schwiegersohn nicht ablehnen, wenn es jemals dazu kommen sollte. Arnold und Else kannten sich von der Schule her, und später, bei der militärischen Ausbildung, waren die beiden ebenfalls zusammen.

Wie Laumann sich erinnert, schlug Arnold damals, bei der alten Bundeswehr, die Offizierslaufbahn ein; und daß Arnold Becde irgend eine Funktion in der neuen Miliz hatte, war Laumann schon klar gewesen.

‚Schon zwei Uhr', denkt Laumann, als er ein leises, kurzes Schnarren und den zweimaligen Ton einer Kuckucksuhr aus dem Inneren des Hauses hört.

Er steht auf, schlurft vorsichtig zum Badezimmer, um ein paar Schlaftropfen einzunehmen. Durch das Fenster fällt der Schein des Vollmonds. Er betrachtet die kupferfarbene Scheibe des Mondes, der nun schon seit circa zwei Monaten so aussieht, als befände er sich kurz vor dem Eintritt in den Kernschatten der Erde. Irgendwie fällt ja auch ein Schatten auf das sonst bleiche, weiße Mondlicht. Es ist der Schatten des Staubes, den die Menschen in ihrer Armseligkeit durch gewaltige Explosionen in die Luft wirbeln. ‚Und wenn das so weiter geht, wird unsere Landschaft bald genauso aussehen, wie dein Gesicht, guter, alter Junge; nämlich pockennarbig, pickelig und fleckig', denkt Laumann.

Er stellt das Wasserglas beiseite, schließt beim Herausgehen vorsichtig die Tür, und lauscht zwei, drei Herzschläge lang an Elses Schlafzimmertür.

Alles ruhig, bis auf ein leichtes Schnarchen, welches ihn schmunzeln läßt: Else nämlich schnarcht nicht; und Else wird es dann so ergehen, wie es ihm mit seiner verstorbenen Frau ergangen ist, denn diese schnarchte auch, zwar leicht, aber durchaus hörbar. Und schmunzelnd denkt er an die unzähligen Male, da seine Frau »Hühnchen in der Bratröhre« spielte, wenn er ihr im Falle der Geräuschentwicklung einen sanften Klaps gab, der sie – natürlich im Unterbewußten wahrgenommen – gehorsam rotieren ließ, was aber regelmäßig nur höchstens zehn Minuten Pause ergab, bis er ihr einen neuen Klaps verabreichte, oder er selbst die Atemgeräusche nicht mehr wahrnahm, weil er selbst eingeschlafen war.

..... Laumann wird durch Poltern und Klopfen wach! Aus dem Erdgeschoß dringen Männerstimmen: »Aufmachen! Sofort aufmachen! Sonst brechen wir die Türe auf!«

Laumann fährt kerzengerade hoch, schlüpft aus dem Bett, greift zu seinem Morgenmantel, findet seine Hausschuhe nicht, hastet über die Treppe nach unten, kommt aber zu spät: Er sieht, wie ein Gewehrkolben von außen durch das Türblatt saust, dem zwei Soldaten mit der Waffe im Anschlag folgen.

»Hände hoch! An die Wand«, brüllt einer, und stürmt stracks die Treppe zum Obergeschoß hoch....

[]

..... Arnold schreckt aus dem Schlafe, hört das Poltern im Hause, und erkennt sofort die Lage, die ihn handeln läßt.

Das Verschlingen eines kleinen Papierröllchens, der Satz zu seiner Kleidung, und der Sprung zur Toilette mit einem kleinen, schwarzen Kästchen in der Hand dauerte keine vier Sekunden.

Der Soldat, der im selben Moment mit der Tür in das Zimmer fällt, hört nicht viel mehr als das Rauschen der Toilettenspülung, und den Angstschrei Elses. Dann grinst er, als er Else unbekleidet im Bett sieht, wird aber sofort grimmig, als sich die Tür vom Badezimmer langsam und vorsichtig öffnet, und Arnold, die Hände weit von sich gestreckt, herauskommt.

»Hände hoch! An die Wand«, brüllt der Soldat, und fuchtelt drohend mit der Waffe herum.

»Ja, Mann. Keine Aufregung«, brummelt Arnold: »Sie sehen doch. Ich habe keine Waffen.«

Dies konnte Arnold dem Soldaten sehr leicht unter Beweis stellen, denn Arnold war ebenfalls unbekleidet.

Der Soldat grinst nun wieder, verständnisvoll, winkt mit seiner Waffe Else, sie solle sich gefälligst aus dem Bett erheben, und ebenfalls mit erhobenen Händen an die Wand stellen. Nachdem ein zweiter Soldat hinzu gekommen war, durften die Beiden ihre Blöße mit einem Bettuch bedecken.

Es tauchen noch mehr Soldaten auf, sowie Laumann, der von einem Oberleutnant begleitet wird, welcher nun sagt: »Wir haben Befehl erhalten, in dieser Häuserreihe eine Razzia durchzuführen. Es ist uns ein geheimes Waffenlager der Terroristen gemeldet worden. Wir werden auch ihr Grundstück durchsuchen.«

Danach fordert der Offizier die drei Personen auf, sich zu identifizieren. Als er Arnolds Ausweis entgegennimmt fragt er: »Sie wohnen nicht hier?« was Arnold verneinen muß.

»Dann muß ich Sie leider mit zur Kommandantur nehmen. Ziehen sie sich an«, sagt der Offizier.

Inzwischen machen sich die Soldaten daran, das Haus zu durchsuchen. Sie öffnen jeden Schrank, schauen hinter jede Tür und jedes Bild. Sie klopfen die Wände ab und versuchen, mit Detektoren Hohlräume, Metallteile, oder aktive elektronische Geräte zu orten, was aber schlecht gelingt, weil die Radioaktivität als Hintergrundstrahlung jegliche Detektoren stört.

Auch im Garten sind einige Soldaten dabei, mittels Ultraschallgeräte Hohlräume im Boden zu suchen, was schon besser gelingen könnte. Nur, bei Laumanns war im Garten nichts zu finden; und hundertprozentig war diese Methode auch nicht, denn oft schon hatten die Soldaten im Boden Hohlräume angemessen, und diese mit schwerem Pioniergerät freigelegt. Es waren fast immer sogenannte Dolinen, die sie fanden: Löcher, die entweder mit feinem, gelben Sand gefüllt, oder tatsächlich leer waren. Natürliche Höhlungen, weil dieses Gebiet auf einer mächtigen Kalkbank liegt, und dieser Kalk auch industriell gefördert wird.

Nach Abschluß der Durchsuchung salutiert der Offizier vor Laumann und sagt: »Es tut uns leid. Aber wir hatten Befehl. Haben sie irgend welche Beschwerden über unsere Leute vorzubringen?«

Dabei schaut der Offizier auch auf Else und Arnold, die nun – beide völlig angekleidet – sich voneinander verabschieden. Arnold schüttelt den Kopf, und Laumann verkneift sich nicht zu sagen: »Na ja. Wenn man bedenkt, daß nur zwei Türen zu Bruch gegangen, die Beete im Garten zertrampelt sind, aber jetzt eigentlich Ruhe vor einer folgenden Razzia sein müßte, könnte man sagen: Es ist nochmals glimpflich abgegangen. Aber, Herr Oberleutnant, bringen sie mir diesen jungen Mann wieder ins Haus, denn dies wird wohl mein Schwiegersohn werden.«

Dabei zeigt er auf Arnold Becde, welcher lächelnd Laumann dankt. Der Offizier der O-Truppen lacht ebenfalls: »Keine Sorge. Wenn die Überprüfung ergibt, daß dieser junge Mann mit den letzten Überfällen auf unsere Truppen nichts zu schaffen hat, ist er vor Mittag wieder bei ihnen. Und wegen der beschädigten Türen können sie gerne mal mit dem Kommandanten, Herrn Demlow, reden.«

Der Offizier bedeutet Arnold, er möge ihm folgen. Arnold wendet sich nochmals zu Else; und der kurze Augenkontakt zeigt ihm, daß er sich in jeder Beziehung auf Else verlassen konnte. Arnold steigt mit dem Oberleutnant in ein gepanzertes Fahrzeug, und fährt mit ihm davon.

- Während dessen hatten andere Soldaten die anderen Häuser in der Reihe ebenfalls besetzt, und durchsuchten diese.

Oberhalb der Häuserreihe steht ein großer Wohnblock mit mehrgeschossigen Häusern. Als in diesem Wohnblock, angelockt durch den Lärm in der unteren Eigenheim-Reihe, sich Fenster öffnen und mit neugierigen Menschen füllen, schießen die Soldaten ein paar Salven in die Luft, und rufen: »Fenster und Türen zu! Sonst wird geschossen!«

Schreiend und jammernd laufen nun auch die Altenbeekes auf dem Wege vor ihrem Eigenheim herum. Drinnen, in ihrem Hause, sind die Soldaten am Werk, die, verstärkt durch die Kameraden aus dem Hause Laumanns, auch den weiträumigen Garten der Altenbeekes durchsuchen. Frau Spatz, die wie Altenbeekes in derselben Reihe wie Laumanns wohnt, begrüßt Else kurz, und achtet auf die Soldaten, die ihr Haus ebenfalls durchsuchen.

»Schauen sie mal, wie die Altenbeeke sich nur anstellt«, so Else zur Spatz gewandt, »das ist ein Benehmen, was irgendwie künstlich wirkt.«

Frau Spatz, die sehr wohl mit bekommen hatte, wie Arnold Becde von den Soldaten abgeführt wurde, hatte danach Hoffnung geschöpft, und fragt nun Else: »Bleibt es heute abend trotzdem dabei?«

Else nickt, und schaut wieder zu Altenbeekes hin, die vor ihrer Haustür eine unwürdige Schau abziehen. Entsetzt und entgeistert bemerkt sie, wie Soldaten aus dem Gartentörchen bei Altenbeekes kommend, silbrig glänzende Kisten und Säcke schleppen; sie haben das Waffendepot entdeckt. -

Die Soldaten riegeln nun den gesamten Bereich vor Altenbeekes Haus ab, und andere schleppen durch diesen Bereich Kiste um Kiste zu einem wartenden Militärlaster.

Es wird sehr still, jeder weiß, was das für Altenbeekes bedeuten konnte. Deswegen kam es Else äußerst verdächtig vor, daß Frau Altenbeeke, diese dicke Frau, immer noch vor der Haustüre herumtanzt, ihre Arme ringt, sich die Haare rauft, kurz: sich zum Narren macht. Merkwürdig auch, daß die Soldaten sie gewähren lassen. ‚Alibi?' denkt Else, und geht zu ihrem Haus zurück.

Vater Laumann macht sich fertig, um aus dem Haus zu gehen: »Ich gehe zum Amt und melde mich krank. Und dann räumen wir hier auf. Ich will sehen, ob ich bei Demlow etwas im Hinblick auf Arnold erreichen kann. War Arnold sauber, als er von den Soldaten überrascht wurde?«

Else nickt: »Ja, es hat geklappt. Ich bestelle den Schreiner wegen der Türen. Die Haustür soll er in jedem Falle sofort reparieren. Hör' einmal nach, was bei Altenbeekes los war.«

»Das mache ich. Passe gut auf dich auf«, sagt Laumann, gibt Else einen Kuß und geht.

Else telefoniert mit dem Schreiner, geht in ihr Zimmer, und beobachtet vom Fenster die Szene vor Altenbeekes Haus. Immer noch schleppen die Soldaten Material von dem Grundstück und laden auf.

-‚Ausgerechnet das Depot von Altenbeekes', denkt Else: ‚Das war so gut getarnt, daß es eigentlich nur durch Zufall gefunden werden konnte'. War es etwa Verrat? Aber wer verriet dann?

Ganz wenige Leute –außer dem zur Zeit zuständigen Ko-Offizier– hatten Kenntnis von diesen Depots auf Privatgrundstücken. Ganz wenige nur; und darunter natürlich der Grundstücksbesitzer. -

Else tritt an das Fernsehgerät, öffnet die Rückseite, und hantiert angespannt und konzentriert in der elektronischen Schaltung herum. Sie schließt die Rückseite und schaltet das Gerät ein. Der Bildschirm flackert, aber es zeigt sich kein Bild. Nun laufen auf dem Bildschirm Linien auf und ab, Zahlen erscheinen und verschwinden wieder. Nur ein heller Leuchtfleck bleibt auf ein und derselben Stelle stehen, er befindet sich genau in der Mitte des Bildschirms.

Wieder tritt Else ans Fenster, öffnet es vorsichtig, und beobachtet, was vor Altenbeekes Haus vor sich geht. Dort scheinen sie mit dem Verladen inzwischen fertig geworden zu sein. Jedenfalls werden die Altenbeekes, vorne weg Frau Altenbeeke, zu einem Militärfahrzeug gebracht und weggefahren. Auch die Soldaten, die den Militärlaster beladen hatten, machen sich nun zur Abfahrt fertig, drei Mann steigen in den Lastwagen.

Else steht am Fenster, bleich, aufgeregt. Ihr ist schlecht, sie ergreift trotzdem eine Zigarette, zerdrückt sie nach dem Anzünden sofort wieder.

Auf dem Bildschirm des Fernsehgeräts laufen die farbigen Linien hintereinander, übereinander, vermischen sich mit den nun auftauchenden farbigen Ziffern, die in gleichmäßigem Takt aufleuchten.

Else sieht, wie der Motor des Militärlastwagens angelassen wird, eine bläuliche Ölwolke wird stotternd vom Auspuff ausgespuckt. Langsam setzt sich der Lastwagen in Bewegung.

Ein heftiges Zittern erschüttert Elses Körper, ihr ist schlecht: ‚Vater, Mutter. Was soll ich tun? Soll ich überhaupt? Arnold, du hast es jetzt besser. Was soll ich nur tun?‘ -

Sie schaut auf das Kruzifix, welches an der gegenüberliegenden Wand hängt, geschmückt mit frischem Buchsbaum vom letzten Palmsonntag.

‚Du, was soll ich tun. Soll ich; oder darf ich nicht...... schwöre, daß ich mein Leben für die Verteidigung von Recht und Freiheit einsetzen werde... Nein, ich kann nicht, Arnold!...‘

Die junge Frau weint, rutscht auf die Knie, sieht, wie der Lastwagen sich langsam und vorsichtig von dem Grundstück der Altenbeekes entfernt, begleitet von Kindern, die johlend und schreiend diese Sensation voll genießen, und auf den beiderseitigen Bordsteinen mitlaufen.

Else weint und zittert; sie sieht, wie auf dem Bildschirm der Leuchtfleck in der Mitte ebenfalls in Bewegung geraten ist, und ganz langsam nach rechts oben wandert. Elses Hand tastet vorsichtig zum Schalterknopf für »Aus« und zuckt zurück.

- Arnold? Vater? Sie sind in höchster Gefahr, wenn der Laster die Kommandantur erreicht, denn die Munition auf dem Laster ist äußerst brisant und scharf! -

Und diese Erkenntnis bringt Else schlagartig dazu, die Dinge anders zu betrachten, und den Bildschirm nun kaltblütig zu beobachten. ‚Was soll es. Es ist Krieg‘, denkt Else nun ruhiger, und dreht den »Aus«-Knopf eine halbe Drehung in Richtung »Off«.

Auf dem Bildschirm kommen nun die farbigen Linien zur Ruhe. Diese Linien bilden Felder, durch die nun der helle Leuchtfleck wandert, langsam und stetig. Else sieht zum Fenster hinaus, beobachtet, wie der Lastwagen die Häuser hinter sich läßt, und die offene Straße erreicht.

Noch springen einige, kräftige Jungen neben dem Laster einher, bleiben aber doch zurück bis auf zwei, die ein Wettrennen veranstalten. ‚Geht weg da, Kinder!‘ bittet Else: ‚geht um Himmels Willen weg‘.

Sie beobachtet, wie der Leuchtfleck schneller auf dem Bildschirm zur letzten roten Linie wandert. Wenn der Leuchtfleck diese rote Linie erreicht, wäre es zu spät.

Else legt den Zeigefinger an den »Aus«-Knopf des Fernsehgeräts, sieht, wie die ersten Sonnenstrahlen den Lastwagen erreichen, sieht, daß die Wettläufer weit zurückbleiben, und der Arm eines Soldaten aus dem Führerhaus winkt, und drückt auf den Knopf...

- Ein blendender Krach schmettert durch das Fenster. Es scheppert, das Kruzifix poltert über den Boden, und Else sieht, wie dahinten eine gewaltige Qualmwolke aufsteigt, hört, wie Menschen hoch und schrill schreien, auf das brennende Inferno zustürzen. Else weiß, daß die schwarze, fettige Qualmwolke nicht nur von dem schmorenden Plastikmaterial des Depots herrührt, und nicht nur von den verbrennenden Reifen und dem Öl des zerschmetterten Lastwagens. –‚Aber wenigstens sind keine Kinder umgekommen‘, so denkt Else.

Dabei kann sie natürlich jetzt noch nicht wissen, daß vom Explosionsort etwa 100 Meter entfernt später ein strohblonder Mädchenzopf mit etwas Kopfhaut daran und einem blauen Bändchen gefunden wurde, und daß dieser Zopf wohl von einem Mädchen stammte, welches auf der anderen Seite des Lastwagens das Rennen mitgemacht, und offensichtlich gewonnen hatte....

- Dem Stadtkommandanten Demlow ist es nie ganz klar geworden, ob dieser Lastwagen mit Ausrüstungsgegenständen der Untergrundkämpfer einem Luftangriff oder einem Partisanenschlag zum Opfer gefallen ist; oder ob es sich um einen echten Unfall gehandelt hatte. Demlow und seine Ingenieure hatte zumindest zu diesem Zeitpunkt noch keine Ahnung, daß alle Waffen in den geheimen Depots elektronisch abgesichert waren. Sobald nämlich nur eine Waffe, und sei es eine einzelne Patrone für Maschinenpistolen, den durch magnetische Felder gesicherten Zugang aus den Depots heraus passierte, wurde diese Waffe scharf. Zusätzlich wurde jede Waffe sensibilisiert für Funkbefehle, deren Code nur der zuständige Ko-Offizier kannte. Diese Funkbefehle wurden unter anderm auch über manipulierte Fernsehgeräte abgestrahlt.

Später jedoch fiel auch dem Geheimdienst der O-Truppen auf, daß fast ein Drittel der jungen Männer und Frauen der Bundesrepublik als Berufsausbildung angaben, Nachrichtentechniker, Informatiker, Elektroniker, Programmierer oder Kommunikator zu sein. Es war eben die Geheimstrategie der Regierung der Bundesrepublik, als diese auf ein stehendes Heer und dazu gehörende schwere Waffen verzichtete. Die Möglichkeiten dieser jungen Milizionäre waren im modernen technischen Bereich so vielfältig und überragend, daß es keiner Panzer, Bombenflugzeuge, Artillerie bedurfte, um Waffen gegen den Eindringling wirksam einzusetzen. Die neuen Waffen wurden immer mit Hilfe elektronischer Mittel ins Ziel geführt, tödlich, äußerst wirksam. Es war die ultimative Waffe der Defensive, die die jungen Leute einsetzten gegen einen Gegner, der an militärischer Potenz hundertfach überlegen war.

Zu Beginn des Einmarsches griffen die Geheim-und Sicherungsdienste der O-Truppen auf viele, vielfältige Datenbanken und Computerzentren der Bundesrepublik zurück. So auch auf die Datenbanken der Verwaltungen, Ämter, Versicherungen, der Polizei, und der Bundesnachrichtendienste. Bald kam man bei der Exilregierung der Bundesrepublik dahinter, daß auf diese Weise die gesamte Bevölkerung unter Druck gesetzt werden konnte, zumal die Bundesregierung in den letzten Jahren den großen Fehler gemacht hatte, eine maschinenlesbare Karte für jedermann einzuführen. Nun griffen die O-Truppen gern auf diese einmalige Gelegenheit zurück, bis die Exilregierung die generelle Anweisung gab, alle Datenzentren, vom Bundeszentralamt für Kraftfahrzeuge in Flensburg, bis zum PIOS-Computer der Firma Ruhr-Kalk-AG, beispielsweise, zu zerstören.

Anfangs wunderten sich die Sicherungskräfte der O-Truppen, warum immer wieder Brände, Explosionen in den Datenzentren auftraten, bis der Geheimdienst dahinterkam. Es wurde sofort verschärft bewacht, aber es war schon zu spät: die Daten waren größtenteils vernichtet. Und die wenigen Datenzentren, die übrig geblieben waren, wurden durch massive und punktgenaue Luftangriffe der W-Truppen zerstört. In Süddeutschland wurde sogar der größte Teil einer Stadt atomisiert, weil eine Atomrakete einen wichtigen Bundesdaten-Computer vernichten sollte. Die Milizionäre jedenfalls hatten Befehl, alle Datenspeicher rigoros zu vernichten, damit die Kennkarte keine andere Funktion haben sollte, als Ausweis mit Lichtbild zu dienen. -

Major Demlow starrt Stadtdirektor Laumann mit bleichem Gesicht an: »Drei Mann, Herr Laumann. Drei«, sagt er, und zeigt drei Finger: »Es gab mal eine Zeit in Deutschland, da wurden für jeden Soldaten der Wehrmacht, der in Feindesland von Partisanen getötet wurde, dreißig Geiseln erschossen.«

»Diese Zeit ist lange vorüber, Herr Major. Und ich vertraue darauf, daß dies hoffentlich nicht hier geschehen wird, zumal ihr Land auch noch Mandatsträger im Weltsicherheitsrat ist«, sagt Laumann: »Außerdem können sie nicht hundertprozentig wissen, ob der Wagen mit der Munition nicht doch durch einen Unfall explodiert ist. Und, Herr Major Demlow, was diese Sache aus der deutschen Geschichte angeht: Sie sind auch als Deutscher geboren.«

Demlow senkt den Kopf. Es entsteht eine lange Pause. Laumann zieht an seiner Zigarre. Unvermittelt sagt Demlow auf einmal: »Er hat übrigens gestanden.«

Laumann hustet, ein Stückchen Zigarrenasche fällt auf sein Knie. Dankbar für dieses Geschick bemüht er sich akribisch, die Asche von seiner Kleidung zu entfernen. Es dauert etwa fünf Sekunden, bis er sich wieder in der Gewalt hatte, und ohne Zittern in der Stimme zurückfragen konnte: »Wen bitte, meinen sie?«

Demlow grinst: »Nun, ihren zukünftigen Schwiegersohn, den meine Leute heute morgen mitgebracht hatten. Er hat gestanden, daß er sich völlig zu Recht im Schlafzimmer ihrer Tochter befunden hatte.«

»Ah ja«, meint Laumann: »Sie meinen Herrn Arnold Becdc. Ja, das stimmt, er ist sehr oft bei uns. Und wenn er bei uns übernachtet, gibt es nicht die geringsten moralischen Probleme. Wenn die Zeiten einmal wieder etwas besser werden sollten, wollen die Beiden heiraten.«

Demlow nickt: »In Ordnung. Trotzdem müssen wir ihn verhören. Was ist Herr Becde von Beruf?«

»Wie ich weiß, ist Herr Becde noch Student, und zwar im letzten Semester. Er studiert Informatik an der Ruhruniversität in Bochum. Aber da ihre Militärregierung alle Universitäten geschlossen hat, lungert er wie viele tausende junger Leute zu Hause herum«, sagt Laumann, und bietet Demlow eine Zigarre an, auf welche dieser aber dankend verzichtet.

»Herr Laumann. Sie können nun nach Hause gehen. Ruhen sie sich ein paar Tage aus. Wie alt sind sie eigentlich?«

»Ich bin Sechzig.«

»Nicht mehr gerade der Jüngste«, meint Demlow: »Übrigens. Kennen sie eine Frau Paula Gimminus?«

Laumann stutzt, kann aber nicht erkennen, warum er diese Frage nicht beantworten soll und bejaht.

»Na, ist ja auch egal«, sagt Demlow: »Jedenfalls sage ich meinem Fahrer Bescheid, daß er sie nachhause fährt. Meester ist im Privatberuf Tischler. Er kann sich mal ihre Türen anschauen. Meester! Kommen sie bitte.«

Ein Soldat der O-Truppen kommt ins Zimmer, salutiert, und hört aufmerksam Demlow zu, der ihm etwas erklärt. Der Soldat nickt, und bittet Laumann, ihm zu folgen. Laumann verabschiedet sich von Demlow und geht.

[]

Am Abend des gleichen Tages, nach Eintritt der Dunkelheit, machen sich sechs Leute auf den Weg. Sie wissen, daß sie aus der Sicht der Besatzer illegal handeln, und meiden sorgsam die Helligkeit der Straßenbeleuchtung.

Ein Vorteil ist, daß sie somit der Entdeckung entgehen, denn die Posten der O-Truppen halten sich mit Vorliebe in der Nähe des Lichtscheins der Straßenbeleuchtung auf, nicht daran denkend, daß sie aber so leicht das Ziel eines Schusses aus der Dunkelheit werden könnten.

Doch die sechs Personen waren weit davon entfernt, sich durch die Abgabe von Schüssen zu verraten. Außerdem hatten sie keine Waffen, zumindest zu diesem Zeitpunkt noch nicht. Wenn sie nun von den O-Truppen erwischt wurden, konnte es glimpflich ausgehen, denn sie hätten dann nur gegen die Ausgangssperre verstoßen. Fraglich natürlich, ob der betreffende Waffenträger der O-Truppen, der so eine Person aufbringen würde, human dächte. Das Kriegsrecht stände in solch einem anderen Falle nämlich eindeutig auf seiner Seite. -

Das Ziel der sechs dunklen Gestalten ist ein alter Eisenbahnstollen im Plögers Steinbruch. Der Steinbruch war Anfang der achtziger Jahre randvoll mit Müll gefüllt, und die Oberfläche dieses Gebiets rekultiviert worden. Nun wächst hier Niedergehölz, unterbrochen von Grasflächen, ja, ein Zipfel dieses Gebiets wird landwirtschaftlich genutzt.

Tief darunter liegt ein alter, solider Eisenbahnstollen. Der diente in früheren Zeiten als Verbindung zwischen zwei Steinbrüchen, und war ungefähr 100 Meter lang. Als man den einen Bruch mit Müll verfüllte, wurde auch dieser Stollen zugeschüttet. Am anderen Ende des Stollens brachen im Laufe der Zeit die Steinbruchwände ein, der Gesteinsschutt legte sich über den Stollenmund, und die Vegetation nahm wieder Besitz vom Werk des Menschen. Bis man sich dieser Gelegenheit entsann, vorsichtig ein kleines Stück dieses Stollens ausräumte, ohne am Stollenmund viel an der zurückgekehrten Natur zu ändern.

Mit modernsten technischen Mitteln wurde in diesem Stollen ein Depot angelegt, völlig unsichtbar für die Außenwelt, und auch sehr geheim.

Auf dieses Lager streben nun die Sechs zu, jeder für sich, ohne Kontakt zum Nebenmann.

Else Laumann trifft als zweite hinter Doktor Nickelsen ein, nachdem sie kurz vor dem Treffpunkt in unregelmäßigen Abständen dreimal mit einem Stein gegen einen Felsbrocken geschlagen hatte. Es war dies das Erkennungszeichen. Else schaut auf die Uhr, pünktlich in der Zeit geblieben; und nun könnten die anderen auch kommen. -

Nach und nach stoßen Stoffels, Möhrke und Klüsenhaus hinzu. Frau Spatz fehlt noch. Noch fünf Minuten, signalisiert Else den anderen, dann müssen sie hinein.

Die fünf Minuten sind um. Else schleicht vorsichtig zu einer Stelle im Dickicht der Geröllhalde. Ihre Begleiter entfernen sich in einem Umkreis von circa dreißig Metern, Else zieht ein kleines Kästchen aus der Kombinationshose. Sie nestelt einen kleinen Metallstift aus dem Kästchen, an dem ein winziger Knopf – einem Stecknadelkopf ähnlich – herausragt. Vorsichtig lauschend um sich blickend, berührt sie diesen Metallstift mit der Zunge, und drückt dabei einen kleinen Schalter am Gerät.

Direkt neben Elses rechtem Knie drückt sich langsam ein dünnes Kunststoffrohr aus dem Boden, welches Else mit der Hand ergreift. Gleichzeitig preßt sie sich bäuchlings auf den Boden. Abermals entnimmt sie diesem Rohr einen Metallstab mit einem Sensor an der Spitze, und abermals steckt sie diesen Metallstab in den Mund.

Neben ihr bewegen sich lautlos und ganz langsam einige Sträucher, schwingen zur Seite, und geben ein Schlupfloch von 70 Zentimetern Durchmesser frei. Sofort spürt sie am Uhrenarmband das leichte Kribbeln, welches ihr signalisiert: Alles in Ordnung. Ihr könnt kommen...

Die anderen spüren ebenfalls dieses Signal an ihrem Handgelenk; und nun schleicht einer nach dem anderen zum Schlupfloch und hindurch. Else, sehr nervös, auf die Spatz wartend, schlüpft als Letzte hinein.

Der alte Becde fragt: »Was ist los? Ihr seid ja nur zu fünf Leuten.«

»Drück zu«, sagt Else: »Die Spatz ist nicht gekommen. Wir können nicht warten.«

Die Durchstiegsluke schließt sich, und die aufflammende Innenbeleuchtung lässt einen gewölbten, hellgetünchten Raum erkennen, in dem viele Ausrüstungsgegenstände liegen, und einige Sichtgeräte stehen, auf deren Monitore sich ständig wechselnde Darstellungen zeigen.

Becde, in einen weißen Kittel gekleidet, zeigt auf die bereitgestellten Ausrüstungsgegenstände. Else Laumann nickt, fordert die anderen auf, diese Dinge an sich zu nehmen und zu prüfen. Ein kurzer Blick auf ihre Uhr veranlaßt sie zur der Bemerkung:

»Wir müssen warten. O. K. T. 3 Delta steht genau über uns«, womit sie den Satelliten der O-Truppen meint, der, ungefähr fünf Minuten lang aus dem All diese Gegend kontrolliert. Wenn irgend möglich, suchen die »Terries« während der kritischen Zeiten der Durchgänge des Satelliten Schutz vor den scharfen Blicken der Infrarot-Augen dieser Himmelskörper.

Nachdem die Zeit abgelaufen, und alle sich ausgerüstet hatten, gibt Else dem alten Becde ein Zeichen. Dieser geht in einen Nebenraum, kommt bald wieder heraus, und sagt: »Draußen ist etwas. Genau kann ich es nicht erkennen. Es kann eine Person, oder auch ein Tier sein. Jedenfalls ist ein Hubschrauber in der Luft.«

Else fragt, ob das Fernauge »5« ausgefahren ist. Becde schüttelt den Kopf, verlegen und schuldbewußt: »Nein. Ich konnte es nicht ausfahren. Das Teleskop scheint zu klemmen.«

»Und das sagst du jetzt erst?« faucht Else ihn an, nimmt aber sofort den Ton zurück als sie merkt, wie peinlich dies dem Manne ist.

»Wir werden uns nachher draußen drum kümmern. Wer hat Wachdienst und Sichtkontrolle über den Stollenmund?« fragt Else.

»Das ist Bente, 30 i m u 765«, sagt Becde.

»Versuche eine Verbindung herzustellen. Bente soll herausfinden, was hier vor dem Stollen vorgeht«, sagt Else.

Nach einer kleinen Weile kommt Becde mit dem Ergebnis seiner Nachfrage zur Gruppe zurück: »Bente hat eindeutig festgestellt, daß sich im Umkreis von 150 Metern um den Stollenmund herum nur ein Lebewesen menschlicher Größe befindet. Das Objekt bewegt sich zwar, aber nicht von der Stelle. Ich denke dasselbe wie du, Else: Es kann sich nur um die Spatz handeln.«

Else nickt, weist die anderen an, ihre Waffen in Anschlag zu nehmen, und dann gibt sie dem alten Becde ein Zeichen. Das Licht erlischt, lautlos öffnet sich das schwere Kugelschott des Einstiegs, zunächst nur ein paar Zentimeter. Becde bedient einen kleinen Schalter an der Wand, und alle spüren das leicht elektrisierende Kribbeln aus ihren Uhrarmbändern am Handgelenk.

So auch die Gestalt, die draußen ganz nahe am Stollenmund hockt, und nun vorsichtig bäuchlings herankriecht. Else erkennt sie, der Lukendeckel schwingt zur Seite, und die Gestalt wälzt sich schwerfällig, ächzend hindurch.

Else flucht: »Verdammt noch mal, Spatz! Warum bist du nicht pünktlich? Du weißt doch, daß der Überwacher seine feste Umlaufzeit hat. Und jetzt hetzt du uns noch einen Hubschrauber auf den Hals.«

Else grummelt weiter, beruhigt sich aber dann, und händigt der Frau die restlichen Ausrüstungsgegenstände aus, und fragt dabei: »Bist du klar?« und als diese nickt sagt Else: »Becde. Frag nach, wo sich zur Zeit der Hubschrauber befindet.«

Als die Auskunft befriedigend ausfällt, befiehlt Else: »Alles raus! Becde! Realzeit 22 Uhr 34. Sollzeit: 23 Uhr 05, plus minus drei Minuten. Alles klar?«

»Alles klar«, sagt Becde, legt Else den Arm um die Schulter: »Und viel Glück wünsche ich dir, Else.«

»Danke«, sagt Else, und schon war sie draußen, gefolgt von den anderen.

- Die Waffentechnik der W-Truppen hatte einige neue Entwicklungen hervorgebracht, die vor allem den Milizverbänden der Territorialverteidigung beim Partisanenkampf zugute kamen.

So gab es ein Kondensatorgeschoß, welches beim Aufschlag auf ein Metallteil einen E M P, einen elektromagnetischen Puls erzeugt. Wenn auch nur eines dieser Geschosse, welches aus einem Schnellfeuergewehr größeren Kalibers verschossen wurde, die Stahlplatten eines Panzerkampfwagens traf, wurde die gesamte Stahlmasse dieses Panzers mit elektrischen Ladungen vollgepumpt. Dies zwar nur für einige millionstel Sekunden, doch diese Zeit reicht, die gesamte Elektronik des Panzers nachhaltig zu stören. Und zwar dergestalt, daß die Flut der elektischen Ladungen die empfindlichen, elektronischen Bauteile in den Systemen zerstörten, und somit keine computerisierte Waffe, nicht einmal der Motor mehr bewegt werden konnte. Das Ungetüm lag also still, Zeit genug für einen beherzten Milizionär, an dem Kampfwagen ein Sprengladung anzubringen; oder Zeit für einen gezielten Raketenschuß in die Motorlüftungsschlitze.

Ferner gab es ein Geschoß, welches mit derselben Langrohrwaffe abgefeuert werden konnte. Dieses Projektil konnte sich nach dem Abschuß mit Hilfe einer eigenen Treibladung selbst beschleunigen, und ins Ziel steuern. Dieses Ziel waren die wuchtigen Rotorblätter der schwer gepanzerten Kampfhubschrauber der O-Truppen.

Jeder Helikopter, ob gepanzert oder nicht, hat eine Schwachstelle. Dies ist der Bereich, an dem die Rotoren an der Antriebswelle befestigt sind. Trifft ein Geschoß mit genügender Größe und Sprengkraft genau in diesen Bereich, während der Hubschrauber sich in der Luft befindet, so wird diese Beschädigung, vereint mit der ungeheuren Belastung des Materials im Fluge, das Rotorblatt abbrechen lassen. Der Pilot dieses so beschädigten Hubschraubers muß großes Glück haben, sein Fluggerät nach so einer erheblichen Beschädigung überhaupt noch kontrolliert landen zu können; vom Kämpfen wäre bei solch einer Beschädigung sowieso nicht mehr die Rede.

Damit nun dieses Projektil auch während der rasenden Umdrehungen des Rotors nicht etwa an der Rotorspitze – wo diese Beschädigung relativ harmlos wäre – einschlägt, sondern eben an der richtigen Stelle; dafür sorgt abermals ein Sensor in der Spitze des Geschosses: ein Fliehkraft- Geräusch-Sensor in entsprechender Kombination Dabei spielt die physikalische Gegebenheit eine Rolle, daß an der Rotorspitze die Umdrehungsgeschwindigkeit und das Geräusch der verdrängten Luft bei sich drehendem Rotor am Größten ist. Das heißt: Der Sensor in dem Projektil ist so eingestellt, daß es da einschlägt, wo die Fliehkraft und das Geräusch weniger groß ist, nämlich in der Nähe der Antriebswelle des Rotors.

Doch die gefährlichste, heimtückischste Waffe war eigentlich gar keine solche, sondern es war eine Art Tarnkappe.

Die Kriegsführung im Zeitalter der zahlreichen Weltraumsatelliten, die mit Infrarotaufnahmen die Truppenbewegungen beider Seiten kontrollierten, war so primitiv geworden, daß es keine Überraschungen mehr gab. Bemerkte der Generalstab einer Seite via Satellit, daß die andere Seite an einem bestimmten Punkt Truppen zusammenzog gab es nur eines: An dieser Stelle eigene Truppen zusammen zu ziehen, um einem Angriff stand zu halten, auch unter der Gefahr eines Atomschlags. Finten, Ausweichmanöver, Flankenbewegungen, und wie diese strategischen Ausdrücke hießen, waren zwecklos, der Gegner wußte immer dank seiner Satelliten, wie die Dinge standen.

Diese Tarnkappe also ist eine Thermodecke, die die Wärme unter der Decke absorbiert, mit der Folge, daß sich keine Wärmestrahlung entwickelt, die, von einer Infrarot-Kamera aufgenommen, als Bild – eben als menschliches Wesen – dargestellt werden kann. Vielmehr ist diese Thermodecke selbst aufheizbar, allerdings elektronisch so geregelt, daß diese Decke sich dem Gelände anpaßt. In einem Wald beispielsweise simuliert diese Thermo-Decke einen Baum, und zwar entsprechend dem Bild, welches ein Baum unter einer Infrarot-Kamera von oben abgibt, je nach Jahreszeit und Temperatur: die wärmsten Teile des Baumes, der Stamm mit den Astansätzen. ·

Sehr genau also konnte diese Thermo-Decke programmiert werden, je nachdem in welchem Gelände die Dunkelleute sich bewegten, und unter dieser Tarnkappe bei Gefahr der Entdeckung Schutz suchen mußten.

Die Überwachung durch Infrarot wird durch empfindliche Sensoren in der Tarnkappe sofort angezeigt, und die Tarnkappe simuliert die Umgebung. Das heißt für den, der sich darunter befindet zunächst einmal: Keine Bewegung, liegen bleiben, so, wie bei sichtbarem Licht. So konnte der Kämpfer, der unter der Tarnkappe lag sicher sein, daß er nicht durch das Infrarot-Auge eines Satelliten oder Hubschraubers zu diesem Zeitpunkt entdeckt werden konnte. -

- Vorsichtig sich im Gelände bewegend schleicht der kleine Trupp auf die Militärstellung der O-Truppen zu. Dichtes Gebüsch, durch zahlreiche Bäume unterbrochen deckt die Partisanengruppe gut ab.

Einmal gebietet Else Halt; und alle nehmen Schutz unter der Tarnkappe, denn irgendwo oben im All zieht ein Spähersatellit vorbei, dessen Umlaufzeiten genau bekannt sind. Da es eine sternklare Nacht ist besteht die Gefahr, von den Infrarot-Augen entdeckt zu werden. Es würde nicht einmal fünf Minuten dauern, bis die betreffende Militärstellung der O-Truppen davon Kenntnis hat, was sich auf sie zubewegt.

Der Waldrand ist erreicht, und 150 Meter voraus erkennt der Trupp gegen den Sternenhimmel die drohenden Schattenrisse der Panzerkampfwagen und eines Hubschraubers. Ein anderer Hubschrauber kommt gerade aus der entgegengesetzten Richtung, schaltet den Landescheinwerfer ein, und setzt zur Landung an. Nachdem er gelandet ist, läuft der Rotor langsam aus.

Else erkennt, daß ihre Truppe nicht entdeckt worden ist und überlegt, wie sie mit den Dunkelleuten die gefährlichen fünfzig Meter überwindet, um an die Mindestschußweite von einhundert Metern zu gelangen. Sie beschließt, daß die Kämpfer einzeln und nacheinander bis zu einem Feldsaum vorrücken, der in der Endfurche eines gepflügten Ackers Deckung verspricht. Ab dort herrscht bis zum ersten Schuß absolutes Sendeverbot, denn jeder weiß sowieso, was er zu tun hat. -

In das röhrende Anlaufen der Rotoren des zweiten Hubschraubers fällt der erste Feuerstoß aus den Waffen der Terries in einem anderen Sektor. Else schießt ihre Rakete ab, die den gerade gelandeten Hubschrauber in der Kanzel trifft.

Eine Explosion mit hellem Feuerschein erfolgt, und der zweite Hubschrauber wird mit Funkengarben von dieser Explosion überschüttet, schafft es aber doch, vom Boden freizukommen. Eine nachgesandte Rakete verfehlt ihn.

Nun bieten die Panzer der O-Truppen im Feuerschein des brennenden Hubschraubers ein leichtes Ziel für die Kondensatorgeschosse der Terries, die auf der Panzerung in einer blendenden grellblauen Stichflamme explodieren. Ein Panzer versucht, seine Kanone zu richten, was ihm nicht gelingt. Als die Kondensatorgeschosse auf ihn einschlagen, dreht sich der Panzerturm ruckartig, und die Kanone reckt sich steil auf. In dieser Stellung verharrte er, als eine Rakete die empfindliche Stelle des Ungetüms trifft, und eine Flamme hochlodert: Ölbrand, dem bald danach die Explosion der Panzermunition folgen wird. Ein Ungetüm schafft es, in Fahrt zu kommen, weil es im Toten Winkel der Waffen der Terries lag. Wohin der Panzerkommandant allerdings lenken soll, um den Feind zu bekämpfen, war ihm nicht klar; die Angreifer waren bis jetzt noch nicht entdeckt worden.

Das Gefecht dauert nun gerade siebzig Sekunden, und die Bilanz sieht für die Terries bis jetzt sehr gut aus: Ein Hubschrauber zerstört, elf Panzer außer Gefecht, davon fünf zerstört. Und den letzten erwischt es gerade, als er völlig ziellos in einem Abstand von fünfzig Metern längsseits der Stellung der Terries vorbeirollt, und durch mehrere Kondensatorgeschosse blitzartig gestoppt wird.

Sofort springt Stoffels auf, läuft auf den Kampfwagen zu, richtet im Laufen die Sprengladung, wirft diese unter den Motor, und läuft zurück. Ein Krach, der Panzer hüpft in die Höhe, brennt sofort. Stoffels, vom Luftdruck vornüber geworfen, kriecht bis zur Stellung seiner Mitkämpfer, die nun, von den O-Truppen entdeckt, unter Beschuß geraten.

Else gibt ein Zeichen, sie weichen nach links aus, kommen so aus der Schußrichtung, und den restlichen, bewegungslos liegenden Panzern näher.

Stoffels, Else und Nickelsen versuchen abermals einen Angriff auf die Panzer mit Sprengladungen, wobei nur Nickelsen Erfolg hat. Else verliert ihre Sprengladung, und Stoffels wirft diesmal zu kurz. Die drei drehen ab, bemerken aber noch, daß zwei ihrer Kameraden mit Raketenschüssen Erfolg haben, und abermals geraten zwei Panzer in Brand.

Die Soldaten der O-Truppen haben längst das Feld zwischen dem Partisanenverband und dem Inferno ihrer brennenden Panzer geräumt, um nicht zwischen zwei Feuer zu geraten.

Plötzlich geraten die Terries unter massivem Beschuß. Das Krachen der schweren Maschinengewehre vermischt sich mit dem Dröhnen der Hubschrauberrotoren. Die Spatz schreit plötzlich auf, ein heller Lichtschein witscht über die Gruppe, und die Kampfmaschine ist drüber hinweg. Im Schein der Leuchtgranaten sehen die Leute Elses, wie der Hubschrauber wendet, und zu einem neuen Angriff anfliegt.

Else schreit: »Er kommt auf uns zu! Er versucht, etwas abzuwerfen. Laßt ihn nicht über uns kommen. Haltet drauf!«

In das Herandröhnen des Hubschraubers mischt sich das Pfeifen und Zischen der Raketengeschosse, die dem Hubschrauber von der Gruppe entgegengeschickt werden. Die glühenden Pünktchen der Raketen flitzen auf die Kampfmaschine zu, viele zerplatzen in einem knatternden Funkenregen an der gepanzerten Unterseite, und an der gepanzerten Pilotenkanzel des Hubschraubers; aber einige, wenige treffen die empfindlichste Stelle, denn plötzlich sackt der Hubschrauber durch, der Rotor peitscht unter Vollast die Luft. Etwas löst sich von der Antriebswelle, fliegt surrend davon. Die Maschine taumelt, sackt immer tiefer und schneller dem Boden zu, und kracht ungefähr hundert Meter von Elses Gruppe auf Grund. Die Kämpfer sehen, wie zwei Gestalten versuchen, vom Hubschrauber weg zu kommen, der, mit hochtourig laufendem Rotor sich auf dem Boden herumwälzt, wie ein Käfer, dem ein Flügel abgeschnitten wurde. Doch die Explosion der Maschine erreicht alle beide, der Luftdruck wirft sie vornüber, und die heranrasende Flammenwand und die herabprasselnden Trümmerstücke tun ihr übriges. -

Es ist nun still geworden. Nur das Prasseln der brennenden Panzer und Hubschrauber, und, vereinzelt in der Ferne, das Belfern von Schüssen ist zu hören. Elses Leute liegen ruhig, holen Atem, die Spatz stöhnt. Doktor Nickelsen und Else kriechen zu ihr: Schuß durch die Hand. Doktor Nickelsen reißt ein Verbandpäckchen auf, und legt eine Kompresse an. Es darf kein Blut mehr austreten; die Blutspur würde sonst auf dem Rückweg ihre Zuflucht verraten.

Schnell hat die Gruppe das schützende Unterholz erreicht; die Soldaten der zerstörten Basis sind durch den Abschuß und Explosion der Kampfhubschrauber – ihrer gefährlichsten Waffe – völlig desorientiert. Vereinzelt geben sie Feuerstöße aus ihren Waffen ab, ziellos, hüten sich, ins Dunkle vorzustoßen.

Else kommt neben Klüsenhaus zu liegen. Klüsenhaus weint und zittert. Else legt den Arm um ihn und sagt: »Klüsenhaus. Was ist denn los? Angst? Habe ich auch. Aber wir haben es geschafft, und nun geht's nach Hause.«

Während sie noch auf Klüsenhaus einredet, dröhnt irgend wo ein Hubschrauber heran. Ziemlich hoch; und an den aufblitzenden Positionslichtern erkennt Else, daß er auf die Gruppe zuhält.

»Tarnkappe«, schreit Else. Daß dies ein Fehler war merkte Else später; aber gegen den Kampfhubschrauber hätten sie sowieso nichts ausrichten können, denn sie hatten bei der Abwehr des einen Hubschraubers nahezu alle Raketen und die Spezialmunition verschossen.

»Los, Klüsenhaus. Mach' mal einen Baum«, sagt Else, und duckt sich unter der Tarnung. Der Hubschrauber war heran, und Geschoßeinschläge lassen die Erde aufspritzen, abgeschossene Zweige und Äste fallen auf die Menschen unter der Tarnung herab. Die Maschine dreht ab, und zerharkt mit ihren schweren Bordwaffen einen anderen Abschnitt.

»Klüsenhaus! Mensch, nimm dich doch zusammen«, sagt Else zu dem Mann neben ihr, der nun laut und heftig stöhnt. Ein winziger Lichtstrahl aus ihrer Handlampe streift den Mann neben ihr, der in einer seltsamen Stellung, mit angezogenen Beinen auf dem Rücken liegt.

»Na, na, Klüsenhaus. Du solltest doch einen Baum m a c h e n, und nicht a n einen Baum machen«, sagt Else, als sie den großen nassen Fleck auf der Hose des Mannes in Nähe seines Unterleibs sieht. Sie stutzt, greift zu diesem nassen Fleck, die Feuchtigkeit ist warm; sie schaut im winzigen Lichtkegel ihrer Lampe auf ihre feuchte Hand: Blut. -

In das Dröhnen des abermals anfliegenden Hubschraubers ruft Else: »Nickelsen. Doktor! Komm hierher, Klüsenhaus ist getroffen!«

Else nimmt den Kopf des getroffenen Mannes in den Schoß, während Nickelsen sich am Bauche Klüsenhaus' zu schaffen macht. Der Arzt fühlt und riecht, daß dieser Mann nicht mehr zu retten ist, stopft die zerfetzten Därme in die Bauchdecke zurück, und setzt eine große Morphinspritze.

Else spricht beruhigend auf den Menschen ein, der seine Hände schmerzhaft in ihre Brüste verkrallt, so, als wolle er sich am Ursprung des Lebens festhalten.

»... n, n hause?« kommt angestrengt über die Lippen des Mannes.

»Ja, jetzt gehen wir alle nach Hause«, sagt Else, streichelt das Gesicht des Mannes, der nun nicht mehr stöhnt, sondern immer langsamer, schwerer atmet, bis es vorbei ist. Seine Hände fallen schlaff von Else ab; und das Wasser, welches Else nun über die Wangen läuft, stammt nicht nur von dem jetzt einsetzenden heftigen Regen. -

- Klüsenhaus starb im fünfundvierzigten Lebensjahr, acht Minuten nach dem Beginn eines verheerenden Angriffs einer Milizeinheit der Bundeswehr auf eine Militärstellung der O-Truppen.

Der in der Luft herumröhrende Hubschrauber schickt noch ein paar Feuerstöße zur Erde, dreht dann aber ab, und fliegt zu einem anderen Sektor.

Else sammelt ihre Dunkelleute. Alle anderen, bis auf die Spatz, waren unversehrt. Klüsenhaus war tot.

Sie fordert von den Kämpfern alle überschüssige Munition, Raketen, Sprengmittel, bindet mit Gürteln dieses alles an der Leiche von Klüsenhaus fest, stopft die Sprengmittel in die Kleidung der Leiche, befestigt ein kleines Metallröhrchen unsichtbar an eine dieser Sprengladungen. Sie gibt das Zeichen zum Rückzug.

Ihre Überlegung war richtig. Auf ihrer Spur weiter vorne, am Rand des Gebüschs, hört sie Stimmen in deutscher und in fremder Sprache.

»Hierher, hier!« ruft eine Stimme, und drei oder vier andere Soldaten brechen durch das Unterholz, zu der Stelle, wo ihr Kamerad die Leiche Klüsenhaus' beleuchtet. Alle eilen näher, beugen sich über den Leichnam, bis einer von ihnen brüllt »Weg, weg!«

Aber es war zu spät. Else drückt in ihrem Versteck zum richtigen Zeitpunkt einen Knopf an ihrem Signalgeber, und eine gewaltige Detonation fegt die Verfolger hinweg.

»Fleisch zu Erde, Blut zu Wasser, Atem zu Luft«, murmelt Else; die restlichen Dunkelleute schleichen so schnell wie möglich zu ihrer Ausgangsbasis.

- Fünfzehn Minuten nach Beginn dieses verheerenden Angriffs einer Milizeinheit der Terries befinden sich nun fünf Kämpfer in der trockenen und warmen Höhle des alten Becde. Er senkte den Kopf, als Else als Fünfte und Letzte durch die Zugangsluke schlüpfte und »Schließen« befahl.

Die Gruppe hatte einen Mann verloren, aber zehn Panzer, zwei Hubschrauber zerstört, und mindestens dreißig Soldaten getötet. Es war eine Tat, grausam, unmenschlich, notwendig; denn diese Tat ließ den Generalstab der W-Truppen für mindestens vierzehn Tage davon Abstand nehmen, diesen kleinen Ort Luppesrath, 7 Grad, zwei Minuten östlicher Länge, und 51 Grad, 17 Minuten nördlicher Breite mit Atomwaffen zu belegen. -

[]

Else Laumann befindet sich auf dem Wege zu der kleinen Kneipe »Im Erlengrund«, in der sie die beiden Becdes treffen und abholen will.

- Nach dem Angriff auf Militäreinheiten der O-Truppen sah der Stadtkommandant Demlow keine Möglichkeit und keinen Grund, den jungen Becde weiter in Haft zu halten; offensichtlich war Arnold an diesem und an dem vorausgegangenen Angriff nicht beteiligt.-

Else schreckt auf, als sie hinter sich das Aufheulen eines schweren Panzermotors hört. Das Rasseln der Panzerketten wird zwar gedämpft durch die Gummistollen derselben, doch das Erzittern des Erdbodens und das Geräusch nähert sich bedrohlich. Else schaut sich um; und tatsächlich: Das Ungetüm rollt auf sie zu, die Panzerkanone und alle Maschinengewehre sind auf sie gerichtet.

‚Ruhig bleiben‘, denkt Else: ‚Der kann dir nichts tun.‘ Gleichzeitig beschleunigt sie ihren Schritt; es sind nur noch ein paar Meter bis zum Gasthaus. Doch sie fühlt, daß sie gestellt ist, schafft es noch zwei Stufen eines Hauseingangs heraufzuspringen, bleibt stehen, und wendet sich um.

Genau auf ihren Kopf ist das Kanonenrohr gerichtet. Sie zögert, weicht zurück, bis sie mit dem Rücken an der Hauswand steht.

‚Nur keine Angst. Wenn er sein Ding betätigt, pustet er sich selbst in die Luft‘, denkt Else, schaut in die Schwärze der Rohrmündung, riecht den süßlichen Duft verbrannten Pulvers, und sieht dessen Reste am Stahl kleben. Die Kanone muß vor kurzem erst einen Schuß abgegeben haben.

Nun merkt sie, wie das aus der Panzerkuppel herausfahrende Teleskop sie abtastet, von oben nach unten, und wieder zurück, wobei das Instrument besonders lange auf ihr Gesicht gerichtet bleibt. Ja, in der verspiegelten Oberfläche der Glaslinse erkennt Else ihr eigenes, verzerrtes Abbild.

‚Nur keine Angst zeigen‘, denkt Else, ‚sonst kommen sie heraus, und alles wird noch schlimmer.‘

Sie schaut also ruhig, abwechselnd in das Teleskop-Auge des Panzers und in dessen Rohrmündung, hört, durch das lange Stahlrohr verstärkt, das Grollen des schweren Panzermotors, welches nun im Augenblick lauter wird, weil sich die Kuppel dreht, und das Kanonenrohr auf eine Stelle, dreißig Meter weiter, weist.

Die Stelle ist der Eingang der Kneipe »Im Erlengrund«, in dem vor ein paar Augenblicke noch einige Personen standen, die diese Szene beobachteten, und mit Fäusten zum Panzer herüberdrohten. Doch nun war die

Stelle leer, und nur die im Winde hin- und herschwingende Eingangstür bot eigentlich ein belebtes Ziel, was dem zerstörerischen Ungetüm aber offenbar zu wenig war. Der Panzer setzt nun zurück, und gibt Else den Weg frei. Sie geht auf den Eingang zu, fühlt im Rücken heiß und kalt die tausend Möglichkeiten der Kampfmaschine sie umzubringen. Sie dreht sich trotzdem nicht um, und geht durch die Eingangstür.

»Was ist bloß in diesen Saftsack gefahren«, schimpft eine Männerstimme, als sich draußen der Panzer langsam wieder entfernt.

»Laß nur«, sagt der Wirt: »Das ist Anatoli, der sonst immer umgänglich war. Aber seitdem sein älterer Bruder bei dem Angriff am Plögers Steinbruch in seinem Panzer verbrannt ist, ist er nicht mehr zu mir gekommen. Früher hat er sich während seiner dienstfreien Zeit gern mal bei mir ein Bierchen gezischt. Wir haben uns prima unterhalten. Anatoli ist in seiner Heimat Student der Literaturwissenschaften, oder sowas ähnliches.«

Der Wirt fragt nach Elses Wunsch, und Else geht zum Tisch in der Ecke, an dem Arnold mit seinem Vater sitzt.

Sie begrüßen sich; und dem alten Becde scheint nicht mehr ganz klar zu sein, wer an ihrem Tisch Platz genommen hat, da er schon ziemlich betrunken war.

»Ist das überhaupt noch nötig, so auf den Putz zu hauen? Die sind nun einmal hier, und so werden wir sie auch nicht mehr los«, sagt ein Mann am Nebentisch.

Else schaut auf, und erkennt Herrn Spatz, der finster und provozierend in Elses Richtung blickt, und sieht ferner, wie die Männer am gleichen Tisch zustimmend nicken.

»Du weißt genau, Ernst, warum das so ist«, sagt Arnold: »Du hast ja auch gewaltige Vorteile vom Staat bekommen, als du dein Eigenheim gebaut hast.«

»Meinst du die paar tausend Mark, die ich vom Vater Staat bekommen habe, damit ich euren Pröttel auf meinem Grundstück lagere?« schreit der mit Ernst Angeredete nun los: »Komm doch morgen mal vorbei, dann gebe ich dir das Geld zurück. Aber nimm dann deine Klamotten auch mit. Mit diesem Deubelszeug möchte ich nichts mehr zu tun haben.«

-Nun war Arnold Becde bestimmt nicht die Instanz, die Spatzens Notstand abhelfen konnte. Aber Inkasso hatte Spatz tatsächlich gemacht, vorher, als er »Ja« sagte zu der Möglichkeit, sich auf Kosten der Allgemeinheit Eigentum zu verschaffen. Auf seiner Haben-Seite standen etliche Tausend-Mark-Scheine und Steuervorteile; auf der Sollseite steht aber Treue, weniger zu seinem Vaterland als zum Vertrag. -

Der alte Becde kommt aus dem Rausch hoch und lallt: »Was is' n... Anatol..? Ham' n die Türk' n gezz auch Panzer bei uns?«

Alles lacht, außer Arnold und Else, die wissen, was nun geschehen wird, und ihre Verlegenheit hinter einem langen Schluck aus der Kaffeetasse verbergen.

»Nein«, schreit lachend Franzen: »Nein, du alter Kacker! Die Türken haben sich alle rechtzeitig davongemacht. Wenn ich Türke gewesen wäre, hätte ich das genauso gemacht.«

- Dabei meinen alle den Tag, an dem in den Frühnachrichten um 6:00 Uhr zum erstenmal die Warnung erging, daß sich starke Panzerverbände der Grenze der Bundesrepublik nähern. Um 12:00 Uhr mittags sah man fast keinen türkischen Staatsbürger in der Stadt, Dafür waren die Autobahnen Richtung Süden und Westen total verstopft von Kombifahrzeugen, welche ausnahmslos von türkischen Männern gefahren wurden, und mit Menschen und Hausrat bis übers Dach hinaus vollgepackt waren. Alle versuchten, die Adria-Häfen und die Häfen Südfrankreichs zu erreichen, um auf eine Seefähre Richtung Ägäis zu gelangen.

Und die Einheimischen wußten nun endlich, aus welchen Gründen die Türken in der Vergangenheit hauptsächlich die großen Kombifahrzeuge benutzten. -

Arnold Becde steht auf, geht an den Tisch, an dem Spatz und Franzen sitzen und sagt: »Nehmen Sie das zurück. Mein Vater ist kein Kacker, er ist nur betrunken.«

»Er ist nicht nur ein alter Kacker, sondern auch ein Arschloch, genauso wie du eines bist«, sagt nun Spatz, von Franzen beifällig unterstützt: »Und wir wissen genau, wer du bist, Becde. Und ich brauche nur raus zu gehen, und einen Posten rufen, dann bist du weg vom Fenster.«

Else, die hinzugetreten war, hält die Hand des kreidebleich gewordenen Arnold fest die hervorzuckte, um in ein aufgedunsenes Gesicht zu fahren.

Der Wirt ermahnt zur Ruhe, sonst würde er alle vor die Tür setzen, serviert bei anderen Gästen und fragt, ob die Becdes noch was haben möchten, was aber verneint wird.

»Pah, diese Becdes«, hört Arnold den Spatz sagen: »Die Alte von denen tickte nicht richtig; und der Alte hat kleine Kinder geschlagen.«

- Da war er wieder, dieser ziehende, zuckende Schmerz den Arnold durchdrang; vom Herzen seinen Anlauf nahm, über die linke Leistengegend, und sich im linken Hoden verdichtete, und dort ausklang. -

Else hat nun alle Hände voll zu tun; mit einer Hand krallt sie sich in den Unterarm Arnolds; und mit der anderen zieht sie an den spärlichen Haaren auf dem Kopf das Gesicht des alten Becde aus einer Bierpfütze auf dem Tisch.

»Zahlen«, ruft sie, der Wirt kommt, kassiert; die beiden jungen Leute haken den alten Becde unter, verlassen – von Robert Kaltz begleitet – das Lokal.

Der Wirt schaut ihnen nach und rechnet sich aus, wann er den letzten Gast in seinem Lokal bedienen wird, wenn nun schon die einzelnen Fußgänger mit Panzerwagen gejagt werden.

»Ich habe denselben Weg«, sagt Kaltz, »darf ich helfen?« Dabei packt er auch schon an, und langsam bewegt sich die Gruppe der vier Menschen über einen Feldweg in Richtung des Hochhauses, das Tempo bestimmt vom wackeligen, stolpernden Gang des Betrunkenen.

»Wie geht es ihrer Tocher?« fragt Else, zu Kaltz gewandt: »Ist es ein Junge, oder ein Mädchen?«

»Das Kind war tot«, sagt Kaltz kurz, und Else senkt betroffen den Kopf.

»Entschuldigen sie bitte. Das habe ich nicht gewußt«, sagt sie, und schaut in den kupferfarbenen, karmesin-violetten Sonnenuntergang. Es wird Zeit, daß sie nachhause kommen, bald beginnt die Sperrstunde.

Unterwegs reihert der alte Becde los. Arnold hält seinen Vater, von hinten gefaßt, mit beiden Armen in der Bauchgegend fest, damit dieser sich ungestört entleeren kann.

Else und Kaltz wenden sich ab; Else würgt im Rhythmus der Pausen des Würgens Becdes, sieht, wie Arnold seinem Vater mit einem Taschentuch die Tränen und den Mund abwischt und denkt, daß der alte Becde auch so fürsorglich zu Arnolds Mutter gewesen sein müßte. Arnold hebt den Kopf, wendet sich zu Else, und lächelt beruhigend.

Else ist, als sähe sie ein lächelndes Jungengesicht, umrahmt von einem erdfarbenen Uniformkragen mit schwarz-roten Kragenspiegeln, und wie dieses Bild von grellgelben, hochzüngelnden Flammen eines Panzerbrandes stetig und langsam aufgezehrt wird.

Sie würgt und kotzt nun ebenfalls; und nun war es an Kaltz zu helfen, was er auch tat. »Ich glaube, die Sperrstunde hat schon begonnen«, sagt er: »Wenn sie wollen, können sie bei uns übernachten.«

Else nickt, schaut zu Arnold, der mit den Schultern zuckt.

»Sie können auch noch etwas zu uns in die Wohnung kommen«, sagt Kaltz zu Arnold, »wenn sie Ihren Vater ins Bett gebracht haben.«

Arnold sagt zu, Kaltz und Else treten in Kaltzens Wohnung, und Kaltz schließt die Wohnungstür. Er tastet sich im dunklen Flur zum Lichtschalter und ruft leise »Hallo, ich habe Besuch«, was aber nur eine leises Weinen von irgendwo zur Antwort hat.

Kaltz öffnet eine Türe und fragt: »Warum weinst du, Wanda? Wo ist Mutti?« wodurch aber das Weinen nur noch verstärkt wird.

»Alle seid ihr weg«, sagt die mit Wanda Angesprochene: »Mutti ist bei Frau Giminus, und du bist beim Biertrinken. Und ich habe Schmerzen!«

Wanda Kaltz steht neben ihrem Bett, auf ihrem wunderschön bestickten Nachthemd breitet sich in der Körpermitte ein Blutfleck aus. Kaltz steht, und weiß nicht, wie er seiner Tochter helfen soll, so daß Else auf Wanda zugeht, und »Hallo, Wanda. Kann ich dir helfen?« sagt. Wanda dankt und nickt, und erklärt, daß gerade heftige Blutungen eingesetzt hätten.

Kaltz zieht sich zurück, weil er seine Tochter gut versorgt weiß, und dies alles sowieso keine Männersache ist. Er hört das Wasser im Badezimmer rauschen, und nach einiger Zeit kommt Else zu ihm in das Wohnzimmer und sagt: »Ihre Tochter ist gut versorgt, es scheint nichts Schlimmes zu sein. Ich schlafe nachher bei Wanda, wenn ihre Frau nichts dagegen hat.«

Es klingelt, Arnold tritt herein. Sie setzen sich ins Wohnzimmer.

»Ich halte es nicht für richtig, daß die gekommen sind«, so meint Kaltz, »aber die standen ja selbst unter Druck, zumal der Ami in Mittelasien und in Fernost Dampf gemacht hat, und die wildgewordenen Ajatollahs die Völker hinterm Kaukasus verrückt machen.«

Arnold nickt und meint: »Die haben sich bis jetzt an ihre einseitige Vereinbarung gehalten, und nicht als erste mit Atomwaffen begonnen.«

»Vielleicht wäre es besser gewesen, wenn nach dem Zweiten Weltkrieg ganz Deutschland sozialistisch geworden wäre«, so Kaltz, »dann wäre es nicht nach so einer Spaltung zu so einem entsetzlichen Krieg gekommen.«

Else schüttelt den Kopf: »Oder auch kapitalistisch?« In ihrer Bemerkung verbirgt sich eine kleine Frage, alle zucken mit den Schultern.

»Ich habe als Bauarbeiter vor Jahren gesehen, wie in vielen Häusern sogenannte Schutzbauten eingerichtet wurden«, meint Kaltz: »Mir fiel nur auf, daß die verdammt schwer zugänglich waren. Manche hatten richtig versteckte Geheimeingänge. Ich wunderte mich darüber, der Polier sagte aber, das müßte so sein, damit die Eigentümer dieser Schutzbauten keine Schwierigkeiten mit dem jeweiligen Nachbarn bekommen, wenn es losgehen sollte.«

Er nimmt einen Schluck aus dem Glas, zündet sich eine Zigarette an, und fährt fort: »Ich meine, mich geht das ja alles nichts an. Aber warum ausgerechnet im Stollen von Plögers Steinbruch ein Schutzraum gebaut wurde, war mir nicht ganz klar.«

Else und Arnold schauen sich verstohlen an, können aber nicht dafür garantieren, daß Kaltz diese Blicke nicht verstanden hätte. »Hört mal, wie das draußen stürmt«, wirft Else ein; ein schwacher Versuch, das Thema zu wechseln.

Kaltz wußte Bescheid, das war sicher. Kaltz hingegen dachte nicht daran, sein Wissen zu verraten, trotzdem er Kommunist war. Denn manches war in ihm zusammengebrochen, als die Invasion erfolgte. Auch war ihm klar, daß die Aufdeckung sämtlicher Depots der Terries nichts an der Lage der Zivilbevölkerung änderte, im Gegenteil: Für die Einstellung des Guerillakampfes und der Schonung der O-Truppen setzte es um so mehr Atomraketen von der Gegenseite.

Selbst wenn die O-Truppen versuchen wollten, die gegnerischen Raketenstellungen ihrerseits durch nukleare Angriffe zu vernichten, so hätte sie damit nichts gewonnen. Denn die andere Hegemonialmacht hatte in den späten achtziger Jahren damit begonnen, im All Raketenabwehr-Einrichtungen zu installieren, die die Vorrichtungen zum »Krieg der Sterne« – wie dies ein U.S.Präsident mal sehr präzise bezeichnete – beinhaltcten.

»Dieser Krieg«, läßt sich Kaltz vernehmen, »ist ein Werk der Obrigkeit, des Staates, der sogenanten Öffentlichen Ordnung. Nach dem Kriege wird es auf lange Sicht keine öffentliche Ordnung mehr geben. Eine Chance für die Anarchie.«

Else und Arnold schauen sich schweigend an. Nie hätten sie diese Äußerung aus dem Munde eines Kommunisten erwartet, zu unerfahren um zu wissen, daß Kommunismus – der echte, alte, ideale! – verteufelt nahe am Anarchismus beheimatet ist.-

Draußen im Korridor poltert es. Die Drei eilen hinaus um zu sehen, ob etwas mit Wanda ist. Doch es ist Frau Kaltz, die aufgekratzt »Tschüüüs Paula!« in das dunkle Treppenhaus ruft, aber Else und Arnold erblickt und verwundert stottert: »Aber wer ist denn da? Wen haben wir denn da?! Hallo, Paula. Mein Mann hat Besuch. Komm auch noch mit rein.«

Paula Giminus wutscht durch die Tür, die Frau Kaltz anschließend laut und mit viel Schmackes zuschlägt.

»Sei doch bitte nicht so laut. Wanda schläft nebenan. Es ist ihr nicht gut«, bittet Kaltz.

»Was ist mit Wanda? Was hast du Sauhund mit meiner Tocher gemacht?« mault Rita Kaltz. Ihr Schnapsatem weht penetrant herüber.

»Nichts! Es ist nichts Besonderes«, windet sich der Mann: »Else hat Wanda geholfen. Else ist nicht mehr rechtzeitig nachhause gekommen, und da hab ich sie gefragt, ob sie bei uns für diese Nacht bleiben will.«

»Hör dir das an, Paula«, sagt Rita Kaltz zur Giminus: »Mein Mann lädt sich junge Dinger ins Haus ein. Und der junge Becde ist auch noch mit von der Partie. Komm, Paula, da trinken wir aber auch noch ein Schlückchen mit.«

Sie hakt ihre Freundin unter; und so taumeln sie beidseitig ins Wohnzimmer.

Herr Kaltz zuckt bedauernd seine Schultern, als die beiden jungen Leute ihn schweigend ansehen.

»Ich glaube, es ist doch besser, wenn wir gehen«, sagt Arnold.

»Nix da«, ruft Rita Kaltz: »Kommen sie, kommen sie! Setzen sie sich ruhig bei. Wo habt ihr denn den Alten, den Saufhansel gelassen?«

»Rita! Jetzt ist aber Schluß! Du hast noch nicht einmal nach deiner Tochter geschaut«, empört sich Herr Kaltz.

»Meine Tochter, meine arme Tochter«, lallt Rita Kaltz, erhebt sich schwankend, wirft polternd einen Stuhl um, und schlurft in Wandas Schlafzimmer: »Was haben sie dir nur angetan, Schatzilein, diese verdammten Männer«, sagt sie, tätschelt den Kopf Wandas, die nun wieder verzweifelt weint.

Kaltz, der ihr gefolgt war, packt seine Frau unter, und führt sie wieder ins Wohnzimmer, wo Arnold und Else in gebührendem Abstand neben der kichernden Giminus Platz genommen haben.

- Merkwürdig, denkt Arnold. Alles dreht sich im Kreise. Diese Frau Kaltz kann es einfach nicht verwinden, daß sein Vater eben besser war, als diese Frauen. Was Vater ihnen, den Söhnen, an mütterlicher Liebe, schon von Natur aus, nicht geben konnte, glich er durch gezielte Förderung auf anderen Gebieten aus. Manchmal noch wundert er sich nachdenklich, wenn er die Dinge betrachtet, die ihr Vater aufbewahrt hat. Dinge wie Zeichnungen, Bilder, Geschichten, die die beiden Brüder schon anfertigten, als andere Kinder im gleichen Alter noch in die Hose machten, was nicht heißen soll, daß sie nicht mehr in die Hosen machten, aber sie machten eben daneben noch was anderes. Auch die vielen Fotos und Dias konnten nichts anderes beweisen, daß die beiden Jungen eine schöne Kindheit hatten, trotz der außergewöhnlichen Schwierigkeiten, die dem alten Becde gemacht wurden. Arnold konnte den mörderischen, vernichtenden Haß nie verstehen, welcher seinem Vater von den Frauen entgegenschlug. Es war wohl der Haß gegen die Angehörigen des anderen Geschlechts, der in diese Frauendomäne eindrang, eindringen mußte aus Gründen, die er nicht zu vertreten hatte, einer Domäne also, die seit Urzeiten den Frauen vorbehalten war: Kinder und Familie versorgen. Und nun kommt da so einer her und zeigt auch noch, wie man es vorbildlich machen kann, unter Selbstaufgabe der eigenen, bürgerlichen Persönlichkeit! Das muß doch wieder so ein Trick des Patriarchats sein, so einen miesen Maso als

Vorbild hin zu stellen, dem die Frauen nacheifern sollen. Nichts da! Da wurden alle weiblichen Zusammengehörigkeitsgefühle zusammengeschlossen, um diesen Fremdkörper zu zertrümmern. Dabei wäre es so einfach gewesen, einen Mann zu neutralisieren: Indem man ihn nicht für ernst nimmt, und ihn dies auch fühlen läßt. Es bedurfte eigentlich keiner Verleumdung, Ehrabschneidung, Lügen und Falschem Zeugnis, um seinen Vater zu zerstören. Denn er war längst schon von Innen her aufgezehrt, er gab gewissermaßen den Nährboden für die beiden Jungen ab: Eine Opferkathode gegen gefährliche Fremdströme. -

So dachte Arnold, als er das widerliche Geschwätz der Kaltz und der Giminus hörte, und Herr Kaltz sich ehrlich schämte, weil er die Gäste doch in die Wohnung geladen hatte.

»Arnold. Du holst mich doch nicht, wenn du wieder losziehst »Stachos« zu schießen? Ich kann nämlich nicht, ich muß immer müssen, wenn ich sowas machen muß«, meint Frau Kaltz, und die Giminus prustet los, während die Kaltz weiterredet: »Und außerdem habe ich keine Lust, drauf zu gehen.«

Arnold will darauf dienstlich antworten, was ihm wegen des Gekreisches der beiden Frauen nicht gelingt.

Frau Giminus sagt: »Eines kann ich dir mitteilen, Arnold Becde! Wenn du fortfährst, hier im Bereich Unruhe durch deine Scheiß-Kriegsspiele zu machen, hast du zumindest uns vier gegen dich. Nicht wahr, Fräulein Laumann? Sie sind doch auch dagegen?«

Else schweigt, steht aber zusammen mit Arnold auf, als der sich bei Herrn Kaltz bedankt und verabschiedet, sagt, daß sie hier nicht bleiben wollen.

»Aha. Dann geht Fräulein Laumann wohl nur zwei Etagen höher. Und auf dem Flur schlafen ist ja zu kalt«, mosert die Kaltz.

Kopfschüttelnd gehen die Beiden, von Herrn Kaltz begleitet, zur Korridortüre, und in dem Aufseufzen des geplagten Mannes, dem grellen Lachen der zurückgebliebenen Frauen, dem Zuschnappen des Türschlosses hört Else eine verwehte, weinerliche Stimme: »Else, bitte. Bleib doch bei mir.«

[]

Arnold bekam von EUNAT den Auftrag, eine Autobahnbrücke in seinem Bereich zu sprengen. Es war eine der Brücken der Autobahn, die Ende der Achtziger Jahre fertiggestellt wurde, und die nach dem überwiegenden Urteil der Bevölkerung nicht notwendig gewesen war, weil diese Bahn die Umwelt zerstört.

Doch nun hatten die O-Truppen für ihre schweren Fahrzeuge freie Fahrt. Arnold kannte diesen Autobahnabschnitt sehr gut, er hatte dort unter anderem als Gymnasiast auch gegen den Bau protestiert, mußte aber damals einsehen, daß nichts erreicht wurde: Andere Interessen waren stärker.

Nach seiner Ausbildung als Terrie wußte er genau Bescheid über die Bauwerke in seinem Bezirk, und wie diese im Ernstfall zu zerstören waren. Die Autobahnbrücke brauchte genau 240 Kilogramm hochbrisanten Sprengstoff, um nachhaltig zerstört zu werden.-

Arnold trifft Karl, den Ko-Offizier aus dem Nachbarbezirk, auf dem Eicker Feldweg. Natürlich nicht zufällig, sie hatten sich vorher verständigt. Aber es mußte wie zufällig aussehen, denn manches Fernglas der Beobachter der O-Truppen richtete sich auf spazierengehende Fußgänger, und niemand wußte, wieviel Präzisions-Richtmikrofone alles auffangen sollten, was diese betreffenden Leute so reden mögen.

»Hallo Karl. Grüß dich«, sagt Arnold, und reicht ihm die Hand.

»Hallo Arnold«, sagt Karl, nimmt ihn an die Hand, und zieht ihn ins Gebüsch.

Vor ihnen liegt die Autobahnbrücke. Auf massiven Betonsäulen ruht das Bauwerk, zwanzig Meter hoch über dem Waldesgrund. Wegen des Landschaftsschutzes hatte man die Brücke – sehr gewagt – auf wenige Pfeiler konstruiert. Und diese runden Betonpfeiler waren der wunde Punkt der Brücke. An jedem dieser Pfeiler war eine Sollbruchstelle von den Brückenbauern eingeplant, zusätzlich zu einer konventionellen Sprengkammer im Brückenkörper. An dieser Sollbruchstelle an den Pfeilern mußte die Sprengladung angebracht werden.

»Wann willst du es machen?« fragt Karl.

»Wenn möglich, in drei Tagen. EUNAT hat mir eine Frist von fünf Tagen gegeben. Du weißt was passiert, wenn wir die Brücke nicht knacken.«

»Scheißkerle!« stößt Karl böse heraus: »Die Brüder sitzen mit ihrem Arsch im sicheren Bunker, und schicken uns sechzig Kilotonnen herüber. Womöglich im 2-fach Sprengkopf, um den Autobahntunnel auch noch zu erwischen. Was dann von Luppesrath übrig bliebe, kannst du im Taschentuch wegtragen.«

Arnold nickt, und erläutert Karl, wie er vorgehen will. Das Unternehmen sollen vier Leute ausführen. Zunächst sollen in der ersten Nacht vier Leute zweimal mit je zwanzig Kilogramm Sprengstoff in unmittelbare Nähe der Brücke schleichen, und dort ein Depot von 160 Kilogramm Sprengstoff anlegen. In der darauf folgenden Nacht wolle er mit vier anderen Leuten nochmals je zwanzig Kilogramm mitnehmen, die Ladungen anbringen und zünden.

»Wie ist es mit der Bewachung, Arnold?«

»Es ist nicht so schlimm. Die meisten halten sich oben im Autobahntunnel auf. Nur ein Doppelposten macht unten an den Pfeilern seine Runde. Das ist allerdings meine größte Sorge, wenn es nicht anders geht, muß ich sie mir schnappen.«

»Die Burschen haben spitz gekriegt, daß es nur immer nachts losgeht«, sagt Karl, »denn jetzt sieht man fast keinen von denen.«

Und dies stimmte, denn unten an den Pfeilern war niemand zu sehen; nur der Bach schlängelt sich durch das dichte Unterholz und dem dürren, abgestorbenen Gesträuch. Von ihrem Standort aus waren es höchstens achtzig Meter bis zur Brücke.

»Sollen wir mal versuchen, hin zu kommen?« fragt Arnold.

Die beiden Männer huschen vorsichtig vorwärts, bis sie auf einen kleinen Pfad gelangen, der unter der Brücke herführt. Sie erkennen nirgendwo Hinweisschilder oder Absperrungen, Postenketten oder gar Wachhäuschen. So kann davon ausgegangen werden, daß dieser Weg frei zu begehen ist, zumal ihnen aus der anderen Richtung eine junge Frau mit einem Kinderwagen und einem Hund entgegenkommt.

Von der Brücke beugt sich ein Soldat herunter, macht eine vage Handbewegung, sagt etwas und lächelt. Scheint also nichts Schlimmes zu sein: Arnold macht ebenfalls eine Handbewegung und lächelt zurück. Aber der Posten beachtet die beiden Männer nicht; er schien nur die junge Frau gemeint zu haben.

»Wie willst du zünden. Über Funk?« fragt Karl.

Arnold nickt: »Nur der Pfeiler am Tunneleingang macht wohl Schwierigkeiten.«

Karl bemerkt ebenfalls, daß es nicht so einfach sein wird, den Pfeiler zu sprengen, weil dieser frei auf einer Grasfläche steht, aus der sich zwar noch dürres Gras aus dem Vorjahr befindet, aber es war viel zu kurz, um sich darin ungesehen nähern zu können.

»Notfalls muß es ohne diesen Pfeiler gehen«, meint Karl, »die Brücke wird jedenfalls auch ohne den gesprengten Pfeiler unpassierbar.«

Die beiden Männer schlendern zurück, achten sorgsam darauf, daß niemand vom Brückenkommando sieht, wie sie in das dichte Gehölz des Waldes schlüpfen, und zu ihrem Ausgangspunkt zurückschleichen. Dieser liegt in einer flachen Mulde, wodurch früher einmal ein Karrenweg geführt haben mußte.

Es war viel nasses Laub vom Vorjahr in der Mulde. Arnold scharrt mit dem Schuh und stellt fest, daß darunter sehr leicht flache Päckchen versteckt werden können.

»Wenn du soweit bist, sage mir Bescheid. Ich veranstalte dann in meinem Bezirk einen Feuerzauber, der die Burschen ablenken wird«, sagt Karl. Beide setzen sich auf die weiche Walderde und schweigen.

Über die Autobahnbrücke rollt donnernd der Panzerverkehr der O-Truppen; Geschütze, Mannschaftswagen und Tanklaster wechseln sich ab.

Auch im Atomzeitalter, und im Zeitalter der Weltraumwaffen waren Brücken und Straßen strategische Ziele. Die helle Betonbrücke strahlt das rötliche Licht der Nachmittagssonne zurück. Es ist kalt, ein wenig zu kalt für diese Jahreszeit.

»Ich meine, es wäre besser, wenn wir Menschen wieder auf Bogen und Pfeil zurückkommen. Spätestens nach Auschwitz, Hiroshima und Nagasaki«, sagt Arnold.

»Ja, die eigentlichen Verbrecher sind die Wissenschaftler, die den Menschen solche furchtbaren Dinge in die Hand geben. Aber was konnten Demokritos und die Curie schon von solch entsetzlichen Dingen wissen?

73

Otto Hahn hatte allerdings schon eine dumpfe Ahnung. Warum hat er seine Geräte nicht zerschlagen, seine Arbeiten nicht verbrannt? Und Oppenheimer schmiß erst dann die Klamotten hin, als es zu spät war«, meint Karl.

»Zwecklos. Wenn es nicht diese gewesen wären, hätten sich andere gefunden. Die Erkenntnisse der Wissenschaft sind im Evolutionsplan eingebaut. Dieser Plan läuft ab wie ein Computerprogramm. Und der Startpunkt dieses Programms lag im Paradies, als die Menschen vom Baum der Erkenntnis aßen und wußten; als ihr Bewußtsein erwachte. Die Erbsünde des Bewußtseins: Das Wissen«, sagt Arnold, und schaut in den rötlichen Schein der untergehenden Sonne.

»Wie könnte man dieses Programm unterbrechen«, fragt Karl, »indem wir aufhören, und den Kampf aufgeben?«

»Zwecklos. Negativ«, sagt Arnold, und wundert sich nicht eine Sekunde über diese defätistische Frage Karls, weil er sich diese Frage oft genug selbst gestellt hatte: »Andere kämpfen weiter. Immer wird sich einer finden, der einen Funkspruch absetzt der bewirkt, daß ein anderer wiederum irgend ein Knöpfchen drückt. Der anonyme Tod, der unpersönliche, und noch nicht einmal eines Henkers würdige Tod jagt dann tausende von Menschenleibern in die Atmosphäre, und läßt sie als öligen Regen zurückkommen. Regen, der noch nicht einmal zum Düngen der Erde gut ist. Wie gesagt: Das Programm läuft ab.«

»Arnold. Hast du in deinem Bezirk eine Frau Christa Altenbeeke?« fragt Karl.

Arnold überrascht diese direkte Frage sehr, und er bejaht.

»Sei vorsichtig«, so Karl weiter: »Ich habe einen Verbindungsmann bei der Kommandantur. Die Alte hat gepfiffen. Deswegen durften die Altenbeekes auch schnell wieder nach Hause, als bei denen das Waffendepot ausgeräumt wurde.«

»Dieses elende Miststück«, schimpft Arnold: »Es geht mir nicht um die Waffen; es geht mir darum, daß sie die anderen aufhetzt und versaut.«

»War mal was zwischen euren Familien?« fragt Karl weiter.

»Ja.«

»Arnold sei bloß vorsichtig. Die Frau ist böse. Laß sie lieber zuhause.«

»Geht nicht«, sagt Arnold, »sonst tanzt die mir auf der Nase herum. Es fällt mir schon was ein, wie ich die drankriege.«

Die beiden Männer machen sich auf den Heimweg, die Sonne ist verschwunden, und es wird kälter.

Das Knattern eines Hubschraubers läßt sie hochblicken. Die Maschine fliegt an, senkt sich tiefer. Aus einem Lautsprecher dröhnt eine Stimme in einer fremden Sprache, ein Soldat winkt aus der Luke.

Die Beiden auf dem Boden winken blöd zurück. Die Stimme aus dem Lautsprecher brüllt lauter, die Beiden winken heftiger, gehen aber ohne Hast weiter. Ein paar Schüsse aus einem Maschinengewehr fahren weit vor ihnen in den Boden.

»Nerven«, zischt Karl: »Einfach weitergehen, ganz langsam. Und lächeln und winken.«

Und tatsächlich: Die Leute im Kampfhubschrauber lassen sich durch derlei Sturheit beeindrucken und drehen ab.

- Am nächsten Tag klingelt Arnold wieder bei Altenbeekes. Christa Altenbeeke macht auf. Arnold vor der Tür zu sehen und der Versuch, die Türe wieder zuzuschlagen war eines; das andere war, daß Arnold den Fuß schon längst in der Tür hatte, und sich durchdrängte: »So, Frau Altenbeeke. Nun bin ich da. Ich brauche sie heute nacht.«

»Ich kann nicht. Sie wissen doch, daß unser Depot ausgeräumt wurde. Ich stehe bestimmt unter Bewachung. Wenn die sehen, daß ich nachmittags das Haus verlasse wird man warten, bis ich wiederkomme. Wenn ich aber während der Sperrstunde abhaue, verrate ich auch die anderen, auch sie«, sagt die Frau, hastig und wie auswendig gelernt.

»Sie stehen n i c h t unter Bewachung«, sagt Arnold, »das garantiere ich ihnen.« Dabei schaut er kalt in die Augen seiner Gegenüber, die verlegen den Blick wendet.

»Also, was muß ich tun?« fragt sie.

»Wir machen heute nacht einen Sprengstofftransport. Ich hole sie eine viertel Stunde vor der Sperrstunde ab. Verstanden?«

»Ja«, sagt die Frau, und schließt die Tür.

- Was soll sie nun tun? – Sie ruft nacheinander Frau Giminus und Frau Kaltz an; die Spatz war nicht zuhause.

Becde hebt noch zwei weitere Männer in der Nachbarschaft aus, die mit ihm und Frau Altenbeeke heute nacht den Sprengstoff transportieren sollen, und begibt sich dann zum Hause des Herrn Thomas Kalitscheck, Herr Kalitscheck ist Polizeibeamter.

Kalitscheck öffnet selbst die Tür und begrüßt Arnold. Nachdem sich Arnold identifiziert hatte, wurde Kalitscheck ziemlich unsicher, was Arnold zwar bemerkte, ihn aber in keiner Weise störte.

»Wissen sie, Herr Becde. Eigentlich kann ich die nächste Nacht nicht mitkommen, ich habe nämlich Nachtdienst. Und wie sie wissen, dürfen wir Polizeibeamte nachts während der Sperrstunde nur in Begleitung des Militärpersonals auf die Straße.«

»Ist mir bekannt. Nehmen sie sich dienstfrei, wegen Krankheit«, erwidert Arnold.

»Ich glaube nicht, daß mein Dienstvorgesetzter dies so ohne weiteres ohne ärztliche Bescheinigung akzeptiert.«

»Das glaube ich aber doch. Rufen sie sofort Ihren Vorgesetzten an, und sagen Sie ihm, daß ich hiersei; und sie seien überraschend krank geworden.«

Kalitscheck wählt eine Nummer, am anderen Ende der Leitung dröhnt eine Stimme: »Ziegler hier. Polizeistation Luppesrath. Wer spricht?«

Kalitscheck meldet sich, und erklärt, daß er diese und die nächste Nacht nicht zum Dienst erscheinen könne, er sei überraschend krank geworden.

»Was, Kalitscheck. Sie sind krank? Davon habe ich aber in der letzten Nacht nichts gemerkt, als wir zusammen die Flasche Wodka leergemacht haben. Was sagen sie? Arnold Becde ist bei Ihnen? Na dann. Da wünsche ich ihnen gute Besserung und alles Gute.«

Es klickt, weil drüben aufgelegt wurde, aus dem Hörer ertönt das Freizeichen. Verdattert legt Kalitscheck nun auch auf; ihm war anscheinend nicht bekannt, daß die Ko-Offiziere der Terries auch Befehlsgewalt über die Schutzpolizei hatten.

Kalitscheck bittet Arnold nun ins Wohnzimmer, wo Frau Kalitscheck sitzt und sorgenvoll blickt. Arnold ist bekannt, daß Frau Kalitscheck nicht ausgebildet worden war, und auch keinen Eid geleistet hatte. Zwar konnte er sie kraft seiner Kompetenz auch ausheben, nahm aber davon Abstand, weil ihm bekannt war, daß Frau Kalitscheck krank war.

Er bat nun Kalitscheck darum, in einen Raum geführt zu werden wo sie allein waren, und sie die Frau nicht störten. Nachdem Arnold mit seinen Erläuterungen fertig war, verabschiedete er sich von Kalitscheck. Beim Weggehen hörte er die Frau weinen.

Dann ging Arnold noch zu Herrn Helmut Franzen, und zu Frau Anette Röder. Beide wohnten im selben Haus, wobei zu bemerken ist, daß Herr Franzen vor wenigen Jahren als Spätaussiedler aus der Volksrepublik Polen zugezogen war. Kurz erläuterte Arnold den Beiden seinen Plan für die übernächste Nacht, geht nach Hause, um noch etwas zu schlafen.

[]

Am Abend liegt dicker Nebel über dem Gebiet. Günstiger konnte es für den Trupp um Arnold Beude gar nicht kommen, und dies in zweifacher Hinsicht. Eine Beobachtung aus dem All war so gut wie ausgeschlossen, und die Hubschrauber flogen nicht im Nebel. Nur die Bodentruppen konnten gefährlich werden, aber diese hielt ein Kampfbomber der EU-NAT in Atem, den Arnold zur Ablenkung angefordert hatte. Dieser tobt also dort oben über der nebligen Waschküche irgend wo herum, und feuert von Zeit zu Zeit ein paar donnernde Schüsse aus seinen Bordkanonen ab, was die Luftabwehr der O-Truppen veranlaßt, ein Riesenfeuerwerk zu veranstalten.

Sie kommen gut voran mit der ersten Last Sprengstoff, den sie aus einem geheimen Versteck entnommen hatten. Frau Altenbeeke stöhnt.

‚Mag sein‘, denkt Arnold, ‚daß die vierzig Pfund sie nun tatsächlich belasten. Aber tragen muß sie‘. Vorsichtshalber bleibt Arnold in ihrer Nähe, damit sie keine Dummheiten macht.

Sie erreichen die Sammelstelle, kratzen das Laub auf, und verstecken die Sprengstoffpakete. Nach einer Stunde liegen weitere Pakete im Versteck.

Sie verweilen einen Moment, während Arnold über EUNAT Verbindung mit dem Kampfbomber aufnimmt und Anweisung gibt, daß dieser Sektor nicht mehr beschossen und überflogen werden soll.

Arnold ist insgeheim froh, daß die Altenbeeke wegen des Nebels die Autobahnbrücke nicht gesehen hat, denn sie hätte bestimmt zwei und zwei zusammenzählen können. Aber da sollte er sich täuschen....

- Sie übernachteten in dem Depot des Terries, dessen Vorgarten sie ohne große Gefährdung erreichen; und am Morgen, nach der Sperrstunde, ging jeder zu seiner Wohnung. Arnold ging zu Laumanns. -

Else empfängt ihn mit der Nachricht, daß ihr Vater krank ist. Er liege im Bett, und der Arzt käme gleich. Arnold betritt mit Else das Schlafzimmer Laumanns.

Der liegt matt und erschöpft im Bett, lächelt aber noch ein wenig, als er Arnold sieht, winkt ihm, näher zu kommen. Arnold begrüßt den Mann, der nun mit beiden Händen die Hand des Jungen umklammert.

»Wie geht es ihnen, Herr Laumann?« fragt Arnold.

»Ach, wie soll es gehen, wenn der Doktor mir meine einzige Freude auch noch verboten hat«. Dabei weist er auf das Zigarrenkästchen, welches verschlossen auf dem Tisch steht.

»Vater. Der Arzt hat recht«, sagt Else: »Du hast in der Nacht einen schlimmen Hustenanfall bekommen. Du warst ganz weg, als ich dich fand. Ich glaube, mit deinem Herzen ist was nicht in Ordnung. Arnold, ich mache dir ein Frühstück. Waschen und Rasieren solltest du dich auch. Vater, ich mache dir auch was zu essen.«

Sie geht hinaus, Arnold macht sich im Badezimmer frisch, während er das Klappern und Klirren des Küchengeschirrs hört; sogar ein Duft von echtem Kaffee durchzieht das Haus.

»Hat alles geklappt, heute nacht?« fragt Else.

Arnold bejaht, und gibt Else einen Kuß, als sie mit dem Tablett in Vaters Zimmer geht.

»Komm, setzen wir uns in die Küche«, sagt sie, als sie zurückkehrt: »Vater hat fast nichts gegessen.«

Arnold fährt hoch: »10 Uhr, Else! Ich muß meinen Vater rufen«, nimmt seinen Sender aus der Tasche, steckt die Verbindungsleitungen in eine Steckdose.

Die Verständigung klappt: »Hier U be«, kommt es leise, aber klar aus dem Ohrhörer: »Kennst du das Land, wo die Zitronen blühn?«

»Natürlich: Sie blühen genau in 3 1 1 6.«

»Stimmt«, hört Arnold seinen Vater, »was machst du jetzt?«

»Ich bin bei Laumanns. Dem alten Laumann geht es nicht gut. Wahrscheinlich muß er ins Krankenhaus. Ich komme gegen 14 Uhr nachhause. Ende.«

»Verstanden. Ende«, tönt die Stimme des alten Becde; im Gerät knackt es. Aus.

Gegen 10:30 Uhr kommt Dr. Röven. Ein Mann von ungefähr fünfundsechzig, mit weißem Haar, welcher seine hanseatische Abstammung nicht verleugnen kann; und dies durch das Tragen einer Prinz-Heinrich-Mütze auch noch unterstreicht. Oder war es die längst verflossene Liebe zu einer Partei, deren Alt-Bundeskanzler er sehr verehrte?

Dr. Röven untersucht Laumann. Kein Zweifel, ein leichter Herzinfarkt hat den Mann betroffen, er muß ins Krankenhaus.

Der Krankenwagen kommt, ein Soldat der O-Truppen befindet sich selbstverständlich bei der Besatzung des Krankenwagens. Vorsichtig wird Laumann in das Fahrzeug transportiert, ein Blick trifft Arnold: Es scheint, als wenn da jemand Abschied nimmt. -

Die jungen Leute treten ins Haus. Else weint, Arnold umarmt sie; sie sagt: »Bitte nicht jetzt«, in der Befürchtung der Dinge, die Arnold aber nicht im Sinn hatte: Urangst des Weibes. – Arnold läßt sie los, und zieht sich ins Wohnzimmer zurück, während Else sich zum Gehen umkleidet; sie möchte noch ein paar Nahrungsmittel einkaufen.

Arnold baut sein Gerät auf, schaltet, und spricht ins Mikrofon: »Hier AQL, hier AQL. Ich rufe EUNAT, ich rufe EUNAT.«

»Hier EUNAT, hier EUNAT. Bitte Kennung, bitte Kennung«, wispert es aus dem Hörer.

»Kennung gestern 1 3 7 8, Dora, Berta, Nordpol.«

»Danke. Bitte auf Empfang gehen.«

Arnold schaltet um und wartet. Es dauert zu lange, er wird nervös, und ruft erneut: »AQL, hier AQL. Ich rufe EUNAT, ich rufe EUNAT.«

»Hier EUNAT, hier EUNAT.Bitte Kennung.«

»Kennung gestern 1 3 7 8, Dora, Berta, Nordpol! Verdammt nochmal, macht bloß dort voran, ich sitze hier wie auf dem Präsentierteller! Die messen mich doch an, und ich bin weg.«

»Verstanden. Wir haben hier auch einige Probleme. Bitte auf Empfang gehen.«

Arnold schaltet und grinst: ‚Na, wenigstens haben die dort drüben auch ihren Arsch auf Grundeis.‘ – Er raucht und wartet, trinkt den Rest Kaffee, den Else hingestellt hatte.

Da, die Leuchtdiode flackert im Sekundentakt. Arnold hört: »Hier EUNAT, hier EUNAT. Kennung heute 4 1 7 9 Martha, Dora, Cäsar. Ende.«

»Verstanden«, sagt Arnold: »Ich komme mit Meldung. – Heute Nacht, 1:30 Uhr sprengen wir die Autobahnbrücke im Sektor 1085, Emil, sieben. Ich brauche Luftunterstützung. Ein Jagdbomber soll 1:25 Uhr über Sektor 1085 erscheinen, kurven, aber nicht feuern. Pünktlich 1:30 Uhr soll Jet parallel der Fahrbahn anfliegen, und die Brücke mit leichten Raketen und den Bordkanonen angreifen. Wir befinden uns zu diesem Zeitpunkt unter der Brücke, und sind gegen eigenen Beschuß von oben geschützt. Jagdbomber soll zweimal angreifen, wie empfohlen. Danach zünde ich. Bitte wiederholen. Ich gehe auf Empfang. Ende.«

Nach dreißig Sekunden meldet sich EUNAT: »... verstanden. Wir wiederholen:

‚Heute Nacht, 1:30 Uhr sprengen wir die... ‚« Aus dem Hörer dringt genau das, was Arnold angeordnet hat, er konnte sich darauf verlassen, daß alles so geschah.

- Die Übertragungstechnik war soweit fortgeschritten, daß über Hunderte Kilometer Nachrichten gesandt werden konnten. Dabei half die Digitaltechnik. Alle Klarsprach-und Klarschrifttexte wurden digital verschlüsselt, gesendet, und zusätzlich codiert. Der Code wechselte täglich, je nach Bedarf. Dieser Code war vorher festgelegt, oder wurde nach Bedarf täglich via Satellit oder Erdfunk zu bestimmten Zeiten gesendet. Ein fast unlösbares Problem für die Aufklärung der Gegenseite: Die Desorientierung des Gegners war die Stärke der W-Truppen. -

Am Nachmittag desselben Tages meldet sich eine Frau bei der Kommandantur. Sie will zum Ortskommandanten. Stadtinspektor Terbold lungert am Eingang beim Pförtner des Rathauses herum. Ein Wachsoldat der O-Truppen sitzt ebenfalls in der Pförtnerkabine, und beobachtet die Leute, die das Rathaus betreten und verlassen. Terbold sieht die Frau also kommen, wittert sofort Böses, stürmt aus der Pförtnerkabine, eilt auf die Frau zu: »Guten Tag, Frau Altenbeeke. Kann ich ihnen zurecht helfen?«

»Nein danke. Ich möchte zur Kommandantur.«

»Kommen sie doch in mein Büro. Herr Laumann ist zwar krank, aber wir Deutschen können doch eher untereinander versuchen, irgendwelche Probleme abzuklären«, sagt Terbold, besonders das letzte, leise zur Altenbeeke gewandt.

Aber es war schon geschehen: Der Posten hört das Wort »Kommandantur«, erhebt sich, geht mit der Waffe im Arm auf die Beiden zu, fragt »Kommandantura?«, und Frau Altenbeeke nickt. Der Posten weist ihr den Weg, eine Treppe hoch, rechter Flur, geradeaus. Frau Altenbeeke geht, der Posten nimmt wieder seinen Platz ein, spricht etwas in einer fremden Sprache ins Phon.

Major Demlow empfängt die Frau: »Setzen sie sich. Ich glaube, äh, wir kennen uns schon?«

»Ja«, sagt Frau Altenbeeke, »Sie waren damals gut zu uns gewesen, mit dem Depot in unserem Keller.«

»Ach ja, das war mit dem Waffendepot auf ihrem Grundstück, von dem sie nichts wußten, bis Ihnen etwas auffiel. Kaffee? Pralinen?« bietet Demlow der Frau an: »Oder etwa ein Likörchen?« lacht er nun, und kippt sich eins hinein, wird nun dienstlich: »Also, um was geht es?«

»Herr Major. In dieser oder in der nächsten Nacht haben die Terries etwas vor, und...«

»Strugatzki, Bellmer! Sofort in mein Büro«, befiehlt Demlow ins Mikrofon der Rundsprechanlage auf seinem Schreibtisch, gleichzeitig drückt er den Aufnahmeknopf für die Tonaufzeichnung. Schon klappt eine Nebentüre, und zwei Offiziere treten herein. Sie salutieren. Der Major weist ihnen die Stühle neben seinem Schreibtisch an: »Also nochmals von vorn, Frau Altenbeeke. Was haben die Terries vor?«

»Sie werden nicht meinen Namen nennen?« fleht die Frau ihn an.

»Ich verspreche ihnen, daß ich nicht ihren Namen nennen werde. Aber sie wollen doch auch, daß Ruhe im Land herrschen soll. Wenn ihre Information stimmt, werden sie ausgezeichnet. Also, was ist los?«

Nun plaudert die Altenbeeke los: »Heute Nacht wurde ich gezwungen, Sprengstoff zu transportieren. Zweimal mußte ich laufen. Jedesmal waren es dreißig bis vierzig Pfund. Irgendwo haben wir die Pakete verscharrt.«

»Wer ist W I R?« fragt Demlow dazwischen.

»Arnold Becde, und noch zwei Männer, die ich nicht kannte.«

Major Demlow wird bleich im Gesicht, springt auf, die beiden Offiziere ebenfalls. »Befehle, Major?« schnarrt einer.

Demlow macht eine abwehrende Handbewegung, alle drei setzen sich wieder.

»Wohin habe sie das Zeugs getragen?« wollte Demlow wissen.

»Ich weiß es nicht, es war neblig. Ich glaube, es ging in Richtung Eicker Feldweg. Es war sehr laut, weil ein Flugzeug in der Luft war. Geschossen wurde auch, manchmal hörte ich das Geräusch von schweren Lastwagen. Die Autobahn ist ja auch da in der Nähe.«

Sofort stürzen die Männer auf die große Plankarte der Gemeinde Luppesrath zu, die an der Wand hängt. Als sie den Eicker Feldweg finden, ist ihnen sofort klar, was die Terries meinen: Die Autobahnbrücke!

»Als sie vom Unterschlupf in Richtung der Autobahngeräusche gingen, bogen sie anschließend dann rechts oder links in den Wald ab?« fragt Demlow die Frau.

»Ich glaube, es war links.«

Sofort tippt Demlow mit einem Zeigestock auf die Karte: »Da! Suchtrupps bilden, bei Dunkelheit Postenkette. Wenn der Sprengstoff nicht gefunden wird, dann diese Elemente heranlassen. Tot oder Lebendig!«

»Jawohl!« salutieren die beiden Offiziere und ziehen sich zurück.

Bald darauf dröhnt das Geräusch eines Hubschraubers auf, dieser erhebt sich mit peitschenden Rotoren, daß die Gardinen vom offenen Fenster hereinwehen, und die Landkarte von der Wand fällt. Danach war es sehr still im Büro des Majors Demlow.

Er schaut die Frau ihm gegenüber an, die wohl jetzt die ganze Tragweite ihres Tuns erfaßte. Sie schluckt, und bricht in Tränen aus.

»Warum heulen sie? Sie haben ihrer Stadt und uns einen Dienst erwiesen. Wo das Depot sich befindet, woraus in der Nacht ihr den Sprengstoff hergeholt habt wissen sie nicht?«

Nun schüttelt die Frau heftig den Kopf, zu heftig, als daß es Demlow glaubte. Aber dieses Problem würde er schon später lösen; erst mußte er sehen, daß er den Anschlag verhinderte, denn auch viele seiner Männer waren gefährdet.

»Sie können gehen, Frau Altenbeeke. Oder soll ich sie nachhause fahren lassen?« fragt er mokant.

»Um Himmels Willen. Nein!« sagt Frau Altenbeeke: »Sonst sagt die Nachbarschaft noch, ich würde mit dem Feind zusammenarbeiten.«

»Würde ist gut«, sagt Demlow: »Noch eine Praline, ein kleines Schnäpschen?«

Frau Altenbeeke verläßt das Büro, stolpert die Treppe hinunter, verläßt das Gebäude, in der Ferne heult dreimal kurz eine Luftschutzsirene auf. Terbold sieht an der verstörten Miene der Frau, daß es nun bald irgendwie irgend ein Unheil für die Bevölkerung geben wird. Ein Unheil, was nicht, noch nicht greifbar ist; doch daß es gegen die Terries geht, zeigt ihm auch der vor ein paar Minuten gestartete Hubschrauber.

[]

Arnold und die drei anderen ducken sich in dem abgelegenen Teil eines Gartens nieder, und Arnold betätigt einen Mechanismus. Ein Komposthaufen, der keine Attrappe ist und sogar ein Beerenstrauch, heben sich, schwenken zur Seite, und geben eine Schleuse frei. Die vier Leute verschwinden in der Öffnung, und ein Raum von fünf mal fünf Metern, zwei Meter hoch, empfängt sie nach der Durchschleusung. Der Deckel der Schlupföffnung schwingt lautlos zurück in die vorherige Stellung, garantiert unauffällig für einen Beobachter von außen.

- Theoretisch konnte der Besitzer dieses Grundstücks immer geltend machen, daß er von diesem Versteck in seinem Garten überhaupt nichts gewußt habe, praktisch jedoch stand solch ein Depot fast immer mit dem dazugehörigen Haus in Verbindung, sei es durch die Versorgungsleitungen wie Wasser, Strom und Öl, welche bei einer Entdeckung den Suchenden fast immer auf den Ausgangspunkt dieser Leitungen führte.

In dem Raum liegen Ausrüstungsgegenstände, Nahrungsmittel und Medikamente. Vier Schlafstätten sind vorhanden. Arnold bespricht mit den Leuten seinen Plan, wobei Frau Röder mault, sie könne nicht so schwer tragen. Helmut Franzen bietet ihr an, das Sprengstoffpaket von ihr zu schleppen, dafür müßte sie dann seine Waffe tragen.

»In Ordnung«, sagt Arnold: »Jeder arbeitet sich allein bis zum Punkt A vor. Beachtet den Sateliten DELTA. In jedem Falle Thermodecken, und keine Bewegung. Wir gehen vor dem Durchgang von Delta heraus, liegen fünf Minuten unter der Thermodecke still und beobachten. Nebel, wie gestern wäre zwar besser, aber es sieht nicht danach aus.«

Nachdem sie ihre Ausrüstung geprüft hatten, sitzen sie und warten. Arnold hört den Funkverkehr ab, es ist viel los im Äther, eine zusammenhangslose Mischung aus Sendungen schwirrt umher; und um so kurzwelligere Frequenzen er anwählt, um so durchdringender kommt das Knattern der allgegenwärtigen Hintergrundstrahlung der Radioaktivität heraus.

Auf den Platz neben Arnold quetscht sich Annette Röder, eine Frau von 45 bis 50 Jahre alt. Sie zittert, und die Anspannung steht ihr im Gesicht geschrieben. Sie muß früher mal eine sehr hübsche Frau gewesen sein, zu einer Zeit, deren Spuren sich jetzt untrüglich in ihrem Gesicht abzeichnen.

»Arnold, wird es auch nicht so schlimm werden, diese Nacht?« fragt sie.

»Keine Bange, Röder«, meint Arnold, »wenn Ihr aufpaßt, so wird nichts schief gehen. Jedenfalls haben wir hier im Bereich für mindestens vier Wochen Ruhe, wenn uns die Sprengung glückt. Und in vier Wochen kann alles anders sein.«

»Psiakrew!« flucht nun Helmut Franzen: »Hoffentlich rücken diese Bastarde wieder ab. Ich mach rüber, und komme an Rhein, und was ist? Die Hunde laufen mir nach.«

»Na«, lacht Kalitscheck, »wegen dir sind die bestimmt nicht gekommen. Die hatten schon ihre Gründe. Wenn ich daran denke, daß die Chinesen wild geworden sind, und die Mullahs ihren Völkern den Koran in altväterlicher Weise erklären. Wo sollen die da drüben dann noch hin, als Richtung Westen?«

Alle nicken; plötzlich springt die Röder auf »Mir ist nicht gut!« eilt zur Toilette, würgt, und übergibt sich.

»Na, Röderchen. Auf deine Tage kann ich mir nicht vorstellen, daß das noch andere Gründe haben könnte«, meint Arnold im Scherz.

»Ich hab Angst vor dir, Arnold Becde. Du führst uns in den Tod«, jammert die Frau.

Franzen nickt, mehr erstaunt, aber eine Chance witternd, und rückt von Arnold ab.

»Ja, überlegt doch. Wir alle drei hatten versucht, den alten Becde fertig zu machen«, sagt die Röder: »Und jetzt macht er uns alle drei tot.«

Arnold schaut alle drei nacheinander an, schüttelt ungläubig den Kopf und erhebt sich. Unmerklich führt Kalitscheck seine Waffe nach, und Arnold sagt: »Kalitscheck. Dienstvorschrift! Niemals Waffe mit Mündung auf Kamerad richten. Mündung nach unten! Wenn du einen Schuß hier unten abgibst, bist du auch hin.«

Kalitscheck fühlt sich ertappt, und ruckt die Waffe herunter. Dann geht Arnold auf die Röder zu, die – langsam, hysterisch – ihren Kopf hin-und herwiegt, schaut ein par Augenblicke in das aufgeweichte Gesicht der Frau, wartet auf irgend eine Geste des Verstehens, die aber nicht zu erkennen ist, setzt links und rechts je eine Ohrfeige in dieses Gesicht, bedacht darauf, daß sie nicht zu heftig ausfallen.

Erstaunt schaut ihn die Frau an, ungläubig, mit aufgerissenen Augen, so, als wenn sie den Mann zum erstenmal sähe, duldet sie nun, daß Arnold ihr den Sitzplatz zeigt und »Hinsetzen!« befiehlt.

»Ich glaube«, hebt Arnold an, »daß ich unter eine Horde Verrückter geraten bin. Wenn wir nachher nach draußen gehen, so braucht niemand umzukommen, wenn alles so gemacht wird, wie es geplant ist. Was meinen Vater anbetrifft sage ich, daß ich nun endlich einen Beweis habe für das Unrecht, welches ihm angetan wurde: Ihr habt euch verraten, und das wäre in normalen Zeiten ein Fall für den Strafrichter. Aber wir haben keine normalen Zeiten, keinen Strafrichter, sondern Krieg. Diesen Krieg führen wir, damit du, Kalitscheck, die Spatz, die Altenbeeke und Laumanns und alle anderen ihr eigenes Häuschen behalten dürfen. Du, Franzen, hier im Westen in der sogenannten Freiheit leben kannst, und du, Röder, deine neckischen Spiele am Telefon mit den Männern spielen kannst, und dafür noch bezahlt wirst! I c h führe diesen Krieg, weil ich nichts anderes lernen konnte. -

Aber den Krieg, den ich gelernt habe, führe ich perfekt. Außerdem glaube ich, daß unser Kampf hier die Atomraketen von uns abhält. Ohne Atomraketen haben wir, oder viele von uns, eine gute Chance zum Überleben. Fallen jedoch die Nuklearbomben sind alle ausgelöscht. Auch die Anderen. Ich prügle mich mit denen von der anderen Feldpostnummer lieber konventionell herum.«

Arnold beendet die Rede, schaut auf seine Uhr und sagt: »In sechzehn Minuten müssen wir heraus. Im Übrigen: Was heute Abend hier im Bunker geschehen ist, ist für mich erledigt und vergessen. Ich erwarte von euch in den nächsten Stunden Konzentration und Mut. Dann wird es gelingen.«

Frau Röder hockt, zusammengesunken, auf dem Sitz und rührt sich nicht; sie schämt sich. Franzen brütet vor sich hin. Nur Kalitscheck atmet auf, und schaut Arnold erleichtert an. Kalitscheck hat sich vorgenommen, alles besonders gut zu machen, seine Pflicht erfüllen, wie es ihm als Beamter obliegt. Da denkt er nicht über den Sinn von Handlungen nach, es geht ihm darum der Autorität zu beweisen, daß er gehorchen kann.

Arnold verläßt als Letzter den Unterstand. Es regnet etwas, was nicht unerwünscht ist. Sie liegen in einer Mulde, ungefähr dreißig Meter vom Ausstieg entfernt, und warten unter der Tarndecke den Durchgang des Spähersatelliten ab.

Nach einer Weile geht es los in Richtung Autobahnbrücke, natürlich so dicht wie nur möglich am Erdboden entlang, wobei sie sich die Sprengstoffpakete um den Leib gebunden haben, und Franzen zusätzlich auf dem Rücken das Sprengstoffpaket der Röder trägt.

Sie kommen gut voran, und das Dröhnen und Blitzen der schweren Artillerieeinschläge westwärts stört sie nicht. Sie wissen, daß die Geschütze der W-Truppen nicht zu ihnen hinlangen; wenn es der Fall wäre, brauchten sie sich um die Zerstörung der Autobahnbrücke keine Sorgen machen.

Seltsamerweise war kein Hubschrauber der O-Truppen in der Luft, und deswegen kamen sie viel schneller voran, als es in Arnolds Plan paßte. Auch der angeforderte Jagdbomber der W-Truppen war noch nicht im Luftraum erschienen.

Noch fünfzig Meter bis zum Sprengstoffversteck im Wald. Ab jetzt Rede-und Funkverbot. Arnold schleicht allein vorwärts, findet die versteckten Pakete, und legt sie frei. Vorsichtig schlägt er die Zündvorrichtungen an. Alles ist still, sogar der Verkehr auf der Autobahn scheint zum Erliegen gekommen zu sein, was Arnold nicht ganz geheuer vorkommt.

Doch in der Ferne, aus Richtung Westen, donnert ein Jet heran, der zielstrebig auf seinen vorherbestimmten Sektor zuhält, und eine Kette von Leuchtspurfäden hinter sich herzieht, bestehend aus Geschossen der Flak der O-Truppen, die aber nicht trafen.

Nun wird es auch an der Brücke laut, die Flugabwehr der O-Truppen schießt auf das Flugzeug. In einem Nachbarbezirk veranstalten die Terries wie vereinbart ein Höllenspektakel, was Arnold nur recht sein kann. Er robbt zu seinen Leuten, führt sie an das Sprengstoffversteck heran.

Vorsichtig sichernd schleicht Arnold nun in Richtung Brücke, hockt sich nieder, wundert sich über die Stille in seiner unmittelbaren Umgebung, die noch nicht einmal durch menschliche Stimmen, Befehle oder Zurufe unterbrochen wird. Gibt es hier etwa eine Falle, die er nicht erkennen kann? -

Er wartet auf seine Kameraden, deren Vorrücken er mit seiner Schußwaffe sichert, und dann ist das Letzte, was er wahrnimmt das Aufflammen von grellen Scheinwerfern, und das »Stop«-Rufen vieler Stimmen. Zwar wirft er sich herum und feuert auf die Blendlichter, doch die gewaltige Detonation, die ihn wegfegt hört er nicht. Er sieht auch nicht, wie der Jagdbomber der W-Truppen vorschriftsmäßig seinen Angriff auf die Brücke fliegt, von einer Rakete getroffen abschmiert, und auf den Boden aufschlägt. Im aufzuckenden Licht der Stichflammen explodierender Munition und Treibstoffs segelt ein Fallschirm zu Boden.

[]

- Mein Kopf ist eine Festung. Oder nein: Mein Kopf ist meine Festung. Ich werde also meine Ausläufer einziehen, und mich in meine Festung zurückziehen. Nur: Meine Ausläufer schmerzen. Oh. – Weh. Schmerz! Ich sehe nichts; es ist dunkel. Wo bin ich? Ach ja, ich bin in meiner Festung, schöne dicke Mauern, unangreifbar, unüberwindlich, doch zu kühl und zu feucht.

Und dunkel. Nein, wartet mal, da ist etwas Licht, dort oben funkelt etwas, kleine Glitzerdinger, wartet, wartet doch! Wo bin ich? -

Schwerfällig wälzt sich ein Mensch auf dem Boden, und hebt mühsam den Kopf. Dämmerung umgibt ihn, es fängt an zu regnen.

Die Gestalt hebt den Kopf zum Himmel; und der heftige Regen spült aus der Schlamm-und Blutkruste ein halbwegs menschliches Gesicht hervor.

‚Wer bin ich?‘ fragt sich dieser Mensch, betrachtet die geflügelten Maschinen in der Luft, erinnert sich an deren Gefährlichkeit und duckt sich. Langsam kommt eine Erinnerung hoch, daß diese Maschinen eigentlich sehr laut sein müßten, doch er hört nichts als ein Summen. Der Kopf schmerzt.

Abermals wälzt sich diese Gestalt herum, bemerkt am Körper glitschige, gelbbraune Schmiere, faßt mit den Fingern hinein. Es riecht süßlich. Die Finger versuchen, die Schmiere – die den ganzen Körper bedeckt – abzustreifen. Die Hände tasten Stoff, Ledergurte und Metallschnallen. Als die Finger mühsam die Metallschnallen lösen, rutscht ein Teil der gelbbrauen Schmiere vom Körper ab, und ihm wird leichter.

‚Ja, ich lebe noch. Aber irgend etwas stimmt hier nicht. Das Denken strengt an, also lasse ich das. Nur vor den summenden Maschinen in der Luft muß ich mich in acht nehmen.‘

Vorsichtig dreht er den Kopf, sieht, daß die Maschinen sich nun entfernen.

‚Was ist passiert? Ach so, die Brücke.‘

Die Brücke steht noch. Doch gut dreißig Meter von ihm entfernt zeigen die Scheinwerfer ein großes Loch in der Erde, von dem ausgehend das Unterholz abrasiert, umgeknickt ist. Zersplitterte Bäume liegen wirr herum.

Arnold liegt, von Erdklumpen und Gestrüpp halb zugedeckt an der Stelle, an die ihn der Luftdruck der Explosion geschleudert hat. Von Kalitscheck, Franzen, der Röder, und einigen Soldaten der O-Truppen ist wohl nichts mehr übrig als das, worüber sich das Kleingetier am Boden im Umkreis von 200 Metern bereits zu schaffen macht. Arnold hatte Glück, daß sein Sprengstoffpaket, welches um seinen Leib geschnürt war, nicht mitexplodierte; so milderte die weiche Masse die Druckwelle, und seinen Aufprall auf das Unterholz.

Er muß weg von hier, Soldaten durchkämmen das Gelände. Langsam kriecht er auf eine Wegböschung zu, findet ein großes, vom vorjährigen Gras überwuchertes Kanalrohr, und zwängt sich rücklings wie ein Krebs hinein, und ordnet das überhängende Gras. Der Schmerz im Körper macht ihn fast bewußtlos.

Nach einiger Zeit gelingt es ihm, aus einer Tasche seines zerfetzten Kampfanzugs Medikamente zu befördern, die in erster Linie aus Schmerz- und Aufputschmittel bestehen. Arnold entschließt sich, solange hier im Versteck auszuharren, bis die Suchaktion der O-Truppen beendet ist; dann wolle er versuchen, in das Ausgangsdepot zu gelangen.

Es regnet, und Wasser läuft unter seinem Körper durch die Kanalröhre. Er gräbt mit den Händen in dem vom Wasser angetriebenen Schlick eine Rinne, durch die das Wasser nun fließt. So kann er sich mit den Knien und den Ellenbogen abstützen, damit nicht sein ganzer Körper im Wasser liegt, und einen Staupfropfen für das abfließende Regenwasser bildet.

‚Es war eine Falle‘, denkt er, bevor er in eine erschöpfende Bewußtlosigkeit fällt.-

Er wird wach und sieht aus seinem Versteck, daß viele Soldaten das Gelände durchstreifen, mehr Spuren vernichtend als findend. Arnold muß warten, bis es dunkel wird, sonst kommt er hier nicht weg.

Tatsächlich gelingt es ihm, sich im Verlaufe der Nacht unbemerkt aus seinem Versteck zu bewegen, und das Ausgangsdepot zu erreichen. Nachdem er den Einstieg geschlossen hatte, und sich zum ersten Mal im Spiegel betrachtet, erkennt er die blutige, zerschundene, geschwärzte Fratze nicht als sein eigenes Gesicht wieder. Auch das Verziehen der Lippen, das Aufreißen der Augen und das Spiel mit den Gesichtszügen kann ihn schwerlich davon überzeugen, daß das Spiegelbild er selbst sei. -

Er säubert sich, zieht frische Kleidung an, und öffnet eine Verpflegungsration. Es schmeckt ihm nicht, zumal ihm einfällt, daß er eigentlich mit noch drei anderen Dunkelleuten hier sitzen müßte.

Er versucht, Else zu rufen, was zuerst nicht gelingt, denn er hört einfach nichts. Aus seinem rechten Gehörgang quillt immer noch etwas Blut, was er nun mit einem eingeführten Tampon aufzufangen versucht. Es schmerzt sehr, wahrscheinlich ist das Trommelfell gerissen. Wenn er das Funkgerät ganz nahe an sein linkes Ohr hält, kann er, wenn auch schwach, etwas hören.

Nochmals versucht er, ob Else antwortet. Aus seinem Gerät ertönt das »Unklar«-Zeichen, was ihn veranlaßt, sofort die Sendeenergie abzuschalten: Irgend was stimmt dort nicht.-

Nach einer Weile ruft er EUNAT, welche mit dem Zeichen »Annahme verweigert 1 1 0 1« antwortet.

Arnold decodiert diese Ziffernfolge in Verbindung mit dem Tagescode und erhält den Klartext »Alle Kampfhandlungen einstellen. Der Gegner ist geschlagen«, was ihn veranlaßt, verblüfft einzuhalten, denn dies k o n n t e nicht stimmen.

Schwerfällig nimmt er erneut die Decodierung vor; kein anderes Ergebnis kommt dabei heraus. Ein Blick auf den Datumsanzeiger der Digitaluhr im Waffenschrank gibt ihm Klarheit: Es war heute nicht der 14., sondern der 15. des Monats! Ein Tag also war aus seiner Erinnerung verschwunden. -

Schnell bringt ihm die neue, diesmal richtige Decodierung die richtige Antwort: »Nicht senden! Starke Fremdpeilung! Auf Empfang »Klar«-Zeichen abwarten.«

Nun versorgt er seine Verletzungen. Die eingerissene rechte Ohrmuschel desinfiziert er, und bestreut die Wunde mit Antibiotikum. Mit Pflaster und einer Binde fixiert er die Rißstelle in der Hoffnung, das Ohr möge auch ohne chirurgischen Eingriff wieder anwachsen. Die Stichflamme der Detonation hat einen Teil seiner Gesichtshaut verbrannt; aber das Wundgel, welches er benutzt, mochte den größten Teil dieses Schadens heilen. Und die abgesengten Haare, Augenbrauen und Wimpern würden wieder nachwachsen.

Ernste Sorgen macht ihm sein rechtes Ohr, in dem es höllisch klopft und rumort. Auch spuckt er etwas Blut, was wohl aus der Lunge stammt.

Dort sind gewiss ein paar Blutgefäße bei der Detonation durch den ungeheuren Luftdruck zerissen. Doch diese Schmerzen sind nichts gegen die Schmerzen, welche er an den Druckstellen empfindet, die seinen gesamten Körper übersäen.

Arnold desinfiziert alle größeren Schürfwunden, nimmt ein starkes Antibiotikum zu sich und versucht zu schlafen; merkt nicht, daß dieser Schlaf sich zu einem heftigen Fieber auswächst, welches ihm einerseits Vergessen schenkt, aber auch verhindert daß er hört, wie seine Sprechanlage schon längere Zeit das »Klar«-Zeichen in ständig wiederkehrendem Rhythmus abgibt. -

[]

Die Wohnungstür vom alten Becde im Hochhaus springt unter dem Stiefeltritt des Soldaten leicht auf, denn es war noch billiger, sozialer Wohnungsbau aus den frühen siebziger Jahren.

Die beiden Soldaten, die links und rechts neben dem Fußabtreter auf dem Boden mit schußbereiten Gewehren bäuchlings in Stellung gegangen waren, zielen nun in das offene Türloch.

Nichts geschieht. Einer rückt vor, drückt eine andere Tür auf, und schreit: »Hände hoch!«

Der alte Becde, der diesem Befehl folgt, hatte genügend Zeit, an einem kleinen schwarzen Kästchen, welches er gerade in Händen hielt, ein Knöpfchen zu drücken, und das Kästchen weg zu schleudern.

Der Soldat brüllt »Wo ist dein Sohn?« wird aber durch Prasseln und sprühende Funken in der Zimmerecke abgelenkt, in der nun ein feuriges, schwarzes Etwas wie ein Knallfrosch herumhopst. Donnernd lösen sich Schüsse aus der Maschinenpistole eines Soldaten welches nur bewirkt, dass sich das feuerspeiende Kästchen noch gründlicher in seine Bestandteile zerlegt.

»Wo ist Arnold Becde?« fragt nochmals der Soldat.

Der alte Becde grinst leicht, als er die gelungene Zerstörung des Beweismittels wahrnimmt, und zuckt mit den Schultern: »Weiß nicht.«

Schnell stellen die Soldaten fest, daß sich sonst niemand mehr in der Wohnung befindet.

»Mitkommen!« befiehlt einer, und Ulrich Becde setzt sich in Bewegung, greift zu einer kleinen Tasche im Flur, die ihm aber aus der Hand geschlagen wird.

»Nur ein paar persönliche Sachen«, brummt er zu dem Soldaten hinüber, der nun das Täschchen auf dem Boden umkippt und feststellt, daß der Inhalt in der Qualität über Zigaretten, Seife, Zahnbürste, Kamm und ein paar Büchern nicht hinausgeht.

»In Ordnung. Mitkommen«, knurrt der Soldat; und – nachdem Becde die Dinge aufgehoben hatte – bewegt sich die Gruppe auf den Hausflur hinaus. Zwei Posten stehen neben der aufgebrochenen Wohnungstür, nehmen Haltung an, als sich ein Offizier der O-Truppen nähert, und den Gefangenen entgegennimmt.

An allen Wohnungstüren klingeln nun die Soldaten, und fragen nach Arnold Becde. Einigen Bewohnern, die nicht so schnell an der Tür waren um zu öffnen, krachte das eingetretene Türblatt entgegen; nicht genug: Die Soldaten stürmen in die betreffende Wohnung, und durchsuchen diese.

Becde hört die Giminus und die Kaltz keifen, daß die Soldaten den da lassen sollen, wo sie ihn nun hinbringen, auch den jungen Becde wollen sie nicht mehr hier im Hause haben, denn der würde doch nur Unruhe stiften.

Die Soldaten lachen und meinen, das könnten sie haben; sie müßten aber erst mal wissen, wo der junge Becde sei.

Die Kaltz meint, das sei kein Problem: Am Tannenweg stände ein Haus, aus dem schon mal gefährliche Vögel aufgeflogen seien.

Die Soldaten hören nur halb hin: Sie wußten es besser. -

- Else Laumann stand in der Küche, als die Soldaten kamen. Sie sah, wie Soldaten auf der gegenüber liegenden Rasenfläche Aufstellung nahmen, Gesicht zum Hause der Laumanns gewandt.

Um der sehr gefährlichen unmittelbaren Begegnung mit den Soldaten im Hause zu entgehen, nahm sie ein kleines Küchenmesserchen, und ging damit in den Hintergarten, so tuend, als ob sie einige Kräuter aus dem Garten holen wolle.

Es erstaunte sie nicht besonders, als ein Soldat, mehr verblüfft als tapfer, hinter einem Ilexstrauch hervorsprang, seine Waffe auf Else richtete, und »Hände hoch!« rief.

Durch den Lärm hinter dem Hause aufmerksam geworden, sprangen weitere Männer hinzu. Einer, offensichtlich ein Vorgesetzter, trat an Else heran: »Sind sie Else Laumann?«

Else nickte. »Sind noch mehr Leute im Hause?« fragte er weiter. Else zuckte mit den Schultern, sie spürte die Hände der Soldaten, die sie nach Waffen abtasteten.

Der Soldat rief nun etwas in einer Sprache, die Else nicht verstand. Die anderen Männer zogen sich plötzlich zurück, die Waffen auf das Haus gerichtet. Else hörte das Knacken des Sicherungshebels einer Pistole, fühlte, wie ein Arm sich um ihren Hals legte, und ein Pistolenlauf ihre Schläfe berührte.

So ausgestattet näherte sich der Soldat, Else als Kugelfang vor sich herschiebend, dem dunklen Eingang der offenen Hintertüre, darauf achtend, daß irgend jemand im Hause auch deutlich die tödliche Waffe an Elses Kopf sehen solle. -

Nichts geschah; und es dauerte nicht lange, da meldeten die Soldaten ihrem Vorgesetzten, daß sich im Hause keine Menschen aufhielten.

»Wo ist ihr Vater?« wollte dieser nun von Else wissen.

»Der ist nicht hier«, sagte Else.

»Das sehe ich auch«, meinte der Mann, »aber vielleicht können sie mir sagen, wo Arnold Becde ist?«

Else schüttelte nun so heftig den Kopf, daß sie danach selbst über den eindeutigen Beweis ihrer Lüge erschrak; das Grinsen des Mannes verriet, daß er verstanden hatte. -

»Nochmal. Wo ist ihr Vater?«

»Er ist im Krankenhaus.«

»Na also! Ein Teilerfolg. Hier im Krankenhaus?«

Else nickte, und der Mann machte eine kurze Meldung ins Funksprechgerät. Dann sagte er zu Else: »Schauen sie im Hause nach, ob sie irgendwo Wasser, Gas oder Strom angeschaltet haben. Lassen sie die Rolläden herunter, schließen sie das Haus ab, und folgen Sie mir.«

Else tat wir ihr befohlen, warf sich einen Mantel über, und folgt den Soldaten. -

- Bei der Festsetzung Laumanns – darüber war sich Major Demlow klar – würde es Schwierigkeiten geben. Deswegen nimmt er die Sache selbst in die Hand, läßt sich mit zwei Begleitern zum Städtischen Krankenhaus fahren.

Der Chefarzt meint zum Ansinnen Demlows, Laumann mitzunehmen: »Ausgeschlossen! Der Patient ist gerade erst eingeliefert worden, und nicht transportfähig, geschweige denn vernehmungsfähig.«

Was hat er denn?« interessiert sich Demlow.

»Eigentlich bin ich nicht verpflichtet, ihnen darüber Auskunft zu geben«, meint der Arzt: »Herr Lauman hat einen Herzinfarkt erlitten, und wird nun intensiv von uns behandelt. Lassen sie diesen Mann also in Ruhe«, meint der Arzt nochmals beschwörend.

»Leider kann ich darauf keine Rücksicht nehmen. Hier geht es nicht um das Leben eines Einzelnen, sondern um das Leben der mir anvertrauten Soldaten. Und meine Pflicht als kommandierender Offizier ist es, auch während der Kriegshandungen das Leben der Soldaten weitestgehend und möglicherweise zu schützen. Sie, Herr Doktor, als Reserveoffizier, werden dies wissen«, sagt Demlow, erhebt sich, und fordert den Arzt auf: »Zeigen sie ihn mir.«

Auch der Arzt erhebt sich: »Ist das ein Befehl?«

»Ja«, sagt Demlow.

»Und wenn ich mich weigere?«

»Dann, mein Lieber«, sagt Demlow ernst, »habe ich noch ein anderes Argument.« Sagt es, öffnet seine Pistolentasche, und legt die Waffe auf den Tisch.

Der Arzt wird bleich: »Das ist gegen die Konvention. Der Kranke untersteht trotz ihrem Auslieferungsbegehren unter meinem Schutz.«

»Gut«, sagt Demlow, »dann gehen sie doch mit, verehrter Herr Doktor.«

Der Arzt stutzt, blinzelt auf die Waffe, welche goldbüniert, wie unbeteiligt auf dem Tisch liegt, und sagt: »Ich weiche der Gewalt.«

Demlow nickt, steckt die Waffe wieder zu sich: »Dann laßt uns gehen.«

Auf dem Flur der Krankenstation ziehen sich Patienten und Pflegepersonal erschreckt zurück, als sie den Chefarzt mit den Soldaten herankommen hören. Vor der Tür eines Dreibett-Zimmers machen sie halt. Demlow weist den Arzt an, die Tür zu öffnen.

Zwischen zwei anderen Patienten liegt Laumann, von dessen Bett nun scheu und verängstigt eine dunkelhäutige Schwesternhelferin weicht, und – nach einem Wink Demlows – aus der Tür schlüpft. Der Arzt und Demlow treten an das mit einer Infusionsflasche versehene Bett heran. Aus Laumanns eingefallenem Gesicht kommt so etwas wie ein Lächeln, zumindest Erkennen, und er hebt den anderen, freien Arm zur Begrüßung.

»Herr Laumann«, sagt Demlow, »können sie mich verstehen?«

Laumann sagt schwach, aber deutlich: »Ja. Was gibt es?«

»Wissen sie, wo sich Arnold Becde zur Zeit aufhält?« fragt Demlow.

Einen Augenblick überlegt der Kranke, dann antwortet er: »Nein, das weiß ich nicht.«

»Ich muss sie mitnehmen, Laumann«, entscheidet daraufhin Demlow.

»Das geht doch nicht!« schreit der Arzt: »Was sie machen ist Mord!«

»Lassen sie nur«, vernehmen die Männer Laumanns Stimme, »ich komme mit. Nur wie, das liegt nicht in meiner Macht.« Dabei richtet er seinen Oberkörper mühselig auf: »Doktor! Lassen sie den Unfug. Sie bewirken nichts. Sie werden hier noch dringend gebraucht«, sagt Laumann als er sieht, wie der Arzt Anstellungen macht, auf Demlow los zu gehen.

Dieser sagt kalt: »Doktor. Machen sie den Patienten transportfähig. Meinetwegen in einem Krankenstuhl.«

So geschieht es. Nach ungefähr zwanzig Minuten tragen zwei Pfleger Laumann, sitzend in einem Krankenstuhl zum wartenden Krankenwagen, eskortiert von Soldaten der O-Truppen, vorneweg Major Demlow. Es klirrt böse, als die an dem Krankenstuhl befestigten Infusionsflaschen beim Hineinschieben in den Krankenwagen an die Fahrzeugtüren schlagen.

- Als Else zum Verhör geführt wird, kommt sie an ihrem Vater und dem alten Becde vorbei. Ihr Vater sitzt im Krankenstuhl, den Kopf nach hinten gebogen, der Mund ist geöffnet, aus den Mundwinkeln sabbert Speichel, die Augäpfel zucken unter den geschlossenen Augenlidern.

Sie schreit »Vater!« und will sich über das Gesicht mit den blauen Lippen beugen, wird aber von den beiden Bewachern zurückgerissen. Der alte Becde sitzt zusammengekauert mit angezogenen Knien auf dem Boden, hat das Kinn in beide Hände gestützt, und wackelt mit dem Kopf hin- und her.

»Was habt ihr mit meinem Vater gemacht, ihr Schweine!« schreit sie, als die Soldaten sie durch die Türe des Verhörzimmers stoßen.

»Schön artig, junge Frau«, hört sie die Stimme Demlows, als sie in einen Stuhl gepreßt wird, und ihr Kopf in eine Vorrichtung gelangt, wie sie bei einer neurologischen Untersuchung verwandt wird. Nun war ihr Kopf zwangsweise fixiert, ohne Chance, diesen auch nur einen Millimeter zu bewegen, die Augen auf die Lichtquelle gerichtet, hinter der Demlow sitzen mußte, ihr unerbittlicher Inquisitor.

»Also, Frau Laumann«, läßt sich die Stimme vernehmen, »wir brauchen von ihnen nur noch lediglich die Bestätigung dessen, was ihre Vorgänger draußen schon gestanden haben. Wo ist Arnold Becde?«

Else weiß, daß Demlow im Hinblick auf ihren Vater bluffte. Was den alten Becde betraf, war sie sich nicht so ganz sicher.

»Also, was ist? Wir haben nicht viel Zeit. Wo ist Arnold Becde jetzt, und was hat er als nächstes vor?«

‚Von wegen Bestätigung', denkt Else: ‚Das Einzige was hier stimmt ist, daß ihr keine Zeit habt.'

»Ich glaube, sie verstehen mich wohl nicht richtig«, grellt nun die Stimme viel lauter in Elses Ohren: Die Folter hatte begonnen. -

Else hatte sich vorgenommen, hart zu bleiben. Ihre Ausbildung als Kämpferin hatte sich selbstverständlich auch auf psychologische Techniken erstreckt, wie einer Folterung – zumindest für eine gewisse Zeit – stand gehalten werden kann.

Jedenfalls würde ihre Folterung, in Anbetracht des Zeitmangels der Gegenseite, kurz und hart werden; und als der erste Stromstoß von den Elektroden an den Ohrläppchen durch ihr Gehirn zuckte, schreit sie laut und herausfordernd auf, was den Schmerz etwas erträglich macht.

»Nun, was ist?« dröhnt eine Stimme in ihren Kopf.

»Nichts«, antwortet sie.

»Nichts? Oho! Gleich bekommen sie etwas, was ihr Gehirn reinigt. Danach sehen sie anschließend sehr klar.«

Else merkt, wie sich eine Porzellanschale mit einer Flüssigkeit ihrer Nase nähert. Vor dem stechenden, atemverschlagenden Geruch konnte sie nicht ausweichen, weil ihr Kopf in dem medizinischen Gerät wie in einem Schraubstock eingezwängt war. Sofort befällt sie ein würgendes, erstickendes Husten, welches sie vergessen läßt sich Vorwürfe zu machen, daß sie nicht vorher tief Luft geholt habe. -

»Das denken alle«, höhnt die Stimme, »doch wir lassen immer ausreichend Zeit, bis ihr Luft holen müßt. Und dann wird es nur noch schlimmer.«

Else zuckt und würgt, sie bekommt wegen der Ammoniakdämpfe tatsächlich keine Luft mehr; hätte folglich auch nichts sagen können, wenn sie tatsächlich gewollt hätte. Und dies war die Schwäche dieser Art Folterung. Denn, nachdem die Flüssigkeit von ihrem Gesicht entfernt wurde, und sie wieder Luft zum Atmen bekam, war ihr die Fragerei der Peinigers gleichgültig, nur Luft, Luft, Luft...

Else weiß nicht, wie lange die Fragen auf sie einhämmerten, die Stromstöße ihren Kopf durchzuckten. Sie kann nur ahnen, daß es lediglich Minuten waren.

Nun merkt sie, wie ein Lichtschein, der in ihr linkes Auge fällt, sich bläulich verfärbt. Das Licht wird intensiver. Sie schließt die Augenlider, was ein spöttisches Lachen Demlows bewirkt. Sie merkt, daß das Licht trotz des geschlossenen Augenlids stärker wird. der bläuliche Schimmer macht einem intensiven Rot Platz, welches wohl von den durchstrahlten Blutgefäßen des Augenlids stammen mag.

Doch auch dieses Rot wird immer heller und gleißender, so daß es die dünne Haut des Augenlids durchdringt, und einem heftigen Wärmeschmerz auf dem Lid Platz macht. Else versucht verzweifelt, ihren Augapfel mit der Pupille aus diesem Lichtstrahl weg zu drehen, was ihr nicht gelingt, weil der Lichtstrahl folgt.

»Keine Sorge, unsere Computer sind mindestens genau so gut wie die euren«, sagt Demlow, »und ihre Augen werden so mit Licht vollgepumpt, daß die Sehzäpfchen im Augenhintergrund – nachdem sie verbrannt sind – euch eine ewige Sonne ins Hirn projizieren. Und nicht eine gnädige Dunkelheit euch umhüllt, wie bei Demokrit mit dem Brennglas. Oder wie bei unseren jungen Soldaten, die ihr mit Injektionen in die Augäpfel blendet. Wo ist Arnold Becde?«

Demlows Stimme kippt wütend, als der »Das andere Auge!« befiehlt.

Else merkt, daß der Lichtstrahl ihr linkes Auge verläßt, und auf das rechte Auge wandert. ein greller Lichteindruck im linken Auge bleibt, welcher aber sehr langsam verblaßt.

Else hatte schnell erfahren, daß das Einrollen des Augapfels zur Nase hin wegen des Nasenrückens den Lichtstrahl etwas hindert, in die Pupille einzudringen. Diese Technik nützte allerdings nun nicht mehr viel, weil der jetzt aufflammende zweite Lichtstrahl das andere, nach außen gerollte Auge ungeschützt trifft.

Sie erkennt das Unheimliche dieser bis jetzt unbekannten Folter; und das Neue, das Fremde an dieser Sache läßt ihre Widerstandskraft schwinden. Als sie auch noch merkt, daß eine Vorrichtung gewaltsam ihre Augenlider – der letzte Schutz also – nach oben schiebt, schreit sie laut und bestialisch auf. Und dies erleichtert sie abermals.

Demlow läßt abschalten: »Nun, mein Fräulein. Ist ihnen inzwischen nun eingefallen, wo Arnold Becde ist?«

Else schweigt; Demlow befiehlt, weiter zu machen. Doch er erleidet nun eine Niederlage, weil Else ohnmächtig wird, und ihre Augen krampfartig so verdreht, daß die teuflische Optik der Folterer nicht mehr viel bewirken konnte.

Als Else wieder zu sich kommt, hört sie, wie Demlow befiehlt: »Abführen zum Erschießen!«

Draußen im Flur hocken Else, Lauman und der alte Becde. Else kümmert sich um ihren Vater, was dieser aber nicht zu Bewußtsein nimmt, weil er ohnmächtig in seinem Krankenstuhl hintenüber hängt.

Der alte Becde versucht, mit den zwei Soldaten, die sie bewachen, ins Gespräch zu kommen, was die Beiden dazu animiert, sich über den Modus der Hinrichtung breit und ausführlich zu äußern: »Zielt bloß tief! Für jeden Schuß, der über den gottverdammten Bauchnabel geht, bekommt der Erschießungstrupp einen Urlaubstag weniger.«

»Klar«, sagt der andere: »Aber den Alten müssen wir von dem Scheißstuhl herunter nehmen. Wenn nämlich Schußspuren an dem Gestell zu sehen sind, dann ist ja wohl nichts mit ‚Auf der Flucht erschossen'«

Die Soldaten unterhalten sich laut; und als die Gefangenen gefesselt werden, kommt Demlow vorbei und sagt: »Ihr habt Zeit zum Gestehen bis zum Kommando ‚Feuer'. Danach ist es zu spät. Aber für euch.«

Die beiden, Else und Becde, werden aufgefordert, vorwärts zu gehen. Den Krankenstuhl tragen zwei Soldaten. Draußen empfängt sie die Dunkelheit des Fahrzeughofs des Rathauses von Luppesrath. Sie werden unter ein Vordach getrieben, und gleichzeitig strahlen Scheinwerfer auf, die wegen der Flugzeuggefahr unter dem Vordach installiert sind. Laumann wird vom Krankenstuhl heruntergenommen, sackt aber sofort zusammen, was Else veranlaßt, die Soldaten zu beschimpfen, diese jedoch mit unflätigen Äußerungen antworten.

Ein Stuhl wird gebracht, auf den sie Laumann festbinden. Dann erlöschen die Scheinwerfer, und im schwachen Schein einer Handlampe erkennen Else und der alte Becde, wie in ungefähr zehn Meter Entfernung zehn Soldaten mit ihren Schnellfeuergewehren Aufstellung nehmen, anlegen, und ihre Waffe wieder absetzen. Dann leuchten wieder die Scheinwerfer auf.

Der alte Becde weint, Else erkennt einen feuchten Fleck auf seiner Hose. Sie wußte von Arnold, daß sein Vater – auch durch wüstes Trinken – die Krankheit hatte, die viele Männer in diesem Alter haben. Ihr ergeht es bei dieser körperlichen Schwäche nicht besser, nur: bei ihr wird es nicht so bemerkt. -

Daß sie sterben muß, akzeptiert sie. Hatte sie doch selbst schon den Tod gegeben, und nun steht sie selbst vor ihm.

Das Ziehen im Unterleib kommt nicht nur von den rebellisch gewordenen Nerven dieser Körperregion. Sie stellt sich auch vor, wie es sein wird, wenn die Geschosse in ihre weichste, mütterlichste Stelle ihres Körpers einschlagen, alles zerreißen, zerfetzen, einschließlich der dreihundert Möglichkeiten, doch in einer anderen Form weiterleben zu können.

Ein lautes Stöhnen kommt aus ihrem Munde, und ihr war, als wenn sie nun niederfallen müsse. Sie zittert.

»Na, da scheint ja einer weich zu werden«, hört sie die Stimme Demlows: »Wenn sie was zu sagen haben, dann jetzt. Wir haben nicht mehr viel Zeit.«

Else hat nun wieder etwas Gewalt über ihren Körper gewonnen, und reckt sich auf.

»Also, dann nicht«, hört sie die Stimme Demlows: »Leutnant, zu mir. Die anderen zurücktreten!« kommandiert er.

Es wird nun sehr still auf dem Innenhof. Die Deliquenten sehen durch das grelle, blendende Licht der Scheinwerfer lediglich das Aufglimmen der Zigaretten von Soldaten, die im Hintergrund stehen. In der Ferne wummern Detonationen; in der Luft sind Hubschrauber.

Eine Stimme kommandiert: »Soldaten! Nehmt das Gewehr!«

Else hört das Klirren der Waffen: es war so weit.

»Durchladen!«

Neben sich ihr zusammengesunkener Vater; und der alte Becde, ein zitterndes Bündel Mensch, halb umgesunken.

»Legt an!«

Else atmet tief ein, sie riecht eine winzige Spur Frühling in der Luft; man erzählte, daß es bei angehaltenem Atem nicht so weh täte. -

»Feuer!«

- Merkwürdig. Else hört deutlich das Knattern der Gewehre, riecht den in Schwaden heranziehenden Pulverdampf: Sie steht.

Das also war der Tod? So einfach, so schmerzlos? Verwirrt und ungläubig vernimmt sie eine Stimme: »Abführen!«

Soldaten treten auf sie zu, binden den alten Laumann los. Der fällt vom Stuhl, Else sieht, daß ihr Vater tot ist. Becde liegt neben ihr auf der Erde, welcher nun, von Soldatenfäusten hochgerissen, sich langsam in Bewegung setzt.

- Demlow ließ den Leichnam Laumanns sofort ins Krankenhaus schaffen. Die Ärzte stellten keinerlei Verletzungen, außer den Einstichen für die Kanülen der Infusionen, fest. Der Totenschein lautete auf Herzversagen.

In der Nacht, als Else und Becde sich in ihrem Haftraum notdürftig von den Folgen ihrer schwachen menschlichen Leiblichkeit gereinigt hatten, jubelten beide auf, als gegen ein Uhr in der Nacht eine schwere Detonation erfolgte, die sogar die Fenster in ihrem Gefängnis zum Klirren brachte. ‚Die Brücke', dachten sie; und nun sah nicht mehr alles so schlimm aus. -

[]

Als Arnold erwachte, war ihm zunächst übel. Er richtet sich von seinem Lager auf und fühlt, daß er sehr matt ist. Ein feines Piepsen ertönt aus dem Sendegerät, begleitet vom rhythmischen Gefunkel einer roten Leuchtdiode.

Langsam kommt die Erinnerung zurück, unterstützt von vielfältigen Schmerzen im gesamten Körper. Das verletzte Ohr meldet sich durch klopfenden, ziehenden Schmerz, jedoch nicht mehr so heftig wie zu Beginn.

Mühsam erhebt er sich: Durst.- In langen Schlucken trinkt er eine chininhaltige Flasche Limonade aus, schaut erstaunt auf den Strahl Harn, der seinen Körper verläßt: Ein Zeichen, daß das Antibiotikum tiefgreifende Wirkungen in seinem Körper entfaltet.

Er schaut auf den Kalender; zwei Tage lag er in dem Zustand an der Grenze zwischen Wachen und Bewußtlosigkeit. Waschen und Rasieren geht wegen der Verbrennungen im Gesicht fast nicht, jedoch zieht er sich frische Wäsche an, die im Depot reichlich vorhanden war.

Er ißt etwas, allein schon deswegen, damit er nicht als einzige Nahrung Medikamente futtern muß, und wendet sich dem Kommunikator zu.

Schnell hat er EUNAT auf der Welle und erfährt, daß Altenbeekes wahrscheinlich die Aktion verraten haben, und die Brückensprengung deshalb mißlungen ist, Else Laumann und sein Vater von Demlow verhört wurden. Und daß der alte Laumann bei einer Scheinexekution durch die Aufregungen gestorben sei, kann Arnold zunächst nicht glauben; denn wer läßt einen schwerkranken Mann, der sich im Krankenhaus auf der Intensivstation befand, zum Schein exekutieren? Bis er dieses begriff, und sein Zorn sich zur blanken Tötungslust steigerte.-

EUNAT fragt nach seinem Gesundheitszustand. Danach bekommt er

Gelegenheit, sich mit einem Facharzt ausführlich über seine Verletzungen zu unterhalten. Bei der Ferndiagnose macht der Arzt ihm Hoffnung, daß sein lädiertes Ohr gerettet werden könnte, wenn er weiterhin dafür sorgte, daß er regelmäßig Antibiotikum nimmt und es somit keine ausgedehnte Sepsis gäbe.

EUNAT empfiehlt Arnold, für mindestens vierzehn Tage in seinem Versteck zu bleiben. Dann fragt die Stimme von EUNAT: »Was empfehlen sie, in der Destruktionsangelegenheit Altenbeeke zu tun? Halten sie Reduktionsstufe vier für angemessen?«

Arnold überlegt eine Weile: Stufe vier bedeutet das Ende der Stufenleiter der Repression, die Eliminierung. Es geschähe Altenbeekes recht; doch Arnold unterdrückt seinen Haß. Es wäre nicht gut, wenn zu Anfang der Repressionsmaßnahmen gegen Verräter sofort die höchste Stufe zum Vollzug käme, eine Steigerung wäre dann nicht mehr möglich.

Arnold sagt: »Nein. Reduktionsstufe drei genügt.«

»Also nur das nackte Leben?«

»Jawohl. Nur das nackte Leben. Vollzug sofort. Nehmt aber Implosionsladungen, damit die angrenzenden Häuser nicht in Mitleidenschaft gezogen werden.«

»Ist klar. Wir werden die Nachbarsektion verständigen. Wie ist es mit der Koordination in ihrem Sektor? Haben sie einen Nachfolger?«

»Ja«, antwortet Arnold, »es ist Else Laumann. Aber sie ist nicht mehr zu verwenden, wenn sie wiederkommt. Ich jedenfalls bleibe im Untergrund und versuche, eine neue Person zu bestimmen.«

»Verstanden. Noch etwas?« fragt EUNAT. Als Arnold verneint, wünscht die Stimme gute Besserung und beendet das Gespräch mit der bekannten Floskel.

- So kam es, daß an einem Abend die Türklingel bei Altenbeekes ging. Auf die Frage von Frau Altenbeeke, wer dort sei, antwortete eine Männerstimme: »Wir sind von den Stadtwerken. Wir möchten ihren Gaszähler kontrollieren.«

Frau Altenbeeke öffnet vorsichtig die Türe, und im Nu stehen vier Männer im Haus. Der Schrei, den die Altenbeeke ausstoßen wollte, wird durch den brutalen Handgriff eines Mannes an ihren Mund in ihrem Rachen erstickt.

»Sie haben fünf Minuten Zeit, ihr Haus zu verlassen. Holen sie alle Personen zusammen, die sich in ihrem Hause aufhalten. Wer schreit, wird betäubt. Die Zeit beginnt: Jetzt!«

Indem der Mann »Jetzt« sagt, und seinen Arm nach unten wegschlägt, flitzen die anderen Männer los, ziehen im Laufen ihre dicken, wattierten Mäntel aus, und legen ihre Kopfbedeckungen mit dem, was sich darunter befand, zusammen auf einen Haufen. Auch der Mann, der Frau Altenbeeke festgehalten hatte, zieht nun seinen Mantel aus, und übergibt diesen mitsamt seiner Mütze und Inhalt einem anderen, der sich damit beschäftigt, das Bündel Kleidungsstücke mit schnellen Handgriffen zu einem festen Paket zusammen zu schnüren. Aus seinem Hosenbein zieht er einen grünlichen, plastikähnlichen Schlauch hervor, den er sorgfältig und vorsichtig um das zusammengelegte Paket herumschlingt.

»Fertig«, ruft er; dies veranlaßt den Mann, der bei der Altenbeeke steht zu sagen: »Noch drei Minuten. Holen sie ihre Angehörigen.«

»Aber mein Mann schläft«, jammert die Frau.

»Egal. Oder soll er mit hochgehen?«

Weinend geht die Frau die Treppe zum Obergeschoß hoch, und kommt mit Ehemann und vier Jungen wieder herunter.

»Alle da?« fragt der Kommandoführer und befiehlt: »Nachdem wir das Haus verlassen haben, mindestens dreißig Meter Abstand halten. Zur Erklärung danach, können sie sagen, was sie wollen. Ein angenommener Gasunfall wäre für sie die beste Ausrede.«

»Ihr Schweine! Ihr dreckigen Sauschweine«, stöhnt Herr Altenbeeke zwischen den Zähnen: »In dem Haus steckt mein ganzes Leben!«

»Nicht ganz«, sagt der Kommandoführer, »ein wenig steckt auch das Leben anderer darin. Und die verlangen nun ihre Hypothek zurück.« Dabei schaut er auf die Uhr: »Noch eine Minute. – Machen sie keine Dummheiten!« droht er nun zu dem ältesten der Altenbeeke-Söhne, »sonst bleiben sie hier drin.« Dabei richtet er seine Pistole auf den Burschen, der aus dem Schirmständer der Garderobe den schweren Knotenstock seines Vaters gezogen hatte.

»Jetzt! Alles raus«, ertönt das Kommando.

Hastig rennt alles in die anbrechende Dunkelheit. Ein greller Blitz zuckt auf, und ein Luftsog wirft die fliehenden Menschen rückwärts zu Boden. Nur ein matter Knall ist zu hören, der wohl eher von den säuberlich nach innen stürzenden Trümmern des Hauses herrührt, als von der Detonation der Sprengstoffe.

Fassungslos stehen die Altenbeekes nun vor dem Schutthaufen, der einmal ihr Haus war; die Sprengung war so genau erfolgt, daß kein Trümmerstück, größer als ein Kopf in den gepflegten Vorgarten gefallen war.

Wäre nicht ein Nachbar gewesen, der die Feuerwehr gerufen hat: Niemand, der etwas weiter entfernt wohnt, würde Kenntnis von der Zerstörung eines zweistöckigen Hauses genommen haben, außer, daß eine große Staubwolke dort im Abendhimmel hängt, die langsam unter dem leichten Wind zerfließt.

[]

Im Schloß der Tür des Raums, in dem sich der alte Becde befindet, dreht sich ein Schlüssel. ‚Eine ungewöhnliche Zeit', denkt er, und erhebt sich. Ein Soldat stampft herein: »Du kannst gehen. Entlassung!«

Becde rafft seine paar Sachen zusammen, die sein Eigentum sind, tritt auf den Gang draußen, und ruft: »Else! Ich gehe. Laß dich nicht unterkriegen.«

»Schnauze!« brüllt der Wachmann, und treibt ihn vorwärts. Becde war nicht ganz klar – als er in der frischen Frühlingsluft stand – ob Else erwidert hatte, jedenfalls schien ihm, als wenn er die Worte »... an Arnold!« gehört hätte.

Ziellos geht er durch die Straßen der Stadt. Wenige Menschen begegnen ihm. Die Wirtshäuser und Geschäfte sind geschlossen, und er fragt sich, ob heute Sonntag sei.

Er kommt an einer Lücke in der Häuserzeile vorbei. Anstelle des Hauses befindet sich an dieser Stelle ein geschwärzter Trümmerhaufen, aus dem Gipskartonplatten, weißbraune Styroporstücke zwischen Betonbrocken hervorleuchten. ‚Merkwürdig', denkt er: ‚Die Trümmer der Häuser des

Kriegs während meiner Jugendzeit sahen anders aus. Da gab es das Rot der Backsteine und Dachziegel, überpudert von einem Hauch weißen Mörtelstaubs, gespickt mit Holzbalken. Aber diese Trümmer hier, endgültig kaputt, zu nichts mehr nütze, ein flacher Hügel. Volltreffer.-'

Sein Blick fällt auf ein Plakat. Das Gesicht auf dem Plakat kennt er: Es ist sein Sohn Arnold. »Gesucht! Gefährlicher Verbrecher....« Der Text verschwimmt vor seinen Augen, es gelingt ihm nicht, sich auf das Abbild – es sind ja auch seine Augen – zu konzentrieren.

Arnold lebt also, sonst würden sie ihn nicht suchen. Dankbarkeit und Freude durchströmt ihn: Die beiden Menschen, die ihm noch etwas bedeuten leben – Else und Arnold.

»Na, wo ist denn dein Sohn?« spricht ihn ein Mann von der Seite her an: »Willst du dir nicht die 1 000 Piepen Belohnung verdienen? Was meinst du, wieviel Flaschen Schnaps das gibt.«

Andere, die diese Szene beobachten, treten nun näher, und fallen grölend in das Lachen des Sprechers ein, der aber nun Becde begütigend die Hand auf die Schulter schlägt und sagt: »Nichts für ungut. War nicht so gemeint«, und seinen Weg fortsetzt.

Während die Anderen sich ebenfalls wieder langsam entfernen, steht er noch lange vor dem Steckbrief und hält Zwiesprache. Ein heftiger Wind zerrt an der losgerissenen Ecke des Plakats, schafft es aber nicht, den Fetzen ganz von der Mauer zu reißen. Er fröstelt, schlägt den Kragen seines Parkas hoch, und geht nach Hause.

Der Posten am Eingang des Hochhauses grinst, erkennt ihn, fordert aber dennoch die Ausweispapiere. Alles in Ordnung. Becde steigt mühselig die Treppe bis zu seiner Etage hinauf. Der Aufzug fährt nicht, kein Strom. Die Tür zu seiner Wohnung hängt noch genauso schief in den Angeln wie zu dem Zeitpunk, als Soldatenstiefel sie zertraten.

Kinder spielen auf dem Flur, und stoßen warnende Schreie aus, als sie den Mann bemerken. Ein Junge, ungefähr zehn Jahre alt, witscht durch die zertrümmerte Tür heraus, und verkriecht sich hinter den Rücken der anderen Kinder, die nun kichernd, und in der Nase bohrend, neugierig beobachten, was sich nun wohl tun mag. Besonders drei Mädchen stecken die Köpfe zusammen, tuscheln und glucksen hinter vorgehaltenen Händen, wobei die Augen nie verabsäumen, schrägen Blicks den Mann zu fixieren, bis dieser in der Wohnung verschwunden ist.

Zuerst bringt Becde die Wohnungstür wieder provisorisch in Ordnung, wozu er Latten, Bretter und Nägel benutzt. Dann hebt er die Schubladen vom Boden auf, und entfernt das zerschlagene Porzellan. Es sieht schlimm in den Räumen aus, wobei ihm klar war, daß daran nicht nur die unbeaufsichtigten, spielenden Kinder schuld waren: Die Sicherheitskräfte der O-Truppen hatten gewiß jeden Quadratzentimeter der Wohnung abgesucht; und dass die Wohnung mit Minispionen total verwanzt sein würde war dem Manne ebenfalls klar. Dabei rechnete er nicht damit, daß er mit technischen Mitteln auf kurze Sicht diese Minispione aufspüren könne, denn mit Sicherheit wird er überwacht; und jeder kleine Schritt in Richtung der Leute, die ihm diese technischen Mittel verschaffen könnten, wäre gleichzeitig ein Mordanschlag auf dieselben.

Der alte Mann war also allein; und diese Erkenntnis greift zu seinem Herzen mit würgender Beklemmung.

Im Badezimmer findet er die Fensterscheibe zertrümmert. Eine Maschinengewehrgarbe muß in die Fensteröffnung eingeschlagen haben, denn an der Zimmerdecke befinden sich einige Einschüsse, und in der Badewanne liegen zwei platt gedrückte Projektile. Die Beschießung mußte nicht unbedingt seiner Wohnung allein gegolten haben, denn die Fassade des Hochhauses wies auf dieser Seite mehrere Beschädigungen auf.

Becde untersucht nach einem kleinen Duschbad seinen Körper; besonders die schmerzende Stelle am Unterbauch interessierte ihn. Ein Handspiegel zeigt eine kleine Wunde, höchstens einen Zentimeter lang. Die Wunde war mit zwei kleinen Schlaufen chirurgisch vernäht. Vosichtig tastet er die Wunde ab, grinsend, weil er sicher war, das zu finden, was er erwartete. Unter der Haut ertastet er tatsächlich einen Gegenstand, der allenfalls so groß wie ein Druckknopf war.

,So ist das also', denkt er: ,Ein kleiner, verdammter Peilsender, damit die Hunde immer wissen, wo ich bin. Das werde ich euch gründlich versauen!'

Weiter denkt er, daß sich aus seinem Bauche Funksignale entwickeln, die von einem Satelliten 300 Kilometer über seinem Kopfe aufgefangen, und verstärkt zur Erde zurückgesendet werden. Die Unendlichkeit des Weltraums als Rückspiegel für die jeweilige Existenz seines Standortes: die totale Überwachung...

Mit einer Rasierklinge zerschneidet Becde vorsichtig die chirurgischen Nähfäden. Dann schneidet er in die noch nicht vernarbte Wunde. Es schmerzt sehr, und schnell färbt sich das vorgehaltene Handtuch rot. Dann hatte er es geschafft: Er hält eine silberfarbene Metallkapsel mit zwei haarfeinen Drähten daran zwischen seinen blutigen Fingern.

Die Technik dieses Minisenders war ihm keineswegs fremd, diese Dinger beziehen ihre sehr geringe Sendeenergie aus einem galvanischen Element, welches den benötigten Strom mit Hilfe der Körpersäfte herstellt.

Ein Pflaster auf die blutende Wunde muß genügen; und der Arzt, den er morgen aufsuchen will, wird bestimmt eine Diagnose stellen, die ungefähr lautet: Eitriger Abzeß, Abdomen, links von der Harnröhrenwurzel. Und dies muß von dem Sicherheitsdienst der O-Truppen erst mal widerlegt werden; unabhängig davon, daß sich die Funküberwachung wundern wird, daß ihr Überwachungsobjekt sich in den nächsten Tagen ständig am gleichen Fleck befindet, und innerhalb von drei Tagen sich höchstens zwanzig Meter seitwärts bewegt hat. Bis sie im Vorklärbecken der städtischen Kanalisation fündig werden, beileibe aber nicht etwa mit einer Leiche, sondern mit einem Haufen Unrat, in dem sich irgendwo eine silberfarbene, druckknopfgroße Metallkapsel befinden muß. -

Becde setzt sich in den Schaukelstuhl, neben sich die letzte Flasche Bier, die er aus dem Keller geholt hatte. Die weitgeöffnete Balkontür ermöglicht ihm einen Blick auf die untergehende Sonne.

Der Sonnenball hat gerade den Horizont erreicht, und strahlt nun ein Licht ab, welches die Augen ohne große Beschwerden ertragen. Bei zusehends sich dunkelrot verfärbender Sonne erkennt er winzige Schattenrisse, die sich in Formation vor der Sonnenscheibe vorbei bewegen: Flugzeuge der W-Truppen, weit jenseits des Rheins.

... Becde mußte eingeschlafen sein, und nicht die Nachtkühle, die durch die geöffnete Balkontür drängt, sondern der Lärm, der durch die Nacht hallt, weckt ihn. Knattern, Explosionen und aufblitzende Feuerschläge zeigen die Nähe des Krieges. Der Schlag muß in der Innenstadt stattfinden, und die Posten unten vor dem Hochhauseingang werden nervös und schreien herum. Becde schließt die Balkontüre, und das nicht zu früh, denn schon klatschen die ersten Kugeln aus Schnellfeuergewehren der Posten gegen die Hausfassade. -

Am Morgen geht Becde in Richtung Innenstadt, kommt aber nicht weit, weil eine Postenkette die Leute zurücktreibt. ein kurzer Blick zeigt ihm, daß das Rathausgebäude nicht mehr existiert. Nur ein dünner Rauchfaden schlängelt sich aus dem wirren Trümmerhaufen.

‚Else! Oh Gott, Else', denkt der Mann, und sackt auf die Knie; doch nicht lange, denn ein herannahender Soldat macht ihm mit einem Kolbenhieb seines Gewehrs Beine.

Beim Arzt bekommt Becde die gewünschte Diagnose und Behandlung, und die Möglichkeit zu telefonieren. Dem Gesprächsteilnehmer gibt er sich unverdeckt zu erkennen. Die Stimme am Telefon sagt: »Hallo, Ulrich! Ich hoffe, es geht dir nicht all zu schlecht. – Das war ja heute nacht ein schlimmer Schlag in der Stadt. Trotzdem war dieser Schlag für dich garnicht so schlimm, wie du vielleicht vermutest. – Aber was anderes, lieber Ulrich: Du bist durch die Haft ziemlich mit deinen Kräften am Ende. Wie wäre es mit einer kräftigenden Täubchensuppe? Wenn du magst, kannst du heute Nachmittag auf den Neumarkt gehen. Dort findest du eine Frau, die gutgemästete Tauben im Käfig verkauft. Weiße Tauben sind zur Zeit besonders fett; das wäre doch bestimmt was für dich. Tschüs, Ulrich! Lass mal wieder was von dir hören.«

Am Nachmittag fand der Markt auf dem bezeichneten Platz in der Stadt nicht statt, weil der sich in dem hermetisch abgeriegelten Bereich der Innenstadt befindet. Trotzdem braucht Becde nicht lange ziellos durch die Stadt zu streifen. Bald fällt ihm eine Frau auf, die einen Käfig mit drei Tauben vor sich hinstellt.

Becde tritt hinzu, und schaut sich interessiert die Tiere an, fragt, ob es »die Richtigen« sind, was ihm bestätigt wird, und schnell wechselt der Vogelkäfig seinen Besitzer.

‚Also, die weiße Taube', denkt Becde, als er zuhause angelangt war.

- Vorher hatte er im Treppenhaus noch eine widerwärtige Begegnung mit den Kaltzens, oder besser: mit Frau Kaltz, die, an der Seite ihres Mannes herankommend den Mann mit dem Taubenkäfig mit spöttischem Grinsen behelligt, während Herr Kaltz selbst den älteren Mann höflich grüßte. Beim Vorübergehen hörte Becde, wie die Kaltz sagte: »Un jetzt is er auch noch unner die Duvenjöckels jegangen«, knuffte dabei böse ihren Mann, weil er so freundlich den alten Becde gegrüßt hatte. -

Becde hatte die weiße Taube schnell und schmerzlos getötet. Beim Zerlegen des Tierkörpers denkt er tatsächlich daran, ob er das Fleisch des Vogels braten und essen soll.

Nachdem er den Magen des Tieres geöffnet hatte, hält er nun die kleine Plastikkapsel zwischen den Fingern. Er säubert seine Hände, schneidet die Kapsel an einem Ende vorsichtig auf, und hält eine kleine, zusammengerollte Folie in Händen. Das Mikroskop hat er schnell zu Hand, und mit Hilfe desselben entziffert er die Aufzeichnungen der Botschaft.

Und so erfährt er, daß Else bei dem Anschlag auf das Rathaus unverletzt befreit, der Stadtkommandant Demlow mitsamt seinem Stabe getötet, und das gesamte Archiv – mitsamt der von den Besatzungsbehörden angelegten Datei – vernichtet wurde. Ihn hätte man verzweifelt gesucht, aber von Else erfahren, daß er entlassen worden sei. Arnold, sein Sohn, lebe ebenfalls, sei aber abgetaucht, was man ihm – Becde – ebenfalls empfehle, wenn er sich wegen der Überwachung nicht mehr halten könne. In zehn Tagen müsse ein neuer Versuch gemacht werden, die Autobahnbrücke zu zerstören. Ob er dabei mitmachen wolle. Da er mit Sicherheit überwacht werde, solle er sich sehr vorsichtig bewegen, und die restlichen zwei Tiere nur in der Dämmerung starten lassen, falls diese Botschaften transportieren sollten. Und er – Becde – solle jeden Tag, gegen 15:00 Uhr, auf die Taubenfrau achten, ob sie ihm wieder ein paar Tiere anbieten wolle. -Ulrich verbrennt die Folie, schafft den Kadaver des Tieres beiseite, und ist etwas traurig, daß das schöne Tier sein Leben lassen mußte.

- Er hatte seinerseits den Vorschlag gemacht, die Kapsel an einer Schnur zu befestigen, und diese mit der Kapsel von den Tauben verschlucken zu lassen, aber so, daß die Schnur am anderen Ende am- oder im Schnabel befestigt wird. Dann könne die Kapsel mit Hilfe der Schnur vorsichtig aus dem Magen des Tieres gezogen werden, um ihm die Tötung zu ersparen.

Von diesem Vorschlag nahm man jedoch Abstand, denn bei einem Fehlflug hätte der Faden aus dem Schnabel des Vogels alles verraten. -

Spät in der Nacht schläft der alte Becde ein im Bewußtsein, einen sehr gefährlichen und anstrengenden, Teil seines Lebens bewältigt zu haben. Und die Pläne, die er noch hat, lassen ihn seine Gier nach der Flasche vergessen, zumal ihm sehr entgegenkam, daß zur Zeit sowieso nichts Flüssiges in Flaschen für ihn zu haben war.

[]

- Die Besitzer des Grundstücks, in dem sich das Depot befindet worin sich Arnold Becde aufhält, bekamen eine freundliche Empfehlung, an einem bestimmten Tag, zu einer gewissen Stunde ihr Haus zu verlassen, um einen ausgedehnten Spaziergang zu machen, oder Bekannte zu besuchen.

Diese Aufforderung wurde natürlich befolgt; und so bekamen die betreffenden Leute nicht zu Gesicht, wie sich eine Person dem Garten nähert, vorsichtig umherblickend sich plötzlich niederließ, und dann, wie vom Erdboden verschluckt, von der Bildfläche verschwand. -

Else schreit auf, als sie aus der Schleuse heraustritt, und des heranwankenden, nur mit Unterwäsche bekleideten Bündels Mensch ansichtig wird. Bei der Umarmung erkennt sie deutlich, wer der Schwächere ist, und es kostet sie große Mühe, das Niederstürzen ihrer beiden Körper zu verhindern.

»Arnold, leg dich nieder. Ich helfe dir« sagt sie, und will den Mann zur Liege führen, was er aber nicht gestattet, weil er Else fest umklammert, und sein Gesicht in Elses Nacken versenkt. Nach einer Weile gelingt es ihr, sich sanft von der geballten Ansammlung Zuneigung zu lösen.

»Else, du lebst. Du lebst wirklich« sagt Arnold, und fährt vorsichtig tastend mit den Fingern über die Augen, Lippen und Haare, streichelt ihre Brüste, ihren Bauch, und lacht: »Du lebst!«

»Ja, ich lebe, Liebster. Und du auch. Aber du lebst schlechter als ich, du siehst nicht gut aus. Zeig mal dein Ohr.«

Sie schaut es sich im hellen Licht an, wiegt bedenklich den Kopf, und sagt: »Ich werde es nähen.«

Schnell hat sie die medizinische Depotausrüstung zur Hand, und greift zum chirurgischen Besteck, nachdem sie das völlig vereiterte Pflaster von der geschwollenen Ohrmuschel entfernt hatte. Nun blutet die Wunde wieder, was jedoch erwünscht war.

»Mit oder ohne Narkose«, fragt sie.

»Natürlich ohne«, antwortet er, »sonst nähst du mir noch das Ohrwatscherl an die Nase an. Denn deine Leistungen bei der medizinischen Ausbildung sind mir noch in guter Erinnerung.«

»Oho, Arnold Becde! Das kostet dich zwei Klammern mehr. – Los, Kopf runter, es geht jetzt los. Und ja stillhalten!« kommandiert Else nun, und lachend gehorcht er. Else schneidet vorsichtig die entzündeten Hautlappen von der Ohrmuschel weg, was von ihm mit lautem Stöhnen quittiert wird.

»Stöhnen darfst du soviel du willst, wenn es dich erleichtert. Doch deinen Kopf mußt du unter allen Umständen stillhalten« sagt sie, und betupft die Wunde mit Aseptikum. Dann setzt sie geschickt die Klammerzange an, appliziert die Klammern, und legt einen Verband an.

»So, jetzt zieh dich aus. Nein, nein, nicht das«, meint Else lachend, als sie bemerkt, wie bei Arnold nach dieser Aufforderung mächtig was in Bewegung gerät.-

»Schäm dich; auf den Bauch!« befiehlt sie; und dann etwas verheißungsvoll: »Ich will sehen, was ich anschließend gegen d i e s e Krankheit tun kann. Aber diese Behandlung kommt zu allerletzt dran.«

Zufrieden dreht sich Arnold auf den Bauch, ängstlich darauf bedacht, daß er sich nicht leichtfertig der – wegen seines schlimmen körperlichen Zustandes – bestimmt einzigen Möglichkeit beraubt. -

Else entfernt vorsichtig mit einer Pinzette aus ungezählten Stellen der Haut Arnolds Aststückchen, Steinchen, Uniformgewebe-Teilchen, die durch den Explosionsdruck hineingetrieben worden waren. Sie beschränkt sich nur auf die Entfernung der größeren Teilchen, welche in der Haut des Mannes Entzündungen verursacht hatten. Alle diese Stellen betupft sie mit Antibiotikum.

»Wie starb dein Vater?« fragt Arnold.

»Er starb leicht. Ich nehme an, daß er während der Scheinexekution schon besinnungslos war.«

»Dieses Miststück, diese Altenbeeke. Wenn ich wieder in Ordnung bin, werde ich mich mal um die kümmern.«

»Tue das«, sagt sie: »Diese Person hat Schuld auf sich geladen. Sie gehört auch zu den Spießbürgern, die bis jetzt noch jeden geschafft haben: Sogar den Sohn Gottes.«

Arnold, verblüfft aber angetan von diesem Vergleich stellt sich vor, wie gut die Altenbeeke in den grölenden Haufen gepaßt hätte, als vor zweitausend Jahren ein Mann – auch unter fremder Besatzung – ans Messer geliefert und hingerichtet wurde: Augenblick-Futter für den Pöbel.

»Spießbürger ist eine viel zu harmlose Bezeichnung für diese Leute. Ich nenne sie Atom-Raketers.«

»Wieso Atom-Raketers?« fragt Else.

»Paß auf. Im Mittelalter begaben sich die Menschen in den relativ sicheren Schutz einer Burg. Daher der Name Bürger. Ich kenne Leute, die gerne zum Schutz ihres Eigentums je eine Pershing-Rakete im Vor-und Hintergarten, und eine Flugbombe auf dem Speicher stationiert gesehen hätten. Ein Eigentum, was ihnen noch nicht einmal gehörte, sondern irgend einer Hypothekenbank oder Sparkasse.«

»Ich glaube, auch solche Leute zu kennen. Heißen sie nicht etwa beispielsweise Spatz, Kalitschek, Altenbeeke?«

Arnold nickt: »Diese Leute, und andere, natürlich, haben damals sich nicht gescheut, eine soziale A-Bombe zu zünden. Die Verleumdungen gegen meinen Vater war so ein asozialer Sprengsatz. Dieser Sprengsatz hatte in unserem Wohnviertel ausdauernd und unwiderruflich die soziale Atmosphäre vergiftet.«

Er zuckt zusammen, als Else ihm von einer besonders empfindlichen Stelle ein Holzsplitter entfernt.

»Wie heißt du übrigens jetzt?« fragt er.

»Ilse Heißmann.«

»Sehr geschmackvoll und passend«, lacht Arnold; dann fragt er weiter: »Was ist mit den O-Truppen? Was ist mit den Karteien und Archiven der Besatzungsbehörden?«

»Die sind genauso kaputt wie Demlow und sein Stab. Die Truppen haben sich ganz aus der Stadt zurückgezogen, und biwakieren in dem Industriegebiet, du weißt, oben in der Bahnschleife. Die Panzer haben einen weiten Ring um die Stadt gezogen, und richten ihre Geschütze in die Stadt, was allerdings totaler Blödsinn ist. Denn wegen der Auflockerung dieser Kette gelingt es den Terries fast jede Nacht, so ein Ungetüm zu sprengen.«

Zufrieden nickt Arnold: »Und was ist mit der Autobahnbrücke? Gibt es Pläne?«

»Die ist nächste Woche dran. Wir wollen mit etwa hundert Dunkelleuten massiv von einer Seite vorgehen, sprengen, und dann in alle Richtungen wieder verschwinden. Dein Vater will mitmachen.«

»Das ist gut so«, meint Arnold; und er meint dies durchaus doppelsinnig, wenn er an das Elend des einsamen, gebrochenen Mannes denkt: »Je nachdem, welches Wetter ihr am Einsatztag habt, rate ich euch zu Nebel. EUNAT ist in der Lage, natürlichen Nebel zu erzeugen, wenn gewisse atmosphärische Bedingungen vorhanden sind«, sagt er, und fährt fort: »Die schießen Kohlendioxidschnee und noch einige anderen Chemikalien mit leichen Raketen in die mittleren Luftschichten des betreffenden Gebiets, und eine unglaublich dicke Nebelsuppe hält sich dann stundenlang in diesem Gebiet. Bei Nacht kommt da nur ein perfekt Ortskundiger durch.«

Else hört interessiert zu und verspricht, dies dem zuständigen Ko-Offizier zu unterbreiten.

»Du, Arnold?«

»Ja, was ist?«

»Wie geht es deinem Großvater? Der muß doch schon gewiß über Achtzig sein.«

»Ja, ich glaube er wird bereits fünfundachtzig. Na, dem geht es gut. Und was Oma gehofft hat, Opa sollte v o r ihr gehen – scheußlicher, arroganter Gedanke übrigens! –, weil er im Haus nicht zurecht käme, ist übrigens nicht eingetreten.«

»Die Oma meinte es gut«, sagt Else, »mein Vater wäre ohne mich nicht zurechtgekommen.«

»Mag sein. Aber dein Vater hatte noch seinen Dienst zu versehen, während mein Großvater schon lange pensioniert war.«

»Wie war das Verhältnis deines Vaters zu den Schwiegereltern?« fragt Else.

»Schlecht. Ich kann mich erinnern, daß mein Vater meiner Mutter Vorhaltungen machte, obwohl sie den Grund dieser Vorhaltungen nicht vertreten konnte, denn sie war schwer durch ihre Krankheit gezeichnet. Sie war willenlos. Und mein Vater fing erst das Saufen an, als wir Söhne halbwegs groß waren, um selbst für uns sorgen zu können. Einmal erzählte mir mein Vater eine Geschichte, die mir im Nachhinein gezeigt hat, wie unendlich einsam mein Vater eigentlich war.

- An einem Nachmittag war die Schwiegermutter – also meine Oma – zu Besuch bei meinen Eltern gewesen. Vorher hatte meine Mutter einen schweren Anfall erlitten, grand mal nennt man so ein Ereignis. Sie hatte sich dabei eine heftig blutende Kopfwunde zugezogen. Irgendwie mußte also die Schwiegermutter davon Wind bekommen haben, vielleicht von Nachbarn, und wollte nun sehen, wie es ihrem »Kindchen« wohl ginge. Mutter und Tochter saßen gemeinsam auf der Couch, meinem Vater gegenüber, der gerade zu schildern versuchte, daß er es gewiß nicht leicht habe mit seiner kranken Frau. Verwundert und ungläubig soll da die Schwiegermutter gefragt haben: ‚Wie, ist Edelgard krank?‘, und meine Mutter soll, getreues Abbild des Sprachrohrs ihrer Mutter gefragt haben:‚ Wie, bin ich krank?‘ « -

Während dieser Erzählung Arnolds hält Else mit der Arbeit an Arnolds Rücken ein, und schaut schweigend auf. Nach einer Weile sagt sie: »Ich verstehe, Arnold Becde. Wie war deine Kindheit?«

»Gut. Mein Vater hat sich bemüht, uns abzuschirmen, was ihm allerdings nicht immer gelungen ist. Denn er stand praktisch gegen und zwischen zwei Fronten, der sogenannten Gesellschaft und der eigenen Familie. Er selbst Mitglied dieser gottverdammten Gesellschaft, die ihn erbarmungslos fallen ließ. Mein Bruder hat es nicht gut übersetzt; und wo er nun ist, weiß ich nicht. Zwei Jahre habe ich nichts mehr von ihm gehört.«

Else schaut ins Leere, sammelt aber schnell ihre Blicke, die über einen zerschundenen Kopf streifen, welcher, auf der Seite liegend, sich im ruhigen Takt der Atemzüge des nun eingeschlafenen Mannes bewegt. Sie schaut auf die abgesengten Augenbrauen und -wimpern, auf das verkohlte Kopfhaar, die eingerissenen Nasenflügel, und das mit vielen kleinen roten Punkten übersäte Gesicht – Spuren von kleinen Fremdkörpern, die durch den Explosionsdruck unter die Haut getrieben, und dort wohl auch sitzenbleiben werden: Eine Tätowierung, die ein Menschengesicht wahrlich nicht verschönt.

Trotzdem: Sie fühlt, ja, weiß, daß sie mit diesem Menschen nun untrennbar verbunden ist, und drückt einen leichten Kuß auf die stoppeligen Wangen des Schlafenden.

Sie ahnt, daß ihre Zukunft nicht mehr das bürgerliche Leben ihrer Eltern und Großeltern sein wird; und dies bedauert sie in keiner Weise. Nach diesem gewaltigen Geschehen in Mitteleuropa wird es keinen neuen Anfang geben wie in dem Jahr 1945, welches ja eigentlich kein Neubeginn, sondern nur das Ende einer Etappe war, die, selbst wiederum unausweichlich, wenn auch verzögert, zu diesem historischen Abschluß führen mußte.-

Ein dumpfes Grollen und Erschütterungen, die selbst diesen tiefgegründeten Bunker treffen, reißt Else aus ihren Betrachtungen. Sie schaltet die Außenüberwachung ein, fährt die Antenne aus, und aktiviert die Fernaugen. Auf dem Bildschirm erscheint nun das Infrarot-Bild eines Abschnitts der näheren Umgebung. Die Weitwinkelobjektive der Fernaugen ermöglichen der Betrachterin einen Rundumblick der Umgebung um das Depot.

In westlicher Richtung erkennt sie eine Hitzequelle, die, bei größerer Einstellung des Fernauges und der computerisierten Umwandlung des Infrarot Bilds in Echtlicht, Umrisse eines brennenden Panzerwagens erkennen lassen, den es offensichtlich erwischt hat. Und daß sie nun die Explosionsblitze einschlagender Granaten der O-Truppen wahrnimmt, quittiert sie mit Spott: Die treffen nicht uns! Die schießen ihre eigenen Leute ab!

- Die Fernaugen sind höchstintegrierte elektronische Kamerasysteme, die, nicht viel größer als ein natürliches menschliches Auge, irgendwo draußen an versteckten Stellen plaziert wurden, und selbstverständlich auch normale Tageslichtbilder liefern konnten. Die Übertragung der Steuerungs-und Bildsignale erfolgt natürlich drahtlos, denn eine Drahtleitung hätte den Gegner im Fall des Entdeckens unweigerlich zum Empfänger geführt. Die Fernaugen waren so konstruiert, daß sie per Funkbefehl zerstört werden konnten. Dies passiert ebenfalls, wenn jemand versuchte, die Geräte unberechtigt zu öffnen.

Else ist in der Beobachtung des Bildschirms so vertieft, daß sie nicht bemerkt, wie sie von Arnold schon längere Zeit beobachtet wird.

Einem Gefühl folgend schaut sie auf, und erkennt den verlangenden Blick des Mannes, und es bedurfte nicht erst der Bitte des Mannes »Else komm«, um das zu tun, was sie ebenfalls wollte.

»An der Vorderseite siehst du viel besser aus, als hinten«, meint Else, denkt dabei auch an die weniger schweren Verletzungen in Arnolds Haut; der Explosionsdruck muß ihn rückwärts erwischt haben.

Nachdem sich Else zu Arnold gelegt hatte sagt sie:»Ich bitte dich, strenge dich nicht zu sehr an. Es ist nicht notwendig. Denn wenn ich nachher gehen muß, gehe ich in jedem Falle mit einem Stück von dir nach draußen. Ich hoffe, daß es gut und gesund heranwächst.«

Er vernimmt es, und ist erschüttert; ein Gefühl durchströmt ihn, welches nicht nur reine Freude ist, ein wenig Schöpferwind ist auch dabei, und, sehr laut und klar der Basso continuo einer unüberhörbaren Mahnung, was durch Else bestätigt zu werden scheint, als sie fragt: »Ob das richtig ist, was wir machen? In diese verstrahlte und vergiftete Umwelt auch noch Kinder setzen?«

Doch diese Frage wird eindeutig durch den nicht nachlassenden Trieb des Mannes neutralisiert; und Arnold fragt zurück: »Du glaubst, die Menschen in Mitteleuropa hätten wegen der grassierenden Pest in Europa davon abgelassen? Dann wären wir eigentlich Ungeborene. Und was haben die Einwohner von Hiroshima und Nagasaki nach der Bombardierung getan? Wenn sie es nicht getan hätten, wären diese beiden Städte ausgestorben, und nicht heute Millionenstädte.«

Else seufzt, und Beide geben sich dem ewigen Spiel hin, was die Natur allen höheren Säugetieren vorgegeben hat, sich zu vermehren; die Chromosome kräftig zu mischen, um so neue Möglichkeiten für die Existenz und das Fortleben zu schaffen.

[]

In dem vom Kaminfeuer erleuchteten Wohnzimmer der Wohnung von Herrn Spinder an der Schubertstraße sitzt der alte Herr mit seinem Schwiegersohn Ulrich Becde am Tisch, und beide trinken. Arnold Becde liegt auf dem Sofa, mit einem dicken Verband um den Kopf.

Der schlimme Zustand des verletzten Ohrs Arnolds ließ es richtig und zweckmäßig erscheinen, eine riskante Entscheidung zu treffen, den Unterschlupf zu verlassen, um sich in die Behandlung eines Facharztes zu begeben, was am Nachmittag des gleichen Tages hier in der Wohnung seines Großvaters geschah.

Der Facharzt versorgte das verletzte Ohr, setzte einen Tampon in den Gehörgang, und ermahnte Arnold, nur kein Wasser in den nächsten Tagen in den Gehörgang dringen zu lassen; nur dies böte eine gute Chance, daß sein angerissenes Trommelfell wieder verheile. -

Der alte Spinder – Bankdirektor i.R. – lebte seit dem Tode seiner Frau allein, nur seine Tochter schaut regelmäßig herein, und macht Besorgungen. Eine Aufwartefrau hält die Wohnung in Ordnung.

Gern hätte der alte Spinder gesehen, wenn sein Enkel Arnold zu ihm gezogen wäre – die Wohnung bot reichlich Platz –, doch Arnold blieb bei seinem Vater, nicht zuletzt auch deswegen, weil sein Verantwortungsgefühl für seinen Vater mit den Jahren wuchs. Und Beide beim alten Spinder in der Wohnung ging nicht, es gab und gibt zwischen dem alten Becde und Spinder eine Abneigung, die wohl beidseitig begründet ist, und sich nun wieder zeigt und Arnold veranlaßt, seinen Vater zu ermahnen, sich nicht über den letzten Krieg zu ereifern, da sie sich wohl nun in einem viel schlimmeren befänden. An dem Tonfall der Gegenrede seines Vaters läßt sich noch gut das Ungestüm vergangener Jugend erkennen, als er sich an Arnold wendet:

»Dieser Krieg hätte sich vermeiden lassen, wenn nicht die Generation deines Großvaters den Wink der Geschichte mißachtet, und nach 1945 wieder eine bürgerliche Gesellschaft aufgebaut hat, denn die Revolution in Deutschland war 1945 schon lange überfällig, sieht man von den mißglückten Versuchen 1848 und 1918 einmal ab. Die Generation deines Großvaters war die, die einen Reichskanzler Adolf Hitler nicht verhindert, ja, dessen Kriege sogar – zumindest zu Anfang! – willig geführt hat. Und als es vorbei war, haben sich diese Bürger die Gesetze geschaffen, die sie bevorteilen.«

»Ja, ja, alles bekannt«, gluckst der alte Spinder: »Willst du noch was Wein haben?« Dabei fährt sein zitternder Arm mit der schwankenden Flasche auf das Glas Becdes zu, welcher jedoch seine Ablehnung durch die ausgestreckte Hand zu verstehen gibt, und fortfährt:

»Eine Unmenge von Gesetzen hatte dieses System geschaffen. Ungerechte sowieso, und alle diese Gesetze mußten verwaltet werden. Dazu brauchte es Beamte, über und über. Alle, Gesetzgeber, Beamte – die überwiegend in den Parlamenten auch Gesetz g e b e r waren – und sogar die Ausleger dieser Gesetze, also Rechtsanwälte, Richter, profitieren von der Gesetzesflut. Sie lebten alle gut davon. Doch der, der kein Geld hatte, um die Gesetze für sich tanzen zu lassen, blieb draußen. Mir ist es in den frühen achtziger Jahren so ergangen, daß mir der staatliche Freifahrtschein für den öffentlichen Nahverkehr entzogen wurde, aber ein Kriegsversehrter – Sozialrente, Kriegsrente – aus Adolfs Krieg diese Begünstigung behielte. Das war dann so, daß ein Mann, der sich beim Wiederaufbau Deutschlands die Knochen kaputt gemacht hat, die staatliche Vergünstigung verlor; und ein SS-Mann, der sich als Bewacher des KZ s Treblinka bei der Flucht vor der Roten Armee einen Schuß in die Ferse zuzog, diese Vergünstigungen behielte. Das heißt: Gleiche Leiden; ungleiche Behandlung.«

»Du weißt, Vater«, wirft Arnold ein, »daß der Staat eine Fürsorgepflicht für diejenigen hatte, und noch hat, die in seinem Namen Schaden erleiden. Und sei es durch eine Verwundung in einem Krieg.«

»Richtig«, meint der alte Becde, »doch was ist das für ein Staat, der seine Untertanen alimentiert, trotzdem sie die Schlachtfelder als Verlierer verließen. Das russische Mütterchen, was zwei versprengten deutschen Soldaten bei der Abwehrschlacht von Woronesch eine Topf mit Suppe reichte – wie meinem Vetter geschah –, hatte mehr für Deutschland getan, als der gesamte, ehemalige Nazi-Generalstab!

Was macht also so ein Staat, der nichts gewonnen hat? Er macht Schulden, um die Verlierergeneration«, dabei deutet er auf den alten Spinder, »zu unterhalten, ja sogar noch zu belohnen für den verlorenen Krieg. Der Schuldschein weist auf mich, auf meine Generation. I c h und du bezahlen für die Sünden unserer Väter; und Mütter, natürlich!«

Arnold kannte große Teile der Argumentation seines Vater, wobei ihm das Letztere neu und bedenkenswert schien.

»Ich habe«, fährt der alte Becde fort, »diese Republik mit aufgebaut. Als junger Mann habe ich Plakate für die bürgerlichen Parteien geklebt. Als ich die Bürgerlichen satt hatte, suchte ich politische Übereinstimmung bei den Kommunisten. Das war wohl nichts, denn dort traf ich ebenfalls Bürger an; nur mit dem Unterschied, daß sich deren Bürgertum nach Osten ausrichtete. Kein Widerspruch, sondern Entsprechung: Alle beiden Systeme gründen auf dem Prinzip S t a a t, mit staatlicher Verwaltung, also Herrschaft.«

Von draußen dringt Lärm von Gewehrschüssen und MG-Feuerstößen hinein. Der alte Spinder sitzt in seinem Ohrensessel und döst vor sich hin. Es ist zweifelhaft, ob er die Suada seines Schwiegersohns mitbekommen hat; es war nicht viel Neues dabei. Außerdem war es ihm egal: Das, was Becde vorbrachte stimmte ja, nur, es war ihm gleichgültig, seine Zeit war bald abgelaufen.

Eine laute Detonation läßt ihn aufschrecken, die Flammen des Kaminfeuers pressen sich für einen Augenblick nieder: Luftdruck.-

»Das war nah«, dringt Arnolds Stimme vom Sofa, doch er erwartet nicht, daß einer der Männer den Wunsch äußert, im Keller Schutz zu suchen.

Die O-Truppen schossen schon mal nachts mit Panzerhaubitzen in die Stadt, sofern sich die Terries dort regten. Die Granaten fielen eher blind in die Stadt; nur eines war klar: Die O-Truppen nahmen nachts nie die Teile der Stadt unter Beschuß, in der eigene Truppen patrouillierten.

Die Terries nahmen dies zum willkommenen Zeichen, sich in der Stadt frei zu bewegen, zwar unter der Gefahr der – allerdings eher unwahrscheinlichen – Möglichkeit, von einer Granate getroffen zu werden.

Draußen war nach diesem Donnerschlag wieder Ruhe. Der alte Spinder sitzt aufrecht in seinem Sessel, und nimmt einen Schluck Wein: »Ulrich. Du warst schon immer ein aufsässiger Mensch. Hast du nie daran gedacht, daß andere Menschen auch anders denken, mit allen Konsequenzen?« fragt Spinder seinen Schwiegersohn.

»Seitdem ich gemerkt hatte, wer die wahre Macht im Staate inne hat, war Aufsässigkeit, wie du zu sagen pflegst, bei mir Pflicht.« Becde lehnt sich nach vorn, und redet weiter: »Die Macht im Staate haben nicht die Gewerkschaften, oder die Kapitalisten. Erst recht nicht der Wähler. Denn der hatte in Wahrheit keine richtige Wahl, der konnte wählen wen und was er wollte; er wählte stets den wahren Souverän: den Staatsdiener. Die Abgeordneten aller Parlamente waren in der Mehrzahl Beamte – wie ich schon sagte. Und die haben sich in den Parlamenten natürlich Gesetze geschaffen, die auf ihrem ureigensten Verständnis von Macht zugeschnitten waren.«

»Nenne doch Beispiele«, meint Spinder, und lenkt einen wässrigen Blick über die Gläser seiner Brille auf Becde.

»Ja, zum Beispiel der Artikel 131 des Grundgesetzes. Speziell nur für Beamte geschaffen. Er beließ den Beamten des Dritten Reichs sämtliche, dienstliche Rechte, auch das Recht, vom Staat unterhalten zu werden. Die Anderen dagegen, im anderen Deutschland haben kurze Fünf, und bei einigen sogar Kopf kürzer gemacht. Ihr hier habt es sogar Mitte der achtziger Jahre fertiggebracht, Ermittlungsakten gegen Staatsanwälte und Richter aus dem Dritten Reich zu schließen! Punkt. Ende. Keiner war schuldig. -

Mit Wut denke ich an den Urteilsspruch des höchsten Gerichts vor viele Jahren. In diesem Urteil kamen die Herren in roter Robe zu der Auffassung, daß ein Richter niemals Unrecht tun könnte, wenn er nach den zur Zeit der Urteilsverkündung bestehenden Gesetze geurteilt habe. Ein typischer Fall von Eigenzeugung; entsprechend dem, was dabei herauskam: Eine Zucht, Inzucht.«

Becde redet sich in Eifer, in seinem bleichen Gesicht funkeln seine Augen, als er auf den Älteren einredet.

Arnold blinzelt schläfrig zum verlöschenden Feuer im Kamin: ‚Schon wieder Abrechnung. Und immer unergiebig. Wenn Vater doch endlich kapiert, daß Opa nicht der richtige Mann ist.‘

»Vater, laß Opa in Ruhe. Opa war nie Abgeordneter. Das weißt du.«

»Nein«, bellt Becde hinüber, »aber in der Pflichterfüllung war er hervorragend. In der Pflichterfüllung, nur ja die Funktion der Maschine Staat in Gang zu halten, nur ja alle Störungen fernhalten von dieser Maschine, denn davon hing sein bürgerliches Leben unmittelbar ab, wie eine Herz-Lungen-Maschine. Und Störungen waren immer das Ungewöhnliche. Warum hat

120

dein Opa mir nicht Bescheid gesagt, vor Jahren, als alles begann, und eine alte Vettel zu Opa kam, und mich – den Schwiegersohn! – verleumdete. Warum hat dein Opa da nicht gesagt: ‚Scheiße. Komm Ulrich, gegen diese Dreckschleuder gehst du an, ich zeuge für dich.' Aber dein Opa hat geschwiegen, und somit diese schlechten Frauen nur noch in ihrem Treiben bestärkt; damit wurde er auch schuldig an meinem Schicksal.«

Arnold horchte nun auf. Daß tatsächlich andere Leute an Vaters Unglück teil hatten, wußte er nicht zuletzt von Elses Vater. Aber Opa? Davon hatte sein Vater nie etwas gesagt. -

»Oh ja, ich habe euch damals verstanden«, beginnt sein Vater nun wieder, »aber vergeben tat ich nicht. Damals brauchte Eure Scheiß-Gesellschaftsordnung Opfer, wie ewig schon vordem. Opfer, um von eigenen Schandtaten, und auch von Unterlassungen abzulenken. Was lag näher, die Schwächsten, die sozial Benachteiligten als Opfer zu wählen? Denn der abendländische Kulturkreis fußt wie keine andre Kultur auf dem Opferprinzip.

Die Christen taten es mit dem Opferlamm, die Juden mit dem Sündenbock, und die Muslime hatten ihren Opferhammel. Die gesamte Blase lud also ihre eigenen Verfehlungen auf schwache, wehrlose Tiere ab. Als das nicht mehr reichte, nahm mensch Menschen. Und jetzt sind wir alle dran. Brandopfer, zelebriert von den beiden großen Kulturträgern und Erben Byzanz' und Westroms. -

Als mich deine Gesellschaft opferte, Spinder, gab es natürlich auch wahre Schuldige. Aber zu dieser Zeit war gerade die sogenannte Emanzipation der Frau groß in Mode, nach der Macho-Devise: ‚Ich ficke meine Frau selbst. Und wehe dem, der etwas gegen die Süße sagt!' Und einen Türken wegen Körperverletzung und Beleidigung vor einen deutschen Kadi zu ziehen, und gar zu verurteilen, kam erst recht nicht in Frage, den ein Faschist haut einem anderen Faschisten keinen eisernen Haken ins Kreuz! Auch muß ja endlich mal ein Ende sein, mit diesem abscheulichen Rassenhaß. Mit eurem Rassenhaß!«

Ulrich Beede springt auf, zeigt mit dem Finger auf den alten Mann, der kurz zusammenzuckt, und träge ein Augenlid hebt: Opa Spinder war fest eingeschlafen.

Arnold hatte sich ebenfalls mühsam von der Liege erhoben, und redet seinem Vater zu, daß er sich setzen solle, es wäre wohl genug.

Der alte Becde schaut seinen Sohn mit schräg gehaltenem Kopf und spöttischen Augen an: »Ach ja, genug. Du weißt doch, daß der Friede, egal welcher Friede, immer das Produkt irgend einer Überwindung ist, was nichts anderes bedeutet, daß irgendeine und irgendwo eine offene Rechnung zum Begleichen, zum Ausgleichen ansteht. Die Generation, der dein Großvater angehört, hatte nach verlorenem Krieg gut Frieden halten können. Sie hatte aber leider vergessen, die Rechnung zu begleichen; und so blieb die Welt bis jetzt in Schwung, denn das Offenhalten von Rechnungen bedeutet die Summe der Welt. Es ist die Weltformel! Und solange der Große Begleicher Großvaters Konto nicht auf Null gestellt hat, verlange ich auch Zinsen für den gesellschaftlichen Frieden.«

»Vater, tust du Opa nicht doch Unrecht? Denke daran, Großvater war studierter Jurist, und ganz besonders vorsichtig in der Auslegung der Dinge.«

»Du meinst also feige und durchaus kalkulierend«, antwortet sein Vater: »Aber, um auf Opas juristische Vergangenheit zu kommen. – Es gab eine Zeit, da hätte ich meinen Sohn eher totgeschlagen, als ihm die Zustimmung zu geben, Soldat zu werden. Doch das ist vorbei; ich habe erkannt, daß wir im Jahrhundert des Soldaten leben, und somit im Zeitalter der Furcht und Angst. Aber wenn du Jurist geworden wärst, so hätte ich dich verachtet! Die Juristen haben stets ihre Hände im großen Buhlspiel um die große Hure Justizia.

Schon seit den alten Griechen, also den Erfindern unserer Demokratie, war Jura ein höherwertiges Fach als Medizin. Wie du weißt, mußten die jungen Griechen als erstes – neben der Aneignung des Kampfspiels – lernen, wie sie sich vor dem Areopag verteidigen könnten. Das war für die damalige Zeit wahrhaft fortschrittlich und zweckmäßig. Aber die Juristerei verkam im Verlaufe der Demokratie. Nimm beliebige, berühmte Politiker und Staatsmänner: Fast alle hatten das Studium der Jurisprudenz! Was meinst du wohl, was die mit ihren Rechtskenntnissen gemacht haben? Nicht etwa das, was Recht und Gesetz gewesen wäre; nein, die spähten alle die berühmten Lücken aus, und zwängten sich dort hinein, und oft auch hindurch. Übrigens: Jesus von Nazareth haben die Juristen – die Rechts- und Schriftgelehrten also – auch auf dem Gewissen. – Komm Arne, nimm noch einen Schluck.«

Ulrich Becde füllt das Glas seines Sohnes mit Wein. Er selbst trinkt nur wenig, sein Sohn fragt ihn: »Vater, woher weißt du das alles, und woher willst du wissen, ob das alles stimmt, was du dir da zurechtdenkst.«

»Ich habe mich durch Lesen gebildet; und meine Lebenserfahrung sagt mir, daß nichts so beständig ist, wie menschliche Gefühle und Torheiten. Und die Energie der Gefühllosen und Sachliker, die im Wechselspiel die anderen benutzen.

Um nochmal auf die Juristen zu kommen: Du hast davon gehört, daß im Dritten Reich die Juden verfolgt wurden. Dies begann eigentlich mit einem Irrtum. -

Zu Anfang der dreißiger Jahre gab es viel Not und Elend im damaligen Deutschen Reich. Trotzdem wurden die armen Menschen wegen irgend welcher Verpflichtungen finanzieller Art erbarmungslos von Gläubigern verfolgt, zu Recht, oder zu Unrecht. Von den sogenannten Inkassobüros – was man in etwa mit Privat-Gerichtsvollziehern vergleichen kann – befanden sich in dem damaligen Berlin über dreiviertel in jüdischem Besitz.

So ungefähr war auch der Anteil der jüdischen Juristen, als Rechtsanwälte, Staatsanwälte und Richter; und dies bei einem jüdischen Gesamtbevölkerungsanteil von nicht einmal einem Prozent! Klar, daß die Leute damals dachten: ‚Die Juden zwiebeln uns‘, wobei es tatsächlich jedoch so war, dass sie die J u risten meinten.-

Nach der Übernahme der Regierung durch die Nationalsozialisten schoben sich natürlich nichtjüdische Juristen in die Stellen der ehemaligen Amtsinhaber. Den Buhman ‚Jude‘ hat man damals allerdings nicht abgebaut, im Gegenteil: Die Machthaber verstanden es geschickt, die Wut und Aggressionen des Volkes gegen die J u risten auf die J u den zu lenken, und auch aufrecht zu erhalten; mit dem weltbekannten Ergebnis.«

»Und was hat dies mit unserer heutigen Zeit zu tun?« fragt Arnold.

»Direkt betrachtet wenig. Doch was uns heute in Europa geschieht, ist der Schlußpunkt einer überlebten Kultur mit zuviel Staat, und einem Wasserkopf von Staatsdienern als Last. Weißt du, daß es bis jetzt in unserem

Lande über 100000 Gesetze, Verordnungen, Vorschriften und Paragrafen gibt? Das ist eine gewaltige Masse, die verwaltet werden muß, von Fachleuten, eben Juristen, wie ich vorher schon mal sagte. Zuviele Paragrafen, und zuwenig Möglichkeiten, sie sinngemäß zum Wohle des Ganzen zu nutzen. Also praktisch nur Tätigkeitsnachweis für die damit Beschäftigten. Höchste Zeit für die Anarchie: Und danach werden die Karten neu gemischt.«

Arnold hatte sich wieder hingelegt, hörte betroffen seinem Vater zu, und schaut sinnend den stiebenden Funken nach, die aus den Scheiten im Kamin springen.

Er schaut auf den hin-und herwackelnden Kopf seines schnarchenden Großvaters, wendet den Blick in das zerfurchte, aber hellwache Gesicht seines Vaters, meint, die Verbindung dieser beiden Köpfe zu erahnen: Bindungen aus Schuld, Verstrickung und Schicksal; er mitten drin im Netz der Gene und Gefühle. -

»Vater, rede nicht so laut. Laß Großvater schlafen«,meint er leise.

»Sicher. Soll er schlafen. Zwar nicht den Schlaf des Gerechten; aber sein Alter entschuldigt ihn.«

»Vater, so kenne ich dich nicht. Früher hast du nie so viel erzählt.«

»Oh, sag das nicht. Als ihr beiden Jungen noch klein wart, habe ich euch manches beigebracht, was euch unbewußt eingegangen ist. Du kannst davon ausgehen, daß dies immer wertvoll für Eure Entwicklung war. Die Gefängnisaufenthalte nach allem haben mich stumm und hart werden lassen, doch die Sache mit Demlow hat mich gelöst. Noch nie habe ich so bewußt und intensiv gelebt wie jetzt.«

»Das merke ich«, freut sich sein Sohn, »und durch dein Saufen vorher war fast kein Auskommen mit dir. Helfen konnte ich nicht, war eigentlich auch nicht nötig, Du hattest ja den Haushalt gut geführt; und deine Aufgaben bei der Miliz hattest du gut gelöst.«

Arnold merkt nicht, daß er im Perfekt redet, fragt seinen Vater, ob für morgen Abend alles in Ordnung ist. Becde sendet einen warnenden Blick auf den schlafenden Großvater; Arnold schüttelt beruhigend den Kopf.

Die Beiden bereden noch kurz die Lebensmittelfrage für ihren Haushalt, wecken dann den alten Spinder, bringen den schlaftrunken wankenden, alten Mann zu Bett. Arnold legt sich ebenfalls zum Schlafe nieder, nachdem sein Vater ihm noch einige Wundverbände gewechselt hatte.

Nun sitzt Ulrich Becde vor dem erloschenen Kaminfeuer. Nur an wenigen Stellen glost noch etwas Glut, die jeweils dann hell aufglüht, wenn ein Windzug über den Schornstein streicht. Er zündet sich an der Glut eine Zigarette an, nimmt das Glas mit dem Rest Wein, schaut sinnend ins Glas und von dort zum Aschenhaufen, und schüttet den Weinrest in die Asche.

Es zischt, und Funken stieben hoch. Ein Hauch von Gewürz-Traminer durchzieht den dunklen Raum, der nur ab und zu vom Aufflackern heller Feuerschläge von draußen erhellt wird. Dazu das Wummern und Knattern einer unruhigen Nacht, die mancherlei nicht überleben wird. -

[]

In dem betonierten Raum unter einer kleinen Gärtnerei erläutert Else nochmal ihren Plan, wie sie die Leute an die Autobahnbrücke heranbringen will, um diese zu zerstören: »Sobald die anderen Sektionen in der Stadt mit dem Ablenkungsschießen beginnen, rücken wir aus der Ausgangsstellung vor. Wir teilen uns in zwei Gruppen. Die Brücke macht eine leichte Kurve nach Osten. Wir rücken von Norden an einer Seite des Autobahndamms vor, und zwar auf der Westseite, also dem Außenbogen der Autobahn. So können sie uns zumindest nicht von oben sehen, und leicht unter Beschuß nehmen.«

»Was ist mit den beiden Panzern, die unter der Brücke stehen?« fragt einer.

»Du hast recht«, antwortet Else, »aber einer steht im Innenbogen der Brücke. Sein Schußfeld ist wegen der Brückenpfeiler begrenzt. Um den zweiten kümmere ich mich selbst. Das soll aber nicht heißen, daß der andere Panzer nicht auch ausgeschaltet werden soll.«

Die Stimmung im Raum ist angespannt. Keiner raucht. Einer fängt an zu beten; einige fallen ein, andere schniefen. Else wendet sich an den Vorbeter und sagt, als dieser geendet hatte: »Du, hör mal. Ich habe Verständnis für deine Angst, denn ich habe auch Angst. Bete aber bitte leise für dich, du machst mir sonst noch die anderen scheu. Also«, sagt Else abschließend: »Das Ziel ist die Sprengung der Brücke. Danach schlägt sich jeder einzeln in sein zuständiges Depot durch. Unterwegs können keine Gefangenen gemacht werden. Sollte sich doch ein Soldat der O-Truppen uns ergeben, wird nach Dienstvorschrift 10 b verfahren. Das ist alles. Ich wünsche uns allen viel Glück.«

Draußen war ein Wetter, wie es für ein derartiges Unternehmen nicht besser sein konnte. Der Nebel, wahrscheinlich von Kohlendioxidladungen in der Atmosphäre erzeugt, wallt durch schneevermischte Regenschauern, und läßt eine optische Überwachung aus dem Weltraum nicht zu. Trotzdem benutzen die Terries ihre Tarndecken, allein schon wegen der zu erwartenden Hubschrauber, die nach der gelungenen Aktion gewiß die Verfolgung aufnehmen werden. Die Aktion selbst sollte nicht länger als fünf Minuten dauern.

Die beiden Gruppen erreichen, entgegen allen Erwartungen, die vorherbestimmten Ausgangsstellungen, ohne entdeckt zu werden.

Nun beginnt der Feuerzauber in der Stadt. Leuchtschnüre und gleißende Explosionen durchwabern die Nebelschwaden am Nachthimmel über den Dächern. Einzelne Raketen aus Richtung der Stadt gehen in der Nähe nieder, so daß sich die Terries noch enger an den Boden schmiegen. Es ist fest damit zu rechnen, das die Brückensoldaten der O-Truppen gespannt auf die Herkunft dieses Feuerüberfalls achten werden; und das ist der Augenblick, wo Else das vereinbarte Zeichen gibt: Die Kämpfer brechen hervor, jeder an seinem vorherbestimmten Ort.

Der Überraschungseffekt ist vollkommen; die ersten erreichen schon die Brückenpfeiler und schlagen ihre mitgeführten Sprengladungen an. Da bemerken die Soldaten der O – Truppen, woher der Wind in Wirklichkeit weht, und ein entsetzlicher Kampf beginnt...

[]

Waltraud Erden steht am Fenster des abgedunkelten Wohnzimmer ihres Hauses, und schaut auf die feurigen Lichtspiele da draußen, die das Schwarz der Nacht zerreißen, und durch ihre Entladungen grollend die Scheiben erzittern lassen.

»Heinz-Otto ist noch nicht da«, sagt sie zu ihrer Tochter Gertrud, die irgendwo im Dunkel des Zimmers sitzt, und sich nur durch das Klirren eines Glases bemerkbar macht.

»Hm«, tönt eine Erwiderung herüber.

»Ich habe Heinz-Otto doch gesagt, er soll vor der Dunkelheit zuhause sein. Aber der Junge hört nicht auf mich. Du solltest ihm das auch mal sagen. Du gehst den ganzen Tag zur Arbeit, und ich sitze dann mit dem Jungen allein hier.«

Das klang verbittert; aber Waltraud weiß genau, daß dies so abgelutscht wie Eis am Stiel vom vorigen Jahr ist, und zwecklos obendrein, was das glucksende Geräusch – ein langer Schluck – und das finale »Ahh« bewies. Mit wenigen Worten gesagt: Gertrud Erden ist es völlig egal, wo ihr einziger, mißgebildeter und mißgeliebter Sohn sich befindet.

Dieser Sohn, der das sprichwörtliche Produkt der Pause einer schwülen Tanznacht ist, fiel Gertrud Erden vor etlichen Jahren in den Schoß, ähnlich, wie Jungfrauen zum Kinde kommen, wenn die Redensart »Einmal ist keinmal« gültig sein soll. Denn Gertruds Äußeres und Inneres war so gestaltet, daß selbst ein Besoffener, wie es Heinz-Ottos Vater damals war, beim zweitenmal schlagartig nüchtern geworden wäre...

Da nicht genau feststand, wer wen n i c h t heiraten wollte, wuchs Heinz-Otto bei Mama und Oma auf. Jedenfalls hatte Heinz-Otto einen leichten Schlag nach links, was sich aber in etwa mit der Zeit ausglich, weil nun seine Mutter soff.

- Also: Heinz-Otto war nicht da; er war wohl bei Lambers, dem Reitstallbesitzer – wie die alte Erden gerade anmerkt –, dem er in der Vergangenheit gegen Kost und Logis bei der Betreuung der Pferde geholfen hatte.

Gertrud rappelt sich nun hoch, und wankt ans Fenster zu ihrer Mutter. Von diesem Fenster hatten sie bei klarer Sicht einen schönen Blick über die südöstlich gelegenen Wälder Luppesraths, und auch Ausblick auf die etwa 200 Meter entfernt liegende Autobahnbrücke.

Nach der mißglückten Sprengung derselben hatten die U-Truppen einen Doppelposten hier oben eingerichtet. Die betreffenden Männer waren schnell dahinter gekommen, daß von den beiden Frauen und dem blöden Sohn, die den alten Kotten bewohnen, keine Gefahr ausging. Öfters brachte die alte Erden den Soldaten, die abseits vom Hause in einer Mulde hockten, etwas Warmes zu trinken, auch schon mal ein Schnäpschen. Die Soldaten revanchierten sich, indem sie die allfällige Hauskontrolle so schonend und so kurz wie möglich vornahmen.

Im Schein der Leuchtraketen und auflodernden Feuer bei der Autobahnbrücke beobachten die Frauen, wie die beiden Soldaten des Postens aufgeregt nach vorn weisen, und langsam vorrücken.

»Scheißkerle«, murmelt Gertrud Erden, »diese Scheißkerle. Immer machen die Krieg.«

Dabei wußte allerdings Gertrud Erden nicht, daß dieser »Krieg« von einer ihrer Geschlechtsgenossinnen entfesselt worden war; und wenn sie, Gertrud, nicht glaubhaft nachgewiesen hätte daß sie krank sei, jetzt ebenfalls dort zugange wäre. Gertrud Erden zeigte den ganzen tiefen Männerhaß einer Frau, die verletzt wurde, wobei gleichgültig war, ob diese Verletzung von einem Manne oder ihr selbst herrührte. Ja, sogar Verletzungen von Geschlechtsgenossinnen würde Gertrud als echte Frau wegstecken und kompensieren; denn so spinnefeind sich Frauen sind, wenn sie um einen Mann rivalisieren, so einig sind sich stets Frauen, wenn es g e g e n den Mann geht.-

- Doch das nur am Rande; hier in dem alten Kotten, den die Erden für ein paar Mark von dem Großbauern Lambers gemietet hatte und in relativem Frieden lebten, wird in den nächsten Minuten mit zerstampfender Gewalt der Krieg einbrechen...

[]

Währenddessen, unten an der Brücke, gelingt es Else, eine Sprengladung an dem Panzerkampfwagen anzubringen; sie zündet, und der Panzer geht in Flammen auf. Sie stürmt nach vorn zur Brücke, gerät aber wie alle anderen auch unter heftiges Feuer, welches ihnen von der Brückenfahrbahn entgegenschlägt. Vorwärts geht's nun nicht mehr; und in das Knattern und Schreien mischt sich das Aufdröhnen des zweiten Panzers, der unter der Brücke hindurch vorwärtswalzt. Im Geflirr der Suchscheinwerfer und der Flammen des brennenden Panzers erkennt Else, daß unter der Brücke kein aktiver Kämpfer der Terries mehr sein muß, denn nun dringen die O-Soldaten ungehindert zwischen den Brückenpfeilern vor.

Else weiß, daß ein Gegenstoß keinen Erfolg bringen würde; es waren zuviele. Sie hofft, daß Sprengladungen in genügender Anzahl an den Pfeilern angebracht sind und zündet.

Ein schmetternder Krach, dann Stille: In das Poltern von herabstürzenden, schweren Betonbrocken dringt nur das Schreien Verletzter. Da, wo sich noch vor ein paar Sekunden ein Leuchtband von Suchscheinwerfern und Mündungsfeuer von Infanteriewaffen befand, war nichts als Dunkelheit, welche sich nun mit einer gespenstisch beleuchteten Staubwolke füllt: Die Brücke war auf einer Länge von fünfzig Metern eingestürzt.

Else und die anderen Terries haben keine Zeit, sich über diesen Erfolg zu freuen, denn nun beginnt das Rattern der Maschinengewehre stärker als zuvor; darin mischt sich das Krachen der Panzerkanone, und der gesamte Kriegslärm zeigt den Terries den einzigen möglichen Weg – nämlich weg davon. Sie tun es, jeder für sich, oder zu zweit, oder zu dritt.

Else und noch ein Kämpfer hasten einen Abhang hoch, hören das Klophopten eines schweren Hubschraubers, und erkennen den weißen Suchstrahl, der gleißend durch die Nebelschwaden dringt. Der Suchstrahl verhält hundert Meter seitwärts. Durch den diffusen Nebel erkennen sie drei Gestalten, die im hellen Lichtkegel stehend, mit ihren Waffen nach oben feuern.

Plötzlich lodert im Zentrum des Lichtkegels ein gewaltiger rötlich-gelber Feuerball auf, der nur ganz langsam erlischt: Napalm. – Else schreit, und beide feuern wie wahnsinnig auf das mörderische Fluggerät dort droben. Sie haben Erfolg; das Klopfen der schweren Rotorblätter wird durch ein helles Singen und Sirren abgelöst: Die Kampfmaschine schlägt ungefähr 300 Meter weiter auf den Boden und explodiert.

Else und ihr Gefährte hasten zu der Stelle, wo die Napalmbombe niederging. Sie finden nichts, als einen Feuerkreis, der, noch höllisch heiß, langsam zum Zentrum hin verlischt. Aus der Richtung, in die sie weitermüssen, dringen Schreie und Schüsse; trotzdem verweilen sie nur kurz, und bewegen sich dann vorsichtig weiter. Seitlich, im Feuerschein der abgestürzten, brennenden Maschine, sehen sie zwei Soldaten der O-Truppen mit vorgehaltener Maschinenpistole in gebückter Haltung vorwärts hasten.

Else und ihr Gefährte haben keine Lust, entdeckt zu werden, und wollen weiter. Doch sie hören einen flehenden Ruf: »Nicht schießen! Kombattant«, hören weiter eine andere spöttische Stimme: »Kombattant, ja?« und dann das Rattern der Maschinenpistolen. Ein Arm, mit weit geöffneter Hand, nach oben gereckt, fällt langsam nieder. Am Arm war deutlich die gelbe Armbinde, internationales Kennzeichen der zugelassenen Kriegsteilnehmer zu erkennen – einer von ihnen.

Else und ihr Begleiter geben Feuer, und einer der Soldaten stürzt, der andere dreht sich herum, aber da ist Else schon heran. Der Soldat wirft seine Waffe zu Boden, hebt die Hände, im glosenden Feuerschein sieht Else angstvoll aufgerissene Augen, hört das Stammeln: »Nicht schießen, bitte!« hört neben sich ihren Gefährten toben »Schieß doch! Gott verdammt! Nun schieß doch endlich«, hört das leere Klicken seiner leergeschossenen Waffe, sieht die brennenden Blicke ihres Gegenübers, die angstvoll von Elses Waffe zu dem tobenden Mann neben ihr gleiten – der versucht, ein neues Magazin nachzuladen – und weiß, daß sie nicht schießen wird.

»Geh zur Seite, Else«, ruft nun eine entschlossene Stimme, »damit ich ihm ein paar durchtun kann.«

Doch Else winkt ab, achtet nicht auf die Flüche des Mannes, gibt dem jungen Soldaten zu verstehen, sich um seinen Kameraden zu kümmern, der sich gerade stöhnend erhebt. Die beiden Soldaten fassen sich gegenseitig unter, und sie bedeutet ihnen, vorwärts zu gehen.

»Mensch! Was machst du?« meutert Elses Gefährte: »Mach endlich Schluß mit den Beiden. Wir müssen weiter.«

Else weiß selbst nicht, was sie will: Der Augenblick des Todes war verstrichen; und so einfach, von hinten in den Rücken, das konnte sie auch nicht. Wenn nur nicht die verfluchten, weit aufgerissenen Augen dieses Mannes gewesen wären.-

Plötzlich kommt ihr eine Idee. Weiter oben liegt der halb verfallene Kotten des Bauern Lambers, in dem die Erdens wohnen. Gertrud Erden war eines der Schandmäuler, welches mit der versoffenen Kaltz Arnolds Vater verleumdet hatten, was Else aber im Moment weniger interessierte als die Tatsache, daß Gertrud Erden sich diesem Einsatz wegen Krankheit entzogen hatte. -

Else stubst einen O-Soldaten mit dem Lauf der Waffe in die Seite, und zeigt ihm somit die Richtung an, während ihr Begleiter, leise vor sich hinfluchend, die Gruppe nach hinten absichert. Das Haus liegt dunkel; nur aus einem Fenster flackert der Schein einer Kerze. Else hämmert gegen die Tür, dreht sich mit dem Rücken zur schützenden Hauswand, während ihr Begleiter – auf dem Boden liegend, die Waffe im Anschlag – die Türe kontrolliert, die sich nun öffnet. Gertrud Erden steht leicht schwankend im Rahmen, wird aber von Else schnell hineingeschoben, während die beiden Gefangenen, von Elses Begleiter angetrieben, folgen. Else fragt: »Frau Gertrud Erden?« was von dieser mit »Ja« beantwortet wird.

»Im Namen der Republik verpflichte ich sie hiermit, diese Kriegsgefangenen in Verwahrung zu nehmen, nachdem ich mit diesen gemäß § 10 b der Dienstvorschrift des Territorialheeres verfahren habe. Sie tragen Sorge dafür, daß die Gefangenen nach der Behandlung zu ihren Leuten kommen.«

Der Gefährte Elses schüttelt ungläubig den Kopf, und schimpft leise vor sich hin, während Else aus einer Gürteltasche die Instrumente hervorholt. Sie bedeutet, einen Gefangenen fest zu halten, doch die beiden Männer werden unruhig, und ahnen etwas.

- Die Dienstvorschrift 10 b lautet: »Wenn ein gegnerischer Kriegsteilnehmer durch Niederlegen der Waffen zu erkennen gibt, kampfunfähig oder kampfunwillig zu sein, so ist er, wenn möglich, gefangen zu nehmen. Alsbald soll die Blendung beider Augen durch Injektion einer Säure in die Augäpfel erfolgen.

Das Injektionsbesteck – Nr. 23 c, röm. IV, Ausrüstungskatalog für das Territorialheer (AKT) – befindet sich beim Einsatzleiter und dessen Stellvertreter während des Einsatzes, die auch über die Maßnahme entscheiden, und dies auch selbst vornehmen.«

Else tritt nun an den verwundeten Soldaten heran, dessen Kopf festgehalten wird. Sie löst die Schutzkappe von der Injektionsnadel, die sich nun dem angstvoll aufgerissenen Auge nähert.

Der Mensch schreit als er merkt, wo es hinzielt. Er wehrt sich, wird aber brutal von Elses Begleiter niedergehalten. Der Augapfel des Mannes leuchtet weiß im Kerzenlicht. Else wird übel, und ist erleichtert, als das Lid über den Augapfel herunterklappt.

- Was jetzt? Das hatte die Dienstvorschrift nicht vorgesehen. Hätte sie doch soeben draußen geschossen, dann wäre es für alle leichter gewesen. –

Nun sticht sie die feine Nadel schnell durch das Lid hinein, tief genug, wie sie meint, und injiziert.

Der Mensch schreit, schreit lauter, als Else auf das andere Auge zielt, schlägt dann so gewaltig um sich, daß Else nur mit Mühe das Besteck aus dem Auge lösen kann. Nun schnell den anderen, der zitternd auf dem Boden hockt, und die Hände an den Kopf preßt.

‚Memme‘, denkt Else: ‚Hättest du dich doch vorher gewehrt, dann wäre alles einfacher geworden. Für dich, und für uns.‘

Doch so beugt sie sich zu dem Soldaten, und ist schnell fertig mit der Injektion. Nun heulen beide; gewiß weniger wegen der mehr unbedeutenden, körperlichen Schmerzen denn der Angst um die nun beginnende, unabänderliche, lebenslange Blindheit.

- Die O-Truppen, das wurde von Anfang an klar, erkannten den Status der Terries als Kriegsteilnehmer grundsätzlich nicht an. Auch wenn ein Kämpfer, verwundet oder nicht, im Besitze der deutlich erkennbaren, gelben Armbinde gestellt wurde, gab es für ihn nur den Tod. – Dabei hätten die durchorganisierten O-Truppen, im Gegensatz zu den Terries, durchaus Kriegsgefangene machen können. Die Terries hingegen konnten keine Kriegsgefangene machen, deswegen verfiel man auf den Gedanken, eventuelle Kriegsgefangene zum Zwecke der Desinformation zu blenden. Immer noch humaner, so glaubte man, als die, eigentlich unabdingbare, Tötung.

Else und der andere Kämpfer stürzen aus dem Hause, noch rechtzeitig; schon hören sie hinter sich fremde Kommandos, auch eines welches befiehlt, das Haus dort zu besetzen. Ein Feuerhagel zersiebt die Türen und Fenster des Gebäudes, und schon sind die O-Soldaten drin. Im Schein der Handlampen sehen sie zwei ihrer Kameraden, stöhnend und blutend am Boden liegen.

Entsetzt sehen die Soldaten die leblosen, blutunterlaufenen Augäpfel ihrer Kameraden und wissen Bescheid. Voll Wut und Abscheu heben sie ihre Waffen, und deuten auf die beiden Frauen, die in der Ecke kauern.

Einer der geblendeten Soldaten bemerkt ihr Vorhaben, und ruft »Nein! Nein!«, aber schon rattern die Maschinenpistolen, und die beiden Frauen werden hart in die Ecke geschleudert, und sacken lautlos zusammen; wobei Gertrud Erden wohl bestimmt nicht mehr in ihrem Alkoholdusel gemerkt hatte, daß diese Kugeln, die ihren Körper zerrissen, eigentlich das Obligo für eine unbeglichene Rechnung war.-

In dieser Nacht, die voller Monströsitäten und anderer Ungeheuerlichkeiten war, liefen zwei Gejagte, Mann und Frau, um ihr Leben, hörten das dröhnende Klatschen schwerer Rotorblätter, bemerkten den zielstrebigen Anflug der Maschine, stellten sich, in der Zieloptik des Piloten deutlich sichtbar; und alle Beteiligten machten gleichzeitig diese leichte Fingerbewegung, die als Sublimicrung des kräftigen Armschwungs übrig geblieben war, welcher seit Menschengedenken ebenfalls zum unabdingbaren Handwerk des Menschen gehörte...

[]

Arnold versucht seit Stunden über EUNAT zu erfahren, wie die Operation Autobahnbrücke gelaufen ist. In seinem Versteck ist die Luft stickig; ein Zeichen, daß der elektrische Strom wieder mal weg ist, und die Not-Stromversorgung hat selbstverständlich die energiefressende Klimaanlage abgeworfen.

»Hier EUNAT. Wir können nur feststellen, daß Operation erfolgreich verlaufen. Objekt ist zerstört. Bis jetzt noch keine Meldung von Einsatzgruppen. Empfehlen, selbst aufzuklären. Ende.«

»Ja, Ende«, sagt Arnold, und legt das Mikrofon nieder.

‚Es muß etwas passiert sein. Daß ich die anderen Dunkelleute nicht erreiche: Nun gut. Aber Else? Else hätte bestimmt versucht, mir Nachricht zu geben. Vielleicht ist sie verwundet. Oder gar Schlimmeres?‘

Er weigert sich, das Vorstellbare zu denken, wiewohl er immer wieder das Bild einer aufgefetzten Parka mit einer blutverschmierten weiblichen

Brust darunter verdrängen muß. Das gelingt ihm aber erst, nachdem die von ihm eingenommenen Weckamine ihre Wirkung entfalten. Merkwürdig, daß sein Vater in diesem Gefühlsvideo nicht, oder nur als Nebenrolle vorkommt.

Ja, Else war die Person, dieser Ort, zu dem er zum erstenmal in seinem Leben eine neue, andersgeartete Beziehung als zu anderen Menschen empfand.

Er beschließt, der Sache auf den Grund zu gehen, und sein Versteck zu verlassen. Kein Problem für ihn, sich während der Ausgangszeit in der Stadt zu bewegen, mit einer neuen Identitätskarte, die seinen Wohnsitz an einer Stelle angibt, wo nun die Trümmer eines zerbombten Hauses liegen: Alibi, um bei eventuellen Personalkontrollen jedweden beliebigen, passenden Wohnsitz anzugeben.

Draußen empfängt ihn die milde Nachtluft. Orion funkelt am südöstlichen Himmel, schon recht tief über dem Horizont, halb verdeckt durch ein Wolkenband, welches sich von Ost nach West über die gesamte Himmelsmitte erstreckt. Die Stadt liegt im Dunkeln, gleich einem sprungbereiten Raubtier, darauf wartend, feuerspeiend Beute einzufangen und zu verschlingen.

Aus Richtung der Autobahnbrücke fingern Scheinwerfer durch die Nacht, dringt das Dröhnen schweren Ladegeräts, und das dumpfe, trockene Poltern von Betonbrocken: Lange wird die Rollbahn nicht unterbrochen bleiben. -

Ein unmerkliches Fächeln im Dunkel der Nacht gibt einem scheinbaren Schein die Möglichkeit, sich in das Schwarz des Gewölkes zu schieben, und die Zwischenräume zunehmend zu füllen. Ein Farbtupfer zeigt sich, violett, dann karmesin. Es wird Morgen. Arnold hockt sich in den Schutz eines dichten Fichtengebüschs, und wartet so das Ende der Sperrstunde ab.

Nach Sonnenaufgang geht er in die Stadt hinein. Ohne Schwierigkeiten passiert er einen Kontrollpunkt der O-Truppen. Er erreicht Elses Haus und klingelt. Dem sonoren Ding-Dong des Türgongs folgt Stille. Auch das nochmalige, nun längere Läuten bewirkt nur, daß er die danach hereinbrechende Stille um so mehr als ungutes Zeichen empfindet. Er kramt aus seiner Tasche den Hausschlüssel, den ihm Else gegeben hatte, führt ihn mit zitternden Händen ins Schloß und öffnet die Tür.

Abgestandene Luft dringt ihm entgegen, die Fensterrolladen sind noch geschlossen: Kein Mensch im Hause.

Beim Hochziehen der Rolladen im Wohnzimmer hüpft erschrocken eine Amsel draußen vom Terrassenboden weg, äugt mißtrauisch vom Geländer, und keckert ungehalten über diese Störung.

Arnold durchstreift das Untergeschoß, den Keller, findet alles sauber und aufgeräumt. Auf dem Flur im Obergeschoß grellt ein Sonnenstrahl aus einer halb geschlossenen Tür, verfängt sich im hohen Flor des Teppichbodens, zeichnet ein paar aufgeregt auf-und abtanzende Staubfussel klar. Die halb angelehnte Türe, in der noch die Spuren eines Kolbenhiebs zu sehen sind, führt zu Elses Schlafzimmer; aufgeräumt, aber niemand befindet sich dort.

Am Schrank hängt, säuberlich über einen Bügel gefaltet, Elses Alu Latexanzug, den sie sehr gern trug. Auf dem Nachttischchen ein Fotoständer, leer. Darin befand sich vordem sein Bild. Nun liegt da nur ein goldenes Halskettchen von Else, ordentlich, rund ausgebreitet, mit dem leeren Bildständer mittendrin.

Der Sonnenstrahl, nun schwächer werdend, zaubert Lichtkringel auf die weißlackierte Zimmertüre, streift rechts davon eine gute Reproduktion des Gemäldes »Bahnhof von Perpignan« Salvatore Dalis, hebt darauf die Gestalt des dornengekrönten Nazareners hervor und erlischt.

Arnold verliert die Fassung, wirft sich auf das Bett, und kann die Tränen nicht halten, bemerkt dabei, daß Else doch nicht so ganz ordentlich ihr Zimmer vor ihrem Weggang aufgeräumt hatte: Ein weißes Stoffstreifchen lugt unter dem Kopfkissen hervor. Er zieht daran, und hat Elses feinen, weißen Büstenhalter in der Hand. Er legt sein Gesicht in das zarte Gebilde, spürt Elses Duft, weint hemmungslos, erkennt die große Liebe, die Liebe einer Frau – die ihm seine arme, kranke Mutter nie geben konnte, als er noch ein Kind war –,und es wird ihm fast zur Gewißheit, daß er sie – kaum erworben – schon wieder verloren hat. -

- Auf dem Wege zu seinem Großvater begegnet Arnold Heinz-Otto, dem Sohn von Gertrud Erden.

»Hallo, Arne. Hast du einen Kiff für mich? Oder einen Schuß, oder ein Speed?«

»Du spinnst wohl, Heio! Denk daran. Du bist in Therapie. Sieh zu, daß du wieder sauber wirst.«

»Gehste einen mit mir ballern?« meint Heinz-Otto: »Ich kenne da eine Tussi, die hat den Keller voll. Kriegswirtschaft, verstehsse?«

Heinz-Otto wiehert, wobei nicht nur sein schmales, langgestrecktes Gesicht, und das zuckende Nicken seines Kopfes zur Seite – immer nach links – an ein Pferd erinnert.

Ja, Heinz-Otto hatte nicht nur einen Schlag weg; er glitt auch – fast zwangsmäßig – in die Scene ab. Im Gegensatz zu Arnold, dessen Eltern trotz oder gerade wegen der außergewöhnlichen familiären Schwierigkeiten mit großer Anstrengung versuchten, die Kinder normal aufwachsen zu lassen, kümmerte sich um die Entwicklung Heinz-Ottos nur die alte Oma.

Heinz-Otto verließ die Schule ohne Abschluß, machte frühe Berührungen mit Drogen, und wurde wegen Beschaffungskriminalität und Verstoßes gegen das Betäubungsmittelgesetz in Jugendstrafe genommen. Danach kam er auf die Droge Nummer Eins, dem Alkohol, und in die Säuferheile, was eigentlich nur den Erfolg zeitigte, daß Heinz-Otto mehrmals an seinen Adern herumschnitzelte, als er in einigen klaren Momenten sein mieses Leben erkannte. Er brauchte keinen Wehrdienst abzuleisten, was ihn aber nicht hinderte, sich für die Miliz zu interessieren.

Er dachte oft an seine Mutter und deren Freundinnen, die keine Gelegenheit ausließen, die Becdes zu kujonieren. Als Kinder machte ihnen das selbst großen Spaß, da mitzumachen, nur als es in der Schule mit dem Lernen ernst wurde, bemerkten sie selbst als Kinder, daß da irgend etwas nicht stimmen mußte. Die Becdes-Kinder machten alle beide die Hochschul-Reife, während die Kinder aus dem Bekanntenkreis seiner Mutter teilweise mit Mühe nur den Hauptschulabschluß erreichten, manche, wie Heinz-Otto, noch nicht einmal dies, was bei den betreffenden Eltern neuen Neid, Haß, Aggression, Vernichtungswille erzeugte.

Nicht so bei Heinz-Otto! Er verehrte Arnold Becde, weil er, Heinz-Otto, einmal bei einem Kindergeburtstag bei Becdes mitmachen durfte. Und da benahm sich Arnolds Vater nun garnicht so, wie ihn seine Mutter und die anderen Erwachsenen beschrieben hatten. Im Gegenteil: Der alte Becde kümmerte sich insofern um Heinz-Otto dergestalt, daß er diesen als normales Kind behandelte, was Heinz-Ottos Mutter und auch andere eben nicht taten.

Erst später kam Heinz-Otto dahinter, daß der alte Becde ihn wirklich nicht verarscht hatte, wie man ihm damals als Kind glauben machen wollte. Diese Erkenntnis, herangedämmert im Laufe der Zeit, förderte gewiß nicht die Liebe und Achtung zu seiner Mutter. -

- Bei seinem Großvater angekommen, öffnet die Zugehfrau Arnold die Tür. Er wird zum Mittagstisch gebeten. Der alte Spinder fragt: »Wo ist dein Vater?«

Arnold senkt den Kopf und sagt: »Ich weiß es nicht. Hat er sich bei dir nicht gemeldet? Zuhause ist er nicht.«

In das nun sinnbetäubende Schweigen wirft die Zugehfrau ein, daß die »Stachos« irgend etwas am Sichelstein vorhätten; es gäbe Plakate und Lautsprecherwagen in der Stadt, die die Bevölkerung auffordern, vom Sichelstein runter durch die ganze Stadt an der Haupstraße Aufstellung zu nehmen.

- Als »Stachos« bezeichnet man die Angehörigen der O-Truppen, weil sie ihre Haare so kurz geschoren hatten, daß diese wie die Stacheln eines Igels vom Kopfe standen. -

Arnold findet in der Stadt eine Bekanntmachung. Sie lautet:

»Bewohner der Stadt! Kommt heute alle zur Hauptstraße, und helft mit, den Terroristen das Handwerk zu legen. Wer in der Lage ist, bei dem Umzug einen Terroristen zu erkennen, bekommt eine hohe Belohnung. Außerdem ist jeder nach dem Kriegsrecht bei Strafe verpflichtet, verbrecherische Personen zu benennen.

Kommt alle heute Nachmittag um 15:00 Uhr zur Hauptstraße.

Die Militärkommandantur«

Arnold tastet sich vorsichtig zur Straße vor. Seine Vorsicht ist nicht unberechtigt, denn Soldaten der O-Truppen – die Stachos also – stehen in losem Kordon, lassen jeden zur Straße durch, aber nicht mehr zurück.

Er zögert, weiter zu gehen, doch der Wille um Klarheit, und auch die Neugier siegen. Er zwängt sich in die stehende Menge auf dem Bürgersteig, läßt sich ganz langsam mit dem Menschenstrom Richtung Sichelstein treiben.

Bei den meisten erkennt er eine Art Volksfeststimmung; bei wenigen angespannte Ruhe, so wie bei ihm selbst. Ein leichter Nieselregen setzt ein. Von vorne ertönt eine Lautsprecherstimme, es entsteht dort Bewegung. Die Menschenmassen teilen sich, machen einem Militärfahrzeug der Stachos Platz, hinter dem andere Fahrzeuge folgen.

Nun vernimmt er die Stimme des Lautsprechers:

»Bürger der Stadt. Auf dem nachfolgenden Wagenzug befinden sich die Leichen von zahlreichen Terroristen, die in der Nacht von Sonntag auf Montag einen verbrecherischen Mordanschlag auf unsere tapferen Soldaten verübt haben. Wenn jemand Angaben über die Getöteten machen kann, soll er dies tun, er bekommt eine Belohnung. Wenn Angehörige unter den Getöteten sind, sollen sie dies ebenfalls mitteilen. Sie bekommen die Leiche ausgehändigt, um sie nach ihrem Ritus bestatten zu können! Bürger der Stadt. Auf dem nachfolgenden.... «

‚Ihr Schweine!' denkt Arnold; ihm wird speiübel. So machen die das also, ein übler Trick aus der psychologischen Rumpelkiste. Doch was solls: Er hätte sich im gleichen Falle nicht anders verhalten; er ist Kriegsmensch, und es ist eben Krieg.- Krieg, beschlossen von fremden Menschen, ange-nommen und weitergeführt jedoch auch von ihm.

Der Lautsprecherwagen passiert Arnolds Standort; und nun naht das Entsetzliche. Vier Tieflader für den Panzertransport, nähern sich langsam mit ihren Zugmaschinen. Auf den Tiefladern sind je zwei lange Holzbal-ken längs des Wagens angebracht. An den Balken hängen Leichen, mit den Gesichtern – oder was davon übrig geblieben ist – in Fahrtrichtung. Ein grausiger Anblick der zerschmetterten Köpfe, Glieder, der zerrissenen, zerfetzten Kleidung, der klaffenden Körperwunden mit tiefen Einblicken in das Innere von Menschen, der zu brauner Schwarte verbrannten Haut, der durch den Regen aufgeweichten Blutkrusten – welches den Anschein erweckt, als wenn bei den Toten nochmals das Leben verrinnt.

Ein Frau schreit: »Mein Erich! Mein Erich!« versucht, an den fast in Augenhöhe vorbeibaumelnden Leichnam zu springen, wird sofort vom

Wachposten abgeführt, schreit noch eine Weile schrill und laut, und ist plötzlich ruhig.

Auf der anderen Straßenseite ruft eine Frauenstimme: »Mein Mann! Oh, mein Mann! Es ist seine Halskette und seine Uhr.« Dabei zeigt sie mit wahnsinnigem Blick auf einen halb verbrannten Leib, dem auch noch die Beine fehlen. Die Wächter der Stachos brauchen diese Person nicht »ruhigstellen«, denn eine gnädige Ohnmacht erspart der Frau den weiteren Anblick der Reste eines Menschen, der einmal ihr Mann gewesen war.

Für Arnold ist es nun schon fast gewiß, daß er den Flügelschlag des Todesengels spüren wird; und als er auf dem zweiten Wagen die Leiche seines Vaters erkennt, bleiben seine Augen trocken. Ja, da hängt sein Vater, fast unverletzt; und aus den unverkrampften Gesichtszügen erkennt Arnold untrüglich, daß dort ein müder, vom Leben erschöpfter Mensch seine Ruhe gefunden hat.

Er salutiert, hört neben sich Getuschel »Das ist doch der alte Becde«, schaut seitwärts, erkennt die Kaltz, die Giminus und die Altenbeeke, wie sie ihre Köpfe zusammenstecken, und hämisch zu ihm herübergrinsen.

Arnold versucht, einen anderen Standplatz zu erreichen, er kommt aber nicht weit, weil die Menschen, nun sprachlos und leise weinend, sehr dicht beieinander stehen. Einige, die den Anblick nicht ertragen können, wollen nach hinten ausweichen, werden aber von den Posten zurückgestoßen.

Unter den toten Frauen, und denen des dritten Wagens befindet sich der Leichnam Elses nicht. Sollte tatsächlich Else doch...?

Da kommt der vierte und letzte Wagen. Von weitem erkennt Arnold einen Leichnam mit langem schwarzem Haar. Wenn er sich jetzt abwendet, hinfällt, oder ganz einfach ohnmächtig würde, bliebe ihm zeitlebens gnädige, oder quälende Ungewißheit. Sein Herz rast; soll er, oder soll er nicht! Zu spät. – Er erkennt die rote Schleife, die Else sich vor jedem Einsatz ins Haar gebunden hat, um dieses – so gebändigt – ins Haarnetz zu bekommen.

Else sieht furchtbar aus, die Schüsse müssen sie aus der Luft getroffen haben. Ihr Kopf klafft auseinander, ein Auge ist zerstört, das andere starrt, weit aufgerissen auf, auf.... ihn! Der Parka ist zerrissen, ein Oberschenkel ist durch Einschüsse zersiebt, der Unterleib mit den Schamhaaren liegt blutverschmiert frei. Der Leichnam pendelt langsam um seine Hauptachse.

Arnold weiß, daß dort zwei Leben von ihm hängen, er weiß, daß nun auch sein drittes, nun gänzlich unbedeutendes eigenes Leben abzusterben beginnt; und der Schrei, der aus seiner Kehle steigt, hat ganz unten seinen Anfang, schwillt mit steigender Tonhöhe zu einer Lautstärke an, die einer Sirene gleicht.

Nichts derartiges hat diese Stadt je gehört. Es ist still im Umkreis geworden, sogar der Totenzug kommt ins Stocken. Da steht ein zu Tode verwundeter Mensch mit blaurotem Kopf und fingerdick geschwollenen Halsadern, holt erneut Luft, um sich, wenn möglich, die Seele aus dem Leib zu schreien, bis zwei Soldaten der Stachos an ihn herantreten, vor Scheu es aber nicht wagen, ihn anzufassen, bevor er nicht fertig ist, packen aber ernst und bestimmt zu, als dieser Mensch nochmals Luft nachfassen will, und führen ihn, fest unter die Achseln gepackt, ab.

Arnold ist hellwach, als ihn in einem Mannschaftswagen ein Soldat der O-Truppen anschnauzt: »Was brüllst du wie ein Stier? War einer von deinen Angehörigen bei den Toten?«

Arnold schüttelt den Kopf: »Nein.«

»Warum hast du denn da salutiert?«

»Es waren Soldaten«, antwortet Arnold.

»Was? Soldaten?« braust sein Gegenüber auf: »Diese hinterhältigen, feigen Mörder Soldaten?« Dann beäugt der Vernehmungsoffizier mißtrauisch Arnolds Ohrenbinde und die zahlreichen Wunden und Pflaster in seinem Gesicht: »Zeig mal deinen Paß. Wo wohnst du? Bist du nicht etwa auch ein Terrorist?«

»Überhaupt nicht! Ich wohne im Moment überall und wo nirgends, seitdem eure Ari unser Wohnhaus in der Wiesenstraße zerblasen hat; und sowas ging auch nicht ohne Spuren in meinem Gesicht ab«, sagt Arnold, und überreicht seine Kennkarte.

Der Offizier, nun schon viel ruhiger, knurrt, schaut ärgerlich auf seinen kühl dastehenden Gegenüber, klappt die Karte zusammen, gibt sie zurück und sagt: »In Ordnung. Du kannst gehen«, wobei er sich danach wieder der zitternden, weinenden Frau im hinteren Teil des Wagens zuwendet.

Arnold gelingt es schnell, wieder den Schreckenszug zu erreichen. Er sucht Anschluß ans Ende dieser Monströsität um zu erfahren, wohin die Leichen gebracht werden. Andere Menschen vom Straßenrand reihen sich ein, besonders und fast ausschließlich die, welche keine Angehörigen unter den Toten haben. Ihre Teilnahmslosigkeit, und das gleichgültige Aufgeregtsein wird von Arnold registriert, und sein Haß wächst – auf wen? –, doch weiß er sich wohl zu kontrollieren, denn nur ein großer Rückstau ist in der Lage, die Energien frei zu setzen, die eine weitreichende Verwandlung bewirken könnten.

- Mit dem zerfetzten Körper dort vorne fühlt er sich kraft seiner Vorstellungen längst eins. Atmet er doch bei jedem Atemzug Tausende der Bauteilchen der Natur ein, die Elses Lungen vordem umspült, und mit Lebensstoffen versorgten. Und die Vereinigung wird noch inniger, wenn sich dieser Körper in vorbestimmten Zeiträumen verwandelt.

Arnolds Schulbildung ließ ihn frühzeitig erkennen, daß Verwesung nur das Umwandeln eines Wesens bedeutet. Ihm ist vollkommen klar, daß bald Abermilliarden atomarer Bausteine aus dem verwesenden Körper dort vorne sich in den atomaren Aufbau seines eigenen Wesens einordnen werden. Er glaubt fest daran, daß sämtliche physikalische, atomare Abläufe Informationsübermittlungen sind, genetischer Code eines allgegenwärtigen, alle Räume satt ausfüllenden Wesens, Milliarden Lichtjahre über den übrigen Göttern stehend, die letztlich auch nichts anderes als eine riesige Gendatenbank beinhalten, bereit, zu gegebener Zeit die Daten aufzufrischen, zu vervollständigen, und wieder abzugeben.

Nur zu dem bereits wieder abgestorbenen Wesen in Elses Leib konnte er zur Zeit keine Verknüpfung herstellen: Verschollen in der Tiefe der Unwesenheit. Er nimmt sich vor, bei Gelegenheit tief, tief hinab zu tauchen um zu suchen, trotzdem es eigentlich nur ein kleiner Verlust seiner nun manifesten, stabilen Identität bedeutet, denn seine Gewißheits-Datenbank steht ihm zur Verfügung, freilich mit den Daten der nun verwandelten Identität. –

Nun geht es die Metzfrauer Straße entlang. Neben vielen anderen betrunkenen Menschen taumeln Frau Kaltz und Frau Altenbeeke Arm in

Arm vor Arnolds bedächtigen Schritten einher, nicht, ohne den in Trauer dahinschreitenden Mann durch das absichtliche Verhalten ihres Ganges zu behindern; und durch leises Singen von Karnevalsliedern – durchsetzt mit persönlichen Angriffen und Zoten – zu verärgern, und dessen Trauerarbeit zu stören.

Der Mann nimmt nun ganz ohne Trauer, kaltblütig eine Nadel von einem mitgeführten Injektionsbesteck, nähert sich im dichten Menschengemenge der Altenbeeke, stößt ihr mit heftiger Bewegung die Nadel bis zum Anschlag in den dicken Hintern. Die bäumt sich auf, faßt sich mit beiden Händen ans Gesäß; die weit aufgerissenen Augen rollen seitwärts, erkennt, wie mit ausdruckslosem Gesicht Arnold Becde vorübergeht, und brüllt schmerzgepeinigt los.

Einige Stachos werden aufmerksam, stoßen die Leute beiseite, und packen die Altenbeeke, die nun – die Raffinesse Arnolds erkennend – noch lauter »Nein, Nein!« schreit. Mit Kolbenstößen und Tritten bringen die Stachos sie dazu, sich in die geforderte Richtung zum Vernehmungswagen zu bewegen. Als die Kaltz sich an ihre Freundin hängt um alles zu erklären, prügeln und scheuchen die Soldaten sie ebenfalls mit.

Arnold sieht rechts voraus in der wartenden Menschenmenge die Gestalt Heinz-Ottos, dessen Gesicht sich beim Anblick seiner toten Mutter und Oma verfärbt, und der Mund heftig nach Luft schnappt. Aber da ist Arnold schon heran, umschlingt Heinz-Otto fest mit seinen Armen, preßt dessen Gesicht an seine Brust, so daß der Schrei in einem trockenen Schluchzen und Würgen erstickt.

»Heio, ruhig. Wir gehen nachher auch einen ballern, ja?« sagt Arnold, nun erkannt von Heinz-Otto, dessen schmerzverzerrtes Gesicht sich erst etwas entspannt, als Arnold ihm zu verstehen gibt: »Hier, nimm das zunächst. Es ist Speed. Ich habe noch mehr davon«, und ihm zwei blaugrüne Tabletten in den Mund stopft; denn selbstverständlich hat Arnold als Ko-Offizier Kunde und auch Zugang zu sämtlichen, auch tödlichen Drogen.

Arnold faßt Heinz-Otto fest unter; und so gehen die beiden Männer hinter dem letzten Wagen her, als der Zug in die Lindenstraße abbiegt. Heinz-Otto ist gefaßt, und es ist hilfreich für ihn, eine Bezugsperson gefunden zu haben, merkt aber, daß Arnold sich seit heute morgen verändert hat und fragt: »Arne, ist da auch jemand von dir drauf?«

Als dieser nickt, breitet sich in Heinz-Otto nicht etwa ein Gefühl des Bedauerns, sondern ein Gefühl der Befriedigung aus, wofür er sich ein wenig schämt: Doch Heinz-Otto ist in der menschlichen Psyche nicht so bewandert um zu erkennen, daß dies ein legitimes menschliches, solidarisierendes Gefühl ist.

Er beschließt, sich Arnold Becde anzuschließen, wenn dieser ihn nicht in den Tabak jagt; er ist ja nun allein. Außerdem verspricht der Umgang mit Arnold jede Menge Dope, das weiß er, seitdem ihm vor einiger Zeit eine Sanitätspackung der Terries bei einer Klauerei in die Hände gefallen ist. Was da alles für schöne Sachen drin waren! Da gabs neben Antibiotika und Binden Aufputschmittel, Wachbleiber neben Opiumtropfen, Heroin, auch die Zyankaliphiolen, die er aber sofort in die Toilette warf: Mit diesem Deubelszeug wollte er nichts zu tun haben.-

Der Zug erreicht nun die Hochhäuser in Arnolds Bezirk. Die scheidende Abendsonne übergießt die letzten zwei Stockwerke oben mit rotem Licht. Der Regen hat aufgehört, und die Straßen trocknen ab.

Aus diesem Bezirk stammen einige der toten Dunkelleute auf den Wagen; doch niemand mehr mag sich der Gefahr aussetzen, den Stachos bewußt oder unbewußt Informationen zu geben, als sich herumgesprochen hatte, wie die Leute behandelt wurden: Ein Grund, warum sich Arnold relativ sicher bewegen konnte, trotzdem er steckbrieflich gesucht wurde. An der Müdigkeit zum Denunzieren ändert auch nichts die stereotype Lautsprecherdurchsage, die von einem leichten Ostwind in Wortfetzen von der Spitze des Zuges heranweht.

Was mit den Leichen geschehen soll, blieb den Zuschauern bisher verborgen. Auf den städtischen Friedhof sollen sie wohl nicht hinkommen, denn jetzt biegt der Zug in den Weg zum nahegelegenen Stadtpark ein. Die Zugmaschine mit den breiten Tiefladern walzt die niedrigen Büsche und Sträucher nieder, als wäre es Unkraut.

Oberhalb des Ehrenmals für die Gefallenen zweier Kriege hält der Konvoi. Das Ehrenmal, eine aus Kalksteinen halbrund gemauerte Anlage mit eingelassenen Bronzetafeln, soll letzter Ort der Fracht dieses karnevalesken

Zuges sein; denn nun werfen die Stachos die Leichen von oben herunter auf den Ziegelboden.

Arnold kann seinen Vater nicht mehr sehen, denn dieser liegt schon verborgen unter dem Leichenhaufen. Elses Leichnam liegt obenauf; er erkennt ihn am roten Haarband.

Ein O-Soldat tritt mit einem Megaphon in der Hand auf die Ehrenmal-Mauer und spricht: »Bewohner der Stadt! Die Sperrstunde ist heute um drei Stunden verschoben. Wie ihr seht, ist uns ein großer Schlag gegen die Terroristen gelungen, den Unruhestiftern und Mördern die Euch zwingen wollen, nachts Eure Häuser zu verlassen, um mit ihnen gemeinsam unsere tapferen Soldaten feige und hinterhältig zu ermorden. Zur Warnung sage ich: Alle, die dies tun, haben ihr Leben verwirkt, sie werden auf der Stelle getötet, und wie diese hier enden.«

Dabei weist er mit einem Arm auf den Leichenhaufen zu seinen Füßen, und spricht weiter: »Bevor wir die Leichen dieser Mörder hier vor euch vernichten, frage ich zum letzten Mal, ob noch jemand einige dieser Subjekte erkannt hat.«

Er tritt zur Seite, als zwei O-Soldaten nachträglich eine Leiche, an Händen und Füßen gepackt, mit weit ausholendem Schwung auf den Leichenberg werfen.

Da hört jeder aus dem Rund der Menschen eine Stimme schreien: »Gib mir meinen Sohn wieder! Du hast mir verspochen, daß ich ihn beerdigen darf.«

Und unter dem Gluckern und Plätschern des aus Behältern laufenden Kersosins schreit die Stimme: »Du Schuft! Du Lügner! Habe ich dafür die Leiche meines Sohnes verraten? Du sollst brennen und glühen in der tiefsten Hölle.«

Der süßliche Kerosinduft wabert bis zu Arnolds Standplatz.

‚Wenn ich doch jetzt ein Gewehr hätte! Ich würde dir ein Loch in Deinen dreckigen Sack blasen, daß du mit Deiner Brandfackel auf den Haufen stürzen würdest‘, denkt Arnold. Doch das Ungeheuer auf der Mauer grinst, tritt drei Schritte zurück, und schleudert die Fackel.

Ein dumpfes Blaffen, ein Feuerball, durchsetzt mit dickem schwarzem Rauch steigt bis über die Baumwipfel, sackt dann langsam zu einer spitzen, hell lodernden Flamme zusammen, die nun unter Abgabe einer grau-fettigen Rauchwolke andere Nahrung findet. Einige in der Menge schreien, andere johlen, fangen an zu tanzen, weiträumig um das Ehrenmal herum. Die Flamme züngelt in den samtblauen Nachthimmel, kein Wind stört nun die senkrecht in die Höhe steigende Wolke, nun einige glitzernde Sterne verdeckend: Walpurgisnacht und Carne valet, ja, Fleisch lebe wohl, in einem. Hölle mal Jüngstes Gericht zum Quadrat, wobei die teuflische Hölle wohl viel harmloser sein wird, als diese, von Menschen geschaf-fene.

Kein Knistern, kein Funkenstieben von freundlichem Holz in diesem Feuer; dunkelrot blakt nun die Flamme, wie ein rußiger Öldocht, immer wieder angefacht von Kerosingüssen aus Kanistern.

Da, plötzlich Krachen und Knattern! Aus dem Scheiterhaufen schießen farbige Lichtstrahlen, einige harte Explosionen reißen den glosenden Hau-fen auseinander. Arnold ahnt, was nun kommen wird: Nicht zu früh reißt er den neben ihm stehenden Heinz-Otto zu Boden, als die ersten Garben aus den Maschinenpistolen der nervösen Stachos pfeifen.

Die Munition in den Taschen einiger der toten Terries war losgegangen; und die O-Truppen glaubten an einen Überfall. Sie schießen wahllos auf die noch versammelten Menschen. Alle laufen, viele werfen sich hin, einige bleiben liegen.

Als die Stachos ihren Irrtum bemerken, stellen sie das Feuer ein. Eine Stimme flucht gräßlich, brüllt in einer fremden Sprache Kommandos, ei-nige Soldaten laufen vom Ehrenmal auf die Stadtparkwiese. Arnold und Heinz-Otto erheben sich. Ein Soldat fragt: »Alles okai«?, worauf Arnold »Alles okey« antwortet.

Einige Gestalten liegen auf der Wiese, und stehen nicht mehr auf. Die Stimme aus dem Dunkeln brüllt weitere Befehle, Soldaten schleppen die Leblosen zum Ehrenmal in den Schein des Scheiterhaufens. Arnold und Heinz-Otto sehen noch, wie einige der Leblosen mit kurzem Schwung ins Feuer geworfen werden.

Sie drehen sich um und gehen fort. -

[]

Arnold erreicht das Haus seines Großvaters, der erst nach langem Zögern auf sein Klingeln öffnet.

Der alte Spinder sieht die Veränderung in dem Gesicht des Jungen und fragt: »Ist es nun soweit?« wobei er im Wohnzimmer mühsam im Lehnstuhl Platz nimmt..

Er fragt weiter: »Alle beide?«

Arnold nickt, die Kinnmuskeln verkrampfen, die Augenlider rutschen nach oben, die Augäpfel tanzen wirr in den Augenhöhlen, die Arme heben sich wie tänzerisch nach oben, als wollten sie die Hände zum Kopfe führen, der Kopf fängt an zu zittern, und langsam sackt die Gestalt, von den Knien aus über die Hüften mit starr aufgerichtetem Oberkörper zusammen.

Der Kopf schlägt auf die Lehne des Sofas, und rutscht dann zur Seite, wo er, blaurot gefärbt, hin-und herschlägt. Ein dumpfes Stöhnen und Gurgeln dringt aus dem Rachen; zwischen den knirschenden, zusammengebissenen Zähnen rinnt Speichel, die Nase schnaubt blasigen Schleim.

In konvulsischen Zuckungen schleudern die Beine über den Fußboden. Die Arme schlagen wild umher, wobei die linke Hand heftig gegen einen Heizkörper stößt: Es gibt ein häßliches, knackendes Geräusch. Aus Arnolds Gesicht bildet sich eine abstoßende Fratze, aus der das Weiß der Augäpfel aus den offenen Augen leuchtet; nur am oberen Lidrand teilweise sichtbar zittern die Pupillen im kataleptischen Krampf.

Während dessen sitzt der alte Mann in seinem Stuhl, hilflos, und lautlos weinend: sein Schicksal, die Vergangenheit hatte ihn eingeholt.

- Er hätte niemals die Zustimmung zur Heirat seiner Tochter geben dürfen, wie wohl ihm klar war, daß es nichts genutzt hätte: Die beiden Menschen wären so oder so zusammengekrochen. Und wenn er seinen Schwiegersohn Ulrich Becde damals aufgeklärt hätte; es wäre umsonst gewesen, so verliebt waren die Beiden.

Es war so schön, daß ihm die kranke Tochter den ersten Enkel geboren hatte, eben dieses unglückliche Bündel Mensch, was dort langsam zur Ruhe kommt. -

Die Atemzüge des am Boden Liegenden gehen in ein lautes, abgehacktes Schnarchen über, welches allmählich in ruhigere Atemzüge abflacht.

Mühsam erhebt sich der alte Spinder, versucht, den Körper auf das

Sofa zu legen, was ihm nach harter, langer Anstrengung gelingt. Auf der Schläfe Arnolds befindet sich eine riesige, böse Schwellung, so dick wie ein Daumen, es blutet ein wenig; ein feines Blutgerinnsel fließt über die nun totenbleiche Wange Arnolds. Vorsichtig wischt sein Großvater diese blutige Spur weg.

Unter einer Decke ruht der Junge, während Spinder Holz im Kamin nachlegt, und sich anschließend wieder in seinen Sessel setzt.

Hier sitzt einer, der Totenwache hält, Wache über abgestorbene Teile seines Ichs, Wache über endgültig gestorbene Hoffnungen. Er beschließt, Arnold nichts von dem Vorfall zu sagen, diese zusätzliche Belastung will er seinem Enkel ersparen. Außerdem ist die Zeit danach, daß sich viele Probleme unter Einwirkung von Schicksal und Gewalt lösen werden.

Die Flammen des Kaminfeuers beleuchten das Geklüft der Wangen eines alten Mannes, dessen Kiefer unablässig hin-und hermahlen; sie beleuchten auch das Gesicht eines jungen Mannes, dessen Augen sich nun langsam öffnen, doch die Pupillen haben Schwierigkeiten sich paarweise zu ordnen, was aber bald gelingt, als sie sich auf den Festpunkt, ein Greisengesicht, ausgerichtet haben.

Ein Mund öffnet sich langsam, stoßweise entweicht die Atemluft, die Zunge wälzt Lautbrocken im Munde umher. Es gelingt nicht: Nochmal. Der Kopf hebt sich und nun klingt es schwach: »Wa, – was.. ist... Wo... bin ich«, wobei der alte Spinder sofort danach die erste Prüfung durchführt.

»Du bist zu Hause. Bei mir. Wie heißt du?« fragt er.

»Bonifatius Kiesewetter, ta dam ta dam«, kommt die wirre, aber klanglich schon klare Auskunft.

»Nein. Du bist Arnold Becde. – Arnold Becde, weißt du, wo du wohnst?«

»Im Dingsbums Tralalala, dort ganz weit draußen.«

»Arnold Becde. Du wohnst auf der Lindenallee 52. Arnold Becde, der du auf der Nummer 52 im Hochhaus wohnst. Kennst du eure Telefonnummer?«

»Ja, eins, zwei, drei, ganz viele, und so weiter.«

»Nein, Arnold Becde von der Lindenallee 52. Du hast die Telefonnummer 7356. Aber schlafe jetzt.«

»Ja, ich schlafe nun. Guten Rutsch«, dabei dreht er sich um, zieht die Decke bis zum Kopf, und bald ziehen die Geräusche ruhiger, tiefer Atemzüge durch den Raum, lange bewacht von der Gestalt im Sessel, bis auch deren Kopf vor Ermüdung zur Seite nickt. -

Arnold erwacht am Morgen mit einem gewaltigen Brummschädel. Erstaunt schaut er um sich, sieht seinen schlafenden Großvater im Ohrensessel hocken, führt seine Hände zum Kopf, wobei die linke Hand heftig schmerzt. Beim Streichen über seine Schläfen bemerkt er auch den Grund seiner heftigen Kopfschmerzen: eine dicke Beule. -

‚Mein Gott! Was muß ich gestern mit Heinz-Otto eine geballert haben!‘ Aber halt, da war doch noch was anderes! Was nur, was war es?

Ein scharfer Adrenalinstrahl, der Angst Panik und Flucht auslösen will – aber eigentlich »Die Erkenntnis« heißt – sein Herz durchzuckt, und eine Blutwelle durch seinen Körper heranschießt: Else und Vater sind tot. -

Langsam kommt die Erinnerung an einen Wagen mit vielen Leichen, vielen Menschen, Lautsprechergedröhn zurück. Und an seinen Kameraden, dem unglücklichen Heinz-Otto.

Merkwürdig: eigentlich müßte er traurig sein. Doch da, wo er die Trauer vermutet, ist ein riesiges, schwarzes Loch. Ein Loch hat auch seine Erinnerung. Es beginnt an einem Abhang, an dessen Fuß ein riesiges Feuer lodert. Hölle? Arnold weiß es nicht, nimmt sich jedoch vor, bei Gelegenheit Heinz-Otto zu fragen.

Mühsam, torkelnd steht er auf, legt seine Wäsche ab, um ins Badezimmer zu gehen. Merkwürdig, dieser süßliche, stickige, nach verbrannt riechende Gestank in seinen Haaren und Kleidern. Im Badezimmer löst er vorsichtig die Ohrenklappe. Es sieht nicht schlecht aus, und das Ohr schmerzt fast nicht mehr; nur das Gehör ist weg, soll aber laut Versicherung des Facharztes durch eine Plastikoperation wiedergeholt werden können.

Aber was ist mit seiner linken Hand? Der kleine Finger steht in einem unmöglichen Winkel von der Außenkante der Hand ab, der gesamte Finger ist grüngelb-violett verschwollen. die Fingerspitze weiß gefärbt. Da ist etwas gebrochen. – Und an seiner Schläfe? Ein gewaltiger Bluterguß. Mein Gott, was muß er gestern abend gesoffen haben! Wo war das nochmal gleich? Soviel er auch sein Hirn zermartert: Er kann sich nicht erinnern. Sein Anblick im Spiegel erschreckt und ekelt ihn: Aus dem verschmierten Rotz in seinem Gesicht stechen die Bartstoppeln wie die Stachel eines Igels hervor.

Er duscht ausgiebig, rasiert sich vorsichtig, und zieht Wäsche aus Opas Kleiderschrank an. Dann geht er zur Küche, und findet tatsächlich im Kühlschrank noch brauchbare Eiswürfel. Schnell hat er in der Hausapotheke eine Kompresse gefunden die er, mit Eis gefüllt, sich um die Stirn bindet, ‚Ah, das tut gut.‘ Dann macht er Frühstück, und will seinen Großvater wecken. Dieser jedoch sitzt schon wach im Sessel, lächelt, als er Arnold hereinkommen sieht: »Guten Morgen, Arnold. Hast du gut geschlafen?«

Arnold lächelt ebenfalls, aber in seiner Antwort schwingt Zweifel, als er seine Hand verlegen zur Stirnbinde führt: »Ich weiß es nicht. Jedenfalls muß ich gestern abend stark betrunken gewesen sein, als ich zu dir kam; ich weiß überhaupt nichts mehr. Wann war das eigentlich?«

»So gegen halb zehn. Ja, du warst richtig besinnungslos. Außerdem mußt du auch irgendwo hingefallen sein.«

»Ja, habe ich gemerkt. Muß mal Heinz-Otto fragen. – Du, Opa. Heinz-Otto hat seine Mutter und seine Oma verloren. Ich dachte, wenn ich sowieso wegen der Überwachung nicht mehr in unsere Wohnung an der Lindenallee darf, könnte ich dann bei dir unterkommen?«

Der alte Spinder nickt.

»Kann ich auch Heinz-Otto mitbringen? Er ist nämlich eine ganz arme Sau, hat nun kein Zuhause mehr.«

Abermals nickt Spinder, schaut auf die Uhr und sagt: »Eigentlich müßte Frau Müller schon hier sein«, wobei er nicht wissen konnte, daß Frau Müller – die Aufwartefrau – zuhause mit einem traumatischen Schock liegt, weil ihre einzige Tochter sich ebenfalls gestern unter dem Zug der grausam verstümmelten Leichen befand.

Der alte Mann jedoch sagt zu seinem Enkel, der ihm blaß und erschöpft gegenüber sitzt: »Junge, gehe zum Arzt. Du bist sehr krank.«

[]

Zum wiederholten Male versucht Heinz-Otto Arnold klar zu machen, was eigentlich an dem bewußten Abend geschehen ist: »Na klar. Ich sage doch. Da war Feuer; und dann schossen die Stachos noch in die Menge. Du hast mich doch selbst zu Boden gerissen.«

Ungläubig schüttelt Arnold den Kopf: »Feuer? Wo, im Stadtpark? Wie bin ich denn dahin gekommen?«

»Na, Du bist ja eine Nummer!« gluckst Heinz-Otto nun, und schlägt sich auf die Schenkel: »Natürlich biste gelaufen. Oder, Arne«, dabei schaut er diesem schräg ins Gesicht, »haste etwa selbst Dope genommen, hä? Und mir dann sagen, ich soll sauber werden. Das finde ich aber ganz schön bescheuert.«

»Nun komm! Jetzt hör aber auf! Woher habe ich denn dieses Riesenhorn am Kopf. Und meinen Finger haben wohl Riesenameisen zertrampelt«, sagt Arnold, und hält seinen eingegipsten Finger hoch, was bei Heinz-Otto tatsächlich Nachdenken erzeugt. Soviel er mitbekommen hat, ist er mit Arnold bis hierher vor das Haus des Großvaters gegangen. Dann ist er – Heinz-Otto – tatsächlich allein zu seiner Tussi gelaufen, hat sich die Hacken vollgesoffen, und mit vielen anderen dort übernachtet.

»Wir können ja morgen in den Stadtpark gehen. Dann zeige ich dir alles«, sagt Heinz-Otto.

Arnold nickt, verabschiedet sich von Heinz-Otto, weil dieser nicht bleiben möchte, und wendet sich seinem Großvater zu, der sich vom Mittagsschlaf erhoben hat.

»Was sagt der Doktor, Junge?«

»D e r Doktor ist gut. – Erst hat man meinen Finger versorgt, auf die Beule am Kopf eine Salbe geschmiert, und mich in die Neurologie geschickt. Dort haben sie mir den Schädel geröntgt, und dies sechs mal, weil laufend die Platten mit den Filmen durch die Hintergrundstrahlung versaut waren. Keine Fraktur feststellbar. Dann eine Hirnstrommessung: Kein nennenswerter Befund, wenn die Schädelverletzung unberücksichtigt bleibt. Dann sollte ich noch zum Psychiater, worauf ich dankend verzichtete.«

Sein Großvater zuckt die Schultern, sagt »Wie du willst«, bietet Arnold einen Cognac an und fragt: »Willst du weitermachen?« wobei ihn die Zustimmung des Jüngeren nicht verwundert. Jedenfalls hatte er das beruhigende Gefühl, mit der Informierung des alten Arztes, der schon seine Tocher behandelt hatte, alles getan zu haben, um seinem Enkel zu helfen.

Arnold verabschiedet sich nun von seinem Großvater mit der Auskunft, daß er diese Nacht nicht nach Hause kommt, weil er an einer Konferenz der Milizleiter teilnehmen will.

Sein Wille, die Schritte in die Innenstadt zu lenken schwindet immer mehr, je länger er auf der Straße steht, und die Platanenallee in Richtung Stadtpark hinaufschaut. Ein Blick auf seine Uhr: Er hat noch Zeit; dies gibt den Ausschlag. Langsam, mit gesenktem Kopf geht er die leichte An- höhe hinauf.

Im Park betritt er die große Wiese, auf der sie als Kinder gerne gespielt, und als Pfadfinder Zelte aufgebaut hatten. Die milde Nachmittagssonne sendet schon wärmende Strahlen durch das noch kahle Geäst der Bäume. Einige Forsytien verträufeln ihr leuchtendes Gelb zwischen kahlem Ge- sträuch.

Vorn am Ehrenmal eine Gestalt im Strahlenanzug, eine orange Binde um den Arm, in den Händen ein großer Straßenbesen. Grauweiße Staubwolken quellen hoch. Arnold tritt näher, erkennt in dem Halbrund der Ehrenmal- Mauer auf dem Steinboden einen riesigen, schwarzen Brandfleck.

In seinem Kopf bildet sich ein heftiger Blutschwall, der, vom Herzen kommend, schmerzend seinen Bluterguß an der Schläfe durchflutet.

- Da ist etwas in der Erinnerung; aber da es offensichtlich nicht ange- nehm ist, versinkt es schnell. Er fragt den Mann: »Was war denn hier? Ein Brand?«

»Ja, Mann. Ein Brand. oh, das hat gebrannt! Ja, deutsche Terrorista sind von Stacho verbrannt. Uiih! Das ging ab in Himmel«, lacht nun der Mann, und reckt zur Untermalung seiner Schilderung die Arme hoch: »Und Asche«, dabei stochert er in dem zusammengefegten Haufen herum, »ist gut für die Düngung. Für Rasen, Blumen. Verstehst du?« Dabei nimmt er seine Schaufel, zertrümmert einige weiße Bröckchen des Aschehaufens, füllt seine Schaufel, geht einige Schritte beiseite, und wirft die Ladung mit Schwung und Schweif über den Rasen.

Arnold bekommt etwas Staub ins Gesicht, muß husten, schreit den Mann an: »Du gottverdammte Ratte! Die Deutschen waren keine Terroristen! Das waren Soldaten, verstehst du, du gottverdammte Kanakensau! Wenn du das noch einmal sagst, schieße ich dich über den Haufen!«

Der Straßenkehrer steht sprachlos und etwas besorgt da, versteht nicht, warum der Deutsche so herumtobt. Nun bekommt er doch richtig Angst, und sein Schutzanzug schlottert, als Arnold auf ihn eindringt, die rechte Faust erhoben.

Dieser will zuschlagen, sieht aber die weit aufgerissenen Augen, hört den Mann laut rufen »Entschuldung! Ich weiß nicht genau... Entschuldung, bitte«, dreht ab, und taumelt davon.

Erleichtert nimmt der Arbeiter wieder die Schaufel in die Hand, schüttelt den Kopf und brummt: »Die Deutschen. Komisch Volk. Alle gaga.«

-In dem Depot in der Nähe des Katzbergs sitzen sechzehn Männer und Frauen eng gedrängt um einen Tisch. Auf dem Tisch eine Liste. Eine hagere, hellblonde Frau ergreift die Liste: »Ich lese nochmals die Namen der Gefallenen vor: Spörkens Wilhelm, Ritter Karl, Müller Angelika....«

So geht es weiter, und der betreffende Ko-Offizier ruft zur Bestätigung laut »Ja«, worauf die Schriftführerin den Namen auf dem Bogen abhakt.

»Es geht weiter: Schüre Karl, Becde Ulrich, Laumann Else....«

Alle schauen auf Arnold, die Schriftführerin wartet, es ist still. Arnold sitzt da, regungslos und kreidebleich im Gesicht. Ein trockenes Würgen dringt aus seiner Kehle, die Lippen formen mühsam »Ja..., ja..., ja«, und in den furchtbaren Kampf der Gesichtsmuskeln scheint die eiserne, versteinerte Miene Oberhand zu gewinnen, so daß die Schriftführerin dem unwiderstehlichen Drang nachgibt, und Arnold anschreit: »Arnold Becde! Fang endlich an zu heulen, verdammt noch einmal! Sei jetzt k e i n Held! – Ich erwarte, daß du hier endlich deine Spannungen löst. Dein gespaltenes Verhalten ist nicht gut für uns. – Also; nochmal: Schüre Karl, Becde Ulrich, Laumann Else...«, worauf klar und deutlich »Ja, ja, ja« erfolgt.

Die Schriftführerin fährt fort, und es stellt sich heraus, daß achtundsiebzig Dunkelleute gefallen sind. -

Entsetzen in der Runde: Fast das gesamte Kommando ist aufgerieben worden; ein Fünftel der aktiven Kader. Danach werden die aktiven und inaktiven Milizionäre abgehakt, die außerhalb des Einsatzes umgekommen sind: »Terbold Udo, Zenger Elfriede, Erden Gertrud....«

Das stereotype »Ja« prasselt auf die blonde Frau ein; und als der letzte Name verlesen war, ergab sich die Zahl Zwanzig. Also insgesamt achtundneunzig Kämpfer, um die sich ihre Truppe vermindert hat.

Hat es sich gelohnt? Diese Frage wird heftig diskutiert. Die einen sagen ›Ja, uns ist die Atomrakete erspart geblieben‹, die anderen sind der Meinung, es hätte nichts genutzt, die Rollbahn sei spätestens in drei Wochen wieder zu benutzen. Und dann sei eine konventionelle Sprengung nicht mehr durchzuführen, es sei denn, die gesamte Miliz des Ortes ginge frontal – und das natürlich bei Tag! – gegen die nun zweifellos erstellten Befestigungen der Stachos vor. Und dies, so wußten alle, widersprach der Partisanentaktik, ohne schwere Waffen und Panzer einen durchschlagenden Angriff zu versuchen.

Arnold meint, es müßte mit einer Nuklearladung zu machen sein, worauf Inge, die hagere Blonde, erwidert: Seitdem die sehr genauen, landgestützten Raketen abgezogen seien, wäre EUNAT auf die seegestützten Raketen der U-Boote angewiesen; und dies seien Mehrfachsprengköpfe, Tripletten, mit einer viel zu starken Sprengkraft, und zudem noch ungenau. Ein Bombenangriff mit einem oder mehreren Kampfbombern? – Zwecklos: Die Brücke ist geradezu mit Boden-Luft-Raketen gespickt, was ja auch der Abschuß des Düsenjägers bei dem mißglückten Einsatz Arnolds beweist. -

»Nein, Arnold. Das ist nicht gegen dich gerichtet«, so beschwichtigt ein Mann, und legt seine Hand auf Arnolds Arm, der, von seinem Sitz aufgesprungen, betreten in die Runde starrt.

-Arnold hatte, als die lange Namensliste der Toten verlesen wurde, auch auf die Nennung ganz bestimmter Namen gewartet: Diese kamen jedoch nicht. -

Er beschließt, in diese Richtung zu sondieren und zu taktieren und fragt: »Wann startet die nächste Aktion?«

Alle schweigen; alle starren Arnold an, in die eisige Stille fragt er nochmal: »Ja, wann geht es weiter? Wir müssen weitermachen, der Krieg ist noch nicht verloren. Wir sind eine Armee mit gewaltigen Materialreserven. Der gegenwärtige Menschenverlust soll uns nicht abhalten.«

Es meldet sich eine Frau: »In meinem Bezirk habe ich allein dreißig Aktive verloren. Gehe du mal an meiner Stelle durch die Häuser, und hebe die Menschen aus!«

»Top. Mache ich! Wann soll ich kommen?« antwortet da Arnold; und der Frau bleibt nichts übrig, als sprachlos – wie auch andere – den Kopf zu schütteln.

Die Schriftführerin mischt sich ein, und sagt: »Arnold. In unserer Miliz gibt es keine Hauptleute und keine Generäle. Du hast den höchstmöglichen Dienstgrad erreicht. W a s   w i l l s t   d u?«

»Den Krieg weiterführen. Je eher, um so besser. Mich kotzt und widert es an, wie die Deutschen zwei gewaltige Kriege begonnen haben, diese aber niemals gewonnen haben! Mich kotzt es an, wie unsere Großväter uns glauben machten, wie tapfer sie eigentlich – besonders im letzten Kriege – gekämpft haben. Ja, eigentlich hatten sie schon ganz Rußland in der Tasche; und daß es verloren ging lag lediglich daran, daß zwei, oder drei Gewehrpatronen nicht rechtzeitig an die Front gekommen sind. – Also, macht Vorschläge, wann es weiter geht. Ich bin dafür, die gesamte Trasse der Autobahn mit Rohrladungen umzupflügen.«

Hierbei meint er die Technik des Minenlegens in Entwässerungsrohre, die die Fahrbahnen der Autobahn unterqueren. »Ich beantrage Diskussion, und darauf folgende Abstimmung«, meint er abschließend, worauf die Schriftführerin Inge nickt: »Ist notiert. Erst jedoch muß ich noch die Namen und Daten EUNAT überstellen, denn der Satellit kommt heran.«

Sie setzt sich abseits an das Funkgerät, während die anderen, vorsichtig sichernd, sich nach und nach hinausbegeben, um zu rauchen. Inge bedient mit flinken Fingern den Chiffriercomputer, hat nun Kontakt, und spricht: »Hier Luppesrath. B X T, Sektion 326, Kennzahl 3278. Habe eine Verlustmeldung für euch. Bitte speichern in Peripherie 12 b Soz – Verwaltung.«

»Hier EUNAT. Kennwort 317, Code 13 771. Bitte kommen.«

Inge hatte den Text schon vorher gespeichert; nun löst sie die Funktaste aus: In einer millionstel Sekunde rast ein Impuls, bestehend aus abertausenden digitaler Zeichen zum Satelliten, wird dort auf der Stelle weitergegeben, viel zu kurz, um von einem gegnerischen Peilempfänger angemessen werden zu können.

Nach circa dreißig Sekunden kommt die Bestätigung, in Form des Textes, den Inge losgeschickt hat, und nun von EUNAT zwecks Gegenkontrolle auf Inges Bildschirmgerät gefunkt wird.

Da erscheinen nun die Namen in langer Kolonne; auch die lieben Namen Arnolds, kalt unpersönlich, grünlich flackernd, schon sehr weit weg draußen in der dem menschlichen Leben abträglichen Kälte der Unwesenheit. Arnold stellt sich hinter Inge, legt eine Hand auf die Sessellehne, sagt: »Sie sind schon sehr weit weg«, worauf sich Inge zur Seite wendet, und ihre Hand auf die seine legt. Sie funkt »Roger. Ende«, wartet die Bestätigung ab, schaltet aus, und beide verlassen den Raum.

Von der Terrasse eines Hauses am Katzberg haben die Milizionäre einen weiten Blick über die Landschaft. Ein leichter Südwestwind hat in der Atmosphäre für klare Sicht gesorgt. Die bereits tiefstehende Märzsonne hat die beständigen Wolkenschleier um den Zenit herum schon lange verlassen, und sendet ihr klares Frühjahrslicht übers Land.

Ein leises Donnern liegt in der Luft. Am westlichen Horizont werden drei schwarze Punkte sichtbar, die sich beim Näherkommen als die Rauchschweife dreier Kampfflugzeuge im Tiefflug entpuppen. Das Filigran der Aufbauten der heranrasenden Kampfmaschinen erscheint wie die Markierungsbalken des Zielpunktes in einem Fadenkreuz.

Das sehen wohl die Zielcomputer der Luftabwehrraketen der O-Truppen genauso, denn schon lösen sich Abwehrraketen in rasendem Flug vom Boden. Keine Chance für die Flugzeuge: Eine Maschine explodiert sofort, eine zweite bekommt einen Treffer. Sie brennt, trudelt, zerlegt sich in der Luft. Die Trümmer rasen zum Teil noch Kilometer weiter, bis sie irgendwo aufschlagen, und dort selbst kleinere Brände erzeugen. Die dritte Maschine dreht ab, wird aber ebenfalls von einer Rakete getroffen, schafft es aber, zu entkommen. Das Ganze hat etwa dreißig Sekunden gedauert; von einem Rettungsfallschirm hat niemand etwas gesehen.-

Die nun nach Sonnenuntergang sofort entstehende Kühle läßt alle frösteln und ins Haus gehen. Nachdem sie den Geheimeingang durch die

Revisionsluke des Öltanks im Keller des Hauses passiert haben, gruppiert sich die Versammlung wieder um den großen Tisch im Depot.

Nun wird deutlich, daß Arnold bereits isoliert ist: Es sind die Sitzplätze rechts und links von ihm, die bis zuletzt frei bleiben, bis Inge bittet, nun endlich auf den verfügbaren Sitzplätzen Platz zu nehmen.

»Wie ihr wißt, steht die Frühjahrsoffensive des Feindes, die über den Rhein zielt, kurz bevor. Da unsere Verbündeten auf keinen Fall in der Lage sind, dieser Offensive durch strategische Operationen zuvor zu kommen, bleibt uns nur die Möglichkeit, den gegnerischen Aufmarsch zu stören. Das ist uns – da bin ich sicher – zumindest in unserem Bereich voll gelungen, natürlich«, sie senkt den Kopf, »mit schlimmen Verlusten an Menschen. Es ergab sich die Frage, ob wir für eine Weile mit den Aktionen Schluß machen, damit der Druck der Repression durch die Besatzungsmacht auf die Bevölkerung nachläßt. Durch die entsetzliche Leichenverbrennung unserer Kameraden und Kameradinnen, mit den noch schlimmeren Begleitumständen der Erpressung der Hinterbliebenen, ist die Bevölkerung sehr stark eingeschüchtert. Es hat schon Fälle von Insubordination gegeben, die aber, bis auf wenige Fälle, nicht weiter verfolgt wurden. Dann steht noch die totale Aufgabe, die Kapitulation, wie die Besatzungsmacht es gerne hätte, zur Debatte. Dieser Entschluß muß allerdings laut Dienstvorschrift 1 b. 2 einstimmig erfolgen, was in unserem Kreise«, dabei schaut sie lächelnd auf Arnold, »so ohne weiteres nicht der Fall sein wird. Die Entscheidung über die Frage, welcher Punkt – also die zeitliche Einstellung der Aktionen o d e r die Kapitulation – diskutiert werden soll, kann geheim erfolgen, was ich für meine Person befürworte. Noch Fragen zum Modus des Entscheidungsverfahrens?« endet Inge ihre Ansprache.

Als sich niemand meldet, geht sie an den Computer, tastet ein paar Befehle ein: »Der Computer hat die Alternativfragen gespeichert. Die Frage, ob Diskussion über zeitliche Begrenzung der Aktionen, ist die Taste 1; die Frage, ob Diskussion über Kapitulation, ist die Taste 3. Ich beginne.«

Inge klappt eine Sichtblende hoch, damit niemand vom Raum aus auf die Tastatur einsehen kann. Sie drückt einen Knopf, und setzt sich wieder an den Tisch.

Der Nächste geht an die Konsole; und so geht es weiter, bis der letzte Milizionär seine Wahl getroffen hat.

Auf dem Bildschirm schimmert in stechenden Farben das Ergebnis: Acht mal die eins, und acht mal die drei, also pari, was durchaus nichts Ungewöhnliches ist. Deswegen tritt die Schriftführerin wieder an den Computer heran, und drückt die Taste für den ungewichteten Zufallsgenerator.

Es summt, die Maschine klackert einmal, und auf dem Bildschirm erscheint das Ergebnis: Acht mal die eins, neun mal die drei; die Sache ist entschieden.

Inge entnimmt dem Drucker das schriftliche Ergebnis, und erteilt den Befehl, das Ergebnis mit Kenn-Nummer, Datum, Uhrzeit, auf Diskette und Band zu speichern. Einige der Ko-Offiziere zeigen ihre Erleichterung, andere verhalten sich geschäftsmäßig; nur Arnold sieht man seine Betroffenheit an, die sich auch nicht legt, als Inge auf ihn zukommt, und mit den Worten »Es ist wirklich Zufall« zu beruhigen versucht. Nach einer Weile beginnt Inge die Diskussion.

»Dunkelleute. Wir diskutieren nun darüber, ob wir kapitulieren sollen. Die anschließende Abstimmung muß einstimmig erfolgen, sonst ist der Vorschlag zur Kapitulationserklärung abgelehnt. Jeder hat beliebig Zeit, seine Meinung zu vertreten und darzulegen. Die Abstimmung erfolgt dann, wenn sich keiner mehr zu Wort meldet. Es gibt nur eine Möglichkeit, die Diskussion zu unterbrechen oder gar abzubrechen: Indem einstimmig die Einstellung der Diskussion verlangt wird. Die Abstimmung über diesen Passus ist offen. Nach einer eventuellen erfolgreichen Abstimmung über Unterbrechung oder Einstellung der Diskussion über die Hauptsache gilt der Status quo. Die Diskussion und anschließende Abstimmung wird nicht aufgezeichnet. Sie wird auch nicht anderweitig registriert. Wer beginnt?«

Die Frau, der Arnold vordem angeboten hatte, in ihrem Bezirk die Kämpfer auszuheben, meldet sich: »Wie ich schon vorher sagte, wollen die Leute nicht mehr kämpfen. Sie halten Widerstand für sinnlos und gefährlich. Der Feind weicht nicht; im Gegenteil: Er verstärkt seinen Druck. Bei mir ist es so, daß ich seit fünf Tagen praktisch meine ganze Familie nicht mehr gesehen habe. Was machen meine drei Kinder? – Ich bin für das Niederlegen der Waffen, und für den Sozialen Widerstand.«

»Wie stellst du dir diesen Sozialen Widerstand vor?« ruft eine Stimme.

»Streik, und zwar auf der ganzen Linie. Demonstrationen mit Männern, Frauen und Kinder auf der Straße. Sitzblockaden vor Militärlastwagen, auf den Straßen, ja, auf der Autobahn. Lärmen und singen, wenn sich O-Truppen in der Stadt befinden. Abbrennen von Feuerwerk, Auslösen von kleineren Explosionen, um die Stachos in Schwung zu halten. Entfernen von Hausnummern, Straßenschildern, Wegweisern, Hinweisschildern. Entfernen von allen verfügbaren Landkarten, Stadtplänen, und noch vieles andere.«

Eine andere Stimme meldet sich: »Das geht in unserem Falle nicht. Sozialer Widerstand funktioniert nur, wenn im eigenen Land die eigene Bevölkerung gegen ihre eigenen Machthaber aufsteht. Es gibt dann gewisse Hemmungen, daß die Waffenträger auf die eigenen Leute schießen. Diese Hemmungen haben die Invasoren in unserem Falle nicht; sie würden erbarmungslos auf die Leute schießen, und ein Blutbad anrichten. Die Verluste wären viel höher als jetzt; und dies alles ohne Risiko für die Besatzer. Außerdem haben wir einen Eid darauf geschworen, unter Einsatz unseres Lebens das Land zu verteidigen.«

Eine andere Frau meldet sich zu Wort: »Bei dieser Diskussion, die einen so hohen Stellenwert hat, denke ich, ist es an der Zeit, zu bekennen. Dieses Bekenntnis soll helfen, die Entscheidung in meinem Sinne zu ermöglichen. Ich bin Pazifistin und bekenne, daß ich in meinem Bezirk noch nie eine Person verpflichtet, noch nie eine Aktion selbstständig durchgeführt habe. Die einzige Aktion, an der ich bis jetzt teilgenommen habe, wohl teilnehmen mußte, um die Leute meines Bezirks zu schonen, war die an der Autobahnbrücke. Es war entsetzlich.-«

Sie kämpft mit den Tränen, und in die Unmutsäußerungen wie: »Verräterin, Feigling«, klingen aber auch Worte der Beschwichtigung.

Sie fährt fort: »Wir sind Frauen, und von Natur aus nicht zum Töten vorgesehen. Wir sind da, um das Leben zu schenken und zu erhalten. Das Handwerk der Gewalt ist das der Männer. Ich rufe alle Frauen in unserer Runde auf, für die Kapitulation zu stimmen!«

Das war eindeutig. – Nun meldet sich Arnold zu Wort: »Kriege, oder besser, Kämpfe hat es immer und überall gegeben. Der Kampf ist ein

158

Element unserer menschlichen Existenz. Krieg ist Dynamik, Bewegung. Unsere Welt lebt von der Dynamik. Die Menschen traten zum Kampfe an, um etwas zu bewegen, und sei es, den Gegner, Gegenüber zu veranlassen, sich hinwegzubegeben. Kriege wurden angezettelt, um Menschen eine Tätigkeit zu geben, sie abzulenken, ja, ihnen die Langeweile zu nehmen. Selbstverständlich sind Kriege auch den Händen der Menschen entglitten; dieser jedenfalls noch nicht, denn bis jetzt ist noch nicht eine einzige thermonukleare Ladung auf dem Gebiet der Hegemonialmächte in diesem Konflikt explodiert. Für uns gäbe es nur einen vernünftigen Grund, die Kapitulation anzubieten: Wenn es gelingt, die Hegemonialmächte direkt zu konfrontieren. Doch das klappt selbst dann nicht, wenn die O-Truppen ganz Europa besetzen. Es lägen immer noch 4 000 Kilometer Ozean dazwischen.«

Arnold hält inne, um einen Schluck Kaffee zu trinken, winkt ab, als ein anderer reden will: »Ich bin noch nicht fertig, Kamerad. Was die Deutschen anbetrifft: Meine Großmutter hatte mir erzählt, wie sie allein drei Soldaten der Wehrmacht des letzten großen Krieges Zivilkleider, natürlich die meines Großvaters, verschaffte, damit diese selbst abmusterten, um nach Hause zu gelangen. Ich frage: Warum haben sie den Kampf im Untergrund nicht fortgesetzt? Waffen waren jedenfalls genügend da. Und wenn sie sich gegen irgend einen der damaligen Gegner entschieden hätten, hätten sie andererseits bald einen mächtigen Freund gehabt. Ein kurzer, heißer Krieg hätte dann klare Verhältnisse geschaffen. Daß ein Partisanenkrieg erfolgreich sein kann, haben uns Mao Tse Tung, die Jugoslawen unter Tito, Algerien, Vietnam, Afghanistan und andere bewiesen. Und unsere Milizverbände sind auf den Lehren dieser Kriege aufgebaut: Wir müssen weitermachen!

Was dich anbetrifft, Ursula«, dabei schaut er seine Vorrednerin an, »so ehrt es dich, deine Meinung unverblümt gesagt zu haben. Nur: Ist sie richtig? Daß du eine Frau bist, sieht jeder. Doch dadurch, oder gerade deswegen, erwächst dir im Zuge der endgültig abgeschlossenen Emanzipation keinerlei Vorteil. Im Zuge der Aufklärung und unserer modernen Zeiten ist festgestellt, daß Manner und Frauen gleich sind. Mein Vater, beispielsweise, hat mich und meinen Bruder großgezogen; er hat den Haushalt geführt wie jede Hausfrau, wie jede Mutter damals. Von deinen Geschlechtsgenossinen wurde mein Vater damals erbarmungslos fertig gemacht. – Merkwürdig: Es war gerade die Zeit des Kampfs um die Emanzipation der Frau. – Für meinen Vater sollte aber das Grundgesetz, daß niemand wegen seines Geschlechts benachteiligt werden sollte, nicht gelten!

Ich kann mich an den Fall erinnern, daß Vater einen Antrag stellte, um eine Müttergenesungskur zu bekommen, weil er, unter anderem auch wegen seiner kranken Frau, total mit den Nerven am Ende war. Die Frauen haben ihn ausgelacht und gefragt, ob er stattdessen nicht lieber in eine »Arbeitskur« gehen wolle: Müttergenesungsheime – das sagt ja schon der Name – sind nur etwas für Frauen. – So wars damals mit der Emanzipation der Männer bestellt. Und daß Frauen statistisch und wirklich länger leben, liegt wohl daran, daß sie manche Pflichten einfach auf die Männer übertragen. In unserem Wohnviertel damals kam es öfters vor, daß eine der netten, süßen kleinen Frauen ihren von der harten Arbeit abgekämpften Ehemann aufforderte, sich mal um die Kinder zu kümmern, sie hätten heute dies und jenes gemacht, würden aber auf die Mama partout nicht hören. So kam es, daß dieser müde, abgekämpfte Mann nach dem Broterwerb auch noch den Vollzugsbüttel an seinen Kindern machen mußte, mit dem entsprechenden Ansehen; und, Ursula, somit habe ich deine Ansicht, nur Männer sollen das Handwerk der Gewalt ausüben, widerlegt. Auch Frauen üben Gewalt aus, was in den Jahrzehnten vor uns einfach ignoriert wurde. die Gewalt der Frauen ist zwar anders, aber dafür nicht weniger tödlich.

Ende der 70-er Jahre betrug, nur zum Beispiel, das Verhältnis der strafgefangenen Männer zu strafgefangenen Frauen dreißig zu eins! Und dies bei einem Bevölkerungsanteil von, sagen wir, halbe, halbe. Glaubt Ihr denn, die Frauen wären um dreißigmal b e s s e r e Menschen? Kein Wunder also, daß die Frauen ein um durchschnittlich zehn Jahre längeres Leben erreichen! Es gibt keinen Grund für die Frauen unserer Runde, die Waffen niederzulegen nur, weil sie Frauen sind. Ich bin für die Fortsetzung des Kampfes!«

Es ist zu bemerken, daß Arnold mit seinem Vortrag eine richtige Auseinandersetzung in Gang gebracht hat; nicht nur ersichtlich an den erbosten »Chauvi« und »Frauenhasser«-Rufen, sondern auch daran, daß nun Inge eingreift: »Überlegt, was ihr wollt. Wenn ihr weiterhin Arnold so angreift, ist es kein Wunder, wenn die Abstimmung an seinem Veto scheitert. I h r müßt Arnold überzeugen; nicht umgekehrt! Ich selbst habe meine Entscheidung noch nicht getroffen, weil ich manches so nicht gewußt habe. Ich bitte, fortzufahren.«

Es ergreift abermals eine Milizionärin das Wort. Sie hat neben Ursula ihren Platz, und es gibt wohl keinen Zweifel, in welche Kerbe sie hauen wird:

»Was Arnold da von sich gegeben hat muß beantwortet werden, im Namen aller Frauen in unserer Runde. Dazu sage ich: In meinem, und in dem Bezirk Uschis suchen immer mehr Leute eine Wohnung, die vordem in Arnolds Bezirk gewohnt haben. Sie haben alle Angst vor ihm, er sei ein ganz scharfer Hund, und plane laufend Aktionen; es würden vorzugsweise Frauen einziehen. So, wie sich Arnold hier nun aufgeführt hat, glaube ich das alles. Und ich weiß jetzt, warum sich diese Eigenschaft bei Arnold findet: Es ist wohl das Erbteil seines Vaters, der ja bekanntlich in den letzten Jahren mehr im Gefängnis als in der Freiheit verbracht hatte!«

In dem Tumult, der nun entsteht, ertönt ein Schrei. Arnold, kreidebleich im Gesicht, will sich auf die Gefährtin stürzen, wird aber von Inge verzweifelt festgehalten, kommt schließlich zur Besinnung.

»Geli«, meint Inge zu der Sprecherin, »findest du das nicht völlig unpassend, drei Tage nach dem Tode seines Vaters?«

»Mein Bruder ist auch tot«, sagt die mit Geli angeredete kurz, und fährt fort: »Arnold Becde! Erkenne dich! Deswegen diese harten Worte. Wir wissen nicht, wen du treffen willst. Ich kann mir nicht vorstellen, daß es eine g a n z e Stadt sein soll! Ich bin ebenfalls Pazifistin, mußte mich aber der Wehrpflicht unterwerfen. Hatte nur den Gedanken, so schnell wie nur möglich davon loszukommen. Ich bin für eine sofortige, bedingungslose Kapitulation!«

Arnold meldet sich: »Ich glaube euch nicht, daß ihr Pazifisten seid. Warum habt ihr dann die Offiziersausbildung mitgemacht? Doch nur, um Einfluß zu bekommen, wie es bei Bürger-und Beamtenfamilien immer war; in aller Welt, versteht sich. Selbstverständlich habe ich private Hühnchen zu rupfen, wie wohl jeder von euch. Doch merkt eines: Ich habe niemanden ohne Not und leichtfertig in die Gefahr geschickt, ohne daß ich immer vorneweg dabei war; die Chancen und Risiken waren immer gleichmäßig verteilt.

Ich glaube nicht, daß für mich noch Unklarheit besteht. Es ist Krieg, den wir nicht gewollt haben. Da können wir Deutschen uns endlich einmal von Schuld frei fühlen, und uns mit gutem Gewissen wehren. Wir haben echte Chancen. Stellt euch mal vor, alle in der Stadt, die eine Waffe tragen können, würden sich bewaffnen. Das ergäbe eine Überlegenheit von fünfzig zu eins! Und das aufs ganze Land verteilt. Ich bin für die Fortsetzung des bewaffneten Widerstands.«

Es melden sich noch einige zu Wort. Fast alle schieben Allgemeininteressen vor, um den bewaffneten Kampf zu beenden. Doch ein Blick hinter die Blenden, läßt leicht die wahren, die eigentlichen Interessen erkennen: Ein Zahnarzt möchte beispielsweise den bewaffneten Kampf eingestellt wissen, um so mehr Zeit zu haben, sich der Volksgesundheit zu widmen.

Dieser und andere Vorschläge, so ernst sie gemeint sind, ernten nicht nur bei Arnold und Inge Gelächter.

Nach drei Stunden ist die Diskussion erschöpft, das Getröpfel der Beiträge versickert spurlos im Treibsand der Zeit. Inge macht den Vorschlag zur Abstimmung. Niemand wiederspricht.

»Wie ihr wißt, lautet die Frage: Sollen wir den bewaffneten Kampf einstellen? Die Antwort müßte kurz und knapp »Ja« lauten, und wird per Handzeichen signalisiert. Bei Nicht-Einstimmigkeit ist der Vorschlag abgelehnt. Stimmenthaltungen sind nicht zugelassen, und würden darüber hinaus als »Nein« Stimme zählen. Wer nicht abstimmen will, wird ehrenvoll entlassen, muß sich aber vor der Abstimmung aus diesem Raum entfernen. Die Personen, die die Last der Abstimmung nicht aushalten, scheiden zwar als Offiziere aus dem Territorialheer aus, nicht jedoch aus der allgemeinen Wehrpflicht im Verteidigungsfalle. Aber das ist euch allen bekannt; wer stimmt also nicht ab?«

Niemand ist erstaunt, daß Ursula und Geli sich erheben, erklären, nicht mitmachen zu wollen. Sie übergeben ihre Codeschlüssel, werden von den anderen still hinausgeleitet, und verschwinden in der Nacht.

Danach findet die Abstimmung statt. Kurz, nachdem Inge um das Handzeichen bat, schaltet sie die Raumbeleuchtung aus, und zählt laut bis fünf. Dann schaltet sie wieder das Licht an. Ein kurzer Blick über die erhobenen Arme zeigt, daß alles seine Richtigkeit hat.

»Gegenprobe.«

Arme sinken herab; und dann: Ein murrender, unwilliger Ton füllt den Raum, Inges und Arnolds Hände gehen hoch. – Kein Triumph in Arnolds Augen, es ist eher das Verstehen von Todgeweihten.

Inge sagt:« Ich stelle fest, daß sich zwei Stimmen gegen den Antrag ausgesprochen haben. Der Antrag auf bedingungslose Kapitulation ist im Einklang mit den Durchführungsbestimmungen abgelehnt. Ludwig«, dabei spricht sie einen Mann neben sich an, »ich bitte dich, übernehme den weiteren Vorsitz. Sorge vor allem dafür, daß EUNAT die beiden zurückgegebenen Codeschlüssel sperrt. Ich danke euch.«

[]

Arnold und Heinz-Otto stehen am anderen Tage nachmittags vor dem Ehrenmal im Stadtpark. Heinz-Otto versucht zu erklären, was er an dem Abend der Verbrennung gesehen hat. Arnold hört mehr geistesabwesend hin. Der Brandfleck auf dem Boden – zwar jetzt saubergefegt –, doch die sottenden Flammenspuren an der Klinkermauer des Ehrenmals sprechen eine deutlichere Sprache. Ob jemals die beiden bronzenen Tafeln mit den Namen der Toten zweier Kriege vervollständigt würden? Jedenfalls würde der unbeschriftete Raum auf den Tafeln jetzt schon nicht mehr reichen.

Sie treten zurück auf die Wiese. Oben, weiter aufwärts im Park, sind zwei städtische Arbeiter damit beschäftigt, die Radspuren von Tiefladern und Zugmaschinen zu beseitigen. Die Männer tragen Strahlenschutzanzüge mit grellfarbiger Armbinde, und natürlich einen Mundschutz.

Heinz-Otto trabt über die Wiese; unter seinen Tritten staubt es leicht. Er bückt sich, hebt etwas auf, und ruft: »Arne, schau mal, was ich gefunden habe!«

Arnold kommt heran, betrachtet den Gegenstand in der Hand Heinz-Ottos: ein weißliches, abgeflachtes Gebilde mit drei Spitzen.

– Arnold konnte schon als kleiner Junge den Anblick von künstlichen Gebissen nicht ertragen. Wenn er als Kind schon mal bei Opa und Oma ein

Wochenende verbringen durfte, wurden diese schönen Eindrücke regelmäßig immer beim Betreten des Badezimmers am Sonntagmorgen durch den Anblick der in aller Unschuld in einer Reinigungslösung in Bechern auf der Ablage schlummernden Kauwerkzeugen Omas und Opas gestört.

Die Oma konnte sich partout nicht erklären, warum ihr Enkel manchmal bleich und halbwegs ungewaschen nach dem Aufstehen das Badezimmer verließ, bis dem Opa einmal bei einem heftigen Niesanfall seine Prothese aus dem Munde schoß, und über den Teppich kugelte. Als da ihr Enkel, kreidebleich, würgend, weglief, wußte Oma Bescheid. Zwar hatte Arnold danach nie mehr in dieser körperlichen Nähe ein menschliches Gebiß zu Gesicht bekommen, doch die Aversion war geblieben. -

So jetzt auch, als er würgend und spuckend Heinz-Otto anschreit, er solle das Ding bloß wegwerfen. Der, erschrocken, tut es, fragt, was denn los ist.

»Du hast wahrscheinlich gerade einen Teil aus dem Mund deiner Oma oder Mutter in der Hand gehalten.«

Nun wird Heinz-Otto schlecht, und er übergibt sich; dabei fühlt er sein Elend und Alleinsein so messerscharf im Bauch, daß sein gesamtes Inneres nach außen strebt.

Beide verlassen die Wiese der Flugasche, halten ihre Blicke aufrecht, starr gerradeaus; sie hätten sonst dort unten im Grase vielleicht das kleine, goldenen Glitzerchen entdeckt, was dem Manne mit der Schaufel gestern beim vorsichtigen Scharren im Aschehaufen entgangen war. -

Die Sonne war untergegangen, ein feiner Dunst zieht durch das Gebüsch. Heinz-Otto wird unruhig, läuft hier und dort hin, biegt Sträucher und Zweige zur Seite, hebt die Fußzweige der Fichten hoch, und starrt angestrengt in das dämmrige Dunkel der Baum-Kinderstube.

»Was suchst du?« fragt Arnold.

»Ich suche den Schlüssel. Kann ihn aber nicht finden.«

»Welchen Schlüssel?«

»Den, von dem Tresor«, antwortet Hein-Otto aufgeregt, seine Hände flattern.

Arnold packt Heinz-Otto hart an der Schulter: »Bürschchen! Du hast doch hoffentlich keinen Scheiß gemacht?«

»Doch Scheiß«, antwortet dieser: »Ich hab mein Gehirn in dem Tresor eingeschlossen, und hab den Schlüssel weggeschmissen. Mein Kopf ist jetzt leer, ich kann nicht mehr denken. Ich muß den Schlüssel finden, weißt du.« Dabei reißt er sich los, und sucht in panischer Angst weiter. Das geht so weit, daß er sich auf den Boden kniet, mit den Handflächen die Gräser abtastet, bis ihn Arnold hochnimmt, ihm eine grüne Kapsel anbietet, die dieser hastig in den Mund schiebt, und mit einem langen Schluck Weinbrand aus Arnolds »Flachmann« hinunterspült. Arnold nimmt auch einen Schluck und sagt:

»Erzähle.«

»Das ist wahr«, beginnt Heinz-Otto: »Ich war einmal unheimlich gut drauf, weißte. Da ging ich nach Hause, stellte sich so' n dicker Tresor in den Weg. Ich will links vorbei, da quatscht der mich von schräg rechts an. Du, der quatschte tatsächlich! So eine hohe Quäkstimme, die auch manchmal ganz tief klang. Dann drehte sich jedesmal das große Handrad an der Vorderseite, und die Tür ging auf und zu. Drinnen war Beleuchtung, so ein magisches, grünliches Licht. Dann fragte er, ob ich denn keine Angst vor Atomstrahlung und so hätte, er könne mir da helfen. Wenn ich mein Gehirn in sein oberes Fach lege, würde da keine Atomstrahlung drankommen. Und wenn alles vorbei wäre, könnte ich mein Gehirn bei ihm abholen, und ich könnte dann danach als einziger Mensch ganz klar denken.

Mensch! Das habe ich mir nicht zweimal sagen lassen; ich hab mein Gehirn aus meinem Kopf genommen, in das oberste Fach gelegt, auf so' ne Art Samt. Dann hat er noch gesagt, nun solle ich die Türe fest zuwerfen, und den Schlüssel abziehen, aber bloß nicht verlieren! Wenn alles vorbei wäre, würde er sich bei mir melden.

Echt, Arnold! Da bin ich nach Hause gegangen, es war auf einmal alles so leicht und einfach. Und dann muß ich vorgestern abend hier irgendwie weggetreten sein, und habe den Schlüssel weggeworfen. Hier hing er an dem Kettchen.«

Dabei deutet Heinz-Otto auf seinen Hals; und wie auch Arnold die Haare zu Berge stehen schaut er doch hin, findet aber nichts, als ein silbernes Kettchen mit einem kleinen Kreuz.

»Mensch, Heio! Du spinnst, das gibt es nicht. Du warst nur auf einem besonders harten Trip. Kein Mensch kann ohne Gehirn leben.«

»Meinst du wirklich?« krächzt unsicher die Stimme Heinz-Ottos, wobei

Arnold heftig nickt, und sagt: »Komm, ich gebe dir noch einen Muntermacher, und dann trinken wir noch einen Schluck. Und heute nacht schlafen wir zwei bei meinem Opa.«

Bei Heinz-Otto zeigt sich nun die Wirkung des Ruhigstellers und des Alkohols; die letzten Meter bis zum Hause seines Großvaters muß Arnold seinen Begleiter kräftig unterfassen und halbwegs tragen.

Am Morgen bekommt Arnold einen Telefonanruf. Selbstverständlich meldet er sich nicht mit seinem Namen, weder mit seinem wirklichen, noch mit seinem angenommenen, was von der Stimme – einer weiblichen – am anderen Ende der Leitung jedoch akzeptiert wird. Sie sagt eine Telefonnummer durch, mit der Bitte um Rückruf.

Vorher versucht Arnold mit Großvaters und Heinz-Ottos Hilfe, die Fernsprechnummer im nicht allzu umfangreichen Fernsprechverzeichnis Luppesraths zu finden, was nach einigen Minuten gelingt.

Der Name des Fernsprechteilnehmers war ihm irgendwie bekannt; die Adresse ist erste Wohnlage. Er wählt die Nummer, die Frauenstimme meldet sich mit »Inge«, und Arnold weiß Bescheid.

»Warum hat das so lange mit dem Rückruf gedauert?« fragt die Frau, worauf er antwortet, er hätte vorsichtshalber die Nummer im Telefonbuch kontrolliert.

»Alle Achtung« lacht Inge, »Du bist ein vorsichtiger Junge. Aber, sag einmal: Kannst du heute nachmittag mal zu uns kommen? Die Adresse kennst du ja bereits.«

Arnold fragt, ob er einen Gast mitbringen könne. Inge verneint: »Leider nicht, es ist auch dienstlich. Wäre der Gast denn für diesen Zweck wichtig?« Das mußte Arnold allerdings verneinen.

Heinz-Otto selbst wollte am Nachmittag nicht allein beim alten Spinder bleiben, so machen sich er und Arnold fertig zum Gang in die Stadt.

Es regnet und stürmt. Ein gespenstisches Halbdunkel liegt über den Dächern der Stadt. Eigentlich noch viel zu früh für die Abenddämmerung. Die hohen, gewaltigen Staubwolken in der Stratosphäre dämpfen zusätzlich zu den Nimbuswolken das Tageslicht. Heinz-Otto trennt sich von Arnold, dieser geht weiter, nimmt hier und dort neue Lücken in den Häuserzeilen wahr.

Er ist der einzige Mensch auf der Straße: Kein Fahrzeug, kein offenes Fenster in den Häuserfassaden, nur der Wind heult um die Hausecken, und das Regenwasser gurgelt in den Gullys. Arnold fröstelt, er zieht seine Schultern ein, rafft seine Plastik-Regenhaut enger.

Bald erreicht er das Haus in der angegebenen Straße. Ein altertümliches Haus, teilweise mit Schiefer gedeckt, die Fassade weißes Fachwerk, durchzogen mit schwarzen Balken. Arnold war klar, daß es im Inneren dieses Hauses, mit Butzenscheiben und grünen Schlagläden anders aussieht, als man es wegen des Äußeren erwartet. Sogar ein alter Bronzeklopfer – ein Löwenkopf mit einem Ring im Maul – befindet sich an der schweren, eichenen Tür. Natürlich gibt es auch eine Türklingel, an der der Name des Bewohners dieses Hauses steht.

Arnold drückt den Knopf, doch es scheint kein Strom da zu sein, er hört nichts, kein Klingeln, keine Schritte. Nun betätigt er das altertümliche Instrument des Türklopfers. Er hebt den schweren Ring an, und läßt ihn auf die Metallplatte fallen: Einmal, zweimal, dreimal. Es dröhnt dumpf in das Haus hinein, und, tatsächlich: Er hört eine Tür klappen, Schritte nähern sich, verharren hinter der Türe.

»Wer ist da?« tönt eine dumpfe Stimme durch das dicke Holz.

»Ich bin' s, Arnold.«

Die Tür öffnet sich, Inge steht bereit, begrüßt Arnold, hält die Plastikwanne nach vorn, damit Arnold seine Regenhaut und seine Stiefel hineintun kann, und zieht schnell die Tür zu. Sofort trägt Inge die Plastikschüssel in einen gekachelten Duschraum. Arnold hilft ihr – nachdem sie beide Gummihandschuhe angezogen hatten –, die Regenhaut und die Stiefel Arnolds mit einem scharfen Wasserstrahl in einem Brausebecken zu dekontaminieren. Wenn Strom da wäre, würde dazu heißes Wasser benutzt. Dann wird die Kleidung zum Abtropfen aufgehängt, und das Brausebecken ausdauernd und kräftig mit Wasser gespült. Inge nickt zufrieden, als sie den Geigerzähler an den Kleidungsstücken vorbeiführt, und legt die Handschuhe ab: »So, nun können wir gehen. Volker wartet schon.«

Im obersten Geschoß trifft Arnold auf Volker Dorpsträter, dem Besitzer des Hauses. Volker befindet sich in seinem Atelier, er ist Graphiker und Maler. Nach kurzer Begrüßung führt er den Gast durchs Atelier.

Eine riesige Glaswand, und die zur Hälfte aus Glas bestehende Zimmerdecke gewährt Ausblick nach draußen. Doch selbst diese gläserne Pracht vermag es nicht, die zahlreichen Bilder an den Wänden genügend auszuleuchten: Die Lichtstrahler sind erloschen, und das graue Licht des frühen Abends vermag kaum selbst die dünne Glasbarriere zu überwinden. Doch bei näherem Herantreten erkennt Arnold neben wenigen weiblichen Akten sehr viele Graphiken aus dem Bereich Science fiction.

»Mein Broterwerb«, sagt Volker, »ich zeichne viel für Spezialverlage und Werbeagenturen. Aber seit die große Flamme der Reinigung lodert, laufen die Geschäfte nicht mehr. »Das hier«, und dabei zeigt er auf die Aktbilder, »ist etwas Spezielles, etwas für mich. eigentlich sind sie unverkäuflich.«

Arnold erkennt unschwer in den Bildern Inges Gesicht, zwar etwas idealisiert, aber sie ist es.

Diese macht sich gerade an dem braunen Kachelofen zu schaffen, der so geschickt in dem Gebäude eingeordnet ist, daß er drei Räume zugleich zu heizen vermag. Eine bittere Notwendigkeit, wegen der ständigen Stromausfälle bei der Zentralheizung.

»Kommt, wir setzen uns. Ich habe den Glühwein fertig«, bemerkt Inge, und lädt die Beiden zum Sitzen ein; im Rücken die wohlige Wärme des Feuers, welches rötliche Lichtreflexe durch die Sichtscheibe der Ofentür in die hintersten Winkel des Ateliers sendet, zeitweilig dämonische Wesen und Formen aus fernen Welten auf den Bildern aufleuchten lassend.

Der Regen prasselt auf das gläserne Schrägdach, läuft in seltsam gemusterten Schlieren weiter, immer wieder gestört und unterbrochen durch ständig neu aufklatschende Tropfen.

Ärgerlich meint Volker: »Ich glaube, morgen muß ich den Glaser bestellen.« Dabei rückt er das Plastikwännchen zurecht, in das aus einem notdürftig geflickten Loch in einer Glasscheibe ständig Tropfen mit schmatzendem Geräusch aufschlagen.

»Ein Gewehrschuß. Dort drüben in der Wand ging er hinein. Inge hat sich das Projektil angeschaut und behauptet, es stamme aus einer Waffe der Miliz.«

Arnold schaut Inge wortlos an; diese nickt bestätigend.

Er steht auf, versucht, die Schußbahn aus dem Einschlag in der Wand und dem Durchschlag in der Scheibe zu verfolgen: Als Ausgangspunkt kämen die Sozialwohnungen und die Hochhäuser an der Lindenallee infrage, die nun in Regenschleiern und zunehmender Dunkelheit verschwinden. Luftlinie cirka 500 Meter, für ein Präzisionsgewehr mit Zieloptik – wie es die Terries massenweise benutzen – kein Problem.

»Vielleicht war es ein Stacho, der so ein Gewehr erbeutet hat«, meint Arnold, doch Volker zuckt mit den Schultern: »Wer weiß. Jedenfalls verdunkele ich in Zukunft, wenn ich hier drin arbeite.«

Nun kommt Inge zur Sache: »Ich möchte mit dir über unsere letzte Kaderkonfrenz sprechen, Arnold.«

»Moment!« wird sie von diesem unterbrochen: »Was ist mit ihm?« Dabei weist er auf Volker.

»Deine Frage ist berechtigt. Volker ist mein Vertreter; und außerdem lebe ich mit Volker zusammen. Und dies nicht erst seit gestern.«

Arnold nickt, und bittet Inge, weiter zu reden.

»Also, Arnold. Daß ich mit dir allein gegen die Kapitulation gestimmt habe, hat ein wenig mit Symphatie, aber garnichts mit deinen Argumenten zu tun. Deine sachlichen, als auch deine persönlichen Argumente waren teilweise so hirnverbrannt, daß ich dir nicht folgen mochte. Das glich sich wieder aus, durch die womöglich noch blöderen Argumente deiner Gegner. Jawohl, Arnold Becde, hör her! Gegner! – Also wie gesagt: Da ich wußte, daß du – natürlich auch bedingt wegen deines großen persönlichen Verlustes – durch dein Veto in jedem Falle die Abstimmung umwerfen würdest, kam es auf eine Stimme wohl nicht mehr an. Deswegen stimmte ich so wie du.-

Bleib Arnold, bitte! Bleib bei uns, es ist nun vorbei«, redet Inge nun auf den Mann ein, der sich, zornrot im Gesicht erhoben hatte, um zu gehen. Sanft aber bestimmt drückt die Frau ihn nieder in die Tiefe des weichen Sessels, wo Arnold sich tatsächlich langsam beruhigt. Volker bietet ihm an, neuen Punsch einzuschenken, was dankend angenommen wird.

»Also, wie ich schon sagte, getreu nach Machiavelli: Es ist vorbei; und jetzt kommen die angenehmeren Dinge. Lieber Arnold. In deinen wirklich umfangreichen Diskussionsbeiträgen habe ich eine Grundhaltung herausgehört, derer du dir wahrscheinlich nicht bewußt bist: Es klang ein Unterton von Anarchie an.«

Nun ruckt Arnolds Kopf herum zu Inge, die gerade den Kandelaber auf den Couchtisch hinstellt und die Kerzen anzündet.

»Was soll das heißen? Meinst du, ich wolle der Verfassung, der Regierung untreu werden?« erregt sich Arnold.

»Nein. Der Verfassung nicht. Die ist sehr gut, wenn sie denn auch wirklich nach dem Buchstaben – von der Regierung! – angewandt wird. Doch Regierung!? Da klinkt es schon bei mir aus. Wo ist denn die Regierung? Die Beamten, die sich Regierung nennen, sitzen in einem dicken Bunker, die ganz hohen Beamten im sicheren Orlando. Eigentlich sind w i r die Regierung, wir, die selbstverantwortlichen Kommandoträger. -

Mir widerstrebt jegliche Regierung, jede Herrschaft, eigentlich jede Archie. Deswegen meine harten Worte auf unserer Konferenz über deine – gewiß nur vermeintliche – Postengeilheit. Du bist soeben mit Volker durch seinen Schaffensbereich gegangen. Ich weiß nicht, ob dir auf seinen Bildern die ständig wiederkehrende Symbolik aufgefallen ist: Viel Rot, und noch mehr Schwarz, Schwarz in der schwärzesten Schattierung, unterbrochen von grellen Rot-Farben.«

Jetzt erinnert sich Arnold an die Einzelheiten auf den Bildern. Da kamen immer wieder Kreise vor, die von einem fetten, schwarzen »A« gefüllt waren. Auf einem Bild mit dem Titel »Der Große Anarch«, einer fiktiven Landschaft unter einer grellrosa Sonne, zieht ein monströses, menschenähnliches Ungeheuer einen schwarzen Pflug, der die dunkelbraune, fettklebrige Erde umbricht, und die umgebrochenen Schollen wie Wasserwellen in der hellrosa Sonne glänzen läßt.

Jetzt fällt ihm auch wieder das Bild ein, mit der schwarzen Fahne, in der ein Räderpflug dargestellt ist.

»Ich verstehe«, sagt er: »Der Pflug, Volker, den du dort in dem Fahnenbildnis dargestellt hast, ist nicht zufällig der aus des Propheten Michas Schwertern?«

Volker lacht: »Kommt ganz darauf an. Doch schau mal, in dieser Fahne ist noch ein weiteres Emblem: Der Bundschuh.«

170

Nun ist die Reihe des Erstaunens abermals bei Arnold: »Bundschuh und Pflug. Also hat es etwas mit Bauern zu tun. Bist du etwa Bauer?«

Das klang so naiv, daß Volker und Inge herzlich auflachen.

»Jawohl. Ich bin ein Bauer«, sagt Volker. »ich habe in der Nachbargemeinde einen großen Hof, den allerdings ein Pächter bewirtschaftet. Wie du siehst, habe ich Kunst studiert, und mir dieses Haus gebaut. Kenne aber die Arbeit auf dem Hofe aus meiner Kindheit und Jugend. Helfe selbstverständlich dem Pächter, wenn Not am Mann ist. Inge vertritt die Bäuerin.

Bauer und Bäuerin fahren regelmäßig jedes Jahr mit ihren Kindern in Urlaub. Dann schmeißen wir den ganzen Hof.«

Erstaunt hört Arnold zu: »Aber was hat das alles mit Anarchie zu tun? Ich meine, die Bewirtschaftung eines Bauernhofs, oder überhaupt: Die Bewirtschaftung des Lands hat doch nichts mit Anarchie zu tun.«

»Wart's ab. Die ersten Anarchisten, zumindest in unserem alten Europa, waren die Bauern. Nicht die Leibeigenen der römischen Latifundien, auch nicht die Fellachen der Pharaonen, sondern die sogenannten »freien Bauern«. Das waren die, die sich im Mittelalter von den Burgherren und der Kirche lösen wollten, denn die Bauern sahen nicht ein, daß sie – die Wichtigsten in der Bevölkerung! – die größte Fron erdulden sollten. Darum die Bauernkriege. Es waren eigentlich die ersten Versuche einer Revolution. Wie dies ausgegangen ist, nehme ich an, weißt du bestimmt aus dem Geschichtsunterricht.

Denke zum Beispiel an Thomas Müntzer. Oder an die Bauernregimenter des Pol Pot in den achtziger Jahren des vorigen Jahrhunderts, deren Uniformfarbe übrigens schwarz war. Die erschlugen jeden, der auch nur den geringsten Anschein von Intellekt erweckte, und sei es nur, daß er eine Brille trug. – Ein Aufstand des Lands gegen die Stadt, mit den ebenfalls bekannten Folgen für Indochina.

Und es waren die Bauern, die in den neunziger Jahren den Bürokraten- und Beamtenstaat des vereinigten Europa schwer anschlugen, weil sie nicht mehr willens waren, die Herrschaft der Beamten zu ertragen. Die Bauern liefen wegen der komplizierten Verordnungen, Gesetze und Regeln nur noch mit dem Taschencomputer und dem Gesetzbuch herum. Diese Zeit, die sie bei dieser, eines Bauern zutiefst unwürdigen Tätigkeit verloren, versuchten sie durch Maschinenwirtschaft und Überdüngung wett zu machen. Das Geld für diese Mißwirtschaft liehen ihnen die Kapitalisten.

Wie es ausging, weißt du selbst: Innerhalb kurzer Zeit mußten über sechzig Prozent der Bauern aufgeben. Gleichzeitig schrien aber unsere Politiker und Ideologen über das Bauerlegen und die Kollektivierung im Osten.

Nun, ich habe insofern Glück gehabt, als mein Vater früh auf strikten, biologischen Anbau setzte. Das Geschäft ging sehr gut, bis voriges Jahr der Krieg ausbrach. Zwar hatte mein Vater Mitte der Achtziger mit Einbußen zu kämpfen, weil im Osten ein Kernkraftwerk hochgegangen war. Aber das spürten alle europäischen Bauern.

Doch ich fürchte, nach diesem Kriege, wenn er denn je zu Ende kommt, wird alles anders werden. Dann wird niemand mehr herrschen wollen über eine Welt der lebenden Toten, über eine Welt der ungeborenen Kinder, über eine Welt der gestorbenen Götter. Das ist dann die Zeit der Unabhängigen, der Überlebenden, der wirklich Freien. Es ist die Chance der Anarchie, der letzten, und eigentlich höchsten und idealsten Staatsform: nämlich überhaupt keiner! Jeder lebt frei für sich; aber immer und stets in der Rücksicht und Vor-und Nachsicht auf seinen Mitmenschen. -

Und deswegen begrüßen wir die Endzeitkatastrophe als große Chance für eine neue Lebensform des Menschen auf dieser armselig geschundenen Erde.«

Volker redet gewandt und begeistert. Inge nickt öfters ihre Zustimmung, ist aber ansonsten bemüht, Nachschub an Getränken, Zigaretten, heran zu schaffen. Nur als Volker sie einmal bat, neues Holz im Ofen nachzulegen, unterbricht dieser seine Rede, und macht eine Handbewegung nach draußen: »Seht mal. Draußen geht es ganz schön los. Die Terries machen den Stachos wieder zu schaffen.« Dabei deutet er auf den nachtdunklen Himmel, der öfters von flackerndem Lichtschein erhellt wird. Leuchtraketen zersieben mit ihrem farbigen Licht die heranbrandenden Regenschauer. Es grummelt, und einige harte Schläge lassen die Glasscheiben leise klirren.

Inge schüttelt den Kopf: »Das können nicht die Terries sein. Der Einzige, der heute nacht aktiv sein würde, sitzt hier«, dabei schaut sie Arnold an.

»Ich hoffe, das gilt auch für dich«, sagt dieser, und Inge nickt zustimmend: »Ja, Arnold. Es sieht so aus, dass wir zwei die einzigen Ko-Offiziere in der Stadt sind, die noch den Willen zur Aktivität haben.«

»Ich verstehe nicht«, sagt Arnold, »wir haben regulär abgestimmt: Es soll weiter gemacht werden.«

»Ja, aber die anderen halten sich nicht an die Regularien«, so Inge: »Sie meinen, eine Mehrheit ist eine Mehrheit. Nach demokratischem Brauch regiert die Mehrheit. Einzelne Stimmen werden dabei nicht berücksichtigt, zur Seite gewischt.

Gut, ich verstehe die Besorgnis und Angst der Leute; es geht immerhin um so wichtige Güter wie Gesundheit und Leben. Trotzdem: Die Diktatur der Mehrheit hat immer so heilige und verbriefte Grundsätze wie Schutz der sogenannten Minderheiten mit Füßen getreten, mit der Gewalt einfacher Zahlenspiele hintertrieben.

Ich hatte zum Beispiel einen Onkel, ziemlich krank. Er wurde von der Sozialversicherung umgeschult, was ihm neuen Lebensmut gab. Da er schwerhörig war, und das frisch operierte Ohr sich in einem schlimmen Zustand befand – es war chronisch vereitert – suchte er sich einen Platz vorne beim Lehrer im Klassenraum, wegen des besseren Verstehens.

Mein Onkel hatte sich vorgenommen, während des Internatsaufenthaltes so gut wie nur möglich einen neuen Berufsstart, also auch ein gutes Lernergebnis zu erreichen. Er nahm sich vor, während dieser eineinhalb Jahre nicht zu rauchen und zu trinken, um sich ganz auf das Studium zu konzentrieren. Während die anderen aus der Klasse abends schon längst in der Kantine saßen und sich einen reinzogen, saß mein Onkel auf seinem Zimmer und büffelte.

Am anderen Morgen saßen die anderen mit dicken Köpfen und noch halb schlafend auf ihren Stühlen im Klassenzimmer, und riefen »Fenster auf!« Nun ergab es sich unglücklicherweise so, daß der günstige Platz für meinen Onkel sich gerade unter einem Fenster befand. Also: Fenster auf, egal wie.

Es zog entsetzlich in das kranke Ohr meines Onkels hinein, und er schloß das Fenster wieder. So ging das hin-und her, bis – streng demokratisch! – eine Abstimmung erfolgte. Vorher wurden – abermals demokratisch, versteht sich – alle Argumente für und wider gehört. Abstimmung: Der überwiegende Teil stimmte natürlich für »Fenster auf«.

Unter dem bedauernden Achselzucken des Lehrers konnte mein Onkel seine Sachen packen, und ganz hinten in der letzten Reihe im Eck Platz nehmen. Dort blieb er dann bis zum Lehrgangsende. Er schloß mit einer schlechten Note ab.«-

Arnold und Volker kannten ähnliche Beispiele, doch Volker möchte gern auf sein Grundthema zurückkommen:

»Die Tätigkeit eines Anarchisten ist schon gerechtfertigt, wenn er daran mitwirkt, sämtliche Herrschaftsstrukturen zu beseitigen, auch die sogenannte Diktatur des Proletariats, unter dem Jene angetreten sind, uns eine neue Form der Herrschaft aufzudrücken. Dabei ist diese Ideologie garnicht so schlecht, nur: Jede Ideologie ist so gut wie der Charakter ihrer Bonzen und Funktionäre, in deren Hände jede Ideologie verfälscht, entfremdet, entstellt, dem Volke vermittelt wird. Und siehe da: Dann wandelt sich jede Idee, jede Weltanschauung von einer weißen Taube zu einem reißenden Drachen. Immer wieder muß dann Siegfried den Drachen erneut töten; doch die Siegfrieds werden müde: Es gibt zuviele Drachenhöhlen. Deswegen die lodernde Flamme, die gründlich in jede Drachenhöhle hineinfährt, und die Brut vernichtet.«

Inge wird als Erste auf die Änderung in Arnolds Gesicht aufmerksam. Abwechselnd rot und bleich werdend hat er sich erhoben. Er keucht, sein Bluterguß an der Schläfe hebt sich erschreckend von der Weiße seines Gesichts ab.

»Nein! Keine Flammen!« schreit er »Nie mehr Flammen! Sie sind heiß. Sie tun weh. Sie verbrennen. Hilfe, ich verbrenne!«

Arnold stößt den Kandelaber vom Tisch, die Kerzen erlöschen, dann springt er zum Kachelofen, rüttelt an der gläserenen Türe, sinkt auf die Knie. Die anderen sind schon heran, fassen Arnold unter und halten ihn fest. Der Mensch schreit:

»Feuer! Feuer! Ich weiß, es ist heiß. Ich war immer Feuer und Flamme für euch; nun seid ihr Schall und Rauch. Else, Vater! Vater unser. Vater. -«

Nach einer langen Zeit des Schweigens und des Lösens erhebt sich Arnold aus dem Sessel, in den er zuvor zurückgesunken war, steht aufrecht:

»Entschuldigt bitte. Ich bin wohl ausgeflippt. Vater.. und Else.. sind tot,.. verbrannt?«

Ein wenig schwingt noch von letzten Zweifeln in der klaren Feststellung. Inge nickt; Volker, etwas schuldbewußt, fragt: »Soll ich dir ein Beruhigungsmittel geben?«

Arnold schüttelt den Kopf, hebt den Kandelaber vom Boden auf: »Wenn du mir einen Kaffee machen könntest«, bittet er, worauf Volker sich sofort in den Nebenraum, der Küche, begibt, und dort mit Küchengeschirr zu hantieren beginnt.

Inge setzt sich zu Arnold: »Es war unklug von Volker, das Feuer zu erwähnen; er wußte nicht, daß dein Vater und Else verbrannt wurden. Ruhig, Junge.... »,

Inge krallt sich in den Oberarm des Mannes, als sie bemerkt, daß er wieder unruhig wird: »Du mußt akzepieren. Und nun sage ich dir etwas, wahrscheinlich weißt du dies auch; nur, bei dir befindet sich zur Zeit eine Trennwand zwischen dem«, und dabei streicht Inge mit einer Hand ganz leicht von Arnolds Körpermitte über den Bauch zum Herzen, »und diesem«, wobei sie über die Stirn des Mannes streicht.

»Jedes Lebewesen muß sterben, mein Lieber. Die wirkungsvollste Möglichkeit, den toten Körper von der Erdenschwere zu lösen, hat das Feuer. Vollständig und sehr schnell geht der Körper in die Biosphäre über. Bei der Erd-und Luftbestattung dauert es Jahre. Ein mühseliger Vorgang, auch für die Hinterbliebenen, klammern sie sich doch jahrzehntelang an die Überreste in den Gräbern: Trennwände zwischen Körper und Geist.

Dabei soll es für einen Gläubigen gleichgültig sein, wie sein materieller Körper nach dem Tode behandelt wird: In jedem Falle würde ja seine unsterbliche Seele nach dem Tode frei. Ich nehme an, daß du Agnostiker bist, und mit Glaubenssachen wenig Probleme hast. Doch angenommen, ein Mensch glaubt innig an seine Wiederauferstehung in seiner leiblichen, verblichenen Form, so steht dem die Verbrennung, die angebliche Vernichtung seines Auferstehungsleibes, nicht im Wege. Denn alle Materie bleibt auf unserem Planeten, bis auf die wenigen Brocken endlicher Materie, die wir in Form von Raumsonden ins All schießen. Wenn es einen Auferstehungsgott gibt, wäre es ihm bestimmt ein Kleines, diese unbedeutenden Abweichungen von der Materiebilanz zu korrigieren.«

Aufmerksam hört Arnold zu: »Inge. Du bist sehr klug. Woher stammen deine Ansichten?«

»Bevor ich zur Truppe ging, hatte ich bereits vier Semester Philosophie studiert, bemerkte aber schnell, daß alle Philosophien Schutt aus der Vergangenheit waren. Wir brauchen eine neue Philosophie, die uns die Anfänge aufzeigt. Mit diesem Wissen, und dem Hinabtauchen zu den Anfängen müßte ein Neubeginn gewagt werden. Wir stehen vor dem Ende des alten Spiels. Es steht nicht gut um den Gewinn der sogenannten menschlichen Zivilisation: Das Spiel scheint verloren. Egal, danach werden die Karten neu gemischt.«

Arnold versetzt es einen Riß: Das hatte er schon mal gehört. Von wem wohl? Ah, von seinem Vater! -

Er sagt dies Inge, worauf die lachend antwortet: »Siehst du. Da habe ich ja schon etwas von deinem Vater in mir«, wobei Arnold überlegt, ob er diese Wendung nicht a u c h schon mal irgendwie gehört hätte. -

Nun kommt Volker aus dem Nebenraum zurück, und setzt das Tablett auf dem Tisch ab. Da geht das Licht an: Stromsperre aufgehoben; und aus den Lautsprecherboxen einer Stereoanlage dröhnt der Anfang der Ouvertüre aus »Also sprach Zarathustra« von Richard Strauss.

Volker will abschalten, Arnold bittet aber darum, daß es anbleibe. Inge schaut auf, fragt, ob er dies kenne.

»Ja, ich habe diese Musik schon einmal gehört, als mich mein Vater, als ich noch ein Kind war, in einen Film mitnahm. Es war, so glaube ich, ein Film aus dem Science-Fiction-Genre.«

»Stanley Kubrik, ,2001 Odysee im Weltraum'«, wirft Volker ein.

»Möglich. Jedenfalls kam in diesem Film eine Szene vor, wo den damaligen wilden Menschen die Zivilisation von einer außerirdischen Kultur gebracht wurde. Da erklang auch diese Musik. Ich fand dies so kolossal, daß mir ein Schauer nach dem anderen über den Rücken gelaufen ist. Ich war damals zwölf Jahre alt, und mein Vater legte größten Wert darauf, mich an Kunstwerke, gleich welcher Art, heran zu führen.«

»Da tat der alte Becde recht, denn dieser Film ist tatsächlich ein zeitloses

Kunstwerk. – Komm, ich zeige dir den Entwurf eines Filmplakats, welches ich schon vor einigen Jahren für einen Filmverlag angefertigt hatte.«

Volker führt Arnold nun im Atelier herum, die Punktstrahler geben Blicke auf Abbildungen von Welten frei, die Arnold sich nie hätte vorstellen können.

»Alles aus der reinen Phantasie, Volker. Oder?« fragt Arnold.

Dieser versteht sofort, und schüttelt den Kopf: »Nein. Auch Halluzinogene, Mescalin, L S D.«

Arnold nickt verstehend: »Und sie?« dabei macht er eine vage Kopfbewegung zu Inge.

»Niemals. Sie hat andere Leidenschaften. Trotzdem korrespondieren wir zwei sehr gut. – Arne, so darf ich dich doch nennen? Also, glaube bloß nicht, daß ich die Drogen aus Sucht nehme! Das ist nicht der Fall. Ich nehme sie zur Bewußtseinserweiterung, selbstverständlich eines anderen Bewußtseins! Bis jetzt ist es mir gelungen, nur die guten Seiten des Drogengenusses zu verwerten.

Ich brauche als Kulisse natürlich kein muffiges, abgedunkeltes Kabinett mit Lotterliege, sondern die freie Natur. – Du kennst doch den stillgelegten Sichelsteiner Bruch mit dem Strauchbewuchs und dem Grundwassersee auf der letzten Sohle? Dort setzte ich mich hin, in Westrichtung, um die rotglühende untergehende Sonne im Blickfeld zu haben. Dann die Aufheller. Und wenn ich das Umfeld verzaubert wahrnehme, spreche ich auf Tonband. Willst Du einmal hören?«

Inge tritt heran, wendet sich an Arnold: »Du bleibst natürlich bei uns über Nacht. Ich mache uns ein feines Abendbrot.«

Arnold macht dies davon abhängig, wie die Auskunft seines Großvaters lautet, den er nun gerne telefonisch befragen möchte.

Volker führt ihn zum Telefon; und nach kurzer Zeit nickt Arnold, daß er hierbleiben wird.

»Oh, prima. Wir freuen uns schon«, sagt Inge, hakt Arnold unter, und führt ihn zu Volker, der ihn schon erwartet, und eine Taste am Stereogerät niederdrückt.

Aus dem anfänglichen Rauschen entwickelt sich klar und deutlich eine Stimme:

»- Ich bin... ich befinde mich auf der obersten Beobachtungsplattform der »Zikkut«. Mein dreigerasterter Blick richtet sich direkt in die giftgrün stechende Sonne des Planeten »Ingsteen«. Die Sonne wandert langsam dem Horizont entgegen. Es ist immer noch heiß. Die dünne Atmosphäre wabert bläuliche Schlieren vor die grüne Sonnenscheibe. In den »Gruufs« unter mir fallen die ersten blauen Schatten auf das helle, gebleichte Gestein. Da! Aus den untersten Spalten am Boden des gewaltigen Trichters säuseln die ersten rosafarbenen Schleier: Das Gaswesen erwacht! Oh, ist das ein Wunder! Ich sehe es nun schon zum drittenmal. Aus unzähligen Spalten, Höhlen und Löchern, ja, aus jeder Pore des Gesteins sickert es langsam und stetig in langen, schlanken Wimpeln zum Grunde des »Gruufs«. Ein gewaltiger, rosafarbener See entsteht, ein rosafarbenes Licht ausstrahlend, ausreichend, um die nun beginnende dunkelblaue Nacht zu erhellen. Nun... oh, was ist das....? Jetzt, wo die letzten Schlieren des Sonnenuntergangs am Horizont verschwunden sind, beginnt das Gaswesen aus dem »Gruuf« herauszuwachsen! Eine schlanke, irisierende rosaleuchtende Nebelsäule. Sie wächst... eng zusammengefaßt wächst sie in den Himmel. Auch an anderen Stellen wachsen nun wohlgeformte Gebilde aus der öden, wüsten Fläche des Planeten hervor. Wunderherrlich!... Leuchtende Bäume, die schnell in den Himmel streben, bis ihr Kopf, ja, es sind Köpfe! in der Himmelshöhe die Strahlen der scheidenden Sonne erreichen. Ja, nun leuchten die Scheitel hellgrün auf, halten sich aber stets mit dem Hauptteil unter der Sonnenstrahlung. Das Nebelwesen zieht den Scheitel seines Kopfes so genau nach, daß mit der auftreffenden Sonnenstrahlung die Rundung des Planetenhorizonts nachgebildet wird. Ah... jetzt beginnt der Tanz, die große Schau! Oh, wie ist... das... schön... Da formt sich ein mächtiges Wesen mit drei Hörnern auf dem schildplatt-gepanzerten Kopf, und schuppigem Leib. Es scharrt mit einem Vorderfuß. Es staubt heftig. Dort, was ist das? Oha... ein gewaltiges Gebilde, ein Raumschiff, zehnmal größer als unseres. Und dort... ein Schiff... ein richtiges Wasserschiff... mit gewaltigen Windmühlenflügeln auf dem Deck.... Darstellungen der Nebelwesen... sie fangen den Sternstaub ungezählter Meteoriten, Supernovae und anderer Sterntrümmer in der Atmosphäre auf... absorbieren... nein... Doch: Absorbieren alle Atome und Moleküle... aus dem Sternschutt von vor Millionen

Jahren vergangener Sterne, welcher durch das Universum vagabundiert... bilden aus den Informationen, die den Atomen und Molekülen anhaften Wesen aus vergangenen Zeiten... ab!... Und auf...ab... Wenn grüner Drache am Morgen seinen Hitzebauch über die Ebene hinwegwälzt, dann... Tanz vorbei... Nebelwesen... sinken... zurück. Schlafen... Tag.... Grün... grün..«

Volker schaltet aus: »So ungefähr wird das gemacht. Wenn ich wieder auf der Matte bin, wird sofort skizziert. So entgeht mir nichts. Das reicht dann mindestens für zwei, drei Monate. Und das wäre auch in etwa der Intervall meiner Trips. Komm, wir gehen zu Tisch, Inge ist fertig mit dem Anrichten des Abendbrots.«

Arnold sitzt geistesabwesend am Tisch; schweigend nimmt er das vorzügliche Abendbrot zu sich. – Ihm war, als wenn er dies alles schon mal erlebt habe. Ein kurzer Moment; die Einschaligkeit seiner Lebenszeit bricht auf, gibt den Blick auf ungezählte Schalen anderer Zeiten frei: Deja vue! –

Verwirrt schaut er Inge und Volker abwechselnd an. Diese lächeln. Inge sagt: »Keine Angst. Das erlebt jeder Mensch. Manche mehrmals. Wer weiß: Vielleicht ist es wirklich eine Schau in die Vergangenheit. Volker zum Beispiel hat wegen seines Aufhellergenusses Übung in solchen Dingen.«

Nun wundert sich Arnold abermals. Wie kann Inge von solch einem Ereignis, welches – wie er glaubt – tief in seinem Inneren ablief, wissen? Er fragt, sie antwortet: »Gut, daß du fragst. Ein wenig Intuition und viel Menschenkenntnis. Ich habe beobachtet, wie du dem Tonband Volkers lauschtest; und dann deine geistesabwesende Miene, so eben. Ich sage dir nun ein offenes Geheimnis: Mir ist das Gleiche in ähnlicher Situation passiert. Kann also sagen, daß deine Situation so eben ein reales Schonerlebt-Ereignis für mich war.«

Draußen rattert ein Kettenfahrzeug auf der Straße vorbei. Vorsichtig schauen alle drei aus dem dunklen Küchenfenster hinunter. Der Panzer geht auf einer Straßenkreuzung in Stellung, und kontrolliert damit vier Straßenzüge zugleich.

‚Schön blöd‘ denkt Arnold, fragt: »Sollen wir dem einen aufbrennen?«

Doch Inge schüttelt den Kopf, und zeigt vorsichtig nach links. Dort steht, nur als Schemen wahrnehmbar, ein Ungetüm von diesen Superpanzern, eine waffenstarrende, rollende Festung, die den Kameraden voraus auf der Kreuzung deckt.

Langsam setzt sich dieser in Bewegung: Routinepatrouille. -

Volker läßt die Rolladen, auch im Atelier, vorsichtig herunter, und der Teil des gläsernen Schrägdaches wird mit schwarzem Tonpapier verdunkelt.

»Die Herrschaftsinstrumente jeglicher Archien sind Opfer, und zwar Menschenopfer«, beginnt Volker wieder das eigentliche Thema: »Der Mensch wird als Opfer benutzt, sowohl als teures, als auch als billiges Opfer. Die teuersten Menschenopfer waren die Jungfrauen, die die mittelamerikanischen Frühkulturen sterben ließen; aber auch billige Sklaven wurden auf den Opfersteinen geschlachtet. Teure Opfer waren auch die Kinder, die dem Moloch des Baal in den glühenden Rachen geworfen wurden...«

Volker unterbricht, ärgert sich über die Wendung »glühender Rachen«, und wartet auf eine negative Reaktion Arnolds, die glücklicherweise nicht kommt, und fährt fort:

»Bei den alten Germanen waren es regelmäßig die Kriegsgefangenen, die als Opfer ins Moor gestoßen wurden. Dabei ist nicht ganz klar, ob es unsere Altvorderen als teures oder billiges Opfer empfanden. Immerhin hatte ein Sklave ja seinen Wert, arbeitete er doch nur um Kost und Logis, und ersparte seinem Herrn selbst die mühselige Arbeit. Doch immer erfüllte ein Opfer seinen Zweck, schreckte es ja andere ab, und erzwang somit den Willen des Herrschers.

Der Anarchist hingegen opfert den Herrscher und die Herrschenden. Er läßt das Volk unbehelligt, glaubt er doch, mit dieser Tat – dem Tyrannenmord – das Volk auf seine Seite zu ziehen. Und genau da beginnt das Dilemma des Anarchisten: Obsiegt er, eben durch den erfolgreichen Tyrannenmord, erwartet das Volk selbstverständlich, das der Anarchist sich an d e s s e n Stelle setzt, gewissermaßen als einen An-Arch; aber dafür als ein omnipotenter. Und so beweist sich, daß ein einziger Anarchist im Ring der Herrschenden über die Beherrschten n i c h t s ausrichtet, aber ein Archist in einer Gesellschaft von lauter Anarchisten alles!

Schlußfolgerung: Der Archist muß isoliert werden, ehe er seinen Neigungen nachgeben wird. Diese Isolierung kann im Idealfall so erfolgen, daß die Freien sich von dem kranken, herrschsüchtigen Individuum entfernen, vorher es jedoch in Gütlichkeit – meinetwegen mit Liebe! – zu versuchen. Jesus von Nazareth war einer der ersten Anarchisten. Seine Lehre, den Feind zu lieben, war reine Anarchie. – Als jedoch das Christentum zur Staatsreligion erhoben wurde, war es vorbei mit den hehren Grundsätzen der Liebe.«

»Moment«, schaltet sich Arnold ein, »Du vermengst zwei Dinge, die nicht zusammengehören. Was hat Anarchie mit Opfer, oder sogar mit Opfermut zu tun? Opfer und Christentum, überhaupt Religion passen zusammen. Aber die Anarchie paßt dort nicht hinein.«

»Doch! Der Herrscher opfert unter Umständen seine Untergebenen, oder zieht dies in Erwägung. Der Anarchist tötet immer – wie ich schon sagte – den Herrscher.

Doch ein anderes Problem: Wir sind viel zu viele auf der Erde! Die Population des Steppenwesens Mensch ist viel zu hoch. Kein Wunder, daß der Mensch als einzige Art seinen im Kampf besiegten gegnerischen Artgenossen auch bedenkenlos töten würde. Er gibt ihm nach dem Niederschlag keine Gelegenheit, sich zu trollen. Wohin auch? Es wäre sowieso kein Platz vorhanden.

Also, eine wichtige Lehre des Anarchismus: Auf keinen Fall etwas tun, was eine starke Dezimierung der Population Mensch verhindert, unter der Gefahr, selbst unter zu gehen. Die Entwicklung des Menschen hat in grauer Vorzeit irgendwann eine Fehlkonditionierung erlitten, eine Macke im Code der Evolution.«

»Ja, ich wüßte schon, was das gewesen sein könnte«, unterbricht ihn Arnold: »Es war, als der Mensch seine Jagdgeräte aus der Hand legte und anfing, den Boden zu bearbeiten, zu kultivieren. Kultur, verstehst du? Dabei wandelte der Mensch seine Jagdgeräte – eigentlich Waffen – nur geringfügig ab, um so Bodenbearbeitungsgeräte zu erhalten mit dem Erfolg, daß er nun etwas anderes mit den scharfkantigen Gegenständen verletzte: Den Leib von unser aller Mutter, der E r d e!«

Volker merkt auf: »Kann sein. Doch unbestritten bleibt, daß der Ackerbauer, auch in unserer Zeit, die wichtigste Funktion noch vor dem Staat in unserer Gesellschaft hat. Denn wenn alle Bauern schlagartig ihre Arbeit einstellen, würde die gesamte zivilisierte Menschheit verhungern!

Ja, früher war der Bauer – neben Essen und Trinken – sogar auch noch für die Kleidung des Menschen zuständig. Ein Bauer ist das unabhängigste Individuum; im wahrsten Sinne des Wortes ein ‚Unteilbarer‘, im Gegensatz zu den übrigen Dividuen. Er kann völlig selbstständig, ohne Kontakt mit dem Nächsten, leben. Und ich glaube, wo der Fehler in der Evolution zu suchen ist: In der Erfindung des Geldes.«

Arnold nickt: »Möglich, doch ohne Erfindung des Geldes hätte die Zivilisation nicht die Fortschritte gemacht, die die Menschen an die Startbahn zu den Sternen führte.«

Volker lacht: »Natürlich, mein Lieber! Als Atompilz in die Stratosphäre! – Nein, nein. Mit unseren jetzigen Weltvorstellungen erreichen wir die Sterne nicht; erst recht nicht mit unserer sogenannten modernen Technik. Alles andere ist wirklich Science fiction, wie du hier siehst.« Dabei zeigt er auf seinen Arbeitsplatz.

Inge mischt sich nun ein: »Hört mal, ihr Beiden. Langsam ist aber Schluß mit euren hochgestochenen Erwägungen über Gott und die Welt. Ich habe Arnold nicht nur zu uns gebeten, damit wir hier in Nonsens machen. Du hast bestimmt Pläne, was du als nächstes angreifen willst, Arnold?«

»Ja, das Stabsquartier der Stachos in der Guntert-Villa an der Bahnschleife.«

Während sich Volker brummelnd an seinen Schreibtisch zurückgezogen hat, sitzt Arnold mit Inge auf der Couch. Inge schluckt heftig bei Arnolds Eröffnung und fragt: »Sag mal, dir geht's aber soweit gut?« worauf Arnold lachend nickt: »Doch, doch. Außer meinem kaputten Ohr, dem gebrochenen Finger, und dem Bluterguß an meiner Birne fehlt mir wenig. -

Du glaubst, ich spinne? Doch die Aktion wäre machbar. Und das bei einem Risiko des Menschenverlustes bei uns von nahezu Null. Die Guntert-Villa, in der sich der Führungsstab des Frontabschnitts der O-Truppen befindet, steht nur ungefähr fünfundzwanzig Meter von den Gleisen der Bahnschleife entfernt. Wenn es gelingt, einen Waggon mit Sprengmaterial auf dem in Frage kommenden Gleisabschnitt genau vor das Haus zu plazieren und zu zünden, bleibt dort kein Stein auf dem anderen. Ich denke an einen geschlossenen Güterwagen, wie sie auf dem verlassenen Gelände der ehemaligen Zementfabrik herumstehen. Die alte Fabrik hat einen Bahnanschluß. Zwar ist die Strecke in die südliche Richtung stillgelegt, zum Teil sogar abgebaut; aber der andere Streckenteil ist noch zugänglich.«

»Wie willst du die Wagen bewegen? Du hast keine Lokomotive; ein Traktor würde alles verraten, und ein Dutzend Menschen, die dir schieben helfen, bekommst du nicht zusammen.«

»Kein Problem. Ich kenne eine Technik, die mir mein Vater einmal gezeigt hat. Die Kalkwerkarbeiter haben früher sogenannte »Knippstangen« verwendet. Das sind schwere Eisenstangen, ungefähr ein Meter achtzig lang, mit einem ausgeschmiedeten, abgewinkelten flachen Fuß. Wenn man diese Stange mit diesem Fuß zwischen Schiene und Waggonrad klemmt, braucht man die Stange nur leicht nach unten drücken, und der Wagen rollt; du weißt, wegen der Hebelwirkung. Zwar nur einige Zentimeter, aber ein Mann kann tatsächlich den schweren Wagen bewegen, lautlos. Von Vorteil ist, daß der Streckenabschnitt hinter dem Bahnanschluß waagerecht ist.«

»Welche Sprengmittel willst du nehmen?« interessiert sich Inge.

»Das ist etwas problematisch. Um die notwendige Sprengwirkung zu erzielen, rechne ich 500 Kilogramm militärischen Sprengstoff. Das ist sehr viel, wir bekämen es zwar zusammen, aber dann wäre der Bestand in meinem Depot praktisch erschöpft: Und Nachschub gibt es nicht.

Ich denke an den industriellen Sprengstoff, den die Ruhr-Kalk-Werke beim Sprengen in ihren Steinbrüchen verwenden. Das ist ein ziemlich brisanter Ammon-Salpeter-Sprengstoff. Außerdem verwenden sie als Zündmittel Nitropenta. Die Frage ist: Wie dran kommen! – Der Gebrauch in den Brüchen wird von den Stachos streng überwacht. Es käme nur ein Einbruch ins Sprengstofflager in Frage.«

»Gut. Nehmen wir an, du bist im Lager drin. Wer schleppt dann den Sprengstoff heraus? Ich nehme an, es sind Kisten. Wo willst du ihn verstecken?« gibt Inge zu bedenken.

»Auch kein Problem. In dem alten Zementwerk gibt es Hütten und Ecken, in die sich noch nie ein Stacho verirrt hat. Schlimmer ist der Transport. Ich brauche mindestens zehn Leute, außer uns drei.«

Dabei bemerkt Arnold nicht, daß Inge leicht zusammenzuckt: »Ich glaube nicht, daß du mehr als zehn Leute zusammen bekommst. Ich helfe dir, wie ich kann. Jedenfalls ist dein Plan nicht schlecht. Aus meinem Bezirk werde ich bestimmt zehn Leute ausheben können, die den Sprengstoff transportieren. Wie groß ist die Menge, die du benötigst?«

»Ungefähr 600 Kilogramm. Das wären 25 Kisten. Wenn der Transport nicht in einer Nacht gelingt, biwakieren wir in Depots. Wenn ich den Sprengstoff im Zementwerk habe, komme ich allein zurecht. Ich habe einen Helfer. Seine Mutter und seine Oma sind umgekommen; Heinz-Otto ist auch allein.«

- Arnold wundert sich, es schmerzt nicht mehr so stark; nur die bedeutungsvolle Stille, und der aufmerksame Blick Inges zeigt, daß wieder ein Stück Trauerarbeit erledigt wurde. -

»Arnold. Wenn ich meine Bemerkung damals im Depot in eine andere Beziehung setzen darf, so sage ich: Es tut mir leid.- Du wärst tatsächlich bei einem konventionellen Heer in der Laufbahn emporgestiegen, du wärst ein guter Stratege. Nur, in einem Partisanenheer hat Strategie keinen Platz. Alles, was dem Partisanenheer bleibt ist: stören, den Feind in Schwung halten.«

»Danke für dein Kompliment. Ich gebe es zurück. Aus dir wäre bestimmt eine gute Wissenschaftlerin geworden.- Warum hat es nicht geklappt?«

»Weil ich Volker kennen gelernt habe. Seine Ideen, ja, seine Lebensweise war so neu und aufregend für mich. Ich stamme aus einem sogenannten behüteten Hause, Beamtentochter, was sonst. Dann das Übliche. Erster Krach zu Hause, Schecksperre, versucht, Studium durch Jobben zu finanzieren, fand aber, daß das angestrebte Ergebnis – Abschluß des Philosophiestudiums mit Examen – ein viel zu niedriger Preis für die Schufterei gewesen wäre. Ja, wenns noch ein naturwissenschaftliches Studium gewesen wäre, ja, dann. –

Aber so traf ich Volker, blieb bei ihm, und landete auf der Führerschule wie du, oder«, sie lacht, »im Studium der Informatik. Ob die Stachos eigentlich schon herausbekommen haben, was unser »Informatik« Studium in Wirklichkeit war?

Ja, nun bin ich mit Volker zusammen. Wir sind Bauer und Bäuerin, Mann und Frau sowieso, Geliebter, Geliebte. Mutter und Sohn. Wir sind heilig und scheinheilig, wir tauschen alles untereinander aus, und wenn es sein muß, uns selbst. Wir haben ein großes Bett, in dem wir schon zu vielen geschlafen haben. Wir sind eine echte Zusammenschaft.

Nur eines wollen wir nicht; Papa und Mama sein! Denn dieses Geschlecht soll und muß abgehen! Auch hierbei sind wir echte, überzeugte Anarchisten. Wir tun unseren Nachkommen Gutes an, indem wir sie in der Unwesenheit lassen, und nicht auf diese Erde holen.- Möchtest du heute nacht mit uns zusammen schlafen?«

Arnold wird verlegen, stammelt: »Nein, eh, nein. Ich möchte.. Ich will.. Ich«

»Aber ja! Selbstverständlich werde ich dir eine eigene Lagerstatt herrichten. Doch wenn du irgend ein menschliches Bedürfnis hast, so komme zu mir. Das ist bei uns Pflicht gegenüber unseren Gästen.«

Arnolds Kopf wendet sich zu Volker, der gerade aus den Tiefen seiner fantastischen Bilderwelt auftaucht, und ihm freundlich zustimmend zunickt.

»Volker?« fragt Inge: »Der kommt seinen Gastpflichten unserer Zusammenschaft genauso nach wie ich.«

- Arnold liegt noch lange wach. Aus dem Zimmer nebenan hört er ruhige, gleichmäßige Atemzüge zweier Menschen. Das Feuer im Kachelofen ist fast niedergebrannt. Nur manchmal schnellt eine Flamme hoch, wenn ein Aschestückchen funkenstiebend zerbirst. Dann huscht ein Lichtschein über das Abbild einer fernen Welt, mit einer fantastischen Gestalt: Der Große Anarch...

Der Regen trommelt gleichmäßig auf das Glasdach; von Zeit zu Zeit fällt ein Tropfen vom Gedach, plinkt leise in die daruntergestellte Schüssel.

Draußen ist es ruhig. Arnold schläft längst, als ein Mensch sich seinem Lager nähert, die heruntergefallene Decke vorsichtig über die hagere Gestalt zieht, und einen leichten Kuß auf die Stirn drückt. -

[]

Mißtrauen, das Kind der Angst und des Verrats, schleicht durch die Stadt, mit eingezogenem Kopf, schrägem Hals und schiefem Blick.

Die Soldaten der O-Truppen trauen keinem Einheimischen; schon aus dienstlichen Gründen nicht.

Die Bewohner der Stadt jedoch trauen den Soldaten der O-Truppen mehr als ihresgleichen, denn natürlich hatte sich die Untergrundkonferenz der Widerstandsführer herumgesprochen. Die Namen der beiden Befürworter waren bekannt; nur wo sich Becde aufhielt wußten wenige, denn dieser verstand es, sich gut zu tarnen.

Die Straßen in der Stadt: Fast menschenleer, was nicht nur durch den plötzlichen Frosteinbruch zu erklären war. Vor zwei Tagen fing es heftig an zu frieren, alle vorwitzigen Frühlingsträume gingen zugrunde. Ideales Wetter für Milizeinsätze, der Boden war steinhart gefroren, und gab so einer Spurensuche keine Chance. Doch nichts tat sich, nachts hörte man nur Kampflärm aus Nachbarstädten.

Die Stachos aus dem Belagerungsring um die Stadt wagen sich wieder hinein, vorsichtig zwar, in schwerbewaffneten Gruppen, wobei die Vorsicht der O-Truppen aus der Vergangenheit unbegründet war: Noch nie ist ein O-Soldat tagsüber hinterrücks getötet worden, ohne daß er in Kampfhandlungen verwickelt war. Die Terries beachteten hierbei streng die Konvention, was irgendwie von den O-Truppen berücksichtigt wurde, und die Zivilbevölkerung, dies war sie am Tage ja eigentlich immer, verhältnismäßig verschonte. Auch legten die Regierungen der O-Truppen keinen Wert darauf, in der Weltorganisation zusätzlich Schwierigkeiten zu bekommen, zumal sie als Aggressoren sowieso verurteilt worden waren. Beschwerden über nicht konventionsgemäße Behandlung der Zivilbevölkerung lagen bis jetzt nicht vor: Jedenfalls haben die O-Staaten ihr einseitig verkündetes Abkommen eingehalten, nicht als Erste Atomwaffen einzusetzen.-

Arnold macht sich mit Heinz-Otto auf dem Gelände der stillgelegten Zementfabrik zu schaffen. Voher hatte er sich die formale Erlaubnis beim Besitzer geholt, auf dem Gelände Buntmetalle und andere Materialien suchen zu dürfen und zu verwerten. Dies für den Fall, wenn sein Aufenthalt auf dem Gelände von den Stachos kontrolliert werden sollte.

Arnold fand einen passenden Waggon. Zwar waren die Weichen der

Schienen zum Teil eingerostet, aber dagegen gab es genügend Öl und Schmierfette. Nur mit dem Ausrollen auf die Hauptstrecke, die also an der Guntert-Villa vorüberführt, gab es Schwierigkeiten; es mußte ein Strang von ungefähr zwölf Meter Schienen verlegt werden, damit der Waggon zum gegebenen Zeitpunkt daraufrollen konnte, um somit die Weiche für die Abfahrt frei zu bekommen.

‚Kein Problem‘, denkt Arnold, ‚die Schwellenhölzer liegen noch, und ein Stück Schiene werden wir schon finden.‘

Jedenfalls schleppt er zusammen mit Heinz-Otto alte, gefüllte Zementsäcke in den Waggon, und schichtet diese in einer dicken Schicht an einer Waggonseite bis zum Wagendach auf. An der anderen Seite packt er in provisorisch gezimmerte Regale aus Holzpaletten eine große Anzahl von rostigen Stahlkugeln, von Erbsen-bis Tennisballgröße ein. Die Kugeln stammen aus den stillgelegten Kugelmühlen der Zementproduktion.

»Hör mal, Arne. Mich geht das ja nichts an«, meldet sich nun Heinz-Otto: »Aber willst du den Stachos gammelige Zementsäcke an den Kopf werfen?«

Arnold lacht: »Nicht ganz. Aber die Säcke dienen dazu, den Stachos was anderes an den Kopf zu werfen.«

Heinz-Otto gibt sich mit der Antwort zufrieden. Es ist ihm auch egal. Hauptsache, Arnold nimmt ihn schon mal in eines der Depots mit; da bekommt er schöne Sachen von Arnold ausgehändigt, steht auch schon mal staunend dabei, wenn Arnold Funkverbindung mit EUNAT aufnimmt. Ja, Arnold läßt ihn sogar die technischen Beschreibungen studieren, die Heinz-Otto seltsamerweise gut versteht. Arnold wundert sich öfters über Heinz-Ottos Geschick, komplizierte Vorgänge schnell zu begreifen: Das typische Schicksal eines unterforderten jungen Menschen. -

Selbstverständlich hatte Arnold seinen Helfer auf Anraten Inges nicht über seine Absichten informiert. Sollte er bei den umfangreichen Vorbereitungsarbeiten von den Stachos geschnappt werden, so konnte dieser nichts erzählen als das, was er wußte, und das erschien im Anfangsstadium stets unverfänglich. Arnold brauchte also Heinz-Otto nicht zu erzählen, daß dieser Waggon eine rollende Höllenmaschine wird, und daß sie den Zement in dem Waggon an einer Seite auftürmen, damit die Höllengewalten des detonierenden Sprengstoffs auf die andere Seite, der Seite zum Ziel hin gelenkt werden, und die aufgetürmten Stahlkugeln dorthin schleudern.

Arnold hatte mit Inge vereinbart, daß diese, wenn alle Vorbereitungen abgeschlossen sind, mit einem Trupp Terries ins Sprengstofflager der Ruhrkalkwerke einbrechen, und das gefährliche Material in derselben Nacht hierhin bringen sollen. Dann sollte sofort gesprengt werden. -

»So, wir machen Schluß. Sollen wir über Nacht hierbleiben? Wir haben alles Nötige mitgebracht«, sagt Arnold.

Heinz-Otto nickt, fragt, ob Arne auch was zum Trinken hat.

»Ja, habe ich. Aber in Maßen. Wir wollen heute abend mit dem Unterricht beginnen.«

Vorher suchen sich die beiden Männer einen Schlafplatz, finden ihn in der Steuerwarte der Zementfabrik, von der sie eine Übersicht über den gesamten Komplex haben ohne Gefahr zu laufen, selbst entdeckt zu werden.

Hinter einer großen Schalttafel mit einem Dutzend erloschener Fernsehmonitore finden sie eine Schlafpritsche. Wahrscheinlich diente diese der Nachschichtbesatzung zur Schlafgelegeheit, als die Fabrik noch in Betrieb war.

Arnold gelingt es, draußen vor der Fabrik einen Stromanschluß zu finden. Er legt ein langes Kabel bis zur Steuerwarte, ein kleiner Heizstrahler ist schnell zur Hand. Und nun montiert er noch ein paar Infrarot-Schranken an wichtige Punkte des Umfelds, verbindet diese mit einigen der massenweise herumliegenden elektrischen Steuerdrähte, und schließt die gesamte Anlage oben bei ihrem Schlafplatz an die Stromleitung an.

Währenddessen hatte Heinz-Otto das Essen zubereitet. Es war natürlich Milizverpflegung in Dosen. Diese Dosen waren so konstruiert, daß eine eingebaute Heizpatrone das Menü erhitzte.

Sie essen, trinken jeder einen großen Schluck Rum, Heinz-Otto bekommt seine Dosis Tabletten, wobei Arnold Heinz-Otto inzwischen soweit gebracht hatte, daß er sich das Zeugs nicht etwa aufkocht und injiziert, sondern schluckt.

- Jedenfalls bekömmlicher als ,drücken‘ ist Arnolds Ansicht, und er hat überhaupt kein schlechtes Gewissen bei dieser Verabreichung an Heinz-Otto.

Nun verlangt Arnold, sein Kamerad solle die Überwachungsanlage ausprobieren. Dieser konnte aus welcher Richtung auch immer sich dem Lager nähern: Immer ertönt ein leiser Summton bei Arnold oben in der Warte. Mit Hilfe der Leuchtdioden kann man sogar feststellen, aus welcher Richtung sich ein ungebetener Besucher nähern würde.

»So, Heio. Schluß jetzt. Komm, ich zeige dir nun, wie eine Pistole funktioniert.« Spricht es, und zieht eine schwere Parabellum-Pistole aus seinem Anorak. Er entsichert, lädt die Waffe durch, zielt, und der Knall des Schusses trifft mit dem Geräusch des Zerberstens einer Deckenlampe dreißig Meter weiter zusammen.

Bewundernd schaut Heinz-Otto auf seinen Kameraden; er hatte dieses nie für möglich gehalten, daß mit so einer Waffe genau getroffen werden kann. Er hatte einfach zu viele Wildwest-Filme gesehen, und darin wurden soviele Treffer gezeigt, daß es auch für den größten Simpel als unglaubwürdig erschien.

Arnold bemerkt die Bewunderung seines Kameraden und sagt: »Nichts Besonderes. Aber wir müssen wegen des Krachs aufpassen, deswegen brauchen wir dieses hier.«

Dabei holt er ein zwanzig Zentimeter langes Metallrohr aus der anderen Tasche, setzt dieses auf den Lauf der Pistole. Es klickt leise, und abermals zielt er sorgfältig. Angespannt schaut Heinz-Otto in die anvisierte Richtung, kann aber dort kein Ziel entdecken. Es macht leise »Plopp!«, und ungefähr sechzig Meter weiter zerplatzt in einer Staubwolke ein Zementsack.

»Schalldämpfer und Explosivgeschosse«, sagt Arnold, und weiter: »So, und nun bist d u dran«, worauf Heinz-Otto entsetzt zurückweicht.

»N e i n! Doch s o nicht, wie du jetzt denkst«, lacht Arnold, und weiter: »Wie kommst du nur auf s o einen Gedanken!« fährt er fort, und erinnert sich der Tabletten und des Alkohols. Nun kommen ihm Bedenken, Heinz-Otto eine Waffe auszuhändigen, beschließt, es aber dennoch zu versuchen: Einmal muß es sein. -

»Magst du überhaupt?« fragt Arnold, worauf ihm heftiges Nicken antwortet. Er zeigt also seinem Kameraden, wie er an der Pistole das Magazin entfernen, und ein neues einschieben kann. Dann gibt er ihm die Pistole in die Hand, dieser stellt sich nicht ganz ungeschickt in Position. Arnold deutet auf eine andere Lampe unter dem Hallendach, welche Heinz-Otto nun auch anvisiert.

»Plopp!« Arnold ahnte, was kam: Mit der einen Hand fängt er die nach hinten geschleuderte Pistole auf; mit dem anderen Arm stützt er seinen Kameraden, der, erschüttert, aus den Latschen kippen wollte.

Die Lampe hängt noch, nur fünfzig Meter weiter war ein wildgezacktes Loch in das Drahtglas des Sheddaches gestanzt.

»Na, wird schon werden«, sagt Arnold, und setzt die Unterrichtung fort.

- Am Abend des gleichen Tages klingelt es an der Haustür des alten Herrn Spinder. Mühselig erhebt sich dieser vom Stuhl, schlurft zur Sprechanlage und fragt, wer draußen sei.

»Guten Abend, Herr Spinder. Es geht um ihren Enkel, Arnold Becde. Ist er bei ihnen?« meldet sich eine Männerstimme.

Spinder antwortet: »Der ist nicht bei mir.«

»Oh, er ist nicht bei ihnen?« läßt sich eine andere Stimme vernehmen: »Das ist aber sehr bedenklich.«

Nun wird der Alte unruhig und fragt: »Was wollen sie denn von Arnold?«, worauf sich wieder eine Stimme draußen meldet: »Nun, das ist so. – Hm, hm. Aber, können sie uns nicht hereinlassen? So an der Tür kann man das nicht sagen.«

Zwar hat Spinder große Bedenken, die Tür zu öffnen; aber die Sorge um Arnold überwiegt. So nimmt er beim Betätigen des Türöffners nicht das zufriedene Grinsen der drei Personen beim Summen des Magnetöffners wahr, die sogleich durchmarschieren, sich kurz vergewissern, ob der alte Mann der Einzige in der Wohnung ist, und unaufgefordert Platz nehmen.

Hilflos steht der alte Mann da; ihn beruhigt auch nicht die Auskunft des Anführers, daß sie Kameraden Arnolds seien. Deswegen fragt er: »Was wünschen sie?«

190

»Nun ja, eigentlich wollten wir mit Arnold sprechen«, so der offensichtliche Anführer: »Aber wenn er nicht hier ist, so können sie uns vielleicht weiterhelfen. Er ist also wirklich nicht da?« klingt es jetzt deutlich bedrohlicher.

Auf eine Handbewegung hin erhebt sich die Frau des Trios, und schaut genau in jedes Zimmer der Wohnung, was den alten Mann aber veranlaßt standhaft zu sagen: »Ich wünsche das von ihnen nicht. Bitte verlassen sie mein Haus, sonst rufe ich die Polizei.«

»Nein, so geht das nicht, Herr Spinder«, meldet sich nun der andere Mann, sehr höflich und unverbindlich: »Wir sind nämlich der Polizei nicht verpflichtet. Wir befinden uns, genau genommen, in einem militärischen Einsatz, und wir müßten, wenn die Polizei – natürlich unsere, nicht die der Stachos –!« dabei lacht er, »tatsächlich käme, diese leider wieder wegschicken. Aber beruhigen sie sich, und nehmen Sie Platz.« Dabei drückt er den zitternden Mann vorsichtig aber bestimmt in seinen Sessel: »Aber stellen sie sich ruhig vor, daß das so ähnlich abläuft, wenn beispielsweise Arnold sich Zutritt zu fremden Wohnungen verschafft.«

»Ja, und das wollen wir ihm austreiben«, eifert die rundliche, ältere Frau, doch der Wortführer fällt ihr ins Wort:

»Nicht austreiben, Paula. Das klingt so gewalttätig. Wir wollen ihn einfach überreden. Und sie, Herr Spinder, wollen doch bestimmt auch, daß Ihrem Arnold nichts passiert. Er lebt nämlich sehr gefährlich. Wir wollen ihn warnen.«

Beifällig nicken die übrigen Eindringlinge

»Sie wissen also wirklich nicht, wo er sich aufhält?« Die maliziös klingende Stimme, deren drohender Unterton dem alten Mann nicht entgangen war befiehlt nun, das Licht auszuschalten und die Fenster zu öffnen, weil es hier im Raum zu hell und zu warm sei.

Dies wurde promt befolgt: Die Drei hüllen sich enger in ihre Parkas, während der alte Mann, in der hereinbrechenden kalten Nachtluft erschauernd, sich mit seinem Sessel näher an das Kaminfeuer heranschiebt, mit zitternder, aber trotzdem würdevoller Stimme bittet, das Fenster wieder zu schließen.

»Ich habe das Gefühl, daß sie in keiner guten Absicht gekommen sind«, beginnt nun der alte Spinder, wobei er seine eindrucksvolle Haltung, Oberkörper leicht vorgebeugt, kerzengrade, die Hände im Schoß locker gefaltet, die Unterschenkel bei symmetrisch gewinkelten Knien leicht übereinandergelegt, beibehält: »Trotzdem muß ich sie notgedrungen als meine Gäste betrachten. Auch ich habe dieselben Bedenken wie sie. Es ist ein grausiger und harter Krieg. Er sollte beendet werden. Nur, was wird dann? Ich habe nicht mehr lange zu leben.

Aber was machen s i e mit einem Land, einer Umwelt, die für Jahrhunderte verseucht ist? Wohin wollen – ja, müssen – sie ausweichen, wenn die Kampfhandlungen beendet sind? Unabhängig von der Staatsform und Weltanschauung müssen sie nach Asien umziehen, wenn die Besatzer siegen. In Asien ist, wie sie wissen, zur Zeit die Hölle los. Wenn sie jedoch mit der anderen Hegemonialmacht obsiegen sollten, hätten sie Chancen, in den pazifischen Raum, Australien, Neuseeland, Ozeanien, Amerika, über zu siedeln. Dies wäre die einzige Chance, meint immer mein Enkel Arnold Becde, und deswegen kämpft er weiter.«

Nach dieser Rede – die Fenster waren vom Wortführer der Gruppe längst wieder geschlossen worden – antwortet dieser: »Herr Spinder, glauben sie uns! Das haben wir alles schon mit Arnold dienstlich besprochen. Die Standpunkte sind klar, und haben sich nicht verändert. Auch ihr Gerede von eben hat uns nicht beeindruckt. Nicht wahr, ihr Beiden?« dabei schaut er seine Gefährten an, die die Köpfe schütteln, »deswegen wollen wir noch mal eindringlich mit Arnold selbst reden.«

»Ich kann und will ihnen nicht dienen«, erhebt sich nun der alte Mann, »und ich muß sie leider nochmals auffordern, mein Haus zu verlassen.«

»Ja, Herr Spinder«, meldet sich nun der andere Mann, »auch dann, wenn wir wollten: Wir können nicht, wir müssen bei ihnen bleiben, wegen der Sperrstunde. Und sie wollen uns doch nicht in die kalte Nacht hinausjagen, direkt vor die Gewehrläufe der Stachos?«

Nun meldet sich auch wieder die Frau zu Wort: »Und ich hätte mal gerne in so einem feudalen Haus übernachtet. Mal sehen, ob sie das Gehalt und die Pension, welches ihnen jahrzehntelang von der Stadt bezahlt worden ist, auch gut angelegt haben.«

Der Blick in das Gesicht, aus dem böse mausgraue Augen funkeln, läßt

Spinder erahnen, noch lange nicht das Ende seiner Beschwernisse erreicht zu haben; dieses Gesicht scheint er zu kennen: Die Augen fordern eine Gegenrechnung ein, deren Grund ihm längst entfallen ist. -

Der eine Mann, den sie Mule nennen, kommt aus der Küche mit Wurst, Fleisch, Brot und Weinflaschen unter dem Arm: »Leute! Abendessen«, ruft er, knallt alles auf den eichenen Wohnzimmertisch, quittiert vom dröhnenden Lachen des anderen Mannes, und dem Gequietsche Paulas. »Komm' se«, winkt er zum alten Spinder hinüber, »Sie können ruhig mithalten. Haben se , 'nen Korkenzieher?«

Dieser verneint, und sagt: »Meine Herrschaften. Ich wünsche nicht, daß sie diese Sachen dort gegen meinen Willen benutzen und verzehren.«

Der Wortführer, Kalle genannt, erwidert: »Herr Spinder. Sie liegen abermals falsch. – Hiermit erkläre ich, daß diese Dinge im Namen der Republik requiriert sind! Den betreffenden Paragraphen der Notstandsgesetze brauche ich ihnen wohl nicht zu zitieren – ich wüßte ihn sowieso nicht. Sie können sich nach Beendigung des Verteidigungszustandes bei der betreffenden Dienststelle beschweren, und Schadenregulierung beantragen. Aber zuerst wird einmal gekämpft. Haben sie verstanden?«

Das klingt wesentlich schärfer, und der Nachsatz, den Kalle nun losläßt, drückt den alten Mann tief in seinen Sessel.

»Das haben wir gerne. Die Bürgerlichen machen so viele und schöne Gesetze, und wenn diese aber mal gelten sollen, dann – bitteschön! – aber nur für die anderen!«

Die Beiden murmeln Beifall. Mule nimmt eine Weinflasche, fragt nochmals nach einem Korkenzieher, wartete eine Antwort nicht ab, reißt einen kleinen Wandteppich herunter und zerknüllt diesen. Dann nimmt er die Weinflasche, legt das zerknüllte Wollstück an den Boden der Flasche, und schlägt damit heftig gegen die Wand, einmal, zweimal, dreimal: beim vierten Male quietscht es in der Flasche, und unter dem Gejohle der anderen schießt der Korken mit einem satten »Pflopp« aus der Flasche, einen Schweif weißschäumenden Weins hinter sich herziehend, der sich auf dem Teppich am Boden hingießt. Mule reißt die Flasche zum Munde, nimmt einen kräftigen Schluck, und reicht weiter.

Als die Flasche beim alten Spinder angekommen ist, war von dem kostbaren badischen Weißherbst – ein Jahrhundertwein – fast nichts mehr in ihr enthalten. Er streckt abwehrend die Hände vor, aus den Augen rinnen Tränen, die sich irgendwo in den Runzeln des Gesichts verlieren, aber deutlich und klar an den Mundwinkeln wieder zutage treten.

»Och, schau mal. Jetzt weint er auch noch«, sagt Paula, »aber als ich wegen der Hypothek wegen des Häuschens mit meinem Mann vor ihm in seinem Büro die Hose runter lassen mußte, hat er nicht geweint. Da war er ganz stolzer, unnahbarer Beamter, der nach seinem Gutdünken das Geld anderer als Darlehen verteilte. Immer die Schnauze hoch, so wie sein Schwiegersohn: ›Wir sind ja was Besseres. Mein Schwiegervater, der Sparkassendirektor!‹ – Wer weiß, was der alles dem Becde über uns erzählt hat!«

Mule nickt beifällig: »Meine Eltern habe das auch immer gesagt: ›Der Vater von Arnold trägt seine Schnauze genau so hoch wie sein Schwiegervater‹.«

»Jetzt hört aber auf«, schimpft Kalle, und blickt etwas sorgenvoll auf das armselige Bündel Mensch dort im Sessel: »Ich frage mich, Paula, warum wir dich mitgenommen haben. Wir wollten eigentlich nur Arnold treffen oder herausbekommen, wo er sich aufhält. Immerhin sind wir noch seine Kameraden«, wobei er das »noch« besonders hervorhebt, »aber Herr Spinder scheint das einfach nicht zu verstehen, daß wir Arnold vielleicht dienstlich sprechen müssen, daß sogar Menschenleben davon abhängen können. Also, Herr Spinder«, dabei tritt er an den Alten heran, der mit weit aufgerissenen Augen und gläsernem Blick dasitzt: »Wo ist Arnold Becde?«

»… Zementfabrik… alte Zementfabrik«, kommt es mühsam aus Spinders Mund, »… Altmetall… sammeln… mit… Heinz…Oh!..«

Seine Kräfte verlassen ihn; schnell springt Kalla zum Telefon, wählt eine Nummer, und spricht eindringlich mit dem Teilnehmer. Danach geht er zurück zu der Gruppe, sieht, wie die Frau – genannt Paula – kichernd auf den ohnmächtigen, alten Mann im Sessel zeigt und sagt: »Schaut mal. Der alte Kacker hat sich vor Angst in die Hose gepinkelt.«

Kalla reißt die Frau an der Schulter herum, und gibt ihr einen heftigen Schlag ins Gesicht: »Du verdammtes, altes Mösenschwein! Was meinst denn du, warum die Männer in diesem Alter sich in die Hose pinkeln?

Weil sie ihr Dingens nicht oft genug in euer verdammtes, schwarzes stinke Loch stecken konnten! Früher, als sie noch jung waren. – Du solltest lieber dem Manne helfen; er hat getan, was wir von ihm wollten.«

Spricht es, tritt an die Gestalt heran, prüft, ob er den Atem spürt, und legt eine Decke um die Schultern.

- Nun liegt es bei Mule, sich über die empört auf der Couch sitzende, sich die Wange haltende Frau zu amüsieren. -

Kalla setzt sich zufrieden an den Tisch, ißt und trinkt, wartet auf einen Telefonanruf, während Mule die Wohnung durchstreift, noch ein paar Flaschen von dem Guten mitgehen läßt, ein großes Ölgemälde mit Landknechtsszenen aus dem Dreißigjährigen Krieg interessiert betrachtet, und zu Paula sagt: »Du, guck mal, wie die früher gehaust haben.«

Doch Kalla und die Beiden warten vergeblich: Der Telefonanruf kommt nicht. -

- Arnold wird wach. Ein feiner Summton meldet: Es nähert sich jemand oder etwas ihrem Versteck!

Er weckt Heinz-Otto, der sich aber wieder herumdrehen will.

»Nichts da! Aufgewacht, Bursche! Und ganz still.«

Die flackernde Leuchtdiode zeigt Arnold an, woher sich die Gefahr nähert: es kommt von vorn, aus dem Ofenbereich. Wenn sie flüchten müssen, bleibt ihnen auf der anderen Seite das weit verzweigte Netzwerk der Kugelmühlen, Sieb -und Bandstraßen, Silos, Abfüllmaschinen und Verladesteige.

Die Diode flackert regelmäßig im Fünf-Sekunden-Takt einmal, das bedeutet: Eine Person befindet sich innerhalb des arrondierten Bereichs. Würde die Diode innerhalb ihres vorgegebenen Intervalls zwei-oder mehrmals flackern, so würde daran die Zahl der Objekte zu erkennen sein, die sich ihrem Standpunkt nähern.

Die beiden Männer stehen auf dem Sprung, sofort von hier zu verschwinden: Sie wollen nicht entdeckt werden.

Da! Die Diode strahlt nun ständig! Für Arnold das Zeichen, daß das Objekt den kontrollierten Bereich wieder verlassen hat. Er stellt die Anzeige an dem Überwachungsgerät durch einen Knopfdruck wieder auf Null, die

Diode erlischt. Vorsichtig lugen sie durch die Panoramascheibe des Steuerstands in die dunkle Halle. Ganz weit hinten, am Fuße des Abgaskamins irrlichtert ein Scheinwerferstrahl durch das Dunkel.

Arnold, das Restlicht-Nachtglas vor Augen wartet, bis sich die Gestalt im schwachen Mondlicht, welches durch das Sheddach fällt, zeigt.

Tatsächlich: Da steht einer, ein Zivilist, kein Stacho, und hat eine Waffe in der Hand! Ein Zivilist? -

‚Moment, das kann doch nur einer von uns sein‘, denkt Arnold, aber die Vorsicht läßt ihn davon abhalten, sich zu erkennen zu geben.

Es scheint, als wenn diese Gestalt nicht wie zufällig hier, und gerade heute Nacht in der alten Zementfabrik herumstreift. Es ist, als wenn diese Person draußen etwas sucht, und zwar Lebewesen, deswegen die Waffe! Arnold beschließt, auf der Hut zu sein, und holt seine Pistole hervor, lädt Spreng-und Leuchtmunition.

Irgend etwas stimmt hier nicht. Von seinem und Heinz-Ottos Hiersein wissen nur Inge und Volker; doch diese Beiden würden ihn nachts nicht so behelligen.

Vorsicht! Er nähert sich wieder. – Nun tanzt der Strahl der Lampe an ihnen vorbei, von Arnold wenig beachtet, weil ihm die Anzeige auf seinem Instrument viel wichtiger erscheint: Die Anzeigen bleiben dunkel.

Hinten in der Ferne geistert der Lichtstrahl durch die Fabrikhalle. Arnold schüttelt den Kopf über die Blödheit dieser Person; gibt sie doch für jeden, der sich hier verborgen hält und eine Schußwaffe hat, ein ideales Ziel ab

‚Wenn das einer von Meinen wäre, dem würde ich die Arschbacken zum Kochen bringen‘, denkt Arnold, und teilt seine Ansicht leise Heinz-Otto mit, der nun, gar nicht mehr so müde, sehr interessiert dem Weiteren folgt. Angst hat er wenig, traut er Arnold doch manches zu, nachdem, was er bis jetzt erlebt hat.

Die Person verläßt das Fabrikgelände. Drei, vier Minuten später plötzlich aus der Richtung des Verschwindens Schüsse, Rufe, Schreie, wieder Schüsse. Dann eine Zeit lang nichts. Jetzt! Rattern einer Maschinenpistole, ein greller, langgezogener Schrei. Stimmengebrüll in einer fremden

Sprache. Stille. Dann ein einzelner Schuß: Fangschuß. – Arnold senkt den Kopf; wieder einer der Ihren.

[]

Am Morgen beschließt Arnold, seinen Großvater in dessen Wohnung aufzusuchen. Vorher hatte er seine Überwachungsanlage abgebaut, und mit seiner Waffe innerhalb der Fabrik versteckt. In die Richtung, aus der in der Nacht die Schüsse gefallen waren, konnten sie das Gelände nicht verlassen; dort wimmelt es von Stachos, die nun auch ansetzen, auf das nahe gelegene Gelände der stillgelegten Zementfabrik auszuschwärmen.

,Verflucht! Für einige Zeit ist dieses Gebiet nicht mehr zu betreten', denkt Arnold, und an ein Weiterarbeiten an dem Projekt Guntert-Villa ist vorerst nicht zu denken. -

Nach einigen Umwegen gelangen sie in die Schubertstraße. Ein kalter Wind streicht die Straße herauf, spielt mit dem vorjährigen Laub und abgeschälten Rindenstückchen der Platanen.

Ein dunkler Himmel, mit drohenden, schwarzen Wolken; für diese Tages-und Jahreszeit völlig ungewöhnlich. Auswirkungen der gewaltigen Rauch-und Staubmassen, die – zwar stark verdünnt – sich trotzdem in der Stratosphäre der nördlichen Erdhalbkugel ausdehnen, und in der Geburtsstube des Wetters alles durcheinander wirbeln.

Die kalten Winde wehen von Süden, das Tauwetter kommt von Nordost. Die Vögel singen nicht, und immer häufiger liegen verendete Zwitscher- und Sängerlein in den Straßenrinnen. Ihre zarten Körper halten ungleich kürzer dem unsichtbaren Tod in der Luft, und – hochkonzentriert – in ihrer Nahrung stand.

- So einen Krieg hatte diese Welt noch nicht erlebt. Gewiß: Es dauerte vordem eine Weile, bis nach den schweren Panzerschlachten bei Kursk, bei El Alamein, der Eichelhäher, Fenek – der Wüstenfuchs – aus ihren Verstecken kamen. Aber sie waren genauso da wie die Sperlinge nach der Zerstörung Jerichos, Karthagos, der Bombardierung Dresdens, Guernicas, die danach um die noch rauchenden Trümmern unbekümmert herumbalgten. Sie waren noch genauso da wie die Mauersegler, die um zerstörte

Kathedralen in Reims, Köln, Coventry – nachdem der Orkan der stählernen Schwingen verstummt war – im Winde herumspielten.

Sie waren wieder da, wie das Käuzchen in den von der Abendglut übergossenen Pappeln von Langemarck, als das Gekicher der Maschinengewehre, das Gebrüll, und die tausendfachen Todesschreie verstummt waren.

Nur unter den Giftschauern über den vietnamesischen Urwäldern erzitterte die Kreatur; Vorspiel auf das, was der Mensch sich anzutun gedachte, und so die Natur in Unordnung zu stürzen. -

Arnold sieht schon von Weitem, daß etwas bei Großvaters Haus nicht in Ordnung ist. Die Rolladen vor den Fenstern sind noch heruntergelassen, und... die Haustüre steht offen!-

Er bittet Heinz-Otto, hier zu warten und aufzupassen, geht vorsichtig in das Haus hinein, hört aus dem Wohnzimmer Gurgeln und Schnarchen, knipst das Licht an, sieht seinen Großvater im Sessel hocken, schlafend, aber lebend.

Eine Wolldecke, die den Alten wohl wärmen sollte, war herabgerutscht. In der Wohnung selbst sieht es furchbar aus. Speisereste liegen auf dem Teppich, der vor Feuchtigkeit geradezu quatscht, Weinflaschen liegen, teils zerbrochen, teils halb gefüllt im Wohnzimmer und in der Küche herum. Der Kühlschrank steht auf, Kaffeemehl, vermischt mit Feuchtem, erstreckt sich auf dem Küchenboden. Im Badezimmer verschmierter Kot und Erbrochenes. ‚Mein Gott, Opa! Was hast du nur gemacht.' -

Arnold holt Heinz-Otto heran, der sofort mit dem Aufräumen beginnt. Arnold kümmert sich zunächst um den alten Mann, und weckt ihn. Dieser schlägt die Augen auf, ein ausdrucksloser Blick mit einem winzigen Erkenntnissplitter trifft Arnold. Doch sofort verzieht sich das Greisengesicht, der Körper zittert, und die Wellen des unhörbaren, tränenlosen Weinens überrollen das Gesicht.

Arnold erkennt nun das wahre Alter seines Großvaters; dieses Mannes, der es kraft seiner Lebens-und Geisteshaltung schaffte, die physischen Altersspuren seines Greisenkörpers abzumildern und abzurunden: nun war die Kraft offensichtlich erloschen.

Zunächst lüftet Arnold die Wohnung gründlich, nachdem er den alten Mann fest in eine Decke geschlagen hatte. Dann tragen die beiden Männer den Körper zum Badezimmer, legen ihn in die Wanne, ziehen dem Mann die durchfeuchtete und verkotete Kleidung aus, und duschen ihn warm und schonend ab. Arnold bereitet das große Doppelbett im Schlafzimmer vor, kleidet seinen Großvater nach dem Abduschen in ein Nachthemd. So führen sie ihn zu Bett, wo der Alte ohne Übergang aus seinem Gegreine in Schlaf verfällt.

Arnold ruft die andere Tochter vom alten Becde, seine Tante an, die sonst schon mal bei Opa – neben der Aufwartefrau – in der Wohnung nachgesehen hat. Sie verspricht, so schnell wie möglich zu kommen.

Nun ist die Wohnung fast wieder in dem altgewohnten Zustand, ein Feuer brennt im Kamin, Küche und Bad ist gewischt, die Teppiche mehr oder weniger gereinigt; da macht Arnold eine Entdeckung: Auf dem Ablagetisch in der Diele neben dem Telefon findet er ein Schriftstück. Ein zusammengefalteter Zettel, aus dem beim Hochheben zwei schmale Plastikstreifen herausfallen. Es sind Codeschlüssel der Milizstreitkräfte der Bundesrepublik!

Arnold hebt sie auf und liest ungläubig, was auf dem Zettel steht:
»Arnold Becde!
Wir waren hier, und wollten dich treffen. Wir haben von unserem Recht, gemäß Vorschrift so und so(Du weißt ja bestimmt, welche!) Gebrauch gemacht, und haben diese Wohnung für eine Nacht als Unterkunft requiriert. Gleichzeitig legen wir zwei Codeschlüssel bei: Wir machen nicht mehr mit.
Kahlenhaus und Endert«

Er kann es nicht fassen, ruft Heinz-Otto herbei, fragt, was dieser von dem Zettel hält. Der sagt: »Ganz schöne Scheiße! Ich glaube, d i e haben hier die letzte Nacht so gehaust, und dein' Opa ga ga gemacht. Den Endert kenne ich, das ist ne ganz schräge Wixe, ein supermäßiger Sauzahn. Dem trau ich das zu.«

In Arnolds Kopf dreht es sich wieder, er muß sich setzen. Nur nicht schlapp machen, kühl bleiben. -

Also: Sein Großvater ist von denen aufgesucht worden. Die wollten aber eigentlich zu ihm, Arnold, um ihm die Codeschlüssel zu übergeben. Oder etwas Schlimmeres? Zuzutrauen ist es ihnen nach dem, was bei der Konferenz im Depot vorgefallen war.

Eigentlich haben seine ehemaligen Kameraden nicht ganz unrecht, wenn sie sich so verhalten; hat er, Arnold, ja schließlich auch flammende Reden auf die totale, freie Gewalt gehalten! Und jetzt dürfte er sich nicht über die anarchistischen Anwandlungen seiner ehemaligen Kameraden wundern.

Und jetzt fällt es ihm wie Schuppen von den Augen: Auch sein Großvater wußte, wo Arnold sich in der vergangenen Nacht aufhielte! Und dann haben diese Schweine den Opa... Gehirnwäsche!-

Ja, die haben den alten Mann ausgequetscht; deshalb der unerwartete Besuch letzte Nacht im Zementwerk. Das war ein glatter Mordanschlag! Na, wenigstens hat es den Dreckskerl sauber erwischt. Arnold erhebt sich. Er nimmt sich vor, ab jetzt aufzupassen, weniger vor den Soldaten der O-Truppen, als vor seinen eigenen Kameraden. -

Es klingelt, die Tante ist da, eine Frau von ungefähr 60 Jahren. Sie geht mit Arnold in das Ruhezimmer des alten Mannes. Ein spitzes Greisengesicht liegt dort im Kissen, die Augen geschlossen, der Atem geht unregelmäßig. Von Zeit zu Zeit verzieht sich im Schlaf das Gesicht, so, wie bei einem schlafenden Säugling, wenn dieser beginnen wolle zu weinen.

»Das sieht nicht gut aus. Rufe den Doktor«, sagt die Frau. Arnold tut es, und nach einer Weile kommt der Arzt, tritt in das Zimmer, schaut kurz auf die Gestalt im Bett, schüttelt zweifelnd den Kopf. Er lupft das Oberbett, schlägt das Laken zur Seite, und alle sehen das völlig verschmutzte Bett. Der Arzt stemmt den Oberkörper Spinders vorsichtig hoch, um die Lungenfunktion und die Herztöne zu prüfen. Der Greis wird wach, und fängt sofort an zu greinen.

»Hat er schon etwas gegessen?« fragt der Arzt

Arnold schüttelt den Kopf.

»Versuchen sie es mal«, meint der Arzt weiter.

Die Frau hat schnell eine Schnitte Brot mit etwas Käse und Wurst zur Hand, setzt sich an das Bett ihres Vaters, und versucht diesem, kleine Brotstückchen in den Mund zu schieben.

Der Mann weint, spuckt alles wieder aus.

»Pflegefall«, sagt der Arzt.

Arnold schaut seine Tante an, die schaut zurück und blafft: »Was schaust du mich so an! I c h kann Vater nicht pflegen, weil ich selbst einen kranken Mann und ein krankes Kind habe. Mir reicht es. Warum machst d u es nicht?«

Arnold denkt verbittert darüber nach, was ihm der alte Becde, sein Vater, über diese Tante gesagt hatte: ‚Die zieht und zieht von dem Alten, weil sie seine Lieblingstochter ist. Aber wenn es mal ernst wird, dann läßt sie den Alten sausen.‘

So ist es also eingetreten. -

»Na«, sagt der Arzt, »überlegt es euch, was ihr machen wollt. Ich kenne in der Nähe von Essen ein Kloster. Die Nonnen nehmen solche Herren auf und pflegen sie – natürlich gegen Bezahlung. Das Ruhegeld Spinders müßte in jedem Falle reichen. Nur, wie wir dahin kommen sollen ist sehr problematisch, seitdem unsere wackeren Krieger das Rathaus mitsamt dem Sanitätsauto in die Luft gepustet haben. Und die Stachos stellen uns bestimmt keinen Krankenwagen zur Verfügung. Na, mal sehen. Ich rufe in der Nachbarstadt an, da funktioniert noch alles so leidlich. Vielleicht bekommen wir von denen einen Rote-Kreuz-Wagen, und die lassen die O-Truppen bei ordentlichen Papieren immer fahren.

Überlegt es euch, und ruft mich an. Ich habe eurem Vater eine Spritze gegeben, die ihn etwas stärkt. Seht zu, daß er spätestens bis 15:00 Uhr gegessen hat, sonst hält er den anstrengenden Transport nicht durch.«

Der Arzt verabschiedet sich und geht, läßt die Frau, Arnold und Heinz-Otto allein zurück.

Die Aussprache ist äußerst kurz; die Frau sagt: »Ich kann wirklich nicht. Du weißt, daß ich selbst einen Mann im Bett liegen habe.«

-Oh, ja! Arnold weiß. Der Onkel war ein wüster Alkoholiker, er hatte eigentlich für seine Tante nur Nachteile gebracht, weil er diese Eigenschaften schon hatte, als seine Tante diesen Mann heiratete. Seine Tante, die Akademikerin, das ‚rote Schneewittchen‘, wie sein Vater immer zu sagen pflegte. Ja, seine Tante muß einmal eine schöne Frau gewesen sein, und alle waren jenerzeit schockiert, als sie den um zehn Jahre älteren Mann heiratete.

Trotzdem ließ der alte Spinder es nicht am Segen über deren Haupt mangeln, wo doch die ältere, wirklich hilfsbedürftige Tochter es viel nötiger gehabt hätte.

Und nun dieses Ende. -

Arnold und Heinz-Otto schleppen den alten Spinder – nachdem die Tante endgültig gegangen war – wieder ins Badezimmer und reinigen ihn. Mit großen, teilnahmslosen Augen läßt es der Mann geschehen. Arnold tätschelt ihm sanft die Wange und versucht, durch Ansprechen die Lethargie zu überwinden:

»Opa. Komm doch zu dir. Es wird alles gut. Gleich kommst du wieder ins Bett, bekommst was zu essen, damit du dich wieder erholst.«

Der Mann in der Wanne verzieht sein Gesicht, und fängt wieder an zu weinen, als wenn er diesesmal alles klar verstanden hätte, und als einzige mögliche Erwiderung damit seine Dankbarkeit zeigen wollte.

»Was ist, Heio. Sollen wir hierbleiben und Opa zusammen pflegen?«

»Nöh, hab keine Lust«, knöttert Heinz-Otto.

»Warum nicht?« fragt Arnold.

»Weil ich die Schnauze von mein Omma vollhabe«, klingt es entschieden zurück.

‚Na ja‘, denkt Arnold, ‚der geborene Krankenpfleger bin ich ja auch nicht.‘

Auf der Kaderschule haben sie eher das Zerstören, als den Erhalt des menschlichen Lebens gelernt. Außerdem: Da ist ja noch eine offene Rechnung! Diese Schandtat sollten die Mistkerle nicht ungesühnt vollbracht haben. -

Trübsinnig wählt er die Telefonnummer des freundlichen Arztes; angesichts der Päppelversuche Heinz-Ottos, wie dieser rigoros dem Alten den Brei in den Mund baggert, und wenn dieser spucken will, ihm fest auf die Backe klatscht, daß der Mann vor lauter Angst schon schluckt. Aber Heinz-Otto ist hier und diesesmal König im Reiche der Einfältigen, denn er hat Erfahrung, er hat den Durchblick – von wegen seine Omma. -

[]

Allein hockt Arnold in der Wohnung seines Großvaters, den sie heute mit Hilfe des Arztes und eines Rot-Kreuz-Wagens in ein Pflegeheim gebracht hatten. Die notwendigen Formalitäten waren nicht unüberbrückbar schwierig gewesen.

Selbstverständlich benutzt Arnold die Wohnung seines Großvaters wie seine eigene, denn alles war mit dem alten Spinder vorher geregelt worden; und seine Tante hatte sich bis jetzt nicht mehr sehen lassen, was verständlich ist, hatte sie doch genügend mit ihrer Familie zu tun. Außerdem bewohnt sie ein schönes, neues eigenes Haus.

Es ist kalt in der Wohnung. Seit zwei Tagen ist der Strom abgeschaltet. Die Nachtspeicherheizungen haben längst ihren letzten warmen Hauch abgegeben. Deswegen haben die beiden Männer alle Fenster, außer denen des Wohnzimmers, mit allen erdenklichen wärmedämmenden Materialien zugestopft.

Es ist bitter kalt. Tagelang hat kein Sonnenstrahl den Erdboden erreicht. Im Kamin brennt ein sparsames Feuer.

Lustlos blakt die Flamme, den notwendigen Sauerstoff aus der abgedichteten Wohnung ziehend; Sauerstoff, den eigentlich der Mensch ebenso dringend braucht: und den Kampf des Elements mit dem Lebewesen würde im Entscheidungsfalle immer das Kohlenmonoxid gewinnen. -

Eine süße Schläfrigkeit, die Stiche in der Brust, und das müde flackernde Feuer zu erkennen und richtig zu deuten war eines: Arnold stürzt zum Fenster und reißt es auf. Er sieht Heinz-Otto die Straße heraufkommen, dieser grinst, als er Arnold bemerkt, und schwenkt einen weißen Plastikbeutel.

Heinz-Otto hatte sich schon früh, nach Beendigung der nächtlichen Ausgangssperre, bei einer der öffentlichen Verteilungsstellen in die Schlange eingereiht, um etwas Frischfleisch, Gemüse und Brot zu ergattern.

- Die Verteilungsstellen werden unter Aufsicht der Zivilverwaltung von Privatunternehmern, und natürlich unter der Aufsicht der Militärbehörden der O-Truppen betrieben. Die O-Truppen greifen nie in den Ablauf der Verteilungsstellen ein, aber sehr wohl bei den Lieferanten. So kam es, daß gewisse Dinge sehr knapp wurden, außer Alkohol. Der war reichlich vorhanden, und steht in erster Linie der Zivilbevölkerung zur Verfügung, weil die Militärbehörde den Genuß von Alkohol für Soldaten verboten hat: Ein untrügliches Zeichen für bald anlaufende militärische Aktionen. -

»Komm rein«, begrüßt Arnold seinen Kameraden, der vorsichtig seinen Tragebeutel auf den Tisch legt. Es klirrt, als Heinz-Otto mit der Hand hineinfährt, und drei Flaschen Schnaps herauszieht. Dann taucht seine Hand nochmals ab, fischt ein Brot, einen Beutel Zwiebeln und ein Stück Wurst heraus.

»Alles?« fragt Arnold etwas enttäuscht, worauf Heinz-Otto nun seine Nase in die Tüte steckt, seinen Kopf schüttelt, abermals in die Tüte greift, und drei Äpfel heraus befördert »Alles«, meint er nun zufrieden, und faltet die Tüte sorgfältig zusammen.

Arnold schüttelt den Kopf: »Das soll eine Woche reichen? Warum hast du anstelle das Sprits nicht mehr Lebensmittel mitgebracht?«

»Erstens: Schnaps ist auch Lebensmittel. Und von den anderen Sachen war fast nichts mehr da«, antwortet Heinz-Otto; und der Händler hätte gesagt, die Stachos hätten beim Zentrallager zwei Lastzüge »Hopps« genommen. Er, der Händler, wolle aber mit der Verwaltung beim Kommandanten vorstellig werden. Dann werde man weitersehen...

Nichts Ungewöhnliches, mußte Arnold zugeben. Verhungern mußten sie allerdings nicht, denn bei der politischen Entscheidung der Bundesrepublik, sich zunächst überrollen zu lassen, und dann versuchen, den Aggressor im »Roll-back«- Verfahren zurück zu drängen, war die Zivilbevölkerung nicht zu kurz gekommen. Jeder Haushalt mußte sich unter massiver finanzieller Hilfe des Staates ein Vorratslager an haltbaren Lebensmitteln anlegen. Dieses Lager mußte mindestens ein viertel Jahr überbrücken, und wurde von den Haushalten in Friedenszeit laufend verbraucht und wieder ergänzt. Nur die Frischkost sollte im Krisen- oder Kriegsfall direkt an die Bevölkerung abgegeben werden. Da man eine regelmäßige Versorgung der Bevölkerung mit Frischkost unter Kriegsbedingungen sowieso nicht garantieren konnte, umfaßte die Lebensmittelbevorratung der privaten Haushalte selbstverständlich auch Vitaminpräparate.

- Doch das war jetzt nicht das Problem; vielmehr muß überlegt werden, wie die Beiden eine Mahlzeit kochen können, oder zumindest warm bekommen.

Heinz-Otto hatte eine gute Idee, die zudem zeigte, daß er ein Tramp ist und gewohnt war, im Freien zu leben.

Mit Zustimmung Arnolds entfremdet er einen schweren, schmiedeeisernen Regenschirmständer seiner eigentlichen Aufgabe, biegt hier ein wenig, bossel da herum, und begibt sich mit dem Produkt seiner Bemühungen zum Kamin. Er legt Holzscheite nach, und stellt das eiserne Gebilde so geschickt über das nun auflodernde Feuer, daß die Flamme den mit Wasser gefüllten, obenauf gesetzten Stahltopf umzüngelt.

Arnold sagt »Bravo«, gibt sich sofort daran, einen Kohlkopf zu zerkleinern, während Heinz-Otto sich um die Zwiebeln kümmert. Trockenkartoffeln und ein Stück geräucherten Speck in den Topf; so köchelt das Mittagessen für die Beiden heran.

»Was ist, wenn kein Holz mehr da ist?« fragt Heinz-Otto.

»Ganz einfach«, sagt Arnold: »Schau mal nach draußen.« Dabei deutet er auf die Platanen, die die Schubertstraße säumen.

»Oh, dürfen wir das denn?«

»Natürlich! Es wäre ja kriegswichtig. Außerdem ist es öffentliches Eigentum. Es gehört dem Staat.«

Bewundernd schaut Heinz-Otto seinen Kameraden an, spart sich aber die weitere Frage, was denn die Stachos davon halten würden, wenn die Bevölkerung die Bäume abholzt; während Arnold in einer Pause bei seinen Bemühungen, Inge mit seinem Funkgerät zu erreichen innehält, und darüber nachsinnt, ob sich der umrührende Heinz-Otto dort am Feuertopf wesentlich von cinem steinzeitlichen Jäger unterscheidet, der in einer Höhle den im Feuer hängenden Hirsch-oder Bärenbraten wendet. Dabei dämmert ihm plötzlich die Erkenntnis, daß diese Vorstellungen Wirklichkeit werden, weil sie sich auf diesem Wege zurück dorthin bereits befinden. -

Doch das war nur ein kurzer Empfindungsblitz, der, angesichts der flackernden Anzeige auf Arnolds Funkgerät, schnell verblaßte. Während Heinz-Otto geschäftig Zutaten für die Suppe und das Mittagsmahl herbeiholt, ist Arnold auf Empfang und freut sich, Inges wohlbekannte Stimme zu hören, die ihn auffordert, heute Nachmittag, seinem Wunsche gemäß, im Depot Gamma Zero Drei zu erscheinen.

Am Nachmittag macht sich Arnold auf den Weg. Vorher hatte er

Heinz-Otto ein paar Pillen gegeben; im Austausch duldete dieser, daß der Schnapsvorrat weggeschlossen wird. Ob Heinz-Otto überhaupt im Hause bleiben wolle, wußte er nicht so recht; jedenfalls legte ihm Arnold eindringlich nahe, niemanden herein zu lassen, und nach dem Verlassen des Hauses gut aufzupassen und alles zu verschließen. -

Auf der Straße viele Soldaten. Sie kontrollieren die wenigen Zivilisten, die aus irgend welchen Gründen unterwegs waren. An dem Gebrüll und Schreien erkennt Arnold: die Stachos gehen nicht sanft mit den Leuten um. Entweder suchen sie etwas Bestimmtes, oder sie wollen die Leute einfach von der Straße haben, weil diese stören.

Kein Problem für Arnold, kennt er doch die verschwiegenen Durchschlupfe nur zu gut, und so der Gefahr zu entgehen, behelligt zu werden; und der Kellerlichtschacht, der eigentlich keiner ist, nimmt schnell eine weitere Person aus einem dunklen Hinterhof auf.-

Inge und sechs weitere Ko-Offiziere befinden sich schon im Raum.

»Du bist spät dran«, Inge schaut auf die Uhr, und nickt Arnold zu: »Wir erwarten noch vier Leute. Kalla und Mule kommen ja nicht mehr.«

Arnold erwidert, draußen wären strenge Straßenkontrollen, möglich, daß einige nicht durchkommen. Inge nickt abermals und fragt, wer nach dem Verteiler heute die Zusammenkunft leiten muß; auf dem Bildschirm erscheint die Verteilerliste für den heutigen Tag.

»... zwölf, dreizehn, vierzehn«, zählt Inge: »Heute ist Mule dran. Mule ist nicht mehr bei uns. Stimmts?« dabei schaut sie Arnold an, welcher nickt. »Also ist jetzt Arnold dran. – Nein, das geht nicht, weil du der Antragsteller bist. Dann ist... dann ist... Erich! Bist du da? Erich ist der heutige Rundenleiter.«

Der Erich genannte Mann tritt an den Computer, gibt einige Daten hinein; nach ein paar Sekunden ertönt ein leiser Gongschlag, die »Bereit«-Lampe über der Tastatur leuchtete auf.

»Ich setze den Beginn der heutigen Sitzung auf 17:30 Uhr fest. Computer! Wiederhole!« gibt Erich das Kommando. Der Computer wiederholt mit einer mechanischen, doch sehr klaren, synthetischen Stimme die Anweisung.

»Danke«, sagt Erich, worauf die Stimme ebenfalls »Danke« nachäfft.

Erich schimpft nervös: »Du Idiot! Das solltest du doch nicht sagen. Wiederhole richtig«, worauf sich die Maschine meldet: »Ich wiederhole, Idiot! Das solltest du doch nicht sagen. Ich wiederhole. Idiot! Das solltest du doch nicht sagen...«, bis Erich verärgert eine Taste drückt und das Geplärre ein Ende hat.

Zornig wendet sich Erich an Inge, die sich – wie die anderen – ein Lachen nicht verkneifen kann: »Inge! Was hast du mit Papa Plapper-Plapper gemacht? Schmeiß sofort die human-semantische Schleife aus dem Blitzkasten, oder du kannst den Kram heute Abend allein machen.«

Inge entschuldigt sich, nimmt ein paar Einstellungen an der Tastatur vor, und bittet Erich, sich von der nun fehlerlosen Funktion der Maschine zu überzeugen.

Nach einer Weile treffen kurz hintereinander zwei weitere Dunkelleute ein. Sie erklären, draußen sei eine Schweinerei im Gange, Elke und Horst seien geschnappt worden.

Erich und Arnold stehen an den Monitoren, auf denen das Bild der Fernaugen zu erkennen ist, und tatsächlich! Die Fernaugen, die eigentlich einen Ring um das Zentrum – dieses Depot – bilden, zeigen deutlich einen Kordon von O-Soldaten, die ihre Waffen in das Innere des Kreises richten. Nach kurzer Besprechung entscheidet die Versammlung, pünktlich zu beginnen. Eine Person wird beauftragt, die Monitore zu überwachen. Nachdem Erich die Versammlung eröffnet hat, bekommt Arnold als Antragsteller das Wort erteilt.

»Glück und Sieg, verehrte Anführung!. Ich, Arnold Becde, Sektionsführer Zero, Zero, Fünf, Luppesrath, spreche zu euch um 18:15 Uhr MESZ, am Montag, den dritten April 199....«

Es folgt nun, nach der Nennung anderer Floskeln, und notwendiger Daten sein ausführlicher Plan, das Hauptquartier der O-Truppen zu zerstören, und danach kommt er gleich zu seinem zweiten, für ihn noch wichtigeren Punkt:

»Wie einige von euch bereits wissen, haben Kahlenhaus und Endert ihre Codeschlüssel abgegeben, was ihnen ausdrücklich gestattet war. Doch die Umstände, die sich im Gefolge der Rückgabe abspielten, waren nicht in Ordnung. Sie verschafften sich unter dem Vorwand, mich treffen zu wollen, bei meinem Großvater Zutritt zur Wohnung, verwüsteten diese, und quälten den alten Mann dermaßen, daß dieser an der Seele krank wurde. Mein Großvater befindet sich nun in einer Pflegeklinik.«

Arnold stockt, schluckt mehrmals, fängt sich schnell, und redet weiter:

»Sie habe zu Recht die Wohnung meines Großvaters für eine Nacht als Unterschlupf requiriert. Sie haben ebenfalls völlig zu Recht sich Nahrungsmittel verschafft. Sie hatten aber kein Recht dazu, Bilder und Teppiche von den Wänden zu reißen, Weinflaschen zu stehlen, die Scherben anderer Weinflaschen, Erbrochenes, Kot und Urin und Nahrungsmittel in der Wohnung wild auszubreiten. Sie hatten kein Recht, den alten, hilflosen Mann in unterkühltem Zustand allein zu lassen! Deswegen erwarte ich, unsere Versammlung möge eine Untersuchung des Falles beschließen, damit diese benannten Personen gehört, und zur Verantwortung gezogen werden.«

Hier endet er, und Erich bittet um Wortmeldungen. Ein kleiner Mann mit einer Halbglatze meldet sich, und seine Stimme steht im direkten Widerspruch zu seiner äußeren Erscheinung; denn, nachdem er die notwendigen Formalien für den Computer gesagt hatte, orgelt er mit seinem kräftigen Baß Arnold an:

»Dein Plan, das Hauptquartier anzugreifen, ist nicht schlecht, darüber werden wir reden. – Doch sei sehr vorsichtig mit den Verdächtigungen von Mule und Kalla: Dein Opa hätte diesen Schaden eben so gut anrichten können. Und«, unter diesem Seitenhieb zuckt nicht nur Arnold zusammen, »wenn du schon wußtest, dein Großvater ist nicht mehr auf der Höhe: Warum läufst du nachts durch die Gegend, und bleibst nicht zuhause und paßt auf? Weißt du denn überhaupt, daß noch eine dritte Person bei Mule und Kalla war, als die dich bei deinem Opa aufsuchen wollten?«

»Das höre ich jetzt zum erstenmal«, sagt Arnold, und: »Dein dummes und wenig hilfreiches Gerede beachte ich ich zunächst einmal nicht. – Was mich interessiert ist: wer war die dritte Person?«

»Es war Paula Giminus.«

Nach Nennung dieses Namens war für ihn klar: Sein Großvater ist zum Opfer dieser Person geworden, einer Frau, ehemalige Stadtverordnete und

Mitglied des Sparkassenausschusses; zudem noch Parteimitglied der Partei, für die Opa gewiß nichts am Hut hatte. Es ist die Frau, die auch seinen toten Vater saumäßig behandelt – auch in ihrer Eigenschaft als Stadtverordnete! – und scheel angeguckt hatte, dachte sie doch, Großvater hätte seiner Familie privat Mitteilungen über Kunden der Bank gemacht. Dabei war der alte Spinder so pflichtbewußt, daß Geschäftsangelegenheiten bei ihm unter das Beichtgeheimnis fielen.

Ja, dieser Mann, sein Großvater, war im besten Sinne ein alter, preußischer Beamter, unbestechlich und korrekt, aber auch unnahbar, wobei seine Unnahbarkeit lediglich ein Schutzmantel war, den die Umwelt als Arroganz abtat.

Der alte Spinder hatte in Wahrheit an seiner kranken Tochter gelitten, einer Wunde, die ihn ständig schmerzte, ganz im Gegensatz zu seiner robusten, verstorbenen Frau, die alles beiseite tat, besonders den Schwiegersohn. – Sie konzentrierte sich auf die Enkel, was sehr verständlich war, und die Enkel – so wußte Arnold – hatten absoluten Vorrang.

- Das alles ging Arnold durch den Kopf. Für einige Augenblicke verlor er den Faden, war dankbar, als Inge dies bemerkte und einspringt.

»Es dürfte klar sein«, so wendet sie sich an Arnolds Vorredner, »daß Arnold bis jetzt seine vorrangige Pflicht gegenüber dem Staat erfüllt hat. Wenn überhaupt von Widerstand hier in unserer Stadt die Rede ist, dann hat das in erster Linie mit seinem Namen zu tun. Er hat dafür auch schon schwer zahlen müssen.«

Arnold dankt Inge für ihren Beistand, und übernimmt wieder:

»In der Nacht, als das mit meinem Großvater passierte, war ich in der alten Zementfabrik. Wir beobachteten einen einzelnen Milizkämpfer, der mit einer Langwaffe durch die Hallen schlich, als wenn er etwas suchte. Ihr wißt, es ist ungewöhnlich und eigentlich gegen die Vorschrift, wenn ein Einzelner, zumal mit einer langläufigen Waffe einen Einsatz macht. Wir hörten draußen eine Schießerei, und ich glaube, die Stachos haben ihn erwischt. Weiß jemand, wer es war, und wer ihm den Befehl zum Einsatz gegeben hat?«

Eine Frau meldet sich: »Bergmann war es. Er gehörte zu Kallas Sektion.«

Schnell setzt Arnold nach: »Kannst du mir sagen, wann Kahlenhaus den Einsatzbefehl gegeben hat? Vor oder nach der Abgabe seines Kommandos?«

Die Frau antwortet schnell: »Natürlich d a n a c h«, stutzt und stottert: »Oder war es davor?« Sie wird ungehalten: »Ich bin doch nicht hier vor einem Gericht! Was soll das alles?«

»Das soll«, wird Arnold heftig, »daß ich wissen möchte, wer mir in der Nacht mit schlechten Absichten hinterher spionierte. Als ich Bergmann in der Nacht in der Fabrikhalle sah, wollte ich mich zu erkennen geben. Ich bin froh, daß ich das nicht getan habe.«

Jetzt meldet sich ein anderer Kämpfer: »Wer sagt uns, daß Arnold Becde nicht die tödlichen Schüsse abgefeuert hat? Natürlich aus Versehen, in der Dunkelheit, und hat dann, um dies zu vertuschen, die Leiche Bergmanns vor die Fabrikhalle gezerrt?«

Totenstille im Raum; eine Stille, die das leise Gequäke der Monitore deutlich hörbar macht, eine Stille, die, durch erregte Atemzüge unterbrochen, menschliche Regungen überdeutlich spüren läßt. Bleich, aber gefaßt, antwortet Arnold ganz ruhig: »Daß dies nicht so war, könnte ein Zeuge bestätigen; er war dabei. – Ich will auf diese direkte Anschuldigung nicht sofort antworten, ich möchte mal unser Grundproblem nennen. Wenn wir so weiter machen, uns gegenseitig nicht mehr trauen – ich schließe mich da ein! – ja, sogar versuchen, uns zu bekämpfen – da schließe ich mich ausdrücklich aus –, haben wir nicht nur den Krieg, sondern alles verloren. Wir können aufgeben!«

Einige der Versammelten schreien, schreien wie befreit: »Ja! Richtig. Tun wir das«, werden aber von Arnold direkt verwiesen: »Ihr wißt. Wir haben in unserem Lande eine totale Umkehrung der Kriegsstrategien durchgeführt. Das Konzept ist nicht so schlecht, die militärische Ausrüstung ist auf dem höchsten technischen Stand. Wir haben bis jetzt noch nicht einmal fünf Prozent der militärischen Mittel verbraucht oder verloren...«

»Denkst du an die Menschen nicht?« schreit eine Stimme, und erreicht damit Arnolds wunden Punkt in der Seele. Sekundenlang ist er nicht fähig, zu antworten.

»Nun rede«, ruft eine andere Stimme.

»Ja, ich rede. Ich rede... weiter«, konzentriert sich Arnold nun: »Wir haben in unserem Lande nun ein doppeltes Trojanisches Pferd. Also ein Pferd im Pferde; nicht eine Kriegslist unserer Gegner, sondern unsere äußerst hoffnungslose, nationale Lage. Wir müssen kämpfen. Wenn wir das nicht tun, lassen uns zwar die O-Truppen in Ruhe, aber unsere Verbündeten tun und können das aus Selbstschutzgründen nicht. Wenn wir den Aufmarsch der O-Truppen nicht stören, und zwar empfindlich!, tun dies unsere Verbündeten mit Atomraketen.

Wenn EUNAT bei einer Gegenoffensive die Oberhand gewinnt, und schnell den abziehenden O-Truppen auf deren Territorium folgt, setzt es abermals Atomraketen; dieses mal aber von den O-Truppen. Aber immer noch auf deutsches Gebiet!

Und, ihr Dunkelleute! Für jeden für uns ist wohl klar, daß das Zielgebiet selbst einer Interkontinental-Rakete innerhalb von M i n u t e n umprogrammiert werden kann! Ich überlasse jedem von uns sich auszumalen, wie unser Land danach aussehen wird, wenn thermonukleare Sprengsätze im Megatonnenbereich hier explodieren. -

Das ist eigentlich der einzige Grund, warum ich konventionell weiterkämpfen will: es wäre unsere Rettung. Denn jeder Truppenführer wäre heilfroh, partisanenverseuchtes Gebiet zu verlassen. Und keinem General käme es in den Sinn, einzelne Partisanennester etwa mit Atomwaffen zu belegen, weil dieses System der Verbrannten Erde derartige Folgen hätte, daß sein eigenes Land, seine Zuflucht, von diesen globalen Auswirkungen betroffen wäre.

Ich bin für die Fortsetzung des bewaffneten Kampfs, trotz, oder gerade deswegen, weil mein persönlicher Verlust so groß war.«

Er endet in der Gewißheit, einige der Versammelten überzeugt zu haben, jedenfalls lächelt Inge ihm zu. Selbst Erich, der Leiter der Runde, scheint beeindruckt. Arnold fragt, ob dazu etwas gesagt werden möchte, worauf sich ein Mann, so um die 55 Jahre meldet:

»Wie Ihr wißt, war ich noch bei der alten Bundeswehr. Habe den Umbau von Anfang an mitgemacht. War mir immer suspekt gewesen. Na, ja, Berufsoffizier, sonst nichts gelernt, also: Schnauze halten und durch. Habe einen Einsatz mit Arnold mitgemacht. War nicht schlecht. Nur: Ich

211

fürchte, Arnold hat keine rechte Kontrolle mehr über sein Handeln, und keinen Überblick über die Folgen.

Was er gesagt hat über die Bedrohung durch Atomwaffen ist im Ansatz richtig. Doch im Zeitalter der strategischen und taktischen Massenvernichtungswaffen ist nichts mehr mit ‚Hurra! Ziethen aus dem Busch!‘ Was meinst du denn überhaupt was los ist, wenn uns der Anschlag auf das Hauptquartier gelingt?«

Arnold, der sich schon vorher zu Wort gemeldet hatte, antwortet:

»Kann ich dir sagen. Sehr wahrscheinlich werden die Stachos einmal durch die Stadt ziehen, und rücksichtslos um sich schießen. Das werden sie am Tage machen, weil sie in der Nacht Angst haben. Oder sie werden mit ihren Panzerhaubitzen in die Stadt hineinlangen. In beiden Fällen gäbe es Opfer, bestimmt nicht wenige. Aber dann würden sie abziehen, weil sie – mitten im Aufmarsch – solche Störungen nicht brauchen können.«

»Was ist mit den Hubschraubern?« fragt eine Frau.

»Die werden sich hüten, in geringer Höhe die Stadt zu überfliegen! Denn daß aus den Dachfenstern unserer Stadt Tausende Schießscharten für unsere Fliehkraftgeschosse werden, ist denen wohl nach ihren furchtbaren Verlusten klar geworden. Und, Manfred«, dabei wendet sich Arnold an den älteren Offizier, »was die Kontrolle über meine Gefühle anbetrifft: Ich habe mich so schlecht und recht in der Kontrolle wie andere Leute, mit dem Unterschied; ich kenne den Gegner, den es zu bekämpfen gilt. -

Wenn allerdings unter uns und von uns Fronten gegen uns selbst aufgebaut werden, haben wir nie eine Chance. Ich bin für uneingeschränkte Aktivitäten, auch deswegen, weil die gesprengte Autobahnbrücke bald wieder hergerichtet ist. Ich bin für die Unterbrechung der Autobahn, und der Sprengung des Hauptquartiers. Auf konventionelle Unterstützung durch die Luftstreitkräfte von EUNAT brauchen wir nicht zu rechnen. Ich hoffe, jeder hat noch das Drama mit den drei einfliegenden Kampfbombern vor ein paar Tagen in Erinnerung.

Wir brauchen über das, was hier beredet wurde, nicht erneut abzustimmen, die letzte Abstimmung ist immer noch rechtskräftig. Ich verzichte um des Friedens und der Einheit in unserem Kampfe willen auf ein Verfahren gegen Endert und Kahlenhaus. Habe noch etwas im Hinblick auf die Beiden zu regeln. Endert und Kahlenhaus haben ihre Codeschlüssel mit der Wirkung der Herabstufung zu einem einfachen Kämpfer abgegeben. Inge und ich haben in der vergangenen Woche nach der letzten Konferenz die Codeschlüssel von Ursula und Geli auf uns übertragen lassen. Nun liegen abermals zwei Sektionen, die von Kahlenhaus und Endert, zur Verteilung vor. Ich bitte Erich darum, wegen dieser Angelegenheit nach der Dienstvorschrift zu verfahren.«

Erich fragt: »Sind Freiwillige unter uns, die je eine Sektion übernehmen?«

Keine Hand rührt sich.

»So muß ich feststellen, daß wir die Übernahme der Sektionen verlosen müssen. Die Beiden, die schon eine Sektion freiwillig übernommen haben, brauchen nicht an der Verlosung teilzunehmen.«

Arnold winkt ab und sagt: »Wenn sich kein Freiwilliger findet laß es mal sein, es eilt nicht so. Vielleicht nehme ich noch eine Sektion, weil ich einen neuen Stellvertreter haben werde.«

»Arnold. Sei vorsichtig mit der Übernahme von Enderts und Kahlenhaus Depots«, sagt einer: »Du weißt bestimmt auch, daß man vom Codeschlüssel ein Duplikat anfertigen kann?«

»Das ist mir nicht bekannt«, antwortet Arnold verblüfft und zornig: »Mir ist aber bekannt, daß nach der Dienstvorschrift jegliche Manipulation mit den Schlüsseln untersagt ist.«

»Jedenfalls: Sei gewarnt«, rät ihm nochmals sein Kamerad.

- Da ist es wieder, das Mißtrauen. Es ist, als wenn man in einen Berg Gummi hineinrennt. Es gelingt nicht, etwas Handfestes zu ergreifen; im ungünstigen Fall wird man zurückgeschleudert, an den Ausgangspunkt. -

Eigentlich sollte diese Zusammenkunft beendet sein, als nun ein junger Mann, vielleicht dreiundzwanzig Jahre alt, sich meldet und bekannt gibt, seinen Posten nieder zu legen, und den Codeschlüssel heute Abend hier abzugeben.

Betretenes Schweigen in der Runde.

»Ich bin bereit, meinen Erkennungsstreifen sofort zurück zu geben, und mich aus dem Depot zu entfernen«, sagt nun der junge Mann.

»Du kannst jetzt nicht heraus. Niemand kann heraus«, sagt nun der

Mann an den Monitoren: »Wir sind praktisch umstellt, und die Stachos rücken langsam zum Zentrum vor. Das Zentrum sind wir.«

Alles stürzt zu den Bildschirmen. Tatsächlich: Was die Realbildkameras im schütteren Schein von hin und wieder aufblitzenden Handscheinwerfern andeuten, zeigen die Infra-Rot-Augen ganz klar: Ein starker Trupp von Menschen nähert sich dem Hinterhof, unter dessen zugehörigem Haus tief unter den Fundamenten sich das Depot befindet, in dem gerade die Versammlung der Ko-Offiziere ihr Ende gefunden hat.

Darüber, daß es sich bei den ungebetenen Zudringlingen um Soldaten der O-Truppen handelt, besteht kein Zweifel. Sie werden dieses Versteck nicht entdecken, wenn sie nicht den direkten Zugang finden – und wenn das ganze Haus über dem Versteck abgebrochen würde.

Eine Echolotung würde auf dem Sonargerät alles anzeigen, nur keinen Hohlraum, weil ein Sicherheitssystem nach Sensibilisierung durch ausgestrahlte Schallwellen Kohlendioxid innerhalb des Raumes freigibt. Dieses neutrale Gas leitet die Echowellen des Erdsonars fast so gut wie der Erdboden selbst. Natürlich müssen Menschen während der Begasung im Inneren des Depots Sauerstoffmasken benutzen, welche immer griffbereit liegen.

Doch die Überwachungsmeßfühler zeigen eine derartige Aktion nicht an. So bleibt den Leuten nichts, als sorgfältig die Monitore zu beobachten und zu warten.

Der junge Mann, der seinen Codeschlüssel zurückgeben wollte, ist von seinen Kameraden inständig gebeten worden, nur ja nicht jetzt den Raum zu verlassen: Er würde seine Kameraden gefährden. Er wurde sogar überredet, die ganze Sache nochmal zu überdenken, und seinen Codeschlüssel zunächst zu behalten.

- Dieser Codeschlüssel ist ein kleiner Plastikstreifen von ein mal drei Zentimeter Größe. Er besteht aus einem speziellen Kunststoff; und die feinen Silberfäden in dem schmalen Streifen tragen digitale Informationen, die, in ein Lesegerät eingeführt, Öffnungsmechanismen in Bewegung setzen. Sie sind nichts anderes, als auf die betreffende Person bezogene elektronische Schlüssel.

Diese Plastikstreifen werden bei Gefahr im Munde, meist zwischen unterer Zahnreihe und unterer Lippe versteckt. Wenn der Träger erwischt wird, hat er immer noch Gelegenheit, das Stückchen Plastik zu zerbeißen. Sollte der Träger allerdings getötet werden, setzt nach kurzer Zeit, bedingt durch den nun enzymisch veränderten Mundspeichel die Auflösung des Plastiks ein; und einige, ganz feine, wirr im Munde herumliegende Silberfädchen geben keine vernünftigen Informationen mehr her. -

Es sieht tatsächlich so aus, als wenn die Stachos das über dem Depot liegende Haus besetzen wollen, was gewiß nichts bewirkt: Wissen die Bewohner ja selbst nichts davon, was sich unter den Fundamenten des Hauses abspielt. Und die Toreinfahrt, an der der Zugang zum Depot – das Kellerfenster – liegt, ist vom Hause nicht einsehbar.

Trotzdem beschleicht jeden der Versammelten ein trübes Gefühl des Verrats. Einige schauen nachdenklich auf Arnold, erinnern sich der harten und offenen Worte die gefallen sind, überlegen, ob er nicht doch am Ende mit seinen Verdächtigungen richtig liegt? Denn das, was jetzt passiert, sieht eindeutig nach Verrat aus. -

Es wäre das erste Mal, wenn ein Depot an die O-Truppen verraten worden wäre, abgesehen von dem einen Fall in Arnolds Bezirk, wo allerdings keine Leute drin waren. Und die Hausbewohner mußten ja auch bitter büßen; man hatte ihnen zur Strafe das Haus anschließend in die Luft geblasen.

Doch hier? – Irgend jemand mußte wissen, daß sich heute abend unter dem Hause Zur Renne 10, Milizangehörige versammeln, denn für eine einfache Razzia in einem Hause mit Zivilisten hätten die Stachos nicht so ein großes Aufgebot herangebracht, mit Panzerwagen in den Straßen, und einem gepanzerten Mannschaftswagen, der gerade vorsichtig versucht, durch die schmale Toreinfahrt zu kommen. Geht aber nicht, er ist zu breit.

So sitzen die Soldaten ab, und schwärmen vorsichtig in den dunklen Hinterhof, aus Vorsicht vor Heckenschützen machen sie kein Licht: Ein Glück für die Leute im Depot, denn wer weiß; vielleicht hätten die Soldaten doch den geheimen Zugang gefunden. Jedenfalls dringen die Rollkommandos in die umstehenden Häuser ein. Schreie, Fluchen, Kindergeschrei, Poltern und auch Schusse. -

Währenddessen leitet Erich Maßnahmen ein, den Zugang zum Fluchttunnel aus dem Depot freizuräumen. Lautlos öffnet sich die kreisrunde Schleuse, und gibt eine dunkle Plastikröhre von circa achtzig Zentimeter Durchmesser frei: der Fluchttunnel. Dieser endet 120 Meter weiter in einem Vorgarten, wo sich dichtes Fichtengebüsch befindet. Von dort wäre es nur noch ein Sprung über die Straße auf einen Kinderspielplatz mit vielen Abenteueraufbauten, Sandkästen und Sitzbänken. Wer einmal bis hierher gekommen war, fände anschließend Deckung in dem Strauchbewuchs des Parks, der sich unmittelbar an den Spielplatz anschließt. Aber soweit sind die Dunkelleute im Depot noch nicht.-

Gerade spricht Inge mit Volker über eine Verbindung, die Erich hergestellt hat.

»Wo steckt ihr denn?« fragt Volker.

»Hier, in Gamma, Zero, Drei.«

»Frau, das ist ja hier ganz in der Nähe.«

»Richtig, mein Lieber! Wir sitzen hier fest, weil die Stachos von irgend jemanden informiert worden sind. Der Fuchs kann seinen Bau nicht verlassen. Die Fluchtröhre ist zwar klar, aber wir brauchen die Unterstützung von euch, wenn wir ausbrechen müssen.«

»Ist klar. Was soll ich tun?«

»Alarmiere die beiden Nachbarsektionen. Sie sollen im Bereich Zur Renne 8 bis 12 einen mächtigen Trabel machen. Und nur dort, weil wir unsere Fluchtrichtung danach wählen. Haltet auf die Panzer, das gibt das richtige Spektakel. Du meldest dich in zehn Minuten und sagst, ob ihr klar seid.«

»Verstanden. Ende.«

Nun tritt Inge wieder an den Monitor heran, stellt das Fernauge auf die Umgebung des Ausstiegs des Fluchtstollens.

An der Straßenkreuzung steht ein Ungetüm von Panzerwagen. Ganz klar kommt im Infrarot-Bild die Kontur zum Vorschein. Sogar die Echtlicht-Bilder zeigen im schwachen Schein der Straßenlampen das abgeblendete Ungeheuer, bereit wie zum Sprunge. Es beherrscht die Straße; und wer über die Straße will, muß erst das Ungeheuer dort beseitigen, sonst besteht keine Chance.

»Also«, sagt Arnold, »wenn wir raus müssen. Im Tannenbusch warten, bis alle da sind. Dann gibt es Kondensatorfeuer auf den Panzer, damit er bewegungsunfähig wird. Dann Gewehrfeuer auf die Posten, die hinter dem Panzer stehen, damit die unten bleiben. Über die Straße dann, ich bleibe mit Haftladung im Gebüsch und schleiche mich ran. Wenn Blendgranate detoniert, dann Feuerpause. Warten, bis Detonation Panzerbrech. Wenn ich komme, Feuerschutz. wenn ich nicht auftauche, dann haut ab!«

»Gut, Arnold«, klopft ihm ein Kamerad auf die Schulter – der ehemalige Bundeswehroffizier –: »Aber warum willst du die Blechbüchse unbedingt öffnen? Es reicht doch, wenn wir den Panzer paralysieren! Wir sind nämlich auf der Flucht, Kamerad. Und da soll man sehen, daß man den Arsch immer auf Bodenhöhe hält.«

Arnold zuckt mit den Schultern: »Wenn du meinst. Ich bin nicht scharf darauf, den Heldentod zu sterben. Die Aktion mit dem Panzer war mehr als Ablenkung gedacht, um uns besser verkrümeln zu können. Aber«, Arnold schaut den Älteren nachdenklich an, »eigentlich hast du recht. Also: Wir belassen es bei dem Beschuß mit EMP-Munition, Feuer auf die Posten, und Blendgranaten hinterher. Dann nichts wie weg über die Straße, jeder für sich.«

Alle nicken, schauen angespannt auf die Bildschirme.

Inzwischen ist auch die Klarmeldung von Volker angekommen: Er wartet auf den Einsatz. -

Doch nach ungefähr zwei Stunden scheint sich die Lage zu entspannen. Jedenfalls sind auf dem Hinterhof von Zur Renne 10 keine O-Soldaten mehr auszumachen. Volker wird gefragt, ob er Kontakt zum Haus Zur Renne 10 bekommen kann um nachzuforschen, ob noch Soldaten im Gebäude sind; notfalls soll ein Späher nachschauen. Volker verspricht, sich in fünfzehn Minuten wieder zu melden.

Seine Meldung kommt: Im Umkreis von 150 Metern um das Depot befindet sich kein O-Soldat mehr, im Gebäude ebenfalls nicht. Natürlich sei äußerste Vorsicht geboten. Volker fragt, ob die Gefährtinnen und Gefährten denn nicht über Nacht im Depot bleiben wollen, was aber abgelehnt wird mit dem Hinweis, es könne bei anbrechendem Tageslicht nochmal, diesesmal eine ungleich schärfere Kontrolle erfolgen.

So machen sich die Leute daran, nachdem im Depot das Schott für den

Fluchttunnel wieder geschlossen war, alle Sicherheitssysteme geprüft und eingeschaltet sind, das Versteck zu verlassen. Lautlos senkt sich der Boden eines Kellerlichtschachts ab, der als Eingang so gut getarnt ist, daß auf der Oberfläche dieser Betonplatte das Wasser vom gerade einsetzenden Regen steht; und das Moos und die Flechten so geschickt angebracht sind, daß sie den Trennschnitt zwischen echten Schachtwänden und Bodenattrappe verdecken.

Langsam und vorsichtig schiebt sich ein kleiner Spiegel durch das Abdeckgitter. Alles ruhig. Langsam hebt sich das Abdeckgitter, und einer nach dem anderen verläßt diesen Ort. Die Letzte, Inge, versiegelt den Eingang und fragt Arnold, ob er mitkommen möchte.

Arnold bejaht, und geht mit ihr.

[]

In einem Depot nahe der Lindenallee sitzen Arnold und Heinz-Otto vor der Schaltkonsole des Computers. Arnold will die Sektion von Endert in seinen Bereich eingliedern. Diese neue Sektion kommt ihm insofern gelegen, da diese unmittelbar an die alte Zementfabrik stößt, ja, wie er sich erinnern kann, soll sogar ein Depot dieser Sektion einen Zugang zu dem stillgelegten Werk haben, was ihm, im Hinblick auf seine Aktion, nützlich erscheint.

Hier im Raum herrscht ein angenehmes Klima, im Gegensatz zu draußen, wo das kalte Wetter durch nässenden Nebel abgelöst wurde, der schon seit zwei Tagen unheildrohend und klebrig über dem Land hockte. Ideales Wetter für Sabotageeinsätze; deswegen bemüht sich Arnold, mit seinem Projekt voran zu kommen.

Vor ihm liegt der kleine, schmale Plastikstreifen von Endert: dessen Codeschlüssel. Nach einigen komplizierten Decodierungsschaltungen hat er endlich EUNAT auf dem Bildschirm und im Lautsprecher. Neben sich hat er Heinz-Otto sitzen, der interessiert und angestrengt in einem dicken Handbuch blättert, Arnold bei der Betätigung des Computers beobachtet.

Jetzt meldet sich die Stimme der Frau, die auf dem Bildschirm erscheint:

»Hier EUNAT. Bitte kommen.«

Nachdem sich Arnold zu erkennen gegeben hat, trägt er seinen Wunsch vor. Die Stimme aus dem Lautsprecher sagt: »Verstanden. Ich werde nun auf Periphergerät umschalten. Wenn Sie Schwierigkeiten haben, oder wenn Sie fertig sind, rufen Sie mich bitte mit der Taste PARKON. Ich bleibe auf jeden Fall in der Leitung. Ende.«

Der Bildschirm wechselt seine Farbe; sein intensives Blau wird durch hin-und herzuckende zahlreiche farbige Streifen zerhackt, bis sich das Bild stabilisiert. Mit dem Erscheinen der ersten Zeichen auf dem Bildschirm ertönt aus dem Lautsprecher die gewohnte kalte Maschinenstimme:

»Hier Periphator 13, Schrägstrich 8. Bitte kommen.«

»Computer«, spricht Arnold klar und deutlich: »Ich will Sektion Nummer...« – es folgt eine Zahlenkombination – »übernehmen. Codeschlüssel liegt vor.«

»Verstanden. Plastikchip in Schlitz rechts neben Taste PARKON einführen.«

Arnold nimmt das Plastikstück, schiebt es in den Schlitz. Nach einer Weile kommt das Stück wieder hervor, der Computer kommandiert: »Gelöscht. Bitte erneut einführen. Mundsonde neben Einführschlitz Codeschlüssel in Mund einführen.«

Aus einer kleinen Öffnung fährt langsam ein dünner, biegsamer Teleskopschlauch aus Metall heraus. An der Spitze des Schlauchs befindet sich ein kleiner, metallischer Knopf. Arnold nimmt diesen Knopf, ein hochempfindlicher Sensor, in den Mund, spürt die Kühle des Metalls und einen leicht säuerlichen metallischen Geschmack. Es dauert ungefähr zwanzig Sekunden, bis sich der Metallstab vorsichtig aus Arnolds Mund zurückzieht, und in dem Chassis des Computers verschwindet. Der Computer meldet sich erneut: »Speichelanalyse erfaßt. Sie ist verwertbar. Das Signal der Analyse hat die Frequenz 10,3078 Gigahertz. Ich wiederhole: 10,3078 Gigahertz. Bitte Signalgeber mit Buchse INPUT 3, Gamma 12, verbinden. Das Signal 10,3078 Gigahertz wird zwischen die schon bestehenden Signale gehoppt.«

Arnold holt seinen Signalgeber, ein kleines, streichholzschachtelgroßes Plastikkästchen hervor, zieht einen kleinen Metallstift mit einem winzigen Knopf daran hervor, und steckt diesen Metallstift in die angegebene Buchse des Computers.

Es dauert ein paar Sekunden, eine kleine Diode am Signalgeber leuchtet auf, und nun meldet sich der Computer: »Signalgeber programmiert. Bitte Kontakt aus Buchse INPUT 3, Gamma 12, entfernen. Bitte Gegenkontrolle. Bitte Gegenkontrolle.«

Arnold berührt den kleinen Metallstift an dem Kästchen mit der Zunge, und drückt dabei Schalter 2 an dem Kästchen. Sofort fährt der große teleskopartige Metallstift aus dem Schaltpult des Computers. Die Kontrolle ist positiv; denn im Realfall wäre dies nun der Sensor an dem Eingang eines Depots Enderts, welcher – in den Mund genommen – den Weg in das Innere freigibt.

»Überkreuz-Kontrolle«, tönt nun der Computer: »Eigener Plastikchip in Schlitz rechts neben Taste PARKON einführen.«

Arnold tut es, nichts rührt sich, so, wie es sein muß, denn schon meldet sich der Computer: »Signal Speichelanalyse, Schalter 1 Signalgeber betätigen. Speichelanalyse auf Sonde Signalgeber.«

Arnold holt abermals den dünnen Metallstift aus dem Kästchen, berührt diesen mit der Zunge, drückt den Schalter 1 am Signalgeber, und abermals fährt der Metallschlauch aus dem Computer. Wenn er nun den Sensor eines Depots draußen in den Mund nehmen würde, würde sich das Schleusensystem des betreffenden Depots öffnen; aber erst dann, wenn der Computer nach Prüfung der äußeren und inneren Verhältnisse den Befehl zum Entriegeln gegeben hat. Dazu gehört auch das Erkennen, ob der Schutzsuchende etwa verfolgt wird. -

Der Computer meldet: »Kontrolle beendet. Systeme in Ordnung. Bitte Plastikchip entnehmen. Bin bereit für neue Befehle.«

»Computer! Schalte um auf Zentrale.«

»Ich schalte um auf Zentrale. Ende.«

Es knackt im Lautsprecher, auf dem Bildschirm verschwindet der blaue Hintergrund mitsamt dem Text. Arnold betätigt die Druckertaste, und an der Seite der Konsole kommt ein Papierstreifen hervor, auf dem der buchstäbliche Text der Unterhaltung des Menschen mit der Maschine verzeichnet ist.

Heinz-Otto reicht seinem Kameraden das Blatt, dieser schlägt das Hauptbuch auf, trägt handschriftlich die links oben auf dem ausgedruckten Blatt angebrachte Kennummer in die Kladde mit Datum und Uhrzeit ein, und beide studieren intensiv den Text solange, bis sie die wichtigsten Daten – die Frequenz und Schalterstellung – auswendig können. Dann taucht Arnold das bedruckte Blatt in ein Wassergefäß, worin sich das Spezialpapier sofort in eine gallertartige Masse verwandelt, die langsam zerfließt.

Inzwischen steht die Verbindung mit der Zentrale, die Frau auf dem Bildschirm meldet sich: »Hier EUNAT. Zentralcomputer. Bitte kommen.«

Arnold spricht: »Ich gebe den Namen eines neuen Stellvertreters an, und ersuche um die Aufnahme in das Periphergerät mit der vorgeschriebenen Speichelanalyse. Der Name ist Heinz-Otto Erden.«

»Danke. Heinz-Otto Erden. Ist gespeichert«, sagt die Frauenstimme: »Bitte vor die Videokamera treten, ich mache nun eine Frontalaufnahme.«

Heinz-Otto stellt sich in den gleißenden Lichtkegel einer jäh aufflammenden Quecksilberlampe.

»Danke. Nun bitte eine Profilaufnahme.«

Heinz-Otto dreht sich um 90 Grad, und bald tönt die Stimme: »Danke. Ich schalte nun auf Periphergerät, wie gehabt. Wenn es Schwierigkeiten gibt, oder wenn sie fertig sind, rufen sie mich mit der Taste PARKON. Ende.«

Dasselbe Spiel wie vordem beginnt.

Doch bei der Speichelanalyse gibt es die ersten Schwierigkeiten; der Randcomputer meldet sich: »Analyse des Enzyms extrem schwierig. Überdurchschnittlich Amphetamine, Benzodiazepine, Lysergsäurederivat, Tetrahydrocannabinol, Äthanol. Frage: Normalzustand oder Ausnahme? Wenn Ausnahme Empfehlung, zwei Tage Abklingzeit. Ich bleibe auf Empfang.«

Betreten schaut Arnold seinen Kameraden an, der sich nicht bewußt ist, daß der Computer ihm die untrügliche Analyse geliefert hat, ein Drogensüchtiger und Alkoholiker zu sein. -

Arnold drückt die Taste PARKON, und wenig später erscheint seine Gesprächspartnerin auf dem Bildschirm. Arnold trägt ihr die Komplikationen vor.

Diese antwortet: »Es gibt zwei Möglichkeiten: Subjekt bleibt in Zukunft sauber; oder Subjekt hält sich in dem bestehenden Status. Dann gäbe es brauchbare Meßergebnisse. Ausdrücklich: Moralische Bedenken kommen bei der Computeranalyse nicht in Betracht. Empfehle Bedenkzeit. Noch Fragen? Wenn nicht; dann Ende.«

Arnold sagt »Ende«, und der Bildschirm erlischt.

»Ja, mein Lieber. Was machen wir jetzt?«

Heinz-Otto, dem die Frage gilt, zuckt die Schulter: »Weiß nicht!«

»Du hast doch erkannt, worauf es ankommt?« fragt Arnold: »Wenn du weitersäufst und dir weiterhin den Kopf volldröhnst, macht der Computer eine Analyse. Danach mußt du aber immer weitersaufen, sonst funktioniert die Speichelprobe nicht. Und eines Tages, wenn dir die Stachos auf den Hacken sind, liegst du vor einem Depoteingang und kommst nicht mehr rein. Wirst du aber clean, mußt du es für immer bleiben. Denn wenn die Analyse im sauberen Zustand gemacht wird, und du dröhnst dir wieder einen, liegst du im Fall des Falles ebenfalls vor dem Mauseloch, und kommst nicht in den Bau. Überleg es dir also.«

Arnold war klar, wie Heinz-Otto es sich überlegen wird; dies zeigt auch dessen Frage nach der Menge der Vorräte an Aufhellern. Arnolds Antwort läßt Heinz-Ottos Gesicht zu einem gewaltigen Grinsen entgleisen was eigentlich schon den Endpunkt von seinen Bemühungen um eine gute Entscheidung bedeutet.

- Er würde sich nicht mehr ändern, schon zu weit fortgeschritten, komplizierte Aufgaben kann man ihm wohl nicht mehr auflasten. Arnold kann sich auch des Gedankens nicht erwehren, daß Heinz-Otto im schlimmsten Falle immer noch als Minenhund nütze sein könne. Ein gemeiner Gedanke, gibt Arnold sich selbst zu: Doch was Besseres bekommt er in seinem Bezirk nicht mehr, und er macht sich mit dem Gedanken vertraut, Heinz-Otto ständig mit »Stoff« versorgen zu müssen, um einen halbwegs annehmbaren Stellvertreter zu bekommen.-

»Also, Heinz-Otto. Was ist nun?« fragt Arnold, weist auf ein Glasschälchen mit bunten Pillen, welches auf einem Tisch steht.

»Hm. Wie wäre es, wenn ich ‚drücken‘ würde? Das geht doch nicht in die Spucke ein, oder?«

»Von wegen, du!« droht Arnold: »Drücken kommt garnicht in Frage! Aber das ist ja nicht das Problem. Das Problem ist, daß deine Spucke eine gleichbleibende Zusammensetzung haben muß, gewissermaßen als Anzeiger. Du mußt dir das so vorstellen: Deine Spucke ist sowas ähnliches wie ein Fingerabdruck. Wenn du an irgend einer Stelle hinspuckst, und ein Analysator untersucht diese Spucke, sagt der Analysator: ‚Hier war Heinz-Otto Erden‘, vorausgesetzt, er hatte schon mal vorher Deine Spucke untersucht.«

So erkärt Arnold seinem Kameraden die Technik der Speichelanalyse, die von der Tatsache ausgeht, daß der Mundspeichel eines jeden Menschen unverwechselbare Charakteristika besitzt, die den betreffenden Menschen als einmaliges Individuum kennzeichnen.

Diese medizinische Entdeckung machte man sich zu nutze, als die Miniaturisierung der Kommunikationselektronik soweit fortgeschritten war, gaschromatografische und spektralanalytische Geräte in Koffergröße zu bauen. Nun war man in der Lage, diese unverwechselbaren Merkmale zur sicheren Identifikation und Steuerung innerhalb des umfangreichen Sicherheits-und Absicherungssystems der Territorialen Milizverbände sinnvoll zu nutzen, wie zum Beispiel als annähernd hundertprozentig wirkender organischer Schlüssel für die gut getarnten Depots.

»Also, was ist nun«, fragt Arnold: Willst du Abstinenzler werden?«

»Du bist wohl bescheuert!« empört sich nun Heinz-Otto: »Lieber hau ich bei dir in nen Sack und mach Mücke. Meinen Kiff kriege ich auch noch wo anders.«

Arnold grinst, sagt aber, halb ernsthaft: »Milizsoldaten müssen sich gesund an Leib und Seele halten. Sie dürfen während eines Kampfeinsatzes weder berauschende Mittel einnehmen, noch während des Kriegseinsatzes unter dem Einfluß derselben stehen. Der Ko-Offizier achtet darauf, daß Kämpfer nicht unter Einfluß von berauschenden Mitteln eingesetzt werden... Dienstvorschrift. Und was jetzt?«

»Du kannst mich mal, mit deiner Dienstvorschrift! Ist das denn noch Krieg, was wir machen? Das ist doch nix anderes, als Räuber und Schanditz spielen, was wir machen.«

»Eigentlich hast du recht«; Arnold klopft ihm auf die Schulter, nimmt eine blaue Pille aus dem Glas, übergibt sie Heinz-Otto, »und danach bekommst du noch einen Kräftigen zum Nachspülen.«

Arnold schließt ein verborgenes Wandschränkchen auf – seinem Kameraden fallen angesichts der zahlreichen Flaschen fast die Augen aus dem Kopf! –, entnimmt eine Flasche, gießt die Verschlußkappe voll, und reicht diese Heinz-Otto. Der nippt, verkostet, kippt, und ein entzücktes »Ahh« entringt sich seiner Kehle: »Mensch! Das ist ein Stoff. Wo haste den denn her?«

»Nix her. Das ist Kampfverpflegung. Gehört zum Inventar. Aber d e n Schlüssel behalte ich! Das kann ich dir sagen.«

Dabei nimmt er – nachdem er auch einen Schluck genommen hatte – die Flasche vom Tisch, verschließt schön konventionell mit einem simplen Metallschlüssel das Türchen, und läßt den Schlüsselbund an seinen Leibriemen zurückschnellen, wendet sich zu Heinz-Otto: »So, mein Lieber. Die Sache ist entschieden. Wir warten ungefähr eine Stunde, dann hat dein Speichel die richtige Zusammensetzung, wie es sich für einen »Droggy« wie dich gehört. Dann machen wir die Speichelanalyse und gehen zum nächsten Depot, und ackern uns durch die übrigen. Um anschließend fit zu bleiben, setzten wir deine Ration auf, na, sagen wir: drei Aufheller, und nicht mehr wie eine halbe Flasche Alk pro Tag fest. Korrekt?«

Heinz-Otto nickt. – Nach einer Weile aktivieren sie abermals den Computer; und bald hat Arnold einen bevollmächtigten Stellvertreter, über dessen Autonomie er allerdings wachen will.

– Doch während der Zeit, da Arnold und Heinz-Otto angestrengt und konzentriert die von ihnen übernommenen Depots aufsuchen, um das bordeigene Sicherheitssystem umzustellen, waren auch zwei Gestalten unterwegs, von denen einer heftig fluchend vor der Klingeltafel eines mehrstöckigen Hauses steht, und gerade hastig ein kleines Kästchen – nicht größer als eine Streichholzschachtel – in seine Tasche schiebt: »Verdammt! Hier war er auch schon. Komm schnell, wir gehen weiter zum nächsten Depot.«

[]

Als Arnold und sein Gefährte das nächste Depot betreten, fällt ihnen zunächst einmal der Geruch nach abgestandener Luft auf.

Dies war nicht erklärlich, weil laut Anzeige das Umwälzsystem einwandfrei funktioniert. Sogar das leichte Fächeln der Klimaanlage war im Raum als kühler, frischer Luftstrom zu spüren. Da waren auch leichte Trittspuren auf dem Boden, was aber wenig zu bedeuten hatte: Wahrscheinlich war Endert – mit Hilfe einer Kopie seines zurückgegebenen Codeschlüssels – nochmal im Depot gewesen. Weil Arnold aus Gründen der Vorsicht dies unterbinden will, möchte er die Erkennungsmerkmale umprogrammieren – dafür war er hier.

Ein kurzer Blick in die Inventarliste zeigt keine Besonderheiten, eine flüchtige Kontrolle des Bestands erbrachte ebenfalls keine Abweichungen.

Gerade, als Arnold und Heinz-Otto die Umprogrammierung vorgenommen hatten, springt die Schleusentür des Fluchttunnels auf, Endert – gefolgt von Kahlenhaus – springt heraus, in der Hand eine schwere Pistole, die er auf Arnold richtet.

Dieser, mit dem Rücken zugewandt auf dem Drehstuhl vor dem Schaltpult des Computer sitzend, bekommt zunächst nur die weit geöffneten, starren Augen Heinz-Ottos mit, dessen Mund einen Überraschungsschrei formt, der aber bald in wütendes Röcheln übergeht.

Heinz-Ottos Vorstürzen zum Angriff und Arnolds Herumwerfen auf dem Drehsessel war eins, hatte jedoch keinen Zweck mehr, denn Endert war schon heran, schlägt dem unbewaffneten Heinz-Otto in echter Gangstermanier die schwere Pistole an den Kopf, daß dieser besinnungslos zu Boden geht und unter einen Tisch rutscht. Ehe sich Arnold erheben kann, war Kahlenhaus ebenfalls heran, zielt mit seiner Pistole auf dessen Stirn, und nimmt ganz langsam Druckpunkt:

»Na, haben wir dich, du geiles Kriegsschwein? Los, setzen!«

Arnold erkennt sofort, daß die Beiden es ernst meinen; nicht nur daran, daß der Sicherungshebel der Waffe, die auf seinen Kopf zielt, auf »Entsichert« steht, sondern auch an dem Blutfleck, welcher sich um den Kopf Heinz-Ottos auf dem Boden bildet, und aus einer Platzwunde in der Kopfschwarte stammt.

»Hoch mit den Flossen, Becde«, kommandiert Kahlenhaus.

»Und wenn ich das nicht tue?« fragt Arnold, hebt aber dann schnell die Hände, als Kahlenhaus ihm mit der linken Hand eine schwere Ohrfeige verabreicht.

‚Du Schwein‘, denkt Arnold: ‚Auf das kranke Ohr.‘ Vor Schmerz möchte er aufschreien; bestimmt ist die schwierig verheilte Wunde wieder aufgebrochen. Er stöhnt: »Kahlenhaus. du dreckiger Kameradenschinder! Schmeiß deine Waffe weg, und ich mache dich zur Sau!«

»Das hättest du gerne, was? Nee, nee, ich behalte lieber meine Knarre.« Dabei macht Kahlenhaus wieder eine Bewegung mit der Pistole zu Arnolds Kopf.

»Wenn du hier unten einen Schuß abgibst, bist du ebenfalls hin«, sagt dieser; doch Kahlenhaus schüttelt den Kopf:

»Denkste! Aber nicht bei Dum-Dum.«

- Arnold denkt, als der das Wort Dum-Dum hört, an eine auseinanderplatzende Wassermelone; kann und will sich einen gleichartig auseinanderplatzenden menschlichen Schädel nicht so recht vorstellen, zumal es ja sein eigener wäre, weiß aber, daß er so oder so tot sein würde: Ob sein Schädel nur ein kleines, rotes Loch erhält, oder ob sein Gehirn aus dem platzenden Schädel an die Wand spritzt. -

Angst steigt in ihm hoch, denn ein Dum-Dum-Geschoß würde beim Aufprall nach dem Abschuß so deformiert werden, daß es sich zerlegt oder irgendwo stecken bleibt; kein Durchschuß mit gefährlichem Querschläger! -Kahlenhaus ist ein Verbrecher!

»Was willst du überhaupt von mir?«

»Zunächst gebe ich dir den Kameradenschinder zurück«, sagt Kahlenhaus, versetzt Arnold abermals einen schweren Schlag, doch diesmal auf die andere Gesichtsseite. Arnold ist ihm fast dankbar, hat er nun das verletzte Ohr verschont, und das dünne Blutgerinnsel aus seinem Mundwinkel stammt wohl von einer geplatzten Lippe. Er beschließt, sich ruhig zu verhalten; der Gedanke, bei einer Schußabgabe allein draufzugehen, und nicht die anderen mitzunehmen, dämpft in ihm auch die geringste heldische Anwandlung.

Kahlenhaus ruft Endert, der bis jetzt den am Boden liegenden Heinz-Otto im Auge gehabt hatte zu, er solle aus dem Medizinschrank einen

Abbindegurt herübergeben. Der Gurt kommt, Kahlenhaus fesselt Arnolds Hände an die Rückenlehne des Rollensessels, gibt dem Gefährt einen Schubs mit dem Fuß, und Arnold schlägt hart mit dem Sessel an die Betonwand.

Eine scheußliche Situation, sein gesamter Vorderkörper ist nun ungeschützt den zu erwartenden Schlägen ausgesetzt. Oder will er was anderes? -

Kahlenhaus steckt seine Pistole in die Parkatasche, und zündet sich eine Zigarette an, eigentlich eine Todsünde in einem Pulverfaß wie dieses Depot. Arnold macht ihn darauf aufmerksam, indem er mit dem Kopf auf das große, blaue Schild mit der dick durchgestrichenen, qualmenden Zigarette weist.

»Du kannst mich mal«, quetscht Kahlenhaus: »Wenn hier was hochgeht, gehen wir alle mit.«

Das war ein Gedanke, an den sich Arnold gut gewöhnt hatte, deswegen nickt er, wobei nicht ganz klar war, ob dies nur Zustimmung oder auch Genugtuung war. Jedenfalls bemerkt Kahlenhaus sofort diesen undefinierbaren Ausdruck in Arnolds Gesicht, sagt »Verdammt!« reißt die Zigarette aus dem Mund und zertritt sie.

»Endert«, ruft er nun, »gib mir mal ne Flasche rüber.«

Endert schließt das Schränkchen auf, zeigt eine Flasche, Kahlenhaus nickt, und er bringt sie ihm rüber.

»So, nun zu dir, Arnold Becde. Ehemaliger Kampfgenosse, Kameradenschinder und Kriegstreiber. Jawohl! Du bist der wahre Kameradenschinder! Alle Leute sagen das. Ich und mein braver Kamerad dort sind beauftragt, dir das mal unmißverständlich klar zu machen.«

Endert nickt heftig, nimmt ebenfalls einen Schluck aus einer Flasche, hustet, und wischt sich mit dem Handrücken die hervorquellende Flüssigkeit vom Mund.

»Noch nicht einmal richtig saufen kann diese Knalltüte«, murmelt Kahlenhaus leise, blafft aber Arnold böse an, als dieser leicht sein Gesicht verzieht.

»Entschuldigung. Es war mein Ohr.« Arnold deutet ein schmerzverzerrtes Gesicht an.

»Also«, fährt Kahlenhaus fort: »Von deiner kriegswütigen Sippe bist du der letzte und gefährlichste Indianer. Ich soll dir also mitteilen: Du sollst vier Wochen lang nichts unternehmen, und kein Depot aufsuchen. Wieviele Depots, außer diesem hier, hast du schon umprogrammiert?- Was, du willst nicht reden? Warte, ich helfe nach!« Sprichts, und tritt Arnold unvermittelt in den Bauch.

Dieser krümmt sich nach vorn, stöhnt, schnappt nach Luft: »Du Dreckschwein. Du Kameradenschinder! Ja, d u bist der Kameradenschinder, Kahlenhaus. Und wenn ich hier lebend rauskomme, bring ich dich vors Gericht.«

Kahlenhaus lacht schallend: »Vors Gericht! Ha, ha, vors Gericht. Welches Gericht denn? Vors Standgericht der Stachos etwa? Oder dem Amtsgericht in Mittelbach?- Nein, jetzt weiß ich: du willst mich vor den Kriegsrichter bringen, der feigen Sau, die vor einem Waffeneinsatz immer krank wird! Hat er wohl bei seiner Ausbildung als Reserveoffizier so gelernt. – Nein, das schlag dir aus dem Kopf. Oder besser: I c h schlag dir das aus dem Kopf!«

Dabei versetzt er Arnold wieder ein paar schwere Schläge ins Gesicht.

‚Herrgott!‘ denkt Arnold: ‚Wenn doch nur die Decke des Depot höher wäre! Ich würde ihm den gesamten Stuhl von hinten auf den Schädel donnern!‘

Statt dessen besinnt er sich auf eine List: Er schreit, ganz laut, ganz schrill.

Entsetzt hält sich Kahlenhaus die Ohren zu und ruft: »Aufhören! Du sollst sofort aufhören, habe ich gesagt«, nimmt die Pistole hervor, richtet sie auf Arnold.

Diese Anrede will Arnold nicht ein zweitesmal riskieren, deswegen stellt er das Schreien sofort ein.

Inzwischen ist Heinz-Otto wach geworden, hebt stöhnend das Gesicht, faßt zur Wunde am Kopf, schaut auf seine blutige Hand: »Oh, ich sterbe. Ich sterbe«, und sackt wieder zusammen.

Kahlenhaus lacht und fragt: »Wen hast du denn da als Kumpel?«

Endert meldet sich: »Ich kenne den. Da hat sich der Becde aber einen an Land gezogen. Der dröhnt und schluckt wie ein Balzkater. Na, das zeigt ja schon, daß Becde keine vernünftigen Leute mehr zusammenbringt, außer diesem letzten Aufgebot und der Flitz-Inge mitsamt ihrem Farbenwichser.«

Kahlenhaus knurrt, trinkt aus der Flasche und fragt Arnold, wo er die Codeschlüssel fürs Depot habe. »Los, sag es mir«, schreit er ungeduldig, »sonst massiere ich dir den Wanst, daß du grün-blau für eine Weltanschauung hältst.«

Dabei nestelt er Arnolds Hose, öffnet desen Leibriemen, und zieht die Hose herunter.

‚Du dreckige Sau‘, denkt Arnold: ‚du bist nicht nur eine grausame Bestie; du bist auch noch pervers‘, und spuckt seinem Peiniger ein zerbissenes Gewirr von Plastik und feinen Silberdrähten vor die Füße.

»Du Misthaufen«, lallt nun Kahlenhaus, »warte, ich geb es dir.« Dabei schwingt er den leinenen Leibriemen, den er Arnold abgenommen hat, und schlägt auf dessen Leib.

Nun schreit ein Mensch, sich vor Schmerz windend, auf, denn der Riemen trifft gezielt das Geschlecht des Mannes. Dieser windet sich verzweifelt auf seinem Stuhl, um seine Blöße den heftigen Schlägen zu entziehen. Tränen der Wut und des Schmerzes rollen die fleckig gefärbten Wangen herunter.

Heinz-Otto wagt einen blinzelnden Blick, und fängt im Angesicht des Leidens seines Freundes selbst an zu heulen.

Endert sagt: »Kalla! Nun treib es nicht so doll. Umbringen sollst du ihn nicht. Laß jetzt sein, der weiß nun, wo es lang geht. Wir müssen auch bald weg, bald wird's hell.«

»Scheiße«, grölt Kahlenhaus, und bringt noch schnell ein, zwei schwere Schläge an: »Du hast recht. Komm, wir setzen das Windei da auf eine Bank, legen ihn an die Kette, holen uns die Dinger und hauen ab.«

Schwankend geht er auf den am Boden liegenden Heinz-Otto zu, hebt diesen mit Hilfe seines Kumpanen hoch, setzt ihn auf die Bank, bindet ihm mit Arnolds Koppel die Hände hinterrücks an der Bank fest. Heinz-Otto heult, und sackt mit seinem Oberkörper zur Seite. Kahlenhaus entblößt auch Heinz-Ottos Körpermitte, schmiert ihm und Arnold von der Blutlache auf dem Boden das Geschlechtsteil ein.

Während dessen hat Endert schon etliche Schnapsflaschen und Nahrungsmittel in einen großen Leinenbeutel gepackt, und aus dem Arsenal Plastik-Sprengladungen und zwei Präzisionsgewehre mit Zieloptik und dazugehöriger Munition entnommen. Nun beteiligt sich auch Kahlenhaus an der Plünderung, und tut noch ein paar Handgranaten und Handraketen hinzu. Die Kleinteile verstaut er in einem anderen Leinensack.

»So, du weißt Bescheid, Becde. Vier Wochen hast du Ruhe. Wenn nicht, dann...« Kahlenhaus zielt mit dem Gewehr auf Arnold: »Bumms! Und du bist weg. Und damit du auch als der Richtige deutlich von Jedermann erkannt wirst, ziehe ich dir ein Zeichen durch die Fresse.« Sagt es, zieht sein Kampfmesser aus der Scheide, und ratscht Arnold ein Andreaskreuz auf die Stirn.

Arnold bekommt alles nur bruchstückhaft mit: Diese höllischen Schmerzen am Bauch! – Er sieht, wie die Beiden jede Menge Explosiv-Material in die Säcke stecken.

Nun macht sich Endert an der Ausstiegsschleuse zu schaffen, die selbstverständlich auch von innen mechanisch geöffnet werden kann. Es knackt, und langsam schiebt Endert die Abdeckung zur Seite, kriecht in den Einstieg, und bald strömt kalte, feuchte Nachtluft in den Raum.

Kahlenhaus schultert seinen Leinenbeutel und das Gewehr, wendet sich an die zusammengesunkene Gestalt auf dem Stuhl: »Ssso. Du weißt, was – hks! – Sache ist. Wenn du inner nächsten Zeit erwischt wirst, bisse dran. Un nu lass es euch gut gehen, und wartet, bis die Stachos komm.« Er setzt die Flasche mit seiner frei gebliebenen Hand an den Mund, leert sie, und schmettert sie auf den Boden, wo sie krachend zerbirst. Arnold nimmt auch noch wahr, wie der plumpe, besoffene Kahlenhaus mit dem geschulterten Gewehr fluchend versucht, durch die Ausstiegsschleuse zu gelangen, was aber erst gelingt, als Endert ihn – nun seinerseits heftig fluchend und schimpfend – am Kragen packt, und hochzieht.

Arnold hört noch, wie die Zwei laut singend, sich vom Depoteingang entfernen, mit dem Spottlied: »Wir sind Deutschlands letzte Rehettung, scheißen auf den Rest der Welt...«, und dann verliert er die Besinnung.

- Er wird wach durch leises Rufen und der Kälte an seinem Unterleib. Er schaut an sich herunter, will entsetzt aufspringen; doch der Schmerz in seinen Armgelenken erinnert ihn an die Wirklichkeit.

Er schaut um sich, sieht Heinz-Otto auf der Sitzbank hocken, sieht, wie Tageslicht und feuchte Nebelschwaden durch die geöffnete Schleuse dringen und weiß, daß etwas getan werden muß. Hatten diese Wahnsinnigen nicht etwas von Stachos gesagt? Zuzutrauen wäre dem Verbrecher auch noch, daß er die Besatzungstruppen informiert.

An Heinz-Otto hat er keine Hilfe, das erkennt er schnell. Ihm fällt der Flaschenboden der zerschmetterten Flasche auf, welcher vor seinen Füßen liegt. Er nimmt diesen Scherben zwischen die Füße, rollt mit seinem Stuhl mühsam auf Heinz-Otto zu, sagt ihm, er solle aufhören zu heulen, und jetzt genau aufpassen. Er legt den Flaschenboden mit Hilfe seiner Füße auf Heinz-Ottos nackte Oberschenkel: »So, zwischen die Beine nehmen. Zusammenpressen.«

Heinz-Otto erkennt tatsächlich, was Arnold will und beruhigt sich.

Nun dreht Arnold ein wenig seinen Stuhl, damit er mit seiner Fesselung an den scharfen Rand des Glasbruches kommt. Sein Kamerad erkennt schnell, worauf es ankommt; und so arbeiten diese beiden geschundenen Körper schnell und rhythmisch, bis sich aus der Kehle Arnolds ein befreites »Aha« löst.

Als Erstes wankt er auf stakigen Beinen zum Schleusenmechanismus, und nach ein paar Sekunden schließen sich mit schmatzendem Geräusch die schweren Schleusen. Dann humpelt er zurück zum Computerstand, schaltet die Fernaugen ein, die ihm keine sichtbare Gefahr des Entdecktwerdens melden. Erst dann kümmert er sich um seinen Kameraden.

Nachdem sich beide gereinigt, umgezogen und gegessen haben, sitzen sie zusammen am Computerstand. Arnolds Geschlechtsteil war grün und blau angelaufen, seine Hoden schmerzen, und sein Bauch zeigt den genauen Abdruck eines Stiefels. Zum Glück war sein gerade erst zusammengeheiltes Ohr nicht beschädigt, doch die zahlreichen Blutergüsse, die geschwollenen Wangen und eine aufgeplatzte Lippe zeugen von der brutalen Gewalt eines Menschen, der offensichtlich jedes Maß und jede Kontrolle über sich verloren hat.

Sorge macht ihm vor allem die Verletzung, die ihm Kahlenhaus mit dem Messer auf der Stirn zugefügt hatte. Zwar waren es nur Hautritzer, aber die Narben würden ihn für immer kennzeichnen. Ihm wird nichts übrigbleiben, eine Stirnbinde tragen zu müssen, damit er seine Identität nicht gerade auf dem Präsentierteller darlegt. -

Bei Heinz-Otto gab es lediglich eine klaffende Platzwunde auf dem Kopf und gehörige Kopfschmerzen. Arnold hat seinem Kameraden den Kopf rasiert, und die Wunde fachmännisch verschlossen. Und die Kopfschmerzen von dem Schlag mit dem Pistolenkolben sind Heinz-Otto nach der Einnahme einer Sonderration Aufheller vergangen. Selbst Arnold hatte ein paar von den von ihm verpönten Tabletten genommen, denn diese erfüllen nun endlich ihren Zweck, für den sie angeschafft wurden.

Es besteht kein Zweifel: Beide Männer haben Angst; und diese Prozedur der Einschüchterung hat Wirkung gezeigt.

Über Furcht hat sich Arnold noch wenig Gedanken gemacht, bis er diesem Sadisten in die Hände gefallen ist. Es kommt noch hinzu, daß diese Tortur von einem ehemaligen Kameraden zugefügt wurde, und nicht vom Gegner. So gibt es keine Rückkehr mehr zu geordneten Verhältnissen, denn Arnold war klar, daß Kahlenhaus und Endert nicht allein mit ihren Ansichten sind; und die ganze Hilflosigkeit wegen des Terrors gegen sie zeigt sich in der Frage Heinz-Ottos:

»Was nun, Arnold?«

Dieser zuckt die Schulter und sagt: »Wir verbringen erst mal ein paar Tage unter der Erde. Aber nicht hier, sondern in einem anderen Depot. Hier ist es zu gefährlich. Endert und Kahlenhaus haben Duplikate vom Codeschlüssel. Wer weiß, was die noch alles aushecken die Elektronik zu überlisten, und trotz der Neuprogrammierung hier jederzeit wieder einzudringen.«

»Arnold. Sollen wir denn nicht überhaupt jetzt aufhören? Guck mal, nur wir und ein paar Andere kämpfen noch. Deswegen hat das Pech uns auch immer am Hintern. Gut, du bist kein General, gibt es bei uns ja nicht mehr. Aber die alte Regelung mit den Generälen war auch nicht schlecht. Wenn du nämlich jetzt General wärst, könntest du dem ganzen Gelumpe befehlen; sie müßten dann in die Schlacht ziehen, und du ständest weit ab vom Schuß, und gucktest durch ein Fernglas.«

Arnold muß lächeln über die durchaus richtige Schilderung vergangener Kriegszeiten, schüttelt aber den Kopf: »Nein, so geht es eben nicht mehr. In unseren modernen Zeiten ist die Demokratie oder Selbstbestimmung bis in das Militär vorgedrungen. Das, was Kahlenhaus über das Gericht gesagt hat, stimmt. Es gibt in einem Partisanenheer auch keine Militärpolizei. Wofür auch? Jeder ist auf sich selbst gestellt, für sich allein verantwortlich. Jeder sorgt für sich allein, daß die Vorschriften, also die Dienstvorschriften eingehalten werden. Diese lauten eigentlich: Kampf gegen den Gegner mit allen Mitteln. Jeder nimmt, so gut es geht, Rücksicht auf seinen Kameraden, auch im Kampfe. Jeder nimmt das Recht in seine Hand wenn er meint, es erscheint ihm etwas ungerecht.

Kahlenhaus und Endert haben ungerecht und verbrecherisch gehandelt. Sie verfallen der Feme. -

Jeder, der diese Verbrecher antrifft, darf und muß sie töten. Das ist ein Befehl, Heinz-Otto!«

Dieser zuckt zusammen: »Darfst du überhaupt so einen Befehl geben?«

»Jawohl! Das Recht ist mir verliehen. Und kraft meines Amtes als Ko-Offizier verleihe ich dir ebenfalls dieses Recht zu entscheiden, was richtig ist. Und das erkennst du daran, daß alles u n richtig ist, was der Fortsetzung des Kampfes gegen die Angreifer n i c h t dient. Die Handlungen dieser beiden Verbrecher waren nicht richtig, weil sie zwei Kameraden – uns beide!– kampfunfähig gemacht haben. Darum verfallen sie der Rache.« -

»Hör auf, ich kann nicht mehr klar denken«, jammert Heinz-Otto, führt seine Hände zum Kopf, und schaut Arnold verzweifelt an.

Dieser, sich an seines Kameraden Schwierigkeiten erinnernd, hört mit seinen Belehrungen auf, bittet um das Hauptbuch des Depots; und Beide machen sich daran, die Vorräte des Depots zu überprüfen, und die Fehlliste zu ergänzen. Einiges haben die beiden Gauner mitgehen lassen, wobei die Lebensmittel und Spirituosen längst nicht das Schlimmste waren: die können ersetzt werden. Schlimmer war das Entfernen von Waffen, Sprengmitteln und Drogen, welche nicht so ohne Weiteres erneuert werden können.

Nachdem sie auch die verbliebenen Waffen aufgelistet hatten, wurde an diesen auch die elektronische Fernzündungsentriegelung auf die neuen Befehlsstandards umgestellt.

Heinz-Otto ist nicht bei der Sache. Kein Wunder nach dieser Nacht, und bittet Arnold, ob er sich schlafen legen könne, was dieser selbstverständlich gestattet; nicht aber, ehe Heinz-Otto eine Sauerstoffmaske angelegt hat, die automatisch ihre Funktion übernimmt, wenn das Depot infolge eines Sonarangriffs selbsttätig mit Kohlendioxid geflutet wird.

- Arnold betrachtet seinen unruhig schlafenden Kameraden auf der schmalen Pritsche. Soweit ist es gekommen, Arnold Becde: Da liegt dein einziger Kampfgefährte, ein geistig angeschlagener Mensch, ein Fixer.

Oft sucht er verzweifelt die Anfänge seiner Isolation: Er findet keine Ansatzpunkte. Er hat bis jetzt eigentlich nur seine Pflicht getan, den Gegner zu bekämpfen, unter Einsatz seines Lebens. Er hat die Vorschriften seines Amtes eingehalten; er war ein vorbildlicher Bürger. Er findet keine Erklärung, als daß da etwas Persönliches, Haß, Neid, Mißgunst im Spiel sein müsse. Nur: Warum? Und weswegen?

Daß einiges mit dem Vorleben seines toten Vaters zu tun hat, war ihm wohl klar. Doch solche Haß-und Vernichtungsgefühle konnte er sich einfach nicht vorstellen, doch dämmerte ihm nun auch der Gedanke an Feigheit, Eigennutz, Trägheit der Menschen allgemein.

Im Gefolge seiner naturwissenschaftlichen Studien wurde er ein Anhänger der dualistischen Weltanschauung; doch die Kategorien »gut« und »böse« erschienen immer undurchsichtiger, je mehr Wirkungen und Auswirkungen er von Menschen wahrnahm, ja, seine eigenen Handlungen und deren Wirkungen konnte er manchmal nicht mehr richtig einordnen, wobei ihm durchaus klar war, daß der Begriff »richtig« auch nur ein Pol im dualen Weltbild ist. -

Eine Erkenntnis hatte er jedenfalls als annehmbar erkannt: Alles, was ein Individuum tut oder unterläßt, was seinen augenblicklichen, zufriedenen Zustand erhält, oder alles, was das Individuum unternimmt, was einen zufriedenen, glückseligen Zustand anstrebt, konnte nicht schlecht sein!

Welche Schlußfolgerungen zieht er aus seinem jetztigen Handeln? Dienten seine Handlungen dem Bestehen oder gar Erlangen einer wie auch immer gearteten Glückseligkeit?-

Er fröstelt, schaut auf das Digitalthermometer der Raumklimatisierung: Exakt 21,85° Celsius, so, wie es schon seit Jahren läuft. Verwirrt gießt er sich einen Schnaps ein und trinkt.

-Kahlenhaus und Endert. Passen die etwa in sein Weltbild hinein? Ja, sie passen! Besser als er selbst, denn Kahlenhaus, Endert und viele andere machen nur das, was dem Bestehen ihrer eigenen Glückseligkeit und Zufriedenheit dient, nämlich ihn – Arnold Becde – mit aller Kraft zu neutralisieren, damit dieser keinen Druck mehr auf sie ausüben kann!

Ja, da war es wieder: Auch dieses Weltbild war nicht absolut, es kommt hier auch auf den Standpunkt an, denn diese Kreaturen Kahlenhaus und Endert und Konsorten haben nichts anderes im Sinn, als leben zu wollen, zu überleben, und wenn es nur für einen Moment ist.

Und er, Arnold, dessen Handlungen entgegengesetzt der Anderen laufen: Warum handelt er so? General kann er nicht werden, Orden tragen ist zur Zeit unmöglich. Was ist also das Glückliche und die Zufriedenheit, was er anstrebt, was er nach seinem Weltbild anstreben müßte? Er weiß es nicht, und schaut sinnend auf die tief und fest schlafende Gestalt Heinz-Ottos. Der jedenfalls weiß, was er will.-

Arnold ruft Inge an. Er erzählt, was ihm widerfahren ist. Inge ist garnicht entsetzt, sie habe das kommen sehen. Überall wo sie hingekommen sei, um Leute für das Unternehmen »Waggon-Mine« zu aktivieren, wären die Leute aufsässig geworden als sie hörten, er – Arnold – wolle diese Unternehmung leiten. Sie hätte alle Überredungskunst aufwenden müssen, um wenigstens fünf Kämpfer und Kämpferinnen gewinnen zu können. Aber in Anbetracht, daß somit maximal nur neun Leute, und nicht zehn, wie Arnold angefordert hatte, zur Verfügung stehen, solle er doch dieses Projekt aufschieben. Er solle ruhig fünf oder sechs Tage in einem Depot bleiben, und sich erholen. Sie wolle in das Haus seines Großvaters an der Schubertstraße gehen und nach dem Rechten sehen. Sie, Inge, würde sich melden, wenn etwas Besonderes wäre.-

Erleichtert und beruhigt legt sich Arnold auf eine Pritsche, zieht die Thermodecke bis zum Kinn, legt die Sauerstoffmaske an; und bald mischen sich in das Säuseln und Fächeln der Pumpen und Ventilatoren, und dem Klackern von Schaltrelais die nervösen Atemzüge zweier völlig erschöpfter Menschen.

[]

Dumpfe Erschütterungen wecken Arnold. Ein Blick über die extern installierten Fernaugen zeigen Qualmwolken über den Stellungen der O-Truppen. Noch kann er nicht erkennen, ob es die Spuren von Artillerie- oder Raketeneinschläge sind.

Bald kann er mehr erkennen. Einige Lagen Flak-Raketen zischen in den Himmel. Also hat die Luftwaffe der W-Truppen sich hindurchgemogelt, und belegt die gegnerischen Truppen mit Bomben und Raketen. Auch hört er nun durch die Außenmikrofone den grollenden Donner sich schnell im Tiefflug entfernender Kampfmaschinen.

Der Angriff hatte wohl nicht länger als zwanzig Sekunden gedauert, und scheint ein Erfolg gewesen zu sein, denn nun sprühen heftige Detonationen von dort herüber: Ein sicheres Zeichen für in Brand geratene Munition. -

‚Um so besser', denkt Arnold, ‚dann haben die Stachos eben keine Munition übrig, um in die Stadt hinein zu schießen. Brauchen sie doch jeden Schuß für die bevorstehende Offensive.' Ein Trugschluß, wie er bald erfahren wird.-

Er beschließt, diesen Tag zu nutzen um zu erfahren, wie die Stimmung unter den anderen Ko-Offizieren ist.

Natürlich kann er sich den Kontakt mit denen sparen, die in den beiden entscheidenden Konferenzen gegen ihn geredet haben, denn danach – so ahnt er dumpf – wird es nie mehr eine geordnete Konferenz geben.

- Daß die Idee des gekaderten Milizheeres so schnell zerbrechen würde, hatte Arnold nicht geglaubt. Es liegt wohl daran, daß die Leute sich einbilden, es würde etwas gefährdet; ihr Eigentum, beispielsweise. Das stimmt natürlich nicht, denn bis zum Bezahlen der letzten Schulden-Mark bleibt ihr eingebildetes Eigentum Eigentum eines anderen, dem, der den Kredit gegeben und somit wirklich Besitz hat.

Und so ging und geht jahrzehntelang bis zur Hälfte des familiären Einkommens für die Tilgung von Darlehen und der Zinsen drauf, immer in der Angst, es nicht mehr schaffen zu können, mit allen bekannten Folgen, wobei die »Folgen« wohl eher das hämische und wenig christliche Gehabe der Nachbarschaft war, welches gefürchtet wurde.

Die Bemühungen Arnolds, seinen Landsleuten klar zu machen, sie müßten jetzt etwas tun – also kämpfen – um ihren Erwerb in Zukunft zu erhalten und zu besitzen, waren wohl gescheitert; und er macht sich wenig Illusionen, dies jetzt noch gründlich ändern zu können, als er nun versucht, Erich zu erreichen.

Es gelingt ihm; Erich meldet sich erstaunt: »Hallo, Arnold! Du lebst noch?« was bei Arnold aber Zweifel auslöst, was und wieviel Erich wohl wissen mochte.

»Ja, ich lebe noch. Hattest du etwas anderes erwartet!?«

Am anderen Ende der Leitung Schweigen; dann hörbares, heftiges Schlucken: »Arnold. Ich schwöre dir, ich hab damit garnichts zu tun!«

»Das glaube ich dir, Erich. Nur: Gewußt hast du etwas. Warum hast du mir nichts gesagt?«

»Arnold! Nach den beiden Konferenzen war doch der endgültige Bruch da. Und die Verluste bei der Autobahnbrücke haben die Leute demoralisiert. Die Mehrheiten in unseren Kadern sind halt dagegen. Es tut mir leid.«

»Hör mal, Erich«, bekniet Arnold seinen Gesprächspartner: »Du brauchst mir im Moment nicht zu sagen, ob du zu mir hältst; diese Frage wäre von der Sache her schon falsch gestellt. Du sagst mir aber bitte, ob Inge dich angesprochen hat.«

»Ja, hat sie.«

»Und?« fragt Arnold.

»Ich habe ihr zugesagt. Nur, Arnold, ich bekomme in meiner Sektion nur noch wenige Leute zusammen. Und wenn sie hören, um was es geht, und wer sie führen soll, kommt keiner Ich muß also allein kommen, was ich bestimmt tue, ich kenne meine Verpflichtungen.«

»Das finde ich gut,Erich. – Wo halten sich zur Zeit Kahlenhaus und Endert auf?«

»Die sind zuhause, und ziehen mit der Giminus durch die Gemeinde, und prahlen, welch tapfere Kerle sie seien. Übrigens: Hast du denen Präzisionsgewehre ausgehändigt? Die Beiden ballern am hellen Tag von den Dächern durch die Gegend. Sie halten auch auf die Stellungen der Stachos in der Bahnschleife.«

Arnold erzählt kurz, was ihm mit den Beiden widerfahren ist, worauf Erich ehrlich entsetzt und beeindruckt, Arnold Hilfe verspricht.

»Denke daran, Erich. Die Beiden sind nichts anderes als gemeine Verbrecher, eigentlich gehören sie vor ein Femegericht. Wie das Urteil lauten müßte, ist dir wohl klar. Nur, ich kann sie als Geschädigter nicht verurteilen, das wäre gewöhnliche Rache. Verurteilt werden müßten sie von euch!

Ich habe hiermit meine Klage vorgebracht, spreche auch für meinen Stellvertreter, der ebenfalls geschunden wurde. Schaut also bitte, was zu machen ist. Haltet Kahlenhaus und Endert in Schach, die bringen sonst noch die ganze Stadt zum Brennen. – Sage mir bitte, wen du mir vorschlägst, den ich anrufen soll.«

Erich sagt ihm ein paar Namen, die Nennung der Namen bestätigen Arnold die erhoffte Loyalität, zeigen ihm aber auch seine zunehmende Isolierung und, daß Erich kein falsches Spiel treibt.

»Also, Erich, ich danke dir für Deine Hilfe. Ich werde mich natürlich nicht an das Ausgehverbot« – dabei lacht Arnold bitter – »dieser Ganoven halten. Ich komme dich bald besuchen.«

»Sei vorsichtig. Die beiden Bastarde bestreichen mit ihren Gewehren die gesamte Innenstadt. Auch nachts.«

Arnold war klar, was das bedeutet: Die Präzisionswaffen mit Laseroptik und Infrarot-Gerät waren für den hinterhältigen, heimtückischen Kampf, für den Partisanenkrieg geschaffen, und sollten sich gegen einen übermächtigen Gegner wenden. In den Händen der abtrünnigen Kameraden richteten sie sich gegen die eigenen Leute: Sie mußten unbedingt unschädlich gemacht werden:

»Erich. Ist dir klar, daß Ihr alle in der Stadt bedroht seid? Die Beiden müssen neutralisiert werden. Also, ich komme morgen Abend zu dir. Mache einen Vorschlag, in welchem Depot wir uns treffen.«

Erich sagt ihm Bescheid, und sie verabschieden sich; Arnold löst die Verbindung und beobachtet Heinz-Otto.

Dieser rennt ständig von einer Seite des Raums zur anderen, faßt sich mit beiden Händen zum Kopf, murmelt Unverständliches, schaut auf den Fußboden und in die abgedunkelten Ecken. Nun steht er vor dem runden

Schleusendeckel des Notausstiegs, faßt an die Handräder für den Öffnungsmechanismus.

Arnold, verwundert, will ihn fragen, was er da macht, hört aber Heinz-Otto murmeln: »Verdammt! Wenn ich ihn doch nur finden würde.«

»Was suchst du denn?« fragt Arnold.

»Ich suche den Schlüssel, damit ich das verdammte Ding aufschließen kann.«

»Den Schlüssel habe ich«, Arnold deutet auf den kleinen Metallschlüssel an seinem Leibriemen, »aber den bekommst du nicht. Du hast heute genug getrunken.«

Doch als Arnold die Hände Heinz-Ottos an seinem Hals, und den hastigen Atem aus einem roten, verzerrten Gesicht spürt weiß er, daß sein Kamerad einen anderen Schlüssel meint. -Nein, diesen Phantomschlüssel hat er nicht; und an dem stärker werdenden Druck von Heinz-Ottos Händen erkennt er das Vergebliche und Tödliche der Jagd auf ein Phantom. Kraftvoll stößt er ein Knie in den Bauch seines Kameraden, der, schmerzvoll aufschreiend, seine Umklammerung löst.

Arnold versucht, ihn anzureden, doch Heinz-Otto hatte sich schon abgewandt und brabbelt vor sich hin: »Ich muß den doch finden. Ich kann nicht mehr denken. Wo ist nur mein Gehirn? Jemand hat mein Gehirn verschlossen! Aus.. Ich weiß überhaupt nix mehr...«

Nun kniet er auf dem Boden, tastet mit seinen Händen suchend herum, wird von Arnold vorsichtig aufgehoben und zur Liege geführt.

»Ich verspreche dir«, sagt dieser, »ich habe diesen Schlüssel, den du suchst, nicht«, nickt ernsthaft Heinz-Otto zu, dessen verwirrter Gesichtsausdruck sich glättet, »und im Raum hier ist er auch nicht.«

»Nein? Ich dachte, er muß hier sein, weil ja auch der Tresor...«, dabei weist Heinz-Otto auf die Schleuse mit den blitzenden Handrädern: »Nein! Das ist er ja garnicht! Aber du glaubst, daß ich den Schlüssel noch mal finde?« Dabei ergreift er Arnolds Hand.

»Vielleicht.«

»Hilfst du mir beim Suchen?«

»Ja, aber nur, wenn wir gemeinsam danach suchen«, sagt Arnold nun bestimmt: »Und du legst dich jetzt schlafen. Du siehst nicht gut aus.«

»Mir ist auch nicht gut. Ich hab Schmerzen im Bauch.« Heinz-Otto nestelt sein Hemd aus der Hose, betrachtet die gerötete Hautstelle an seinem Bauch und schüttelt den Kopf.

»Du mußt dich bei deinem Wegtritt irgend wo gestoßen haben«, meint Arnold.

»War es sehr schlimm?«

Arnold verneint, drückt Heinz-Ottos Oberkörper nieder, legt eine Decke über ihn und schaltet die Raumbeleuchtung ab.

Es funkelt nun das farbige Lichtgeflirre der zahlreichen optischen Signale und Leuchtanzeigen durch das Dunkel des Raumes, die Handräder der Schleusenverriegelung magisch aufleuchtend lassend. Ja, auch ohne Phantasie kann man sich einen Tresor vorstellen: Nur, sie sind die Eingesperrten...

Sinnend schaut Arnold auf die Gestalt auf der Pritsche. Regelmäßig öffnen und schließen sich die Augenlider; Heinz-Otto schläft nicht. Nun wendet sich der Kopf, im schwachen geisterhaften Licht schauen große Augen zu Arnold. Ein schwaches Lächeln erkennt dieser; er lächelt beruhigend zurück, und setzt sich an das Funkgerät. Nach einer Weile hat er Verbindung.

»Hallo, Sonja! Hier spricht Arnold Becde, Tageskennziffer 73 13. Bist du ansprechbar?«

»Eigentlich nicht«, gähnt eine schläfrige Stimme: »Aber es muß wohl was Wichtiges sein, so mitten in der Nacht.«

Arnold gibt es einen Stich; der Vorwurf war all zu deutlich.

- Eigentlich sollten ja – gerade weil es Nacht ist! – nun die Terries putzmunter sein, und dem Gegner auf die Pelle rücken, denn nur die Dunkelheit garantiert Überraschung und Erfolg. Das haben die O-Truppen verlustreich erfahren müssen, deswegen haben diese sich auch in ihrer Taktik umgestellt, und versuchen zu stören, was aber sinnlos ist, denn die Nacht ist ein endloser dunkler Sack, angefüllt mit Unwägbarem. -

»Also, was ist«, tönt die vergrätzte Stimme.

»Ach, Scheiße! Nichts ist. Alles ist so sinnlos. Vergiß es.«

Mutlos und müde will Arnold die Verbindung lösen, doch aus dem Lautsprecher dringt nun eine hellwache Stimme: »Arne. was ist mit dir los?

Zuerst weckst du junge, unschuldige Damen aus dem Schlaf, und dann willst du anschließend nichts von ihnen.«

»Vergeß es!« Arnold drückt zornig die »Aus«-Taste, die Frauenstimme erstirbt. Aber nicht lange, denn das Rufzeichen ertönt, die Kanalanzeige leuchtet auf. Arnold decodiert den Rufeingang.

»Hier Sonja. Tageskennziffer 73 13. So leicht...«

»Reicht nicht!« bellt Arnold nervös und böse: »Persönliche Kennung?!«

»Okay, okay«, sagt Sonja, nennt ihren persönlichen Code, und fährt sogleich fort:

»So lasse ich mich nicht von dir abservieren! Du weißt, ich habe bis jetzt zu dir gehalten, weil du recht hattest, und weil ich Männer liebe, die wissen, was sie wollen. Ich weiß von Inge, was dir passiert ist, und ich billige das nicht. Doch du hast, so scheint mir, deine Krise; andere haben sie hinter sich und haben sich entschieden.«

»Wie ist deine Enstscheidung, Sonja?«

»Spielt hier keine Rolle; Du bist der aktive Teil. Was willst du machen, Arnold?«

»Ich weiß es nicht. Vor ein paar Tagen war ich mir noch so sicher. Nun habe ich Zweifel.«

»Das ist gut. – Zweifel ist das einzige Gegengift für jede unüberlegte Handlung.«

»Nein, nein. Du hast mich falsch verstanden, Sonja. Ich zweifle nicht, ob wir oder ich richtig handeln. Ich zweifle daran, ob es sich l o h n t.«

Arnold merkt die Enttäuschung in Sonjas Stimme:

»Ach so. – Lohnt sich überhaupt Krieg? Wohl nur für den, der sich als Stärkerer erwiesen hat. So betrachtet haben wir – und jetzt meine ich tatsächlich wir Deutschen – schon verloren, denn die Angreifer können sofort aufbrechen, und in die weiten Räume ihrer unzerstörten Heimat zurückkehren. Sie brauchen nicht zu fürchten, von einem rachsüchtigen Gegner verfolgt zu werden, denn wir haben den Schaden sowieso: Ein atomar verseuchtes Land, eine Bevölkerung, die sich aus reichen Quellen ungehindert bewaffnet. Kahlenhaus und Endert waren erst der Anfang.«

»Ja, ja«, fällt Arnold ihm ins Wort: »Die Zwei müssen unschädlich gemacht werden.«

»Wie stellst du dir das vor, Arnold? Kahlenhaus und Endert erfüllen haargenau den Kampfauftrag. Sie ballern tagsüber von den Dächern in das Hauptquartier der Stachos hinein. Daß sich ein paar Schüsse schon mal in die Stadt hinein verirren, kommt wohl durch den anregenden Alkoholgenuß.«

»Wie verhalten sich die Stachos?«

»Bis jetzt ruhig, merkwürdigerweise. Ich glaube zwar nicht, daß Kahlenhaus und Endert dort an der Bahnschleife etwas anderes als Panzerplatten treffen, aber immerhin: Die O-Soldaten müssen in Deckung gehen. Ich kann mir vorstellen, daß der Truppenkommandeur bald die Schnauze voll hat, und irgend was unternimmt. Aber was? Jetzt in der Nacht werden sie sich nicht hervorwagen; aber Morgen kann was passieren. – Wie geht es Heinz-Otto?« fragt Sonja weiter: »Ich habe von Inge gehört, er sei seelisch sehr angeknackst.«

»Das stimmt. Heinz-Otto hat irgend was abgekriegt. Ich habe ihn zur Zeit in einer leichten Entziehungskur und hoffe, in vier bis sechs Wochen die Dosis nochmals halbieren zu können. Er ist damit einverstanden. Sorgen machen mir seine Bewußtseinsspaltungen.«

»Wie äußert sich das?« fragt Sonja interessiert.

Arnold schildert die Symtome; Sonja meldet sich: »Hast Du schon mal an Strahlenkrankheit gedacht?«

Nun fällt es Arnold wie Schuppen von den Augen: Das war es! Heinz-Otto stromerte viel durch die freie Natur, bevor er sich Arnold anschloß. Auch schlief er dabei öfters im Freien, zwar in einem guten Schlafsack; doch sein Körper nahm unentwegt radioaktiven Partikelstaub auf, radioaktiver Regen und Schnee kontaminierten ihn in viel größerem Maße, als wenn er in einem festen Haus gelebt hätte. Und dann der drogengeschwächte Körper! –

Er teilt Sonja seine Vermutung mit, diese fragt: »Hast du in deinem Bereich einen Blutanalysator, um ein Blutbild zu machen?«

»Nein. Ich habe nur das Standardgerät. Ich könnte aber die spezielle REM-Dosis über den Computer errechnen.«

»Bringt nichts. Erst eine genaue Bestimmung des Zustands der Leukozyten bringt Klarheit. Wir sind ja alle mehr oder weniger verpestet.- Wenn du mir Blutproben besorgst, mache ich das. Bitte aber ein Tagesprofil. Schirme die Proben ab, damit ich keine Hintergrundstrahlung anmesse. Lege also viel Blei herum. -

Aber, Arnold. Dein Ruf hatte einen anderen Grund. Du wolltest mich doch bestimmt... Hallo! Arnold! Ist das bei dir?«

Arnold nimmt nun zwei, drei schmetternde Schläge wahr, schaltet die Anlage von Stereo auf Mono, stellt fest, daß die Geräusche aus seinem Lautsprecher dringen, hört Sonja rufen: »Das ist bei uns, bleib bitte dran, ich schaue nach.«

Aus der Sendeanlage Geräusche des Fensteröffnens, im Hintergrund ein viermaliges »Plopp« wie bei Böllerschüssen, dann, nach ein paar Sekunden vier schmetternde Explosionen, Glasklirren, ein leichter Schrei.

»Was ist!« ruft Arnold ins Mikrofon; da meldet sich Sonja:

»Hier ist allerhand los. Gerade ist eine Lage auf die Mittelbacher Straße niedergegangen. es sind keine Artillerie-oder Raketengeschosse.«

»Ich habe es bemerkt«, meldet sich Arnold, »es sind schwere Granatwerfer. Kannst du erkennen, ob Napalm dabei ist?«

»Ich glaube nicht. Aber trotzdem brennt es ganz in der Nähe. – Da kommt die nächste Lage!«

»Sonja, pack dir deine Eltern, und gehe in den Keller. Dort seid ihr vor Werfergranaten sicher.«

Arnold hört nun das Schmettern der Explosionen, und er merkt es auch an den leichten Erschütterungen.

»Wo die hingegangen sind, habe ich nicht gesehen«, sagt Sonja.

»Kein Wunder«, so Arnold, »die sind bei mir hier in der Nähe niedergegangen. Da haben wir die Folgen von dem blödsinnigen Geballer von Endert und Kahlenhaus! Zum Glück brauchen die Stachos ihre Langrohrmunition und die Raketenwerfer für ihre Offensive, weil sie mit den Granatwerfern dort nicht hinreichen. Trotzdem ist es eine ganz beschissene Lage, Sonja. Also, ab in den Keller, und ich bringe dir die Blutproben. Dann müssen wir weiterreden. Viel Glück und Ende.«

Über die Fernaugen kann Arnold nichts erkennen. Die Stadt und die Stellungen der O-Truppen liegen im Dunklen, nur an wenigen Stellen flackert Feuerschein auf, der von über den Häusern schwebenden Qualm- und Staubwolken rötlich zurückgespiegelt wird.

Da und dort zucken noch die grellen Blitze detonierender Geschosse auf, bis das Granatwerfer-Feuer erlischt.

Das war bis jetzt der schlimmste Schlag für die Stadt; über vierzig Granaten sind in die Häuser niedergegangen, und Arnold beschließt, am Morgen zur Schubertstraße zu gehen.

[]

Auf dem Weg zum Hause seines Großvaters in der Schubertstraße sieht er die Zerstörungen der Nacht.

Zwar hatten die Granaten keine tiefen Trichter in den Erdboden ge- rissen; aber da, wo sie in die Häuser eingeschlagen waren, war das Dach vollständig zerstört. Manche Häuser haben auch gebrannt; Tote wurden weggeschafft.

Er nähert sich dem Haus in der Schubertstraße, bemerkt Schäden an den Fenstern, Splitterfurchen in der Fassade, und daß jemand im Hause ist. Das beunruhigte ihn nicht, es wird sich bestimmt um Inge handeln.

So ist es auch, nach dem Klingeln macht sie ihm auf. Am bleichen Ge- sicht Inges erkennt er sofort die Anspannung der Frau.

»Guten Morgen, Inge. Ist was nicht in Ordnung?« fragt er, worauf sie nickt.

Er tritt ein, sie weist mit der rechten Hand zaghaft die Richtung, und sie gelangen ins Wohnzimmer. Dort hockt mit blutunterlaufenen Augen, zerrissener, versengter Kleidung Volker auf der Couch, stiert vor sich hin, nimmt Arnold gerade noch wahr, saugt einen feurigen Zug aus seiner Zi- garette, und läßt seinen Kopf wieder herabhängen. Fragend schaut Arnold auf Inge, die ihn beiseite nimmt: »Heute nacht hat ein Geschoß unser Haus getroffen, Wir waren zwar im Keller, aber die obere Etage ist total ausgebrannt.«

Erschüttert versteht Arnold und fragt: »Und? Alles ist zerstört?«

»Ja, auch sein Atelier und seine Sammlung. Als er merkte, daß sein Atelier brannte, stürmte er nach oben. Wie ein Blindwütiger tobte er mit dem

Löschschlauch durch das brennende Atelier. Ich mußte ihn anschließend aus den Flammen ziehen; er wollte nicht weichen, wollte es nicht wahr haben. Er wäre verbrannt, wenn ich ihn nicht mit Gewalt herausgeholt hätte. Das Einzige, was er retten konnte ist dies.« Dabei weist sie auf einen Bilderrahmen in der Flurecke.

Das Bild, an den Ecken leicht angekokelt, zeigt den »Großen Anarchen«, ein Arnold wohlbekanntes Bild.

»Nun sind wir hier. Heute Morgen, direkt nach Aufhebung der Sperrstunde haben wir uns mit den Koffern nach hierher aufgemacht. Wir sind praktisch obdachlos.«

»Ich bitte dich. Inge«, beschwört Arnold die Frau: »Ihr seid nicht obdachlos, solange ich über dieses Haus verfüge. Hier ist Platz genug.«

»Schönen Dank. Diese Sorge wären wir dann los. Doch er«, dabei weist sie in Volkers Richtung, »macht mir um so mehr Sorgen. Ich glaube, er hat einen Knacks bekommen.«

»Das wird sicher der Fall sein. Doch ich schätze Volker so stark ein, daß er sich fangen wird. Ich setze mich zu ihm.«

»Ja, bitte. Ich muß noch ein paar Sachen aus unserm Haus holen. Wie ist es bei dir mit Nahrungsmitteln?« fragt Inge.

»Gut, gut. Es ist alles da«, entgegnet Arnold: »Zumindest noch vor vier Tagen. Ich gehe aber vorsichtshalber mal nachschauen.« Er macht sich auf den Weg in den Keller. Alles noch wohlgefüllt. – Dann verabschiedet er Inge und geht ins Haus zurück, setzt sich zu Volker, legt ihm einen Arm um die Schulter und sagt:

»Komm zu dir, Alter. Wo brennts denn...?« könnte sich aber gleichen Augenblicks selbst in den Hintern treten, als Volker blitzschnell emporschießt, beinahe den Couchtisch umwirft, und Arnold tollwütig anblickt.

»Entschuldigung, Alter. Ich wollte dir nicht zunahe treten. Komm, setz dich, trinken wir einen. Ich hole uns auch einen Guten.«

Er drückt den verstörten Mann sanft hernieder, geht dann zum Barschränkchen, findet dort nichts, entschuldigt sich bei seinem Gast, und schaut im Keller um eine Flasche Kognac nach.

Als Arnold die Flasche geöffnet, zwei Gläser besorgt hat, setzt er sich abermals zu dem verstörten Mann. Jetzt etwas vorsichtiger, schenkt er ein, bietet Volker wortlos ein Glas an, was dieser aber nicht annimmt.

Langsam stellt Arnold dieses Glas ab, vorsichtig, direkt unter Volkers Nase, damit dieser das seifige Bukett des Weinbrands aufnimmt; das genaue Gegenteil einer Äthernarkose. -

Und richtig: Nachdem Arnold genüßlich getrunken hatte, greift Volker zu seinem Glas, kippt den Inhalt hinunter, und stellt das Glas hart ab.

Schweigen. Arnold hat sich vorgenommen, so einen Fehler wie vordem nicht mehr zu machen.

Stille, nur durchbrochen vom Gluckern der Flüssigkeit, welche erneut in die Gläser rinnt. Die beiden Männer sitzen da, lange, schweigend, bis Volker nach einem tiefen Atemzug sagt: »Ich hasse Krieg. Es muß bald ein Ende haben. Wir müssen zurück zum Urknall.«

Arnold nickt, wobei dies nicht Bejahung bedeutet, sondern eher Genugtuung über Volkers Lösung, ist aber vorsichtig genug, zunächst noch zu schweigen; animiert jedoch seinen Gast, nochmal zu trinken, indem er selbst aufmunternd sein Glas leert.

Und Volker beginnt von Neuem: »Alles hinüber. Die Wohnung, die ist nicht so wichtig, aber meine Arbeit: Zwei Jahre sind zerstört. – Kommt da so eine kleine Röhre aus Stahl, mit Chemikalien gefüllt, geflogen, und: ‚Puff‘ alles verbrannt. Nur das da ist übriggeblieben.« Dabei zeigt er auf das Bild, und zuckt bedauernd die Schultern: »Der große Anarch.«

»Sei froh. Es gibt unendlich viele Fälle, wo so ein kleines Stahlstückchen«, Arnold zeigt es mit den Fingern, »aus einem Menschen einen blutigen Kadaver macht. Und: Großer Anarch!- Ist das nicht ein Zeichen?«

»Nein, nein!« braust Volker auf: »So war das alles nicht gemeint. Anarchie ist ja gut. Aber doch nicht so.«

»Ich bitte, Volker. Du erklärst mir aber jetzt endgültig und umfassend, wie du Anarchie verstehst.«

»Ja. Es soll eine Gesellschaftsform unter Abwesenheit jeder Herrschaft sein.«

»Das ist mir zu allgemein«, sagt Arnold, steht auf und legt seinen Parka ab, fordert Volker auf, seine verbrannte, verrußte Kleidung auszuziehen und sich zu duschen.

Zögernd steht Volker ebenfalls auf und sagt, daß er keine neue Kleidung habe; doch Arnold führt ihn zu dem großen Kleiderschrank im Schlafzimmer, öffnet die Schranktüren, und weist auf den Inhalt, der sich darin befindet, Opas Anzüge.

»Na ja«, lächelt Volker, »es ist zwar nicht der neueste Schrei. Aber in Notzeiten bin ich nicht pingelig.«

»Gut. Du machst dich jetzt fertig, und ich gehe derweil ums Haus, um nachzuschauen.«

Arnold verläßt das Haus durch die Kellertür. Auf der Treppe Ziegelstaub und Steinsplitter. Merkwürdig: Einige Löcher im Mauerwerk sehen zu regelmäßig aus; nicht so, als wenn ein glühender, gezackter unregelmäßig geformter Brocken Stahl, eher zufällig, die Klinkersteine getroffen und zersprengt hätte. Das sieht eher wie die Einschläge von gezielten Geschossen aus. Wer soll hier wohl die Fassade des Hauses gezielt beschossen haben? -

Arnold klopft beim Nachbarn. Zögernd geht die Tür auf. Sie öffnet sich auch nicht viel weiter, als Arnold sich zu erkennen gibt und höflich fragt, ob in den letzten Tagen hier in der Schubertstraße O-Soldaten beobachtet worden seien.

-Nein, keine Soldaten. -Nein, auch nichts Besonderes, bis auf ein junges Paar, welches das Haus betreten habe.

-Ob die Nachbarn nichts gehört hätten?

-Doch, natürlich. Den üblichen Lärm nachts: Explosionen, Gewehrfeuer. Schreie, Hubschrauber, Flugzeuggeräusche.-

-Natürlich! Ja, ja. – Arnold bedankt sich und geht: Was soll es in diesen ungewöhnlichen Zeiten auch geben was n i c h t unüblich ist? -

Wieder im Haus kommt ihm Volker entgegen, sauber und frisch angezogen. Arnold schmiert ihm ein paar Brandwunden im Gesicht und auf den Händen mit Salbe ein, pudert, und legt ihm an einer besonders bösen Stelle an der rechten Hand einen Verband an und sagt: »So, fertig. Ich gehe jetzt Ilse entgegen, um beim Tragen zu helfen. Außerdem muß ich noch etwas einkaufen. Leg du dich erst mal hin, und versuche zu schlafen.«

Es regnet. Arnold zieht die Plastikhaut aus der Parkatasche, faltet sie auseinander und zieht sie über. Die Kapuze zieht er tief über seine Stirn, um die er ein Band gebunden hat. Das Band soll die Messerschnitte auf seiner Stirn kaschieren. Es fällt nicht weiter auf: Stirnbinde zu tragen war große Mode geworden, und hatte sich bis jetzt gehalten.

Auf der Straße kaum ein Mensch. Fast alle Rolladen vor den Fenstern waren heruntergelassen, jeder scheut die ungehinderte Sicht in die Wohnungen, außerdem spart es Heizenergie, denn in diesem Frühjahr will der Winter nicht weichen.

An wichtigen Straßenkreuzungen stehen die schweren Panzer der O-Truppen; durch die Beobachtungsteleskope wird jeder Passant verfolgt, und mit den Teleskopen drehen sich auch langsam die Läufe der schweren Maschinenwaffen. Manchmal werden Passanten von bewaffneten Posten angehalten, was Arnold jedoch nicht zu fürchten braucht, weil er immer erstklassige Papiere bei sich hat, denn selbstverständlich waren die Terries anhand modernster Kopiertechnik in der Lage, jedes gewünschte Dokument zur Desorientierung des Gegners herzustellen.

Wer es dennoch scheute, diese Kontrollpunkte zu passieren, brauchte eigentlich nur einen Bogen herum zu machen, denn in engen Wegen und Gassen, wo kein gepanzertes Fahrzeug hinein kam, war kein O-Soldat zu finden.

Düsternis und Stille liegt über der Stadt. Kein Autolärm; aus wenigen Häusern Geräusche aus Handwerksbetrieben, und das Rauschen und Heulen des kalten Windes um Hausecken. Keine Musik, keine Sprache aus Radios oder Fernsehern dringt auf die Straße: Wahrscheinlich wieder einmal Stromsperre.

Keiner von den eilig vorbeihuschenden Menschen scheint Arnold zu beachten, trotzdem ist ihm, als wenn er beobachtet würde. Die Drohung von Kahlenhaus nimmt er ernst, dreht sich öfters um, doch er findet es selbst zwecklos, in diesem Gewirr von Fenstern und Dächern einen Heckenschützen zu suchen, und zu finden: Dieselben Bedenken der Stachos. -

Von Weitem sieht er an dem Geschäft, wo er etwas frisches Fleisch holen wollte die Jalousie herunter gelassen: Geschlossen. Und als er noch über eine hochgewölbte Gehsteigplatte stolpert, rastet es bei ihm aus: ‚Gottverdammte Stadt! Du Ansammlung von verkafften Häusern und muffigen Gassen. Aus dir erhebt sich nicht der Sturm der Freiheit.‘ Die Häuserzeilen, wo einige Häuser flach zertrümmert am Boden liegen, kommen ihm wie ein lückenhaftes schlechtes Gebiß vor, welches ohne Kraft und Stärke in den dunklen Himmel beißt, aber dort ins Leere, in dunkel wattierte Regenschauern schnappt.

Arnold nähert sich dem Hause Volkers, oder dem, was davon übrig geblieben ist, und kann die Wut und Trauer Volkers verstehen: Ausgebrannt die Etagen, nur der Schornstein steht noch, und Reste der Betondecken. Auf dem Bürgersteig davor ein Schauer von Glasscherben, die Reste von Volkers Atelier.

Vorn, am ehemaligen Hauseingang, ist Inge nicht. Auch in der rußgeschwärzten Garage, in der zwei ausgebrannte, verkohlte Autowracks stehen, kann er Inge nicht entdecken. Die von der Hitze verklemmte Stahltüre zum oberen Teil der Ruine läßt sich nicht öffnen.

Er geht um den Gebäudekomplex herum, findet das Gartentor zum Grundstück offen, und tritt ein. Aus dem Kellereingang winkt ihm Inge zu: »Ich habe dich kommen sehen.«

Sie lächelt, macht eine bedauernde Geste zu dem Trümmerhaufen über ihnen.

»Ich kann Volker verstehen. Es war ein schönes Haus«, bemerkt Arnold: »Aber ihr seid davongekommen.«

Inge nickt, nimmt Arnold an die Hand, und zieht ihn zum Treppenniedergang. Er schaut hinunter, sieht den Wasserspiegel des abgesoffenen Kellers, wendet sich verblüfft zu Inge, die wiederum hilflos an sich herabsieht, und auf ihre Beine zeigt: Bis über die Knie markiert die Nässe ihrer Hosenbeine den Wasserstand im Kellergeschoss.

»Hast du den Haupthahn abgedreht?« fragt Arnold.

»Ich habe ihn leider nicht gefunden«, sagt Inge.

Arnold zieht seine Stiefel aus, krempelt seine Hose so hoch wie möglich, und tappt vorsichtig in das Wasser. Durch das Kellerfenster sieht Inge, wie der Mann, sich vorsichtig mit den Händen an der niedrigen Decke abstützend, in einem Flur verschwindet.

Nach einer Weile tönt es dumpf »Ich habe ihn!« dann platscht Arnold wieder heran, lacht, und sagt: »Jetzt muß ich noch die Gullys freimachen!«

Er stochert mit einer Eisenstange in der Mitte der Waschküche herum, sowie vor der Kellertür. »Es ist bald abgelaufen«; Arnold legt die Eisenstange beiseite, kommt zu Inge hoch, zieht seine Stiefel an. »Mußt du da noch rein?« dabei zeigt er auf den oberen Treppenabschnitt.

Inge schüttelt den Kopf: »Nein. Da ist alles in Ordnung.«

So bleiben die vier oberen Stufen der Kellertreppe an ihrem Platz, an dem sie – weggeschwenkt – den Eingang zu Inges Depot freigeben würden. -

Arnold zündet sich eine Zigarette an: »Der Verteilladen hat zu. Wahrscheinlich keine Ware. Hast du noch etwas frisches Gemüse und Fleisch?«

Inge überlegt: »Im Obergeschoß hatte ich ein Stück Fleisch aufbewahrt. Aber das ist jetzt kaputt. – Moment! Wenn das Wasser völlig abgelaufen ist, schauen wir mal in die Tiefkühltruhe, falls sie nicht abgesoffen ist.«

Mit leisem Gurgeln läuft der letzte Wasserschwall in die Abflüsse, mancherlei Kleinzeug schwimmend mitnehmen wollend, sich jedoch mit einem letzten Röcheln verabschiedend: Der Keller ist nun begehbar.

Die Tiefkühltruhe befindet sich in gutem Zustand. Sie ist innen trocken, vom Schmelzwasser der abgetauten Lebensmittel abgesehen, befindet sich kein Wasser darin. Natürlich waren alle elektrischen Sicherungen im Verteilerkasten herausgesprungen, und Arnold macht sich keine Illusionen, als er die Sicherungen wieder einschaltet, daß nach der Stromsperre die meisten wieder herausknallen werden. Die Kühltruhe trennt er in jedem Falle vom Stromnetz, und sie nehmen die Lebensmittel aus der Truhe, und verstauen sie in Koffern und Taschen, die Inge auf einem Regal unter der Treppe findet.

Dann öffnet Inge die Tür zu einem voll eingerichteten Raum mit Schlafgelegenheit, Toilette, Dusche und Waschbecken. Es sieht nicht gut um die Teppiche, Polstermöbel und Schränke aus. Ein Schrank muß bei der Wasserflut aufgeschwommen und umgekippt sein, denn auf dem gefliesten Boden befindet sich eine Menge Scherben von Trinkgläsern.

Doch Inge stört sich daran nicht; sie geht an einen Hochschrank, öffnet, holt ein paar Kleider heraus, die nur am Saum etwas feucht geworden sind. Die oberen Fächer des Schranks sind jedenfalls trocken geblieben.

»Das hier ist das Schmollzimmer«, offenbart sie ihm: »Immer, wenn es mal zwischen uns Dicke Luft gegeben hat, habe ich mich nach hierhin zurückgezogen. Manchmal blieb ich allein; manchmal kam Volker herunter, dann war ich nicht mehr allein.« Sie lächelt: »Manchmal jedoch flüchtete auch Volker hierhin. Aber längstens für eine Nacht, dann war alles wieder in Ordnung.«

Sie packt nun ein paar Kleider, Hosen, Blusen und andere Dinge in einen Koffer, sagt: »Die Kleider deiner Oma sind bestimmt nicht mehr modern; und die zierliche Größe von Else habe ich auch nicht, da muß...«

Sie schlägt die Hand vor den Mund, zu spät: Das Gefühl rast durch Arnolds Körper, zieht alles Blut aus seinem Gesicht, kreidebleich schaut er Inge an, ein Stöhnen fährt aus seinem Mund.

Inge erkennt blitzschnell und instinktiv die einzig mögliche Medizin für diese furchtbare Wunde, die sie – unabsichtlich! – gerissen hat: Es muß damit geheilt werden, womit verletzt wurde: »Bitte verzeih mir, Arnold. Ich bedauere, das gesagt zu haben.«

Sie tritt auf ihn zu, faßt seinen Kopf, drückt ihm einen Kuß auf die Stirnbinde und auf das verletzte Ohr, streichelt ganz vorsichtig seinen Nacken, bis dessen schlaff herabhängende Arme sich langsam heben, und um Inges Schultern legen.

»Bitte verzeih mir. Ich wollte dich nicht kränken. Was kann ich für dich tun?« flüstert sie. Arnold nähert seine Lippen vorsichtig und tastend ihrem Munde, und sie kommt ihm vorsichtig entgegen. Dann löst er sich, legt seinen Kopf an ihre Brust und weint.

Langsam läßt sich Inge, Arnold vorsichtig mitnehmend, auf die hinter ihr stehende Sitzbank nieder. Sie streichelt den Kopf, der nun in ihrem Schoß liegt, spürt das Zittern des unendlichen Schmerzes, fährt vorsichtig mit den Fingern über die zahlreichen Wunden und Narben dieses Kopfes, fühlt am Schoß die feuchtwarme Flüssigkeit der Trauer; eines Flusses, der den anderen Quellen, die zu dieser Stelle gerichtet sind nur allzusehr entspricht: Ewige Mutter und Frau. -

Nach einer Weile, nachdem sich der Mann beruhigt hatte, löst sie sich sanft von seinem Kopf.

Sofort setzt sich Arnold aufrecht, und bittet Inge um Verständnis.

»Nein, mein Lieber. das ist nicht nötig«, so Inge: »Die Bitte um Verständnis liegt bei mir. Ich war sehr ungeschickt. Und wenn jetzt noch etwas offen geblieben ist, wenn du noch etwas notwendig hast, so lasse es mich wissen. Wenn du Medizin brauchst: Ich will sie dir geben; die Gegenanzeige bestimmst du allein.«

»Danke, Inge. Wenn die Notwendigkeit da ist, komme ich gern darauf zurück. Ich habe verstanden.«

»Da bin ich froh«, sagt Inge, »und jetzt müssen wir gehen, sonst werden die Lebensmittel schlecht. Aber wie bekommen wir die Sachen in die Schubertstraße?«

Arnold wundert sich auch, als er den Haufen Koffer, Schachteln und Taschen betrachtet, doch dann besinnt er sich: »Die Fahrräder«, sagt er, und geht nach draußen. »Ja, das geht«, ruft er von hinten: »Ich kann sie doch benutzen?«

»Aber sicher.« Inge schleppt eine schweren Koffer nach vorn.

Schnell hat Arnold ein paar Latten gefunden, ein Schnitt mit seinem Messer trennt die Wäscheleine vom Wandhaken. Draußen vor dem Keller sagt er zu Inge: »So, halte mal«, worauf diese die beiden Fahrräder nebeneinander gestellt festhält.

In wenigen Minuten hat Arnold mit Hilfe der Holzlatten und der Leine die Räder dermaßen verstrebt und zusammengefügt, daß sich zwischen den Fahrrädern eine Plattform ergab, auf die er nun die Koffer, Schachteln und Taschen stapelt. Fertig. -

Inge schließt die Kellertür ab, und langsam hin-und herschaukelnd setzt sich das seltsame, aber brauchbare Gefährt in Bewegung. Von Arnold geschoben, von Inge in der Balance gehalten, mit einer dünnen Plastikplane abgedeckt, der Schubertstraße zustrebend.

Dort angekommen stellen sie zunächst fest, daß Volker tief und fest schlief, was bestimmt auch zum Teil an der halb geleerten Flasche liegen mochte.

Vorsichtig und leise schaffen die beiden die Sachen ins Haus; Arnold verstaut die Lebensmittel in seiner Tiefkühltruhe – der Strom war wieder da –, läßt aber das sehr nützliche Vehikel zusammengebaut, und stellt es in Opas Garage.

Während Inge in der Küche ein Mittagessen zubereitet, säubert Arnold die Wohnung, immer darauf achtend, Volker nicht zu wecken.

Beim Hochziehen der Fensterrolladen stellt er fest, daß ein Geschoß zwar durch den Rolladen gefahren ist, jedoch das Fenster nicht zerstört hat. Das kommt ihm merkwürdig vor, doch bei genauerem Hinsehen entdeckt er den Einschuß im Fensterrahmen: Ein sauber gestanztes, kreisrundes Loch im Aluminium-Profil.

Dem Schußkanal nach muß das Projektil den Aluminiumrahmen glatt durchschlagen haben, und in der Mauer sitzen. Er mißt mit einer Schieblehre das Durchschußloch: Es handelt sich um das Kaliber einer Hochrasanzwaffe der Terries! Etwa Kahlenhaus und Endert? Also Beschuß von den eigenen Leuten? -

Arnold schaut in die Schußrichtung, kann nichts Besonderes erkennen, nur viele Hausdächer und Fenster. Vorsichtshalber läßt er an dieser Seite die Rolladen wieder runter.

Am Nachmittag sitzen die Drei zusammen an einem Tisch, und planen die nächsten zwei Tage, was ihr Zivilleben angeht. Jedes Planen über einen darüber hinausgehenden Zeitraum würde mit Sicherheit durch Unwägbarkeiten hinfällig, wenn es nicht militärische Maßnahmen sind. Und von diesen hat Inge Arnold fürs Erste mal abgebracht, und morgen will er Heinz-Otto aus dem Depot holen, falls er noch dasein sollte.

-Zwar hatte Arnold seinem neuen Stellvertreter die Funkgeräte erklärt, aber ob Heinz-Otto sich traut, das Gerät auch zu bedienen, war fraglich. Jedenfalls hatte Arnold vor ein paar Minuten versucht, per Funk Heinz-Otto im Depot zu erreichen. Doch daß sich dieser nicht meldete, beunruhigte ihn nicht. Möglich, daß sein Kamerad zu seinen Freunden gegangen ist, für diesen Fall sollte ihm dieser eine Nachricht im Depot hinterlassen. -

»Ich habe mir euer kaputtes Haus angeschaut«, beginnt Arnold, zu Volker gewandt: »Da ist nicht mehr viel zu machen. Der Keller scheint noch in Ordnung zu sein, vom Wasserschaden einmal abgesehen. In der Garage sind zwei Autos verbrannt. Wem gehörte das Zweite?«

Volker nickt: »Das gehörte dem Nachbarn. Mann! Hat der geschaut, als sein Edelhobel in Flammen aufging. Meiner ist auch hin, doch es war eine alte Gurke, und mit Fahren war sowieso nichts mehr in der letzten Zeit.«

Er steht auf, nimmt das beschädigte Bild zur Hand, wischt vorsichtig darüber, schaut es sinnend an.

»Großer Anarch, ja?« meint Arnold, und Volker legt mit einer heftigen Bewegung das Bild zur Seite.

»Ja, verdammt! Immer noch! Und jetzt erst recht. Jetzt ist der Moment da, um die Zeit auslöschen zu können.«

»Würdest du in Kauf nehmen, mit ausgelöscht zu werden?« unterbricht ihn Arnold.

»Dieses Risiko ist niemals auszuschließen. Jedenfalls«, fährt Volker fort, »habe ich mir Gedanken gemacht, wie, zumindest in Teilbereichen, Anarchie funktionieren könnte.«

»Und das wäre?« hakt Arnold nach.

»Nun, betrachte einmal die Schwierigkeiten die sich ergeben, wenn Menschen Eigentum besitzen, und andere nicht. Die Gefühle, die sich dabei entwickeln, sind Neid und Mißgunst. Dies sind aber nur sekundäre Erscheinungen, Wirkungen einer primären Ursache, nämlich dem Zwang, sich von den anderen zu unterscheiden, abzuheben, um das eigene Bild, oder was wir dafür halten, um so deutlicher herauszustellen. In einer anarchistischen Gesellschaft gäbe es keine Institution, die, beispielsweise, einen Dieb oder sogar Räuber durch die Strafverfolgung unschädlich macht. Doch ein Mitglied einer anarchistischen Gesellschaft wäre so rücksichtsvoll zu seinen Mitmenschen, und würde ihn erst garnicht animieren, Neidgefühle zu haben...«

»Also in Sack und Asche gehen! Arm wie eine Kirchenmaus«, fällt Arnold ein: »Mann! Das hatten wir alles schon mal gehabt. Gleichheit: Die Bedürfnislosigkeit der blauen Ameisen!«

»Nein, nein! So meine ich das nicht. Also: In der Öffentlichkeit keinerlei Veranlassung geben. Aber auf und innerhalb seines befriedeten, umfriedeten Besitzes – meinetwegen Grund und Boden, Haus und Wohnung – steht es jedem frei, so zu leben und sich so zu verhalten, wie es ihm beliebt. Sollte dann allerdings eine Störung von Außen, also von einem neidischen Dritten erfolgen, könnte dies unter der bereits benannten Prämisse ignoriert werden. Und wenn sich diese Neidstörung in physischer Weise auf den individuellen Lebensbereich auswirken würde, träte ein Naturrecht in Kraft, nämlich das Recht, sich mit allen Mitteln zu wehren.«

»Auch das ist schon gelaufen, und mußte anschließend staatlich reglementiert werden, weil sich die Mitmenschen ohne große Hemmung gegenseitig erschlugen. Außerdem: Wieviel Land bekäme jeder Mensch bei einer Weltbevölkerung von über sechs Milliarden!? Und wie soll der Einflußbereich geteilt werden, wenn das Individuum sich fortpflanzt?

Aber eine andere Frage, Volker: Du bist nicht nur ein Künstler, sondern du scheinst auch in allgemeinen Rechtsfragen bewandert zu sein. Bist Du etwa Advokat?«

Inge kichert: »Nein. Aber nicht ganz falsch. Volker hatte Jura belegt, und schon einige Semester hinter sich. Da hatte er sein Damaskus-Erlebnis, oder besser: einen Damaskus-Traum. Es träumte ihm nämlich, große, geierartige schwarze Vögel säßen an einem seichten Fluß, und würfen ihre Angeln aus. Als Haken hätten sie lauter kleine Paragraphenzeichen, auf denen als Köder kleine Menschlein aufgespießt seien. – Und mit dem Fluß hätte es folgende Bewandnis: Anstelle von Fischen schwämmen darin lauter Geldscheine, große, kleine. Die Menschleinköder hätten keine andere Aufgabe, als ganz ganz viele von diesen Geldscheine herauszufischen, und wenn dann der Haken voll wäre, würden die Vögel die Geldscheine und die Menschleinköder von der Angel lösen, die Geldscheine sich unters Gefieder stecken, und die Menschleinköder mit Genuß verspeisen.«

»Igitt, igitt! lacht Arnold,« das war wohl ein Traum aus der ersten Phase Deiner LSD-Phantasien?«

»Natürlich!« verteidigt sich Volker: »Auch dieser Traum ist bei einigen meiner Arbeiten eingeflossen. Und«, dabei blitzt er Inge an, »etwas hast du vergessen zu erwähnen: Die Vögel, keine homogene Gesellschaft, waren drei verschiedene Gattungen, und hatten auch verschiedene Namen, nämlich Stößer, Täuscher und Entscheider.«

»Jetzt verarscht Ihr mich aber ganz gewaltig«, empört sich Arnold gespielt: »Stößer, Täuscher, Entscheider. Mir ist, als wenn ich diese Namen schon mal gehört hätte.«

»Kann nicht sein«, entgegnet Inge, »denn das war einzig und allein Volkers Traum.«

»Wenn auch. Und außerdem«, fährt Arnold fort: »Ich habe schon oft im Traum mit hübschen, süßen Frauen geschlafen; aber ihren Namen haben mir diese Schönen der Nächte noch nie mitgeteilt.«

Inge lacht nun laut auf, nimmt Arnold an den Arm und sagt: »Kommt. Laßt uns auf die Terasse gehen. Seht mal, wie dramatisch die Sonne untergeht.«

Die Sonne, kurz vor dem Horizont, sinkt aus einer blauschwarzen Höhenwolke herab, und übergießt die Landschaft mit einem furchterregenden roten Licht. Die Hausfassade erscheint wie mit roter Folie beklebt, das Grün der Fichten und des Rasens erscheint dunkelbraun.

Arnold und Inge stehen beieinander auf den rotschimmernden Steinplatten der Veranda, und schauen gemeinsam in die Sonne.

- Der Schuß trifft Inge schräg hinterm rechten Ohr; und sie war sofort tot. -

Den Knall des Schusses hört Arnold, als er schon auf dem Boden liegt; und so trifft ihn die zweite Kugel nicht, die ihm – genau wie die erste – gegolten hat.

Inges Beine zucken noch ein wenig, und dann liegt der Körper ruhig. Schwarzes Blut fließt aus Inges Kopf, bedeckt nun Arnolds Hände, bildet auf den rot angestrahlten Steinplatten eine größer werdende Lache aus flüssigem Pech.

Volker steht im Türrahmen und begreift nichts, bis Arnold ihn anschreit »Runter! Deckung!« und ihn einfach umreißt.

Eine gespenstische Stille: Drei Körper liegen auf dem Boden, davon einer ganz ruhig und völlig gelöst. Darüber beugt sich ein anderer, der vorsichtig dessen Augenlider herunterdrückt, und einen Abschiedskuß auf die leicht verzerrten Lippen drückt, nicht achtend des Blutrinnsals, welches aus dem Mundwinkel quillt.

Finger tasten vorsichtig über die beiden furchtbaren Wunden in diesem Kopfe; noch ist der Körper warm, und die Arme lassen sich noch ganz leicht an den Leib legen. Fürsorglich ordnet eine blutbeschmierte Hand das despektierlich nach oben gerutschte Kleid, letzte sinnlose Geste einer in den abgründigen Tiefen des Todes absinkenden Scham.

Volker liegt da, starr und steif, hat beide Hände, zu Fäusten geballt, an den Mund gepreßt. Er versteht nichts; aus dem länger werdenden Schatten einer Fichte leuchtet steinern sein schneeweißes Gesicht. Erst als Arnold die Arme des Leichnams erfaßt, und seinem Gegenüber bedeutet, das gleiche mit den Beinen zu tun, wirft sich dieser laut weinend darüber.

»Komm«, sagt Arnold, und deutet mit dem Kopf auf die offenstehende Verandatüre. Vorsichtig tragen sie den Leichnam hinein. Als Arnold sich aufrichtet, schaut er in die Richtung, aus der die Schüsse gekommen waren, hebt die geballte Faust und ruft: »Ihr! Hört es alle! Ich werde nicht ruhen, bis ihr alle Staub seid!«

Und das waren die letzten lauten Worte, die mensch je von ihm gehört hat, Worte, hinter deren prophetischer Wucht in früheren Zeiten Menschen standen, die auch erst durch ihre Tat, und durch das Gefälle der Zeit bekannt wurden...

[]

Nach der dumpfen Nacht – die beiden Männer hatten kaum geschlafen, weil sie die gröbste Trauerarbeit hinter sich bringen mußten – warten sie auf den Leichenwagen. Volker will nicht eine Minute länger als notwendig in dieser verfluchten Stadt bleiben. Er will Inges Leichnam mitnehmen, und auf dem Grundstück seines Hofes bestatten.

Arnold versteht ihn sehr gut, und er hat auch keine Einwände, daß somit ein Reservist aus der Dienstpflicht ausscheidet.

-‚Nein Volker. Nimm das Andenken mit, und lege es nahe bei dir zur Ruhe. -Ich bin ausgebrannt, und da, wo mein Herz war ist eine wundgeriebene Höhlung, in der der Treibsatz für die letzte Stufe liegt, der Stufe, die mich in das große Wandelfeld schleudern wird. Ich werde Platz schaffen für ganz neue Möglichkeiten.‘ -

Arnold schaut ohne große Gefühlsbewegung auf den aufgebahrten Leichnam; er hatte Inge in der Nacht einen Verband angelegt, um die Wunden zu verdecken. Auch hatte er das Blut aus dem Gesicht gewaschen, und eine Kinnbinde angelegt. Ihm scheint, als wenn das Gesicht Inges ein leichtes Lächeln widerspiegle, jedenfalls: Schmerzen hatte sie nicht verspürt, sie muß sofort tot gewesen sein. -

Es klingelt. Volker geht zur Tür, weist den Sargträgern den Weg. Sie werden von einem Angehörigen der O-Truppen begleitet. Dieser salutiert, erkundigt sich, was passiert ist, schaut kurz auf den Leichnam, und läßt sich den Erschießungsort zeigen.

Die Formalitäten sind schnell erledigt, der Sarg mit dem Leichnam Inges wird hinausgetragen. Volker und Arnold umarmen sich, Arnold schlägt seinem Gegenüber leicht auf die Schulter, als er das Beben in dessen Rücken spürt, und sagt:

»Der große Anarch lebt«, hebt leicht die Hand, als der O-Soldat zum Abschied abermals salutiert, und als letzter die Haustüre ins Schloß zieht. Ein Automotor brummt auf, es knirscht, als die Räder sich über den Kies langsam fortbewegen: Arnold ist allein.

- Für ihn gab es keinen Zweifel, daß diese Schüsse nur aus einer Hochrasanzwaffe gekommen waren, einer Waffe, wie sie nur die Terries benutzen. Das zeigt besonders die wie mit einem Glasbohrer durchlöcherte Scheibe des Verandafensters. Solche sauber gestanzten Löcher eines derart kleinen Kalibers konnten nur Schüsse aus einem Präzisionsgewehr der Miliz hinterlassen; und wer die Schüsse abgegeben hatte, die ja eigentlich i h m gegolten hatten, war ihm klar: Kahlenhaus und Endert! Er mußte diese Verbrecher unschädlich machen; aber wie soll das geschehen?

Es blitzt ihm ein Gedanke auf. -Wie war das nochmal bei dem Überfall der Beiden im Depot? -

Er funkt Heinz-Otto im Depot an, welcher sich nun wider Erwarten meldet.

»Hallo, das klappt ja ganz gut«, lobt Arnold ihn, sagt ihm aber, er solle sofort zur Schubertstraße kommen, und das Fernsteuergerät mitbringen.

»Und, Heinz-Otto! Vorsicht beim Verlassen des Depots. Lasse dir Zeit. Wenn du mit dem Fernsteuergerät erwischt wirst, sofort den Zerlegungsstift drücken. Das Gerät darf nicht in die Hände der Stachos fallen.«

Nach ungefähr einer Stunde kommt Heinz-Otto. Arnold erzählt ihm kurz, was passiert ist, dann fragt er: »Weißt du, ob wir den Code für das Depot vor oder nach dem Überfall Kahlenhaus umgestellt haben?« Heinz-Otto überlegt nur kurz, und gibt die Antwort, die Arnold als Kontrolle erwartet: »Das war davor.«

»Jawohl«, bestätigt Arnold, springt vom Stuhl auf: »Und jetzt weiß ich, wie wir Endert und Kahlenhaus erwischen! Die Waffen und die Sprengmunition sind beim Herausschaffen durch die Induktionsschleife in der Schleuse entriegelt worden. Komm, wir schauen uns mal an, wo sich zur Zeit die Dinger befinden.«

Arnold tritt an das Fernsehgerät heran, öffnet die Rückseite, und hantiert angespannt und konzentriert in der elektronischen Schaltung herum. Er schließt die Rückwand und schaltet das Gerät ein.

Der Bildschirm flackert, aber er zeigt kein Bild, es laufen Linien auf und ab, Zahlen erscheinen und verschwinden wieder. Arnold schiebt den Lautstärkeregler an dem Gerät vorsichtig in Mittelstellung, auf dem Bildschirm kommen die farbigen Linien zur Ruhe. Heinz-Otto ist ganz still und staunt.

»Ja, mein Lieber«, meint Arnold: »Du kennst doch die Computerspiele mit Schiffe versenken und Raumflottillen abschießen, und so weiter. Ich mache dasselbe, nur mit dem Unterschied, daß es bei mir wirklich knallt.«

Aufmerksam hört Arnolds Kamerad zu, wie ihm erklärt wird, daß die einzelnen kleinen Leuchtflecke auf dem Bildschirm winzige Sender seien, die sich an Waffen der Terries befänden, und daß diese Waffen in unrechtmäßigem Besitz sind. Es seien die Waffen, die Kahlenhaus und Endert in der denkwürdigen Nacht gestohlen hätten.

»Und wie geht es weiter?« fragt Heinz-Otto.

»Nicht so einfach, diese Sache«, sagt Arnold, zeigt auf eine Ansammlung kleiner Punkte, die außerhalb einer roten Linie auf dem Bildschirm zu sehen sind: »Wenn ich das Fernsteuergerät, was du mitgebracht hast an den Fernsehapparat schalte, habe ich einen Sender, der über die Fernsehantenne ein Sprengsignal abstrahlt. Aber die Funkwellen erreichen nur die Sensoren an den Waffen, die sich innerhalb der roten Abgrenzlinie hier auf dem Bildschirm darstellen. Reichweite der Funkwellen, weißt du; also die und die, und diese hier.«

Dabei zeigt er auf die Leuchtpunkte auf dem Bildschirm, die sehr dicht zusammenliegen, also wohl auch in der Wirklichkeit auf einem Platz versammelt sind.

»So, mein Bester. Jetzt kommt deine Stunde«, wendet sich Arnold an seinen Kameraden, faltet einen transparenten Stadtplan Luppesraths auseinander, macht mit einem Spezialstift eine Markierung darauf – nämlich der Standort ihres Hauses hier in der Schubertstraße –, befestigt den Stadtplan mit der Markierung deckungsgleich mit der Bildmitte auf demselben, richtet den oberen Kartenrand – Norden – waagerecht mit der oberen Gerätekante aus, und sagt:

»Hier ist es! Reifstraße 13 oder 15. Und das hier«, dabei fährt Arnold mit dem Finger zu den weiter wegliegenden Leuchtflecken, »könnte Märzstube sein, ganz oben am Kommunalfriedhof. – So, wir machen uns jetzt ein schönes Mittagessen; Du bekommst deine Ration, und dann machst du dich auf, und gehst erst zur Märzstube. Da paßt du auch auf, ob was zu beobachten ist. Besonders, ob du die beiden Halunken dort zu Gesicht bekommst. Laß dich selbst nicht sehen! Passe also auf. Sage mir nach einer halben Stunde Bescheid, ob du etwas entdeckt hast. Dann gehst du zur Reifstraße 13 oder 15.«

Arnold erläutert, daß diese beiden Häuser zusammenstehen müssen, und fährt fort: »Dort bleibst du in sicherer Entfernung, und meldest mir, wer da rein und raus geht. Wenn es nicht unsere speziellen ‚Freunde‘ sind, abbrechen und nachhause kommen. Wenn du erwischt wirst, in jedem Falle Dein Funkgerät zerstören. Du weißt ja wie. Hast du alles verstanden?«

Heinz-Otto nickt, fragt: »Was ist, wenn andere Leute im Haus sind, Frauen und Kinder, und so?«

»Das sehe ich von hier aus nicht«, sagt Arnold, »aber du siehst es, und du mußt mir den Befehl zum Sprengen geben.«

Heinz-Otto ahnt dumpf, daß er zum erstenmal in seinem Leben über Tod und Leben anderer Menschen, über den Tod Unschuldiger entscheiden muß und beschließt, dieses Problem mit einem besonders tiefen Schluck aus der Flasche anzugehen. -

An der Märzstube taucht bald ein Mann auf, der sich für die Häuser am Ende der Straße interessiert. Um nicht aufzufallen sucht er sich einen Standpunkt aus, von dem er die Häuser nicht allzu gut beobachten kann. Doch er kann immerhin erkennen, daß sich dort nichts Besonderes tut. Es gehen zwar Leute aus und ein, doch Bekannte sind nicht darunter.

Heinz-Otto meldet Arnold seine Beobachtungen, worauf dieser ihm den Auftrag gibt, alsbald zur Reifstraße zu gehen. Dort findet Heinz-Otto unter den Hausnummern 13 und 15 zwei Häuser vor, die am Ende einer Sackgasse stehen.

Die Hauseingänge liegen dicht beieinander, und so ist es für den Mann ein Leichtes, die Namen der Bewohner auf den Klingelschildern zu lesen. Er findet die Namen Möller und Flieder, und funkt diese Namen Arnold zu, die diesem aber nichts sagen. So legt sich Heinz-Otto auf die Lauer und paßt auf, wer die beiden Häuser betritt und verläßt. Doch nichts Ungewöhnliches tut sich dort.

Eine halbe Stunde vor Beginn der Sperrstunde ruft er Arnold an und fragt, was er machen soll.

»Komm nach Hause. Wir machen morgen weiter.«

Im Haus auf der Schubertstraße betrachtet Arnold nachdenklich das Rasterdiagramm auf dem Bildschirm. – Warum eigentlich dieser Aufwand? Den Schieberegler einfach rechts bis zum Anschlag, und »Bumm«, die Sache ist erledigt.- Wozu und worauf Rücksicht nehmen? Die Leute sind ihm nicht bekannt, und die Kriegswaffen liegen illegal in deren Häusern und müssen neutralisiert werden; und die Hausbesitzer oder andere Bewohner werden auf irgendeine Weise bestimmt involviert sein. -

Beim Nachblättern im Telefonbuch kommt ihm plötzlich eine Idee: Wie wäre es, wenn er die Telefonnummer anwählt, und einfach nach Kahlenhaus und Endert fragt? Ja, das wäre eine Möglichkeit.

Er geht ans Telefon, tippt zunächst eine Nummer. Das Freizeichen tutet einmal, zweimal, dreimal, immer wieder: Dort ist niemand zuhause.

Bei der zweiten Nummer klappt es. Eine Männerstimme meldet sich: »Ja bitte. Wer ist dort?«

Arnold antwortet und schnarrt: »Möller! Kann ich mal Herrn Kahlenhaus oder Herrn Endert sprechen?«

»Wa, wa, was, Möller? Aber hier ist doch Möller«, stottert der andere Gesprächsteilnehmer.

»Klar doch, aber ich bin... der andere Möller. Kann ich jetzt mal einen der Herren sprechen?«

»Natürlich! Augenblick.«

Während Arnold mit dem Fernsprechgerät in der linken Hand schnell zu dem Fernsehgerät springt, hört er im Telefonhörer eine Stimme rufen: »Kalla! Komm mal eben her. Hier will dich jemand sprechen...«, überzeugt sich, daß das Fernsteuergerät in der Input-Buchse des Fernsehgeräts eingestöpselt und betriebsbereit ist, und drückt den Schieberegler für die Lautstärke kräftig nach rechts. -

Ein kurzes, abgebrochenes »Plopp« aus dem Telefonhörer zeigt die Zündung an, welche durch das grollende Donnern zweier Explosionen, die über die Stadt bis zu ihnen hier hin rollen, bestätigt wird.

Z w e i Explosionen? – Arnold schaut auf den Bildschirm: Kein Leuchtfleck ist dort mehr zu sehen, nur die nackten, farbigen Linien des Zieldiagramms flimmern; im Telefon kein Zeichen mehr, nur Rauschen. -

Entsetzt und zugleich beeindruckt schaut Heinz-Otto zu Arnold, der, schulterzuckend, den Fernsehapparat abschaltet, das Fernsteuerkästchen aus der Input-Buchse löst, das Telefonbuch zuklappt, und den Hörer auf den Telefonapparat legt.

»Jedenfalls habe ich garantiert einen erwischt, und die verbotenen Waffen sind auch vernichtet. Hätte allerdings nicht gedacht, daß die Reichweite des Signalgebers größer als angezeigt ist. – Was ist, Heinz-Otto?« dabei tippt er diesen an die Schulter.

»Wenn ich an die vielen Toten denke«, murmelt jener, »und alle nur mit einem Knopfdruck.«

»Das Wort ‚viel‘ ist für unsere Aktion unpassend«, sagt Arnold: »Besonders wenn man an den Knopfdruck beim Start einer Nuklearrakete denkt. Oder-?«

»Ach, laß mich in Ruhe! Ich kann nicht mehr klar denken. Will auch nicht. Kann ich mir noch eine Schwungkugel holen?« bittet er Arnold, welcher nichts dagegen hat; und nach einer gewissen Zeit fühlt Heinz-Otto, wie die schäumenden und gischtenden Brecher der Zweifelsflut sich in einer langgestreckten, von weit her ausholenden Dünung verflachen, und am Schillstrand der Großen Gleichgültigkeit des Vergessens ausrollen. -

Am Morgen stehen die beiden Kameraden wie die anderen Gaffer vor den

Absperrungen, die die Stachos angebracht haben, und sehen, was die kleine Handbewegung Arnolds gestern am Schieberegler angerichtet hat.

In der Märzstube hat es zwei Häuser erwischt, aber nicht oben am Ende der Straße, sondern im Mittelteil. Ein Haus war zu einem fast geometrisch geformten Hügel aus Mauersteinen, Holz und Dachpfannen zusammengesackt; ein Zeichen dafür, daß die Munition im Keller, und dort in der Mitte, explodiert sein muß. Das Nachbarhaus hatte den Dachstuhl verloren, das Sprengmaterial mußte auf dem Dachboden gelegen haben, oder das Dach ist durch die Explosion des Nebenhauses zerstört worden.

Die O-Truppen, aufmerksam geworden durch die Detonationen, durchsuchen die gesamte Häuserreihe, was nicht ohne Schimpfen, Schreie, ja, Schläge mit dem Gewehrkolben abgeht. Sie jedenfalls haben die Stadt letzte Nacht nicht beschossen, und den Kommandanten wundert doch diese Zerstörung. Die Bewohner des Hauses können nichts mehr sagen, so halten sich die Soldaten an die Nachbarn, doch die wissen auch nicht mehr. Den Soldaten ist es dann gleichgültig, warum die Häuser in die Luft geflogen sind: Jedenfalls war es Munition der Terries, die nun nicht mehr die O-Truppen bedroht.

Arnold und sein Begleiter gehen nun zur Reifstraße. Dort ein ähnliches Bild: Ein zweistöckiges Haus, dessen Giebel weggerissen ist. Das Dachgeschoss und die obere Etage sind zusammengestürzt, nur das Erdgeschoß steht noch.

Auch hier Absperrungen, doch die O-Soldaten scheinen hier ihr Werk schon vollbracht zu haben, denn fast alle Haustüren dieser Häuserzeile weisen die typischen Merkmale der Sitte auf wie sie fremden Soldaten eigen ist, wenn sie nicht schnell genug durch eine Haustüre gelassen werden, und sich brachial Durchgang verschaffen.

Arnold schlendert mit Heinz-Otto durch die Stadt. Die Gesichter der Menschen sind zunehmend verhärmter und verschlossener geworden, seitdem die Milizverbände mit ihren militärischen Aktionen begonnen haben. Die Ruhe ist vorbei; davon zeugt nicht nur die zunehmende Zahl der Toten und der zerstörten Häuser, sondern auch die schiefen und ängstlichen Blicke der Menschen, die ihre Einberufung als Dunkelleute fürchten.

– Die Strategen, die unter dem Druck der Verhältnisse damals das stehende Heer abschafften, waren sich dessen wohl bewußt, daß ein wichtiger Faktor – das Prinzip des militärischen Gehorsams – hinfällig sein würde. In der pluralistschen, offenen und freien Gesellschaft mußte das Prinzip der Eigenverantwortlichkeit Platz greifen. Wie hatten sich die Fachleute da vertan! -

Es zeigte sich schnell, daß der Mensch im Grunde kein soziales Wesen ist, und daß die Eigenverantwortlichkeit darin bestand, die eigene Person und das Wohlleben zum höchsten aller Güter zu erklären; kein Wunder bei einer Bevölkerung, der man Begriffe wie Vaterland, Volk, Nation kräftig ausgetrieben hatte. Ja, es gab Zeiten – noch garnicht so lange her –, da wurde jeder, der nur den Namen »Deutschland« aussprach, als Faschist verdächtigt. -

In diesem Umfeld setzten durchaus chauvinistische Beamte und Politfunktionäre unter dem Druck der Verhältnisse die Umgestaltung der Streitkräfte zu einer Partisanenarmee durch, welche von Anbeginn die Züge einer anarchistischen Gruppierung aufwies. Keine Behörde, keine Institution wurde geschaffen, die im Kriegsfalle für die Einhaltung einer gewissen Ordnung sorgte, was bei einer Partisanenarmee, die die Besatzungstruppen bekämpfen soll, sowieso unmöglich war.

Die vollständige Gewalt lag beim Koordinations-Offizier, der zwar berechtigt war, einen zivilen Amtsrichter zur Amtshilfe zu verpflichten, doch die Rechtsfindung gestaltet sich unter dem fremden Recht der Besatzungsmächte als aussichtsloses Unterfangen. Es blieb als einziges Recht das Femegericht, welches sich bald als ein Instrument erwies, was j e d e r in Anspruch nehmen wollte; und eigentlich ja auch s o l l t e. -

Das, was jeder Herrschaftsgläubige fürchtete, trat ein: Jeder befreite sich schnell und ohne Skrupel von Abmachungen und Vereinbarungen, und glaubte nur sich allein im Recht, wobei alles dem natürlichen Zustand einer Urwelt und deren Bedingungen und Merkmale wieder sehr nahe kam.

Unbestritten jedoch war: Die Ko-Offiziere hatten verbriefte Rechte, von denen sowohl Arnold als auch Kahlenhaus und Endert Gebrauch machten. Die Demission Enderts und Kahlenhaus, und die schweren Vergehen und Verdachtsmomente der Ermordung einer Kameradin wurden dem Zentralcomputer bei der Exilregierung eingegeben, um im Falle des Erreichens des Kriegszieles – das Zurückwerfen des Gegners – Untersuchungen und Maßnahmen einzuleiten.

Besondere Verdienste einzelner Milizangehöriger wurden ebenfalls eingegeben; und selbstverständlich wurden auch die Aktionen Arnolds gegen unrechtmäßig entfernte Kriegswaffen aus Depots eingespeichert. Daß dabei unbeteiligte Menschen getötete worden sind, ist lediglich eine Frage der Verhältnismäßigkeit, und würde im Falle eines Verfahrens nur unwesentlich zu Buche schlagen. Jedenfalls könnte Arnold und jeder andere Ko-Offizier über den Weg der Scharfprogrammierung und Funkzündung von Waffen jeden mißliebigen Kämpfer aus dem Wege räumen. -

Diese und ähnliche Gedanken gehen Arnold durch den Kopf, als Heinz-Otto plötzlich fragt: »Du, Arne. Wie wäre es, wenn wir zwei mal bei meiner ‚Ische' auftauchten? Das ist hier ganz in der Nähe.« Dabei macht er eine vage Handbewegung, und weist in eine naheliegende Querstraße.

»Wo ist es denn?« fragt Arnold, und wird auf ein altes, teilweise mit Brettern verschaltes Ziegelhaus verwiesen. Von der Schalung blättert die wohl jahrzehnte alte, schmutziggraue Farbe ab, aber die Fensterscheiben glänzen frisch, und die weißen Tüllgardinen mildern den Ausblick auf Verfall.

»Das kenne ich, möchte aber nicht mit hinein. Nichts gegen deine Freundin, Heio. Aber wenn es nötig ist, kannst du gerne gehen. Aber erst müssen wir noch nachhause, deine Pillenration für morgen holen. Schnaps bekommst du bestimmt bei deinen Leuten?«

Heinz-Otto nickt, bedauert aber, daß Arnold nicht mitkommt, er hätte nur zu gerne seinen neuen Kameraden vorgezeigt: »Du, die wären gut zu dir, Arne. Bestimmt.« Verlegen dankt dieser und sagt, er müsse noch was erledigen.-

In der Schubertstraße angekommen schärft er Heinz-Otto ein, auf keinen Fall die Dosis der Muntermacher zu erhöhen, er bekäme sonst unter Umständen Schwierigkeiten mit der Kennung der Sensoren an den Depoteinlässen; Leben und Tod hingen von seiner Willenskraft ab. Auch solle er sein Funkgerät stets in Bereitschaft halten, falls eine Verbindung notwendig sein würde. Die Telefonnummer von seiner Freundin?-

Heinz-Otto gibt sie bereitwillig. »Alles klar. Meine kennst du ja«, sagt Arnold, verabschiedet seinen Gefährten, sieht ihm lange nach, wie dieser mit seinem schleudernden Gang und dem bekannten Schlag nach links, aber durchaus beschwingt die Straße hinabgeht, und hinter einer Ligusterhecke den Blicken entschwindet. -

Arnold hat eine Nummer am Telefon eingetippt. Es meldet sich eine Frauenstimme, und er antwortet: »Ich bins. Arnold. Wie geht es bei euch?«

»Na, es geht so. Wo bist du jetzt?«

»Ich bin hier in der Schubertstraße. Hast du etwas von Opa gehört?«

»Nein. Aber ich dachte, du hättest dich mal erkundigt.« Die Stimme der Frau klingt nicht vorwurfsvoll, doch es klingt etwas an, was an unterdrückte Ungeduld erinnert. ,Eigentlich hat sie ja recht', denkt Arnold,und sagt: »Ja, gut. Ich rufe Morgen im Heim an. Aber hinfahren kann ich nicht. Ich habe einige Probleme mit der Besatzungsmacht.«

»Hast du denn immer noch nicht genug?« fragt nun die Frauenstimme etwas gereizt: »Gebt doch auf, und haltet Ruhe! Die Anderen wünschen doch nichts mehr als Ruhe. Und bis jetzt haben diese mir noch nichts getan.«

Arnold vernimmt ungläubig diese Worte; seine Tante. – Früher konnte sie nicht oft genug vor den O-Leuten und deren Ideologie warnen. Eifrig wählte seine Tante und seine Großeltern, natürlich, die Politiker, die den O-Leuten am Liebsten den Garaus gemacht hätten. Und nun, nachdem es auch noch ganz anders gekommen war, dieser Umschwung! -

»Ich muß dir widersprechen«, meldet sich Arnold: »Als verantwortlicher Staatsbürger sehe ich die Pflicht, das Gemeinwesen und unsere Art zu leben, zu schützen.«

»Große Worte, tapferer Held! Denke daran: Seitdem unsere Milizverbände hier in unserer Stadt den Kampf eröffnet haben, sind fast 200 Menschen umgekommen, und über zwei Dutzend Häuser zerstört worden. Weißt du, dies ist ein Schaden, der im Mittel größer ist, als ihn eine vergleichbare Kleinstadt wie Luppesrath im Zweiten Weltkrieg insgesamt getroffen hat. Was aber hat sich bei uns getan? Trotz der großen Opfer sitzen die O-Truppen fest in ihrer Position; Opfer, von denen d u besonders betroffen sein solltest. -«

Arnold zuckt unter diesen harten Worten zusammen. Eine große Müdigkeit durchdringt ihn. Er weiß nicht, ob es Haß oder Trauer ist: Haß auf das Geschwätz seiner Tante, oder Trauer über den zweifellos realen Verlust: Else, Vater, Inge – in dieser Reihenfolge.

- Halt! Opfer. War da nicht noch etwas? Waren seine Mutter und sein verschollener Bruder nicht etwa auch Opfer? Und er selbst; war er nicht ebenfalls Opfer? Hatte das Leid und das Unrecht, welches seinen Eltern angetan wurde nicht doch seine Kindheit und Jugend beeinflußt? -

»Hallo! Bist du noch da?« schrillt ihn die Stimme aus dem Hörer zurück in die Wirklichkeit.

»Ja, ja. Ich höre.«

»Und, Arnold. Das muß ich noch sagen. Dein Vater – ich will nicht allzu Schlechtes gegen ihn sagen – war sehr aggressiv und aufbrausend. Wie du weißt, gab es da große Schwierigkeiten und großen Kummer. Denk also an dein Erbteil, wenn du etwas planst und unternimmst.«

»Also«, meldet sich Arnold nun energisch, »das stimmt doch alles nicht! Unser Vater war bei unserer Erziehung nicht aggressiv. Anderen Freunden erging es entschieden schlechter mit ihren Vätern. Der alte Becde ist verleumdet worden – nicht zuletzt auch und überwiegend von Angehörigen deines Berufsstandes und deiner Geschlechtsgenossinnen.«

»Natürlich! Immer die Frauen. Wenn es mal nicht so klappt, dann sind immer die Frauen schuld«, erwidert die Stimme.

»Das ist so nicht richtig. Bei meinem Vater war es genau umgekehrt. Gerade weil es bei ihm geklappt hat mit der Versorgung der Familie; deswegen hat frau ihn fertig gemacht. – Aber das soll doch nicht der Inhalt unseres Gesprächs sein, Ella: Ich hatte dich nach Opa gefragt«, lenkt Arnold die Unterhaltung auf ein anderes Thema.

»Und ich hatte dir gesagt, daß du dich mal selbst darum kümmern sollst... – Ach, laß mich doch in Ruhe!« vernimmt er die gereizte Stimme seiner Tante aus dem Hörer, und ein leises Rufen aus dem Hintergrund.

Ihm war nicht ganz klar, wen seine Tante gemeint hatte: Ihn, oder ihren aidskranken Mann, der aus dem Pflegezimmer nach ihr schrie.

Arnold lauscht noch eine Weile vergeblich, die Leitung ist tot: Stromausfall.

Er beschließt, nicht mehr anzurufen. -

[]

Das Mondlicht schnitzt einen hellen Rhombus aus der Schwärze des Fußbodens, farblos, die Muster des Teppichs nur schwach andeutend, und streift die übereinander geschlagenen Füße des Mannes, der reglos im Sessel sitzt. Es ist spürbar wärmer geworden, durch die offene Verandatür sickert vage Blütenduft, Duft eines Frühlings, der viel zu spät kam, und wohl für dieses Land auf lange Zeit der letzte Frühling sein wird.

Arnold sitzt schon lange im Sessel, die Arme verschränkt, so, wie ein Mensch, der zufrieden Rückschau hält und nun weiß, wie es weitergeht. Zufrieden ist Arnold, weil er sich entschieden hat.

Der Text eines Gedichts kommt ihm in den Sinn: ‚Ein scheußlich Ding ist diese Welt. Nur wert, daß sie zu Staub zerfällt...‘ Von wem ist das nur? Von seinem Vater? Oder ist es ein Kirchenlied, nach biblischem Text?

Jedenfalls könnte es von seinem Vater stammen, denn die stärkste Ausdruckskraft entwickelte sein Vater im geschriebenen, und so fixierten Wort. Wahrscheinlich deswegen, weil er als hörgeschädigter Mensch bei einem Gespräch mit mehr als zwei Teilnehmern die Konzentrationsfähigkeit verlor, und sich schnell in sich selbst zurückzog: Immer ein Anlaß zu behaupten, der alte Becde sei arrogant, oder doof, oder beides, wobei letzteres wohl eher stimmte – im wahrsten Sinne des Wortes. -

Wie war das? Ein scheußlich Ding ist diese Welt... Das verlautbaren Millionen Menschen seit Jahrtausende, alle von dem Wunsch besessen, diese Welt denn abgehen zu lassen, doch nicht wirklich, sondern nur ein bißchen, weil es doch selbst weh täte...

Bis der homo prometheus electricus auftrat.

Zum ersten Mal in der Menschheitsgeschichte kann es gelingen, sich mit Hilfe der Beherrschung und Anwendung des Elektronenflusses aus der Gegenwart zu befördern, so gründlich, daß Äonen später neu entstandene Lebewesen keine Spuren mehr finden. Denn was besagen die versteinerten Knochen, und deren Abdrücke über die tatsächliche Existenz dieser Lebewesen?

Komplexe Metallteile, höherwertige organische Verbindungen, Kunststoffe, halten dem Zeitstrom nicht stand.

Und was besagt es, wenn an den Küsten Meereswellen Jahrmillionen alte Sandsteinschichten weniger stark zerreiben, weil diese von einer dünnen Eisenoxydschicht überzogen sind, und zu fragen bleibt, woher dieses Eisen stammt?

Und die engbegrenzten Lagerstätten von spaltbarem Material, welches die Menschen mühselig zusammenkratzen? Vielleicht Abfallhaufen, Müllkippen einer Zivilisation aus einer Zeit, als diese Elemente noch jung und geordnet waren, aus einer Zeit, in Milliarden gerechnet, einer Zeit und Ordnung, die ihrem Ende entgegengeht?

Wieviel Energie ist und wurde aufgewandt, um zu trennen, um das Getrennte getrennt zu halten? Sinnlos, hoffnungslos, die Entmischung auf Dauer zu verhindern. Ordnung des Staates. Hier: Regierende, dort Regierte; die Oben, die da Unten. Die Guten, die Schlechten. Alles vergebens; zuviel Energie, um die Ordnung aufrecht zu halten, folgerichtig letztmöglicher Zustand: Anarchie. Und dies um so gründlicher, je höher die Ordnung war. -

Welch ein Aufwand, O-und W-Truppen getrennt zu halten, um das zu erreichen oder zu erhalten, was mensch Freiheit nennt. Bilanz: Für das Leben des Menschen immer negativ; positiv jedoch für den Fortschritt der Entropie.

– Eine Lücke in seinem Gedächtnis, entgegengesetzt der Lücke – oder dem Abstand – zwischen Idee und Ausführung, zwischen Ursache und Wirkung: Diese Lücke ist im Laufe der fortgeschrittenen Zeit immer mehr geschrumpft. -

Er, Arnold, wird diese Lücke schließen; auch im Chaos gibt es eine Gesetzmäßigkeit der Abfolge. Und der Tritt eines Beins einer Roten Waldameise auf irgend einem Ameisenhügel im Yosemite-Tal wird der Auslöser für das Erdbeben am San-Andreas-Graben sein, welches San Francisco und Los Angeles von der Landkarte verschwinden läßt.

– Ihm muß es gelingen, seine Idee über den Umweg seiner Finger-und Sprechmuskel winzige Wellenbewegungen von Elektronen anstoßen zu lassen, die wiederum einen billionenfach stärkeren Resonator treffen und zum Schwingen bringt. -

Das Mondlicht bekommt Konkurrenz, der Strom ist wieder da. Das Natrium- und Quecksilberdampf-Licht der Straßenbeleuchtung läßt die himmlische Laterne recht alt aussehen, obschon viele Leuchten ausgefallen sind, durch Zerstörung oder Alter. Auch schalten die O-Truppen manchmal die Beleuchtung ganzer Straßenzüge ab; ein Zeichen für herannahende Razzien, denn nur die absolute Dunkelheit der Straßenzeilen gewährt ihnen, die selbst mit hochwertigen Infrarot-Sensoren aufgerüstet sind, einen gewissen Schutz vor Heckenschützen.

Die Bevölkerung und die Terries richten sich nach diesen Gegebenheiten.

Doch hier, im Viertel Arnolds, scheint heute nacht kein O-Soldat aufkreuzen zu wollen. Auch die Gefahr, daß Kampfflugzeuge der W-Truppen – angelockt durch die Straßenbeleuchtung – Angriffe auf die Stadt fliegen, ist auszuschließen, seitdem EUNAT erkannt hat, daß die Gegner sich außerhalb der Stadt befinden, und somit nur ihre eigenen Leute getroffen würden.

Arnold erhebt sich, geht zum Badezimmer, entledigt sich aller Kleidung. Dann, vor dem Spiegel stehend, löst er vorsichtig die Stirnbinde und den Mullverband.

Das Schandmal, zwei Messerschnitte in Form eines Andreaskreuzes, schon verkrustet, werden ihn ewig zeichnen. Ausgerechnet ihm das Zeichen des Brudermörders! Es gab keine Berechtigung, ihn zu brandmarken, zumindest zu jenem Zeitpunkt noch nicht! Und Bruder-und Schwestermörder sind jene, die sich von der Furcht überwältigen ließen.

Nein, Arnold wird die Täter nicht im Gegenzug seinerseits zu brandmarken versuchen. Er müßte sie alle zeichnen, und alle verschwänden somit wieder in der Anonymität, nein, er versucht, sie gleich alle zu verbrennen. Denn das gemeinschaftliche Abzeichen allein würde sie nicht zur Besinnung und Vorsicht bringen, weil sie sich im Besitz des Mals wieder als zusammengehörig fühlen. -

Arnold läßt das warme Wasser über seinen Körper laufen, rasiert sich, löst vorsichtig die Blutkrusten von seiner Stirn, legt Pflaster auf, trocknet sich ab.

Auf der Liege im Wohnzimmer streckt er sich aus. Durch die geöffnete Verandatür zieht ein milder Lufthauch herein der ihm behilflich ist, neben einer leichten Zudecke und seiner Kleidung die nötige Schlafwärme zu finden.

[]

... Während dessen hastet Heinz-Otto eine Anhöhe hinauf. Oben angekommen, wendet er sich um, schaut schweratmend auf die vom Mondlicht weißlich überpuderte Heimstatt des Menschen; und auch das nun aufflammende Geflirre der Straßenbeleuchtung kann ihn nicht davon abbringen, dort ein leuchtschuppiges, kriechendes Untier zu ahnen, welches jeden der nicht flieht, mit krakenartigen Straßenarmen einfangen, mit den lückenhaften Zahnreihen der Häuserzeilen zermalmen, und in den Straßenschluchten und Häusern verdauen will.

Heinz-Otto hastet weiter, als er das dumpfe, böllerartige »Plopp« von Granatwerferabschüssen hört, und weit hinter ihm feurige Pilze aus dem Boden wachsen. Die werden ihm doch nicht auch noch gegolten haben?

Er zieht seine Thermodecke fester um seinen Oberkörper, und strebt seiner nun als Letztes verbliebenen Behausung zu, einem betonierten Versteck irgend wo im Gelände, und denkt voll Zorn an das, was ihm widerfahren war...

- Nachdem er sich von Arnold getrennt hatte klopfte er an der Haustüre seiner Freundin.

»Wer ist da?« tönte es hinter der Tür hervor.

»Ich bins. Heinz-Otto«; und dann öffnete sich vorsichtig der Hauseingang. Aus dem Dunkel des Flurs leuchtete ein grell geschminktes Gesicht und ein wasserstoffsuperoxid-blondierter Haarschopf hervor. Ein rosa Morgenmantel verdeckte eine kleine, zierliche, weibliche Gestalt oben weniger, dafür unten um so länger. Nur die Stimme mochte nicht zu dem zierlichen Persönchen passen, welche total verkifft und versoffen in einem brüchigen Baß orgelte: »Heinz-Otto Erden! Sieht man dich auch nochmal? Komm rein, und mach die Tür von Innen zu.«

Danach gabs zärtlich Bussi, Bussi, und zwar so heftig, daß Irmis – so heißt Heinz-Ottos und anderer Flamme – rote Haarschleife auf den Boden fiel. Galant hob er die Schleife vom Boden auf, doch weitergehende Bemühungen des Mannes wehrte Irmi lachend ab: »Jetzt nicht, mein Lieber! Komm, ich bring dich runter. Willst du etwas essen?« meinte die Frau, und der Mann trägt seinen Wunsch vor.

In dem Raum befanden sich ungefähr drei Dutzend Spielautomaten, und deren Klicken und Klackern, Schnalzen, Klingeln, Heulen, Summen Zschippen und Brongen wurde vom dichten Flor der Boden-und Wandteppiche auf ein erträgliches, aber nichtsdestoweniger anästhesierendes Maß herabgesetzt. Der farbige Flimmerglimmer zahlreicher Lumineszens-Bildschirme machte eine Innenraumbeleuchtung, bis auf die Notbeleuchtung, unnötig.

Vor zahlreichen Geräten erkannte er Gesichter von Menschen, die – vornüber gebeugt – angestrengt und konzentriert Gerätehebel und Joy-Sticks bedienten, und, schräggehaltenen Kopfes den Rauchfahnen der zwischen den Lippen in den Mundwinkeln geklemmten Zigaretten auszuweichen versuchen.

Gemischt mit den Tabaksschwaden zog der Duft von Cannabis und Alkohol durch den Raum, ergänzt von Parfüm-und Schweißgeruch, denn die Lüftung war wieder einmal außer Betrieb, und der ganze Schwalf zog, wie in einem Abluftkamin befreit die Höhe suchend dahin, wo gerade Heinz-Otto die Tür aufgemacht hatte.

Niemand beachtete ihn zunächst, was ihn nicht beunruhigte: Hier kannte er sich aus, denn Irmis Spiel-und Spaßladen war schon lange zu seiner zweiten Heimat geworden, lange, bevor seine Angehörigen umkamen.

Er schlenderte langsam zwischen den Spielautomaten hindurch, nickte hier und dort einem fratzenhaft abglanzfarbig übergossenen Gesicht zu, bis ihn der Ruf »Hallo, Heio!« in eine Raumecke lockte, wo sich anstelle der Spielgeräte mit Polster und Teppichboden bespannte Stufen befanden, auf denen sich mehrere junge Leute hingestreckt hatten.

Ein Mädchen faßte ihn an die Hand, und er setzte sich auf eine Stufe. Im schwachen Widerschein der Bildschirme meinte er die füllige Sandra zu erkennen, deren Augenbrauen, Lippen, Haare, Wimpern, Kleidung – eigentlich alles, was metallische Farbkomponente enthielte – im Schein der Schwarzlichtleuchten unnatürlich fluoreszierte.

Ein junger Mann fragte nach seinen Trinkwünschen, die zunächst in einem »Kaffee mit« bestand, nicht etwa einen Kaffee mit Milch, sondern es wurde ihm auf einem Tablett eine Tasse schwarzen Kaffees, und auf einem Porzellanschälchen ein Stückchen Zucker serviert, auf dem noch die feuchte Stelle eines Flüssigkeitstropfens zu erkennen war. Er nahm einen Schluck Kaffee, will zum Zuckerstückchen greifen, überlegt es sich anders, und bot es dem Mädchen neben sich an. Diese griff erstaunt und gern zu: »Was ist. Stehst du nicht mehr auf Dröhne?« worauf er als Antwort vorsichtig ein Metalldöschen aus der Tasche zog, den Deckel öffnete, und den Inhalt – eine violette und eine giftgrüne Kapsel – herumzeigte.

Ein allgemeines »Boooh« der Verwunderung ertönte, und: »Das sind ja Armeeschluckis! Wo haste die denn her?«.

Nun erkannte er seine Ungeschicklichkeit, und das hastige Wegstecken der kleinen Dose forderte einen jungen Mann heraus, der neugierig näher gerückt kam: »Du, hast du Beziehungen zu Kalla und Endert?« wobei ihn der Zwischenruf eines anderen Jungen aus der Klemme rettete:

»Der Kahlenhaus ist heute nacht hopps gegangen. Wahrscheinlich Granatwerfer der Stachos.«

Das Mädchen, welches dicht an Heio angelehnt, ihren Arm um dessen Schulter gelegt hatte, war zusehr Frau, um das Schultern Hochziehen des Mannes, dessen Zusammenpressen der Oberschenkel mit den darin liegenden zusammengefalteten Händen, und das verstohlene Grinsen nicht richtig hätte deuten können. Sie beschloß, zu bohren, und sagte: »Schade. Kahlenhaus war ein feiner Kumpel. Man konnte von ihm alles kriegen. Meinst du nicht auch, Heio?«

Dieser sackte etwas in sich zusammen, brummte »Na, ja. Ich... Mmhh...«, wurde aber einer direkten Antwort enthoben, als Irmi die Treppe herunter kam, bekleidet mit einem Traum aus metallisch schimmerndem, weißem Alu-Plast; an den Füßen Stöckelschuhe, deren blendendes Weiß – abgesetzt durch ein hervorlugendes schmales Band schwarzer Strümpfe – mit dem Metallic-Glanz der Hose harmonierte.

Die Glitzer-Blinker in Irmis Haaren, an den Ohrläppchen, Händen, Armen und Fußfesseln sprühten farbiges Licht, als Irmi sich näherte: Ja, da kommt eine Königin, strahlend und schön, alle Falten und Schrunden der Gesichtshaut durch das schwache Kunstlicht weggedämmert.

– Siehe, die Herrscherin über ihr elektronisches Reich schreitet heran! Die Gebieterin über Dutzende Lumen und Dezibel A's, über Milli Ampere und Watt, über Megabites und Coulombs, sowie über Milli-Teslas und

Ohms, Transis-, Resis-und Kondensatoren – und alle Bildschirme flackern Beifall. -

Ja, das ist ihr Reich, dieser Spiel- und Spaßclub; dieser Sauf-, Porno-, Puff-, und Junkiekeller, in dem war sie die elektronische Frau Wirtin, und es ließ sich schon leben von diesem Lokal, welches sich nun gut gefüllt hatte.-

Auch Heio hatte inzwischen seine Bestellung aus der Küche mittels eines Speiseaufzugs von einem Mädchen serviert bekommen, und während Irmi hoheitsvoll und gravitätisch zwischen den Geräten einher stöckelte, rückte ihm die neugierige Biene Sandra nicht von der Pelle: »Soll ich dir noch einen Kaffee holen? Oder magst du einen Pharisäer?«

Er wiegte den Kopf, nickte dann aber doch; und so kam es, daß der Geschmack des Kaffees bei jeder neuen Tasse immer weinbrandiger wurde.

»Also kanntest du Kahlenhaus?« fragte die Frau, wartete die Antwort aber nicht ab sondern schob nach: »Wußtest du, daß Kahlenhaus bei uns im Club Mitglied werden wollte? Und als du die Schluckies soeben zeigtest dachte ich, du kämst von Kalla, denn der brachte auch immer so' n Zeugs mit, in rauhen Mengen.«

»Wohl geklaut. Aus' m Milizdepot«, ließ sich Heinz-Otto vernehmen.

»Na und?« die Frau fuhr in seine Tasche, beförderte das Pillendöschen daraus hervor, bemerkte aber nicht, wie das kleine schwarze Kästchen – welches dabei mit herausfiel – von dem Mann schnell wieder zurückbefördert wurde, »und was ist das? Sind die etwa nicht geklaut?«

Er schüttelt den Kopf: »Habe ich von meinem Freund.«

»Und der?« fragte sie abermals; doch er beschloß, in Anbetracht des sehr wohlgefällig geäußerten Namens dieser Pestratte Kahlenhaus zu schweigen, und seine Partnerin auf die kleine Tanzfläche zu bitten, auf der einige Paare sich bereits im Pungy-Rhythmus wanden. Es dauerte nicht lange, bis in dem Gewusel sich eine neue Partnerin einstellte: Irmi, die Hübsche, die ihn bald zu einem Tisch abseits der Tanzfläche führte.

»Was machst du jetzt?« fragte sie, und er erzählte mit einigem Stolz von seiner Tätigkeit bei der Miliz, verschwieg aber wohlberaten, daß er selbst eine Funktion dort hatte.

274

»Bekommst du dort auch alles, was du brauchst?« fragte sie, nippte an ihrem Likör, und schaute ihm tief in die Augen.

»Alles. Essen, Alk, Speed, Rauchen. – Nur das habe ich dort nicht.« Dabei rückte er an Irmi heran, umfing sie mit dem linken Arm, und knutschte sie am Halse.

»Warum nicht dort?« lachte Irmi: »In der Miliz gibt es doch auch schöne Frauen.«

»Nicht mehr; die streiken alle.«

Nun mußte Irmi so kichern, daß sie sich fast verschluckte: »Streiken? In was denn streiken. Im Kriegsspielen oder bei anderen Spielen«, prustete sie los, und stellte sich Heios Liebeswerben bei einer Amazone im Kampfanzug, mit Raketenwerfer und Geschoßgurten geschultert, vor.

»Lach nicht!« maulte der Mann, »die wollen alle keinen Krieg mehr machen.«

»Wer will das nicht«, entgegnete Irmi: »Sag mal, wer ist denn dein Kriegshäuptling?«

Heinz-Otto nannte den Namen; Irmi trat an ein Spielgerät heran, an welchem sich gerade kein Spieler befand, schaltete, tippte ein paar Befehle in die Tastatur und auf dem Bildschirm erschien der Name: »Becde, Arnold.«

Neben dem Namen waren weitere Angaben aufgeführt: »Besuch: 13.08.199., Verzehr: Kaffee. Spiel: Negativ. Besonderheiten: Querverweis Kahlenhaus, Fritz.«

Irmi tippte eine neue Adresse ein, auf dem Bildschirm erschien: »Kahlenhaus, Fritz; geb. 10.06.1965.«

Die weiteren Angaben deckten den Bildschirm satt, und nach einem weiteren Befehl erschien weiterer Bildschirmtext. der ebenfalls den gesamten Bildschirm fast füllte. Die letzte Zeile jedoch weckte Irmis Interesse. Dort stand unter dem Querverweis neben Endert, Kurt, Sonja, Irmi – das war uninteressant, sie stand bei fast jedem männlichen Dateinamen als Querverweis – auch der Name Becde, Arnold, mit dem Zusatz: »Abneigung«.

Nun erwachte der Instinkt der Datenjägerin, sie zog sich einen Drehsessel heran, und fingerte flink und zielsicher über die Eingabe, während Heinz-Otto staunend und fassungslos dastand.

Auf dem Bildschirm erschien nun der Name Endert, Kurt, und in dessen Rubrik »Besonderheiten« tauchte abermals der Name Becde, Arnold mit dem Zusatz »Abneigung« auf. einen Moment verweilte die Frau sinnend – der bläuliche Widerschein des Bildschirms zerklaftete das stark geschminkte Gesicht zur blicklosen Maske –; dann löste sich die Starre, als sie hinter sich ein heftiges Schnaufen vernahm, und eine Stimme fragte: »Bin ich da auch drin?«

Sie lächelte, nickte und fragte: »Willst du mal sehen?«, tippte aber vorher noch die Datei Kahlenhaus herbei, und vervollständigte das Profil mit den Angaben: »Verstorben 03.04.199., Wahrscheinlich durch Artilleriebeschuß der O-Truppen.« Dann erschien Heinz-Ottos Clubvita, lückenlos, über vier Seiten.

»Ist da alles drin?« fragte er bang.

»Alles«, antwortete die Frau gnadenlos: »Hier. Der 16.03.199.. Verzehr: Drei Weinbrand, ein Bier, zwei Kaffee ‚mit‘, drei Hänflinge, Schnittchen mit Schinken und Ei, ein Koks.

Spiel: Billard, Flipper, ‚Durch das Sonnensytem‘, ‚Die Maltuskatze‘.

Videospiel: ‚Angriff der Spinnen‘, ‚Opa Schießen‘, ‚H I V positiv‘.

Film:‚Eine Nacht für Drei‘, ‚Wälzen‘, ‚Irmi‘... aber nicht pur, sondern auf Video«, sagte sie.

Er schluckte: »Mensch, Irmi! Woher weißt du, daß ich dann und dann an dem Automaten gespielt habe?«

»Kein Problem. Die Spielmarken für die Automaten sind gekennzeichnet, diese Kennung wird mit deiner Clubnummer für die Verzehrrechnung eingegeben, und die wird ja bekanntlich ausgedruckt und von dir in bar oder per Scheckkarte beglichen. Ich wäre blöde, wenn ich diese Daten nicht für meinen PC benutzte, um die Buchführung leichter durchzuführen.«

»Ja, aber der Datenschutz?«

»Wie, Datenschutz«, fragt die Frau zurück: »Du bist doch Clubmitglied, oder?«

Das sah er ein, unterließ das Fragen, und lud Irmi zu einem neuen Tanz auf die Tanzfläche ein. Dort hielte er sie im Tanz eng, und die Frau lachte, als der Mann ihr ins Ohr hauchte: »Du, Irmi. hast du heute abend Zeit für mich?«

»Warum, wofür? Ich bin doch hier«, antwortete die Frau.

»Ja, schon«, druckste er herum, »so meine ich das nicht. Ich meine... ich will.. du sollst...«

»Also, Du willst mich heute abend stöpseln«, unterbrach die Frau den Mann, welcher nickte.

»Ist das alles?« fragte sie, und schaute Heinz-Otto forschend und unverhohlen an.

Dieser grinste, zog Irmi an sich und sagte »Du, ich hab dich gern. Ich liebe dich«, wobei ihm das »i i i« in »Liebe« wohl einen halben Takt zulang geriet, so daß die Frau auflachte, »Du bist süß« sagte, und ihren Oberschenkel während des Tanzes forschend in seinen Schritt presste.

»Du, ich merke aber nicht viel davon, daß du mich liebst oder was du damit meinst.«

Jetzt hatte der Mann allen Grund verlegen zu sein, denn nun schämte er sich darüber, daß der Zustand, über den sich Männer im Allgemeinen in Gegenwart Dritter schämen – und den sie dann zu verhindern suchen – bei ihm tatsächlich nicht gegeben war.

»Nee, nee, mein Süßer« knarrte Irmis Kies-und Schotterstimme: »Ich muß mich dann abstrampeln und die ganze Arbeit allein machen. Ein andermal gern, aber heute abend nicht. – Frag doch mal Sonja, vielleicht hast du da Glück. Soll ich mal nachfragen?...« dabei versuchte sie sich von Heinz-Otto zu lösen,der aber nicht locker ließ:

»Das mit mir geht schon in Ordnung, wenn du nur ‚Ja‘ sagst«, klang es ein wenig fordernd, doch die Frau wurde nun kühl, geschäftsmäßig:

»Heute Abend geht es leider nicht. Und ich habe auch keine Lust.«

Etwas weicher fuhr sie fort: »Du kannst ja das Holo-Video benutzen. Glaub mir, als die Aufnahmen gemacht wurden, habe ich ganz scharf und geil an viele, viele prächtige und schöne Männer gedacht; auch an dich, glaube mir« – dabei zog sie Heinz-Ottos Kopf zu ihrem Mund –: »Und jetzt will ich dir mal ein Geheimnis verraten: So, wie Frauen sich in den Videofilmen geben, sind sie in der Wirklichkeit nicht. Du wärst mit Sicherheit enttäuscht, wenn du dabei die Wahrheit wüßtest.«

Sie gab den Kopf des Mannes frei, nicht, ohne ihm einen Kuß aufs Ohr zu drücken, und tanzte weiter.

Er, ziemlich enttäuscht, senkte den Kopf, und mochte der Frau nicht mehr ins Gesicht sehen, wobei er bei diesem Sickerlicht gewiß nicht viel mehr gesehen hätte, als eine kalkweiße Gesichtsplatte mit schwarzen Lippen, schwarzen Augenlidern und -brauen, und – allerdings sehr lebhafte – hin- und herhuschende, antimonschwarze Pupillen auf weißer Netzhaut.

Doch was er nun wahrnahm, zündete in seinem Kopf ein Licht an, welches gleichmäßig und warm bis in die dunkelsten Hirnwindungen vordrang. -

Beim langsamen Abgleiten von der Vorderseite der Frau stach ihm immer größer und deutlicher werdend das Ziel seiner Sehnsüchte, die Rettung, die Erlösung von seinen Schwierigkeiten ins Auge: Da war er, der Gegenstand, den er so lange schon suchte! An einem goldenen Kettchen, welches sich um eine Fußfessel der Frau schlang, baumelte ein goldenes Schlüsselchen, ein richtiges, mit Bart und Greifring, völlig echt und golden: Das mußte es sein. -

Während er sich mit der linken Hand auf dem Boden abstützte, griffen die Finger der anderen Hand vorsichtig tastend zu dem kleinen Ding. Tatsächlich! Es war echt, und echt da.-

Irmi hingegen –‚Was tut er nur da?‘ – schaute etwas verwirrt auf den Mann, dachte, ihm sei schlecht geworden und versuchte, ihm aufzuhelfen, merkte aber den lebendigen Widerstand, und bemühte sich kopfschüttelnd zurückzutreten, überlegte aber, ob dies nicht ein besonders originell wirkender neuer Annäherungsversuch sein könnte, senkte den Kopf und wartete, wohin es diesen Mann wohl weitertriebe.

Den jedoch interessierte nicht der zweifellos wohlgeformte Fußrist Irmis, der durch die hochhackigen Schuhe besonders zur Geltung kam; ihn interessierten auch nicht die Waden, die Hüften, der Schamhügel, der flache Bauch mit wohlgeformtem Nabel, welches alles durch die enge Alu-Plast-Hose besonders vorteilhaft und plastisch zum Vorschein trat. Nein, ihn interessierte nur das kleine Anhängsel an Irmis Fuß, und versuchte, es in seinen Besitz zu bekommen.

Irmi hatte inzwischen gemerkt, daß die Bemühungen dieser total von der Muffe gepufften, ausgeflippten Type nicht direkt ihr galten. Und sie hatte ihrerseits keine Lust, die tröstende und helfende Mutti zu spielen, löste sich abrupt von dem Manne und entfernte sich.

Er hingegen ließ sich von der Abwesenheit Irmis nicht stören ‚sie war nicht Objekt seiner Bemühungen. Er kroch auf dem glatten Boden herum, brabbelte etwas von einem Schlüssel, ließ sich nur widerwillig von den – zwar sanften, aber bestimmten – Fußtritten der Tanzenden beiseite stoßen, wobei viele nicht wußten wie nahe sie der Wahrheit kamen, als einige mit der entsprechenden Handbewegung an den Kopf äußerten, Heio könne nur den Schlüssel für seine Rübe suchen, um seine eigene Doofheit heraus zu lassen.

Nur ein Mädchen hockte sich zu dem abseits auf dem Teppichboden hingekauerten Mann nieder, und fragte ganz ernsthaft, ob sie suchen helfen könne, denn sie hatte wirklich ein gutes Herz, und die Erinnerungen an die Peinlichkeiten eines wirklich von ihr verlorenen Schlüssels: Ihr Vater war Bankdirektor, und der von ihr verlorene Haustürschlüssel diente nicht nur zum Einlaß in die Wohnung, sondern gab auch gleichzeitig den Weg in die Schalterhalle der Filiale frei. – Als sie aus dem wirren Gestammel des Mannes jedoch die Worte »Tresor«, »Gehirn« und sogar »Denken« und »Schlüssel« verstand, zweifelte sie nicht mehr einen ausgeflippten »Kapores« vor sich zu haben – in dieser Kiffbude eine ganz normale Erscheinung.

Nicht so der Mann, der, von Irmi begleitet, mit Grandezza aus dem Treppenbereich trat, sich ehrlich über die seinen Eingang begleitenden, hauptsächlich weiblichen Zurufe freute, langsam zur Tanzfläche vorgehend, an den sinnlos auf dem Boden herumkriechenden Typ geriet. -

»Verdammt! du abgefackte Schnalle! Hab ich dir nicht gesagt, du sollst mir in der nächsten Zeit nicht vor die Augen kommen? Was habt ihr übrigens mit Kalle gemacht?« schrie Endert, und unter dem Geschrei der anderen riß Endert einen Kugelschreiber aus der Seitentasche seines Parkas, richtete die Spitze auf Heinz-Ottos verständnisloses Gesicht.

»Ich mach dich alle«, schrie der Mann weiter, wurde aber nun von Irmi massiv gestört, die Enderts Arm zur Seite bog und rief: »Aber nicht bei mir hier! Und außerdem, du siehst doch, der ist duhn«, worauf Endert sein Instrument wegsteckte, aber dafür ein anderes hervorzog, einen kleinen

Knopf daran betätigte, und dem noch immer verständnislos glotzenden Mann dieses Gerät an die Stirn drückte.

Der Kopf zuckte kurz zurück, ein dünnes Rauchfädchen stieg auf, erstaunt wischte der so behandelte Mann sich über die Stirn, doch die Buchstaben auf der Haut gingen nicht weg; und während Endert hinterhältig grinsend sein Gerät wegsteckte, buchstabierte Irmi leise »H I V«, dann lauter werdend: »H I V! Ha i vau«, klatschte im Takt mit den Händen, drehte sich tanzend und hüftschwingend um Heio und Endert, und bald bildete sich ein wuselnder, wilder, drehender Haufe von Menschen um den, der nun allein dort stand, denn Endert hatte sich inzwischen in den Kreis der anderen Außenseiter eingereiht, und diese sangen aus vollem Halse: »Hei-enz-Ot-to ist ha-i-vau! Hei-enz Ot-to ist ha-i-vau!« und es war nicht zu erkennen, welcher Art das Glitzern der Augen in den maskenhaft grün-rot-blau angeleuchteten Gesichtern ist.

Jedenfalls fragte niemand, wie Endert an das Brandstempelgerät der Amtsärzte gekommen war, mit dem diese Ärzte seit Kürzerem H I V-Positive von Amts wegen an primären und sekundären Geschlechtsmerkmalen zeichnen mußten, wobei die Kennzeichnung im Gesicht – die ja eigentlich die Wichtigste war, wegen des normalerweise als erstes stattfindenden Austauschs von Körperflüssigkeit über die Lippen – die größten Probleme aufwarf, bis mensch auf die Lösung kam: Es wurden die circa zehn Millimeter großen Buchstaben auf die Augenlider praktiziert, wobei das Einbrennen mit dem dünnen Hitzdraht allenfalls wie ein Mückenstich wirkte, und die anschließende weißliche Vernarbung die eigentliche Signatur ausmachte.

Das Zeichen »Plus« sparten sich die Heilgewaltigen, sie wollten diese Leute nicht zusätzlicher, vermeidbarer Schmerzen aussetzen; diese hatten es sowieso schwer genug. -

Heinz-Otto schaute, inzwischen völlig allein gelassen und bei halbwegs klarem Verstand, auf die Scene, ein paar Meter entfernt von ihm, wo Endert, eifrig umschwirrt, am Tisch sitzend sein Bier trank, und öfters – nachdem ihm etwas ins Ohr gesagt wurde – nach Heinz-Otto herüber blickte. Das war kein feindlicher Blick; es war eher die spöttische

Ignoranz eines Siegers, der seinen Besitzanspruch durch den Armgriff um Irmis Oberkörper geltend machte.

Welch einen Schandfleck Heinz-Otto auf der Stirn trug, erfuhr er im Waschraum; wobei zu vermerken ist, daß er selbst diese Auszeichnung völlig zu Unrecht trug, was von vielen Jungen und Mädchen in Irmis Keller nicht gesagt werden konnte, zumal viele sehr genau wußten, warum sie sich gerade ihre Augenlider – Männer und Frauen – sehr intensiv und deckend schminkten. -

[]

... Heinz-Otto liegt schon lange Zeit wach, und starrt in die Dunkelheit des Raumes. Vereinzelt flackern auf dem Schaltpult kleine Leuchtdioden auf, von Zeit zu Zeit klackern Relais in immerfolgendem Takt. Gleichgültig wendet er den Kopf, als sich mit schmatzendem Geräusch der Lukendeckel der Luftschleuse nach außen wälzt.

»Ich bins«, sagt Arnold.

Heinz-Otto antwortet: »Klar, wer solls sonst sein?«, und rutscht von der Pritsche.

»Scheiße«, stöhnt Arnold, als er das Mal auf der Stirn seines Gefährten sieht: »Wo ist das passiert?«

»Bei Irmi.«

»Wer. Endert?«

Heinz-Otto läßt es geschehen, daß die Finger des Freundes vorsichtig über die wülstigen Brandnarben auf seiner Stirn tasten: »Bist du mit denen auch fertig?«

Heinz-Otto schaut den Mann aufmerksam an und wußte, daß er diese Frage nicht beantworten muß, um verstanden zu werden. -

Von der anderen Pritsche, auf der sich Arnold niedergelegt hatte fragt dieser:

»Du?«

»Ja?«

»Wie ist es mit der Irmi?«

»Negativ«, schnaubt Heinz-Otto, und schaut dem träge zur Decke kräuselnden Rauch seiner Zigarette nach, fragt aber seinerseits: »Und wie ist es bei dir, Arne?«

Dieser starrt lange auf das Leuchtgewitter der Lichter auf der Computerkonsole, zählt in Gedanken die Gerechten seiner Art, findet nicht einen einzigen, und antwortet: »Ich bin nicht allein. Und du?«

»Ich bin zufrieden, wenn ich meine Drogs bekomme und Schnaps habe. Und dann glaube ich auch noch, daß ich ihn einmal finden werde.«

»Wen?«

»Den Schlüssel.«

Arnold stutzt einen Moment, versteht und sagt: »Wie wäre es, wenn wir deinen Schlüssel mal ganz wo anders suchen würden. – Vorher habe ich aber noch eine ganz große Sache zu erledigen. Machst du mit?«

»Ist das eine militärische Aufforderung, oder sogar ein Befehl?«

»Quatsch! Wenn du willst, könntest du jetzt gehen. Ich entbinde dich von deinen militärischen Pflichten. In allen Ehren«, fügt Arnold noch hinzu, fängt glucksend an zu lachen, steigert sich, bis aus seinem weit aufgerissenen Mund in dem dunkelroten Gesicht ein brüllendes Gelächter hervorbricht, in das Heinz-Otto erst zögernd, dann mit kreischender Stimme einfällt. Arnold schlägt sich mit den flachen Händen auf die Oberschenkel, schleudert im Takt seinen Oberkörper nach vorn und zurück, bis er auf einmal jäh innehält; sein Gesicht entfärbt sich, der linke Mundwinkel wird ganz schlaff, die Augen starr, und sein Kopf nickt ganz kurz, aber sehr heftig nach vorn.

Nach ein paar Augenblicke fragt er, verwundert seinen verstörten Kameraden anblickend: »War was?« fährt sich mit einer Hand über die Stirn, fühlt das große Pflaster, und er ist sich wieder bewußt. -

Nachdem er Heinz-Otto mit einer Ration Speed versorgt hatte, setzt sich Arnold an das Eingabepult des Computers.

– Nein, er hat keine Skrupel. Alles, was ihn zu dieser Entscheidung drängt, war längst festgelegt in seiner Erbmasse, in der Summe der Erfahrung seiner Gene.

Gab es in seinem Leben je einen Punkt, wo er die Weichen hätte anders stellen können? Seine Ausbildung als Berufssoldat etwa? Nein, die Armee hatte ihm das Studium der Informatik ermöglicht: Zwölf Jahre seines Lebens gegen Wissen und Bildung.

Die Ausbildung zu einem militärischen Führer lief nebenher. Kein Problem beim Anzapfen der wahren menschlichen Eigenschaften, wie: Streit- und Eroberungsbereitschaft, Vereinnahmungsgier, Risikobereitschaft; alles Relikte aus der Steinzeit, aus dem Neanderthal, mühsam versteckt hinter Ethik, Zivilisation, Kultur und Religion, aber immer wieder hervorbrechend, zu jeder Epoche der menschlichen Entwicklung. Je höher die Entwicklungsstufe, um so gewaltiger die Exesse.

War das, was er als einzelner tun will, schon jemals geschehen? Bestimmt; nur nicht so rasant, und nicht in solch einer Größenordnung. Was soll es: Vor 2000 Jahren betrug die Erdbevölkerung höchstens 50 Millionen Menschen; heute über sechs Milliarden, und die heutige Menschheit hat eine hunderttausendfach größere Energiemenge zur Verfügung.

‚Gott‘, denkt Arnold: Wenn er ein Interesse hat, soll er seinen schöpferischen Finger dazwischen halten; es machte mir nichts aus, wenn er mich dabei zerschmettern würde. Aber er kennt seinen Gott, den, der die Gesetzmäßigkeiten, das Große Programm schuf. Bevor dieser vor der Zeit den Startknopf drückte nahm er sich vor, aus dem Großen Monitor herauszuspringen, um sich die Sache von draußen zu betrachten. Logenplatz, natürlich, direkt über der Bühne, und die arglosen Zuschauer im Parkett starren gebannt sowohl auf die Protagonisten auf der Bühne, als auch auf ihn. -

Träge schwimmend gleiten die Finger Arnolds über das Eingabepult. Knattern und Pfeifen im Lautsprecher, Schneegestöber mit schwarzen Balken auf dem Bildschirm: Fehlschaltung.

Arnold drückt den »Reset«.– Knopf: Ruhe. Er versucht es erneut, und nun meldet sich EUNAT. Nachdem er seine Kennung durchgegeben hat, fängt er an zu sprechen: »Ich brauche Verbindung zu einem »Extinktor« entsprechender Reichweite für unser Planquadrat.«

Auf dem Bildschirm ist die blitzschnelle Anspannung im Gesicht des Mannes auf der anderen Seite des Kom-Kanals deutlich zu erkennen, als die Stimme aus dem Lautsprecher fragt: »Wann?«

»In den nächsten vierundzwanzig Stunden«, antwortet Arnold.

Der Mann auf dem Bildschirm taucht zeitweise aus dem Blickfeld, dafür erscheinen andere Gesichter, die sich auf dem Monitor so darstellen, als schauten sie alle, über und untereinander angeordnet, neugierig aus einem Fenster hinaus auf einen Punkt, was es da wohl Interessantes gäbe.

Kein Wunder: Wie bei Arnolds Video-und Funkanlage, war die Kamera dort auch direkt über dem Monitor angebracht. Nach einer Weile taucht der Gesprächspartner von Arnold wieder im Blickfeld auf und sagt: »Hier die gewünschten Koordinaten...«, es folgt eine lange Reihe von Daten, die Standort, Zeit, und die Frequenz – natürlich verschlüsselt! – des betreffenden »Extinktors« beinhalten, und »... ich mache Sie darauf aufmerksam, daß im »Alpha«-Fall unbedingt Konsultation mit strategischem Hauptquartier erfolgen muß. Wünschen Sie eine Konferenzschaltung?«

»Einwand!« meldet sich Arnold sofort: »Nach Nummer 32, Absatz 3 S.E.P. ist bei der Gefahr eines erheblichen Nachteils der strategischen Position der vereinten Streitkräfte der Truppenführer vor Ort berechtigt, den strategischen Einsatz in kurzer Frist einzuleiten. Die Frist beträgt 24 Stunden. In jedem Falle muß sich nach dem erfolgten Einsatz der Truppenführer einer Militärkommission stellen.«

Arnold beobachtet kühl die Reaktion seines Gegenübers auf die fast wörtliche Zitierung der Vorschrift, dieser hebt die Hand, sagt: »Okay, okay. Sie haben den Ball! Darf man erfahren, um was es sich eigentlich handelt?«

»Sicher. Es handelt sich um große Panzeransammlungen, Wiederherstellung einer strategischen Rollbahn, und...«, er zögert etwas, »um Insubordination.«

»In Ordnung. Ich gebe nun die Frequenz frei. Glück und Sieg.«

Arnold erspart sich die Schlußformel; nachdem Ton und Bild verschwunden waren, setzt er den Drucker in Betrieb, der ihm auf einem Papierstreifen das Wortprotokoll seines Gesprächs aufzeichnet.

Er reißt den Streifen ab, löscht die Speicherstellung, notiert nur die Funkdaten, und wirft das nutzlose Papier in den Auflöser.

[]

Kapitänleutnant Onno Trebert war froh, nun einigermaßen sicher mit seinem U-Boot »Kalak« irgendwo auf dem Grunde der Norwegischen Rinne zu liegen.

Diese Meeresgegend eignet sich nicht nur wegen ihrer Tiefe als Ruheposition, sondern auch deswegen, weil sich an dieser tiefsten Stelle der Nordsee jahrzehntelang viele Schwermetalle aus der Industrie als Sediment gesammelt haben. Eine Magnetortung des Bootes war aus diesem Grunde fast unmöglich.

- Als ihn der Einsatzbefehl erreichte, befand er sich mit den übrigen Booten der Flottille gerade im nördlichen Atlantik. Der Marschbefehl lautete, sich an der norwegischen Nordseeküste entlang bis zum nördlichen Skagerrak zu begeben, und dort Stellung zu beziehen.

Es war eine verlustreiche Unternehmung: Er war der Einzige, der mit seinem Boot von dem Schiffsverband durchkam.

Die Aufklärung der O-Truppen aus dem Weltraum war fast lückenlos, was eine sofortige Bombardierung mit Seeraketen und Tiefseetorpedos nach sich zog. So ging ein Boot nach dem anderen verloren oder mußte sich zurückziehen, bis die Marineleitung einen verzweifelten Versuch wagte: Sie ließ alle Öl-und Gasförderstellen in der Nordsee sprengen.

So brannten nun die Schürfgebiete von »Brent« im Norden, über »Frigg«, »Forties«, »Ekofisk«, »Skjold«, bis hinunter zu den neu erschlossenen Förderfeldern auf der Südseite der Doggerbank.

Die ganze Nordsee loderte in einem Flammenmeer, und gewaltige Rauchwolken quollen kilometerhoch von den Brandstellen empor. Ein durchgehender Ölfilm, von der Ostküste Englands bis weit ins Skagerrak bedeckte das Meer, gut für die Unterwasserboote; schlecht für die gegnerische Aufklärung.

Langsam gewann außerdem die W-Marine in ihrem angestammten Bereich wieder die Oberhand, so daß der gegnerische Druck auf die Angriffsboote der W-Marine langsam nachließ. -

Onno Treberts Boot – eines der »Südfuß«-Klasse – ist eine Neuentwicklung, nachdem erkannt wurde, daß mit den Giganten der »Ohio«-Klasse, mit einer Wasserverdrängung von 17- bis 20 000 Tonnen in flachen Schelfgewässern nicht zu operieren war.

Die »Südfuß«-Klasse besteht aus Booten, die wesentlich kleiner als »Ohio« sind, und Brennstoffzellen-Antrieb besitzen. Trotzdem reicht die Nuklearkapazität der mitgeführten Waffen, um ein Land wie Dänemark oder die Niederlande auszuradieren.-

Als Kommunikationsmittel in getauchtem Zustand mit der Oberwelt besitzen diese Boote eine Neuerung, die sich aus der Kernspin-Technik entwickelte. Nachdem es gelungen war, ähnlich der Lasertechnik, ein gerichtetes und gebündeltes Magnetfeld – oder besser: Magnetstrahl – zu erzeugen, war es ein Leichtes, diese Möglichkeit für Signalübertragungen zu nutzen, zumal das Medium, hier Meerwasser, sich dafür vorzüglich eignet, weil es Wasserstoffkerne in unerschöpflicher Menge besitzt, die magnetisiert werden können.

Eine Automatik-Boje übernimmt die Funktion der Gegenstation für den aus dem U-Boot aufgebauten Magnetstrahl. Die Boje selbst, immer in genügendem Abstand vom Boot, wandelt die über den Magnetstrahl longitudinal eintreffenden Signale in elektro-magnetische Schwingungen, die konventionell in die Atmosphäre abgestrahlt werden.

Nichts von dieser zerstörerischen Kombination – U-Boot und Relais-Boje – ist über der Wasseroberfläche zu sehen, als allenfalls eine dünne Teleskopantenne, die sich bei Betrieb aus der in zehn Meter Wassertiefe schwebenden Boje schiebt.-

»Kapitän zum Funkraum. T.D.Verbindung«, tönt es aus dem Wandlautsprecher, nachdem der Signalton verklungen war.

Trebert legt das Kartenbesteck beiseite und erhebt sich. Daß der Funkoffizier ihn in den Funkraum bittet, läßt auf eine schlechte Verbindung schließen, da im Allgemeinen solche Gespräche in den Befehlsstand geleitet werden.

Kapitän Trebert nimmt vor dem großen Bildschirm im Kommunikationsraum Platz, und setzt sich die vom Funker bereit gehaltenen Kopfhörer auf. Aus den einwandfreien Meßdaten für den Magnetstrahl zur dreißig Kilometer entfernten Boje kann er keinen Fehler an dieser Verbindung erkennen; die Störung muß also atmosphärisch bedingt sein.

»Bitte Kennung! Bitte Kennung! Danach erfolgt Selbstidentifizierung«, spricht Trebert ins Mikrofon, fläzt sich mit den Füßen über die Armlehne eines nebenstehenden Sessels. Sein Gegenüber würde ihn sowieso nicht sehen, weil die Aufnahmekapazität des M-Kanals gerade für ein bis zwei Trägerwellen ausreicht: Für die digitale Tonübertragung, sowie für die Steuerung der Boje. Es reicht nicht für eine Bildübertragung.

Nach kurzer Zeit erscheinen im Display des großen Bildschirms Zahlen-und Buchstabenkombinationen, gleichzeitig ertönt im Kopfhörer eine menschliche Stimme, die langsam und sehr akzentuiert dieselbe Folge abspricht. Die Sprache wird synchron in Zeichen umgewandelt, gesendet, und erscheint ebenfalls synchron im Display des Empfängers.

Onno nimmt das dicke Decodierverzeichnis zur Hand, welches ihm der Funker herübergereicht hat, und beide suchen gemeinsam den gültigen Tagescode. Hier ist es: Da steht der Name mit Legitimation und Ortsangabe. -

Eine entsprechende Schaltung am Bordcomputer läßt einen roten Pfeil auf dem wandfüllenden Bildschirm des Funkraums aufblinken, Target: Old Germany. -

Onno beugt sich zum Mikrofon: »Hallo Arnold! Hier Kapitän Onno Trebert, S.M.S.«Kalak«. In genau fünfzehn Minuten erwarten wir deinen Vortrag, die Zeit zählt:... Jetzt!«

Bei »Jetzt« drückt der Funkoffizier auf dem Manual eine Taste, und auf dem Display im Bildschirm beginnt eine Digitalanzeige Sekunden und Minuten rückwärts zu zählen. Diese Zeit muß das U-Boot nutzen, um eine Ortsveränderung der Sendeboje oder sich selbst vorzunehmen, damit der Gegner die Boje nicht etwa anpeilen und mit einer Rakete vernichten kann. Das ist schon häufig vorgekommen, wobei allerdings der Magnetstrahl im Wasser nicht – zumindest noch nicht! – angemessen werden konnte, sondern die terrestrische Teleskopantenne der Boje selbst. Dann hatte es sich als lebensrettend erwiesen, zwischen dem Boot und der angegriffenen Boje zwanzig bis dreißig Kilometer Ozean zu haben.-

In so einem Falle wurde ein Boot der »Südfuß«-Klasse keineswegs »blind«; es hatte stets mehrere Relais-Bojen an Bord, die sofort als Ersatz eingesetzt werden konnten.

Onno Trebert hat ein ungutes Gefühl. Diese T-D-Verbindung läßt ihn ahnen, seinen ersten thermonuklearen Schlag führen zu müssen. Nicht, daß ihm in den Sinn käme, so einen Befehl grundsätzlich zu verweigern; dann hätte er nicht als Berufssoldat in die Marine einzutreten brauchen, erst recht nicht die Befehlsgewalt über eine Megatod-Maschine anstreben zu wollen. Auch wird er nie die Wirkung seiner Waffen im Augenblick des Auslöschens in Augenschein nehmen müssen.

Er wird niemals das Weiße im Auge seines Gegners sehen, denn dieser Gegner ist definiert in Bogensekunden, Längen-und Breitengrade, Bewölkung, Windgeschwindigkeit, Luftdruck, Kilometer und Meereshöhe. Er wird also nur ein Stück Land, einen Landstrich treffen, oder noch verständlicher: einen Punkt auf der Generalstabskarte. Punkt um! -

Doch irgendwie merkt Onno, es stimmt nicht ganz, etwas verbindet ihn mit diesem geschundenen und verseuchten Land; ihm fallen die Geschichten seines Ur-Großvaters – des alten Bolko – ein. Ja, der alte Bolko kannte dieses Land sehr gut, bevor er als junger Mann nach Dyersburg ins Mississippi-Tal gezogen war.

- Es war ein Land mit gutpassierbaren Flußtälern, ausgebauten Straßen, geordneter Natur, und wenigen natürlichen Hindernissen, die das Weiterkommen erschwerten. Auch deswegen war dieses Land zur Drehscheibe für Menschen, Heere, Ideologien, Völker geworden. Und jetzt ist es Zielscheibe.

Jedenfalls besser dieses Land, als Dyersburg, Tennesse, mit Marianne und Jenny. Besser als St. Louis, Memphis oder Atlanta. Und die Politik der beiden Hegemonialmächte scheint zu funktionieren: ‚Schmeißt du auf meine Gartenzwerge, schmeiße ich deine auch. Doch vor unseren Glashäusern muß Halt sein‘.

Das klappt also, zumindest so lange, bis nicht einer aus Versehen zu weit schmeißt. Onno jedenfalls hat sich vorgenommen, aufzupassen. Die Projektion Europas auf dem Bildschirm zeigt den Begrenzungskreis der mitgeführten Waffen des U-Boots: Der Kreis schneidet tief in das Kernland des Gegners.-

Von der Zentrale kommt die Meldung, die Boje habe ihre neue Position erreicht, und liege nun fest. Onno wartet auf die Funkverbindung mit dem Mann auf dem Festland. Wenn er sich nicht meldet, wäre es auch gut – die

Aufforderung zu einem Schlag ist eine Holschuld, mit der der Ausführende nichts zu tun hat, außer dem berüchtigten Druck auf den Knopf. -

Die rote Lampe leuchtet auf, der Ruf ist da!

»Hallo, Arnold. Hier ist wieder Onno Trebert, S.M.S. »Kalak«. Wie ist die Verständigung?«

Der Gegenüber meldet sich: »Es könnte besser sein, wir haben hier im Gebiet sehr starke Ionisation. Ich verstehe dich, Onno. Zur Sache: Beachte bitte folgende Koordinaten: Sieben Grad, zwei Minuten östliche Länge, einundfünfzig Grad, siebzehn Minuten nördliche Breite. Wir brauchen hier eine Triplette zu je dreißig Kilotonnen. Nummer eins: Punkt. Zündung 300 Meter über Grund; Nummer zwo: Fünfundvierzig Sekunden West-Nordwest, Aufschlagzünder; Nummer drei: Genau eine Minute und zweiunddreißig Sekunden Ost, gehärtete Spitze, Verzögerung zehn Millisekunden. Erfüllung: Achtzehn Stunden.«

Der Funkoffizier hatte inzwischen die Daten eingegeben, und auf dem Wandschirm blinkt ein dicker Pfeil und zwei kleinere auf. Ein Tastendruck, und die Abbildung der Karte erscheint in Vergrößerung. Sie entdecken einen Ort, der Größe nach circa 25 000 Einwohner. Der Hauptpfeil – »Nummer eins« – weist auf das Zentrum, den Ortsmittelpunkt hin, die Nebenpfeile je auf ein bergbautechnisches Abbaugebiet, und auf einen Autobahnabschnitt mit Talbrücke und Tunnel.

»Das gibt aber ein mächtiges Feuerwerk«, bemerkt Onno: »Hoffe, Freund, du bist dann nicht mehr in diesem Gebiet. Oder sitzt du in einem stabilen Bunker?«

»Keine Sorge, Onno. Kannst du Ziel erreichen?«

»Klar. Aber was ist so Schlimmes im Stadtgebiet, und in der Bergbaugrube?«

»In der Bergbaugrube – wir sagen Steinbruch dazu, Onno – stehen ungefähr zweihundert schwere Panzer. In der Nähe der Stadtmitte befindet sich der Generalstab der Stachos für diesen Frontabschnitt. Und die wollen alle, wenn der Zeitpunkt da ist, durch den Tunnel, über die Brücke über die Autobahn in Richtung Rhein. Alles klar?«

»Klar, habe verstanden. – Aber, Arnold: Wie ist es mit Vater und Mutter?

Bruder, Schwester? Wie ist es mit deiner Freundin, deiner Frau, deinen Kindern?«

»Danke für die Nachfrage. Alles negativ. – Ich kann doch mit dir rechnen? Deswegen wäre es besser, wir beginnen mit der Zeitabsprache und dem Programmstart.«

»Natürlich, Arnold. Du kannst mit mir rechnen. Nur: Leider muß ich EUNAT in Kenntnis setzen.«

»Warum das?« meldet sich nun auf der anderen Seite Arnold ungehalten: »Laut Dienstvorschrift bin ich berechtigt, ohne Rückfrage selbstständig einen Schlag gemäß »Extinktor« anzufordern««

»Völlig richtig. Nur, ich habe seit zwei Tagen eine Dienstanweisung, in der wir angewiesen werden, vor Schlägen gemäß »Extinktor« auf Städte mit über 20 000 Einwohnern mit EUNAT zu konferieren. Und das Nest, Onno schaut angestrengt auf den vergrößerten Kartenausschnitt, »Luppesrath«, oder so ähnlich, heißt es, hat circa 25 000 Einwohner. Tut mir also leid, Arnold, ich muß EUNAT rufen. Mache bitte den Kanal frei, komme bitte in zwei Stunden wieder. Die Zeit läuft... Jetzt!«

Auf der anderen Seite springt verärgert Arnold auf, nicht, ohne vorher noch den Zeitabstimmknopf gedrückt zu haben, polternd fällt sein Stuhl um. Sein Schimpfen weckt Heinz-Otto, der es aber nur zu einem trägen Lidheben und einem brummigen Krächzen bringt: »Was is n los. Bist du panne?«

Arnold geht zur Eingangsschleuse, öffnet, schaut in einen hellen Nachmittaghimmel. Es ist ruhig. Auch die Stadt liegt ruhig, nur von der Autobahn dringt Arbeitsgeräusch herüber. Sein Blick geht zu den dicht bewachsenen Abraumhügeln hinüber, hinter denen sich das riesige Loch in der Erde befindet: Der stillgelegte Bruch Nummer Vier.

– Verdammt! Der Plan läuft nicht! Die Autobahn? In Ordnung; die Brücke und den Tunnel können sie nicht wegdeuteln. Auch das Hauptquartier am Rande der Stadt wird die Satellitenaufklärung ohne große Probleme erkennen. Aber die Panzeransammlungen im Bruch Vier? Die existiert nämlich nicht. –

Arnold hatte nicht damit gerechnet, Schwierigkeiten beim Einsatz von »Extinktor« zu bekommen, aber er will abwarten, bis er wieder in Verbindung mit Extinktor »Kalak« tritt. Bevor er den Kopf zurückzieht, um in die Tiefe des Bunkers zurück zu tauchen, schaut er auf die Stadt: ‚Ich kriege dich doch, du Verfluchte! Du sollst an dem zugrunde gehen, was in deinen Mauern und Häusern geboren wurde, seit Ur und Chaldäa. -Der Gott der Nomaden der Wüste, hat vordem öfters versucht, euch zu vernichten. Es gelang ihm nicht. – Heute jedoch gibt es die Mittel und Wege, in euren Lehranstalten und Fabriken geschaffen, die euch in die Einzelteile der Natur zerlegen.‘ -

Während Arnold Becde dergestalt über seine Heimatstadt im Besonderen, und über die Ansiedlungen der Zivilisation im Allgemeinen nachdachte, steht Onno Trebert 850 Kilometer nordwärts, in Funkverbindung mit EUNAT.

»Hier Onno Trebert, S.M.S. »Kalak«. Flottille II c, »Extinktor«. Habe gerade Anforderung für Dreifach-Schlag bekommen. Gemischt militärisches und ziviles Ziel. Zivile Komponente überwiegt. Nach Dienstanweisung 12 b, EX, 376, habe ich hiermit zu meiner Entlastung Meldung gemacht. Frage um Freigabe. Frage: Wie ist die Verständigung?«

»Danke für Ihre Meldung. Verständigung ist gut«, meldet sich eine weibliche Stimme: »Habe übrigens Ihr Gespräch in Konferenzschaltung mitgehört.- Wir haben die Angaben des Ko-Offiziers Arnold Becde geprüft. Die Satellitenaufklärung zeigt in der Nähe des Stadtkerns des Zielobjekts starke militärische Bewegungen, und den Ostrand der Stadt tangiert eine Autobahn mit einer Talbrücke und einem Tunnel. Die Brücke ist vor kurzer Zeit durch die Terries stark beschädigt worden, aber bald wieder befahrbar. In dem betreffenden Tagebergbau-Betrieb konnten, außer einigen wenigen Fahrzeugen, keine massiven Panzeransammlungen festgestellt werden. Auch die neuesten Satellitenbilder, vor einer Stunde angefertigt, haben derartig Gemeldetes nicht aufweisen können.

Ich fasse zusammen: Punkt eins und zwei ist kontrolliert; Punkt drei bleibt unbestätigt.

Unsere Entscheidung: Das Leben der Zivilpersonen in der Stadt hat Vorrang vor taktischen Überlegungen. Die Belegung des Zieles mit Atomwaffen ist zu unterlassen, und zwar so lange, bis sich eine neue Lage ergibt.«

Während die ruhige und sachliche Stimme der Frau aus dem Lautsprecher klingt, nickt Onno Trebert zunehmend mit dem Kopf· »Ich hatte bei meinem Gespräch mit dem Ko-Offizier sofort Bedenken.«

Die Frauenstimme antwortet: »Dies wird von uns geteilt. Der betreffende Ko-Offizier meldete als Grund für seine Anforderung auch Insubordination, was bei uns nicht genügend interpretiert werden konnte. – Die Terries haben eine ganz andere Kommandostruktur als beispielsweise unser Stab, oder wie auf Ihrem Boot, Kapitän. Seltsamer Weise gelang es uns nicht, in der Stadt mit anderen militärischen Leitern in Kontakt zu kommen. Über die Hälfte der Offiziere haben ihr Kommando zurückgegeben, viele melden sich nicht mehr. Möglich, daß sie trotzdem im Untergrund tätig sind. – Jedenfalls: Der einzige ordentliche Kontakt ist Arnold Becde. Wir können diesen Kontakt nicht auch noch gefährden! Es wäre eine blinde Stelle in der Beobachtung der Front des Gegeners, zumal die befürchtete Offensive kurz bevorsteht.

Arnold Becdes Gesundheit scheint schwer gelitten zu haben, seit seiner Verwundung bei einem Einsatz. Kapitän Trebert, sagen Sie dem Kameraden den Einsatz ab. Seien Sie bitte vorsichtig, und bewahren Sie unter allen Umständen Kontakt. Wir erbitten uns sofort Meldung, wenn sich etwas Neues ergibt. Glück und Sieg. Ende.«

Die Stimme verstummt, der Funker reißt die vom Drucker vorgeschobene Papierbahn ab – die Aufzeichnung des Gesprächs. Er will es gerade in einem dicken Ordner abheften, da greift Onno zu und sagt: »Geben Sie bitte her. Ich gehe zum Befehlsstand. Wählen Sie die Position des Kameraden auf Land an, und legen Sie den Kanal nach vorn. Danke.« Onno hat sich vorgenommen, wegen der angeblichen Feindbewegung im Steinbruch bei Arnold nachzuhaken.

»Wie ist es also«, läßt sich Arnold vernehmen, als die Verbindung zustande gekommen war: »Wann kann ich mit dem Einsatz rechnen?«

»Na ja«, läßt sich Onno vernehmen, »es gibt da Unklarheiten. EUNAT hat durch Satellitenbeobachtung keine nennenswerten Bewegungen, geschweige Ansammlungen von Kampfpanzern in dem betreffenden Gebiet feststellen können. Die beiden anderen Angaben stimmen zwar, aber es reicht nicht aus, um einen derart vernichtenden Schlag zu führen, weil die Zivilbevölkerung auch betroffen ist. Um es kurz zu machen: EUNAT lehnt einen thermonuklearen Einsatz ab.«

Nervös und unwillig meldet sich Arnold: »Es ist unfaßbar, wie die strategische Führung uns hängen läßt! Zivilbevölkerung. – Wenn ich das höre! Wissen die denn nicht, dass die Zivilbevölkerung im Partisanenheer Kriegsteilnehmer ist?- Mir scheint, Onno, als wenn die Regierung deines Landes mit den O-Truppen längst vereinbart haben, wie weit diese vorrücken dürfen. Ist es so, Onno?«

Dieser sitzt vor dem Mikrofon, zuckt hilflos mit den Schultern, sieht die Offiziere um sich herum an. Diese zucken ebenfalls mit den Achseln, und wenden sich wieder ihrer Tätigkeit zu.

»Paß auf, Arnold. Wie unsere Regierung über den Verlauf oder Ausgang dieses Krieges denkt, weiß ich nicht. Es ist mir eigentlich gleichgültig. N i c h t gleichgültig ist mir und meinen Männern, wieviel wir von dem Teufelszeug an Bord haben. Wenn es nach uns ginge, würden wir die Flugkörper auf einen Schlag abfeuern, und Kurs Heimat nehmen!«

Zustimmendes Nicken und Murmeln quittieren diese Worte; Onno fährt fort:

»Du siehst, im Prinzip haben wir kein Interesse, deiner militärischen Anforderung n i c h t zu folgen. Vergesse nicht, daß du die Enfesselung des atomaren Feuers nicht mit der klassischen Artillerieunterstützung der Vergangenheit vergleichen kannst. – Wo sind also die Panzer, die du gemeldet hast? EUNAT hat ausdrücklich darauf hingewiesen, daß eine Freigabe erfolgt, wenn sich eine neue Lage ergibt.«

Arnold, am anderen Ende, überlegt nur kurz: »Die Panzer befinden sich unter den alten Eternitdächern, zum Teil auch in Tunnels und Bandförderstollen.«

»Da könnt ihr doch die Sache selbst erledigen«, meint Onno vorschnell, ärgert sich aber im gleichen Moment, dies gesagt zu haben, denn Arnold erwidert sofort: »Ihr Marineheinis habt gut reden in euren Sardinenbüchsen! Wir haben hier in den letzten zwei Wochen über zweihundert Leute verloren! Ich habe Gründe, Eure Hilfe anzufordern. Und was macht ihr? Keine Spur von Hilfe: EUNAT läßt uns hängen. – Auch du, Onno, mit all deinen Marinefuzzies!«

»Stop, Junge!« – Onno wird ärgerlich: »Weißt du, mit wieviel Booten wir ausgerückt sind? Nein? Ich sag es dir: Wir sind das einzige Boot von vieren auf Position. – Frag mich nicht, wo die anderen geblieben sind. Frag die verfluchte Nordsee! – Was deine Sache angeht: Du hast mir erklärt, die Panzer ständen getarnt unter Überdachungen. Ich werde veranlassen, daß EUNAT dies durch Satellit überprüft. Durch Infrarot müßten die Panzermotoren angemessen werden können. Mache bitte den Kanal frei, melde dich in zehn Stunden wieder. Ende.«

[]

– Infrarot. Hitze, Strahlung, Feuer: das ist es! – Mit ihren Thermodecken versuchen die Terries alles, um diese Strahlung abzuschirmen, damit sie nicht entdeckt werden.

Genau die gegenteilige Wirkung aber braucht Arnold für sein Vorhaben; und wenn die Erzählungen seines Vaters stimmen, so sieht er die Möglichkeit, ohne besonderes Risiko zum Ziele zu gelangen. Nur, zehn Stunden – er schaut auf die Uhr – sind verdammt kurz. Egal, das läßt sich irgendwie einrichten. Arnold stößt Heinz-Otto an: »Komm, auf geht's!«

Dieser dörmelt vor sich hin, schreckt aber hoch und fragt: »Wohin solls gehen?«

»Zum Bruch Vier. Thermodecken, Glimmzünder, MP und Munition, Infrarotlampe und -brille.«

Arnold steht schon am Waffenschrank und verpackt Patronen in Gürteltaschen. In einen Beutel steckt er die zerlegte MP, und legt eine Thermodecke darauf.

»Was sollen wir im Bruch Vier?« fragt Heinz-Otto.

»Wir veranstalten dort ein Feuerwerk, und ziehen uns dann nach hierher zurück.«

»Gut. Aber vorher brauche ich noch was«, dabei deutet Heinz-Otto mit ausgestrecktem Zeigefinger auf seinen Oooh-Mund.

Arnold schüttelt den Kopf: »Erst die Arbeit; dann das Vergnügen. Aber ein paar Züge kannst du haben.« Dabei reicht er ihm die Cognac-Flasche, aus der er gerade selbst getrunken hatte.

Heinz-Otto trinkt in vollen Zügen, so daß Arnold ihm die Flasche wegreißen muß: »Stop! Nicht so viel. Sonst muß ich dich anschließend noch zur Jagd tragen.«

Heio wischt sich mit dem Handrücken über den Mund, und fragt: »Was für ne Jagd? sagt dann »Ach so«, und nimmt den Beutel entgegen, den Arnold ihm entgegenhält.

Draußen regnet es; gut für die Deckung, schlecht für das Vorhaben. Egal. – Die zunehmende Dunkelheit erleichtert den Männern, ungesehen an den Steinbruch zu kommen, wobei Arnold, getrieben von einem dumpfen Wollen, keine große Rücksicht auf Vorsicht nimmt.

Schnell haben sie den Steinbruchrand erreicht. Vor ihnen erstreckt sich ein riesiges Loch in der Erde, in vier, fünf Sohlen abgestuft, über hundert Meter tief. Links hatte sich ein See gebildet; auf der rechten Seite umfangreiche Überdachungen, teilweise zerstört. Die gesamte Bruchfläche bewachsen mit mannshohen Sträuchern, die zur Zeit allerdings noch nicht begrünt sind. Sorgfältig prüft Arnold mit dem Dunkelseher die Umgebung. Die kleinen Ausstrahlungen sind ohne Zweifel Lebewesen, doch gewiß nicht größer als Kaninchen, Fuchs oder Katze.

– Natürlich befanden sich in diesem Steinbruch keine Panzerkampfwagen, erst recht keine massierten Panzerverbände.

Welcher Idiot von General würde wohl in so einer Mausefalle seine gesamten Kampfverbände biwakieren lassen, wenn ein einziger Raketenangriff dieses Erdloch in einen weißglühenden Schlund verwandeln könnte! -

Arnold und Heinz-Otto bewegen sich vorsichtig über Geröllhalden, abgerutschte Fahrwege und zerbröckelnde Treppen abwärts, bis sie die letzte Sohle erreicht haben.

Vor ihnen liegt nun die Überdachung, unter der sich die unergründliche Schwärze der Dunkelheit gegen die in der Nacht verschwimmende Bruchwand abzeichnet.

An dem ersten Pfeiler, ein Stahlträger, machen sie Halt, Arnold sucht intensiv mit dem Dunkelseher die riesige Gruft ab. Keine Ausstrahlung. Dann schaltet er die Schwarzlicht-Lampe ein, der Strahl reicht ungefähr einhundert Meter. Die Halle ist größtenteils leer, vereinzelt liegen Maschinenteile, alte Förderbänder, Rollen herum. Sogar ein Autowrack, ein alter Käfer, liegt dort, die Räder abmontiert. Weiß der Himmel, wie die Karre hier herunter gekommen ist! -

Der Boden der Halle, teilweise mit stählernen Platten, rissigem Beton bedeckt, ist von zahlreichen Schienensträngen durchzogen.

Die beiden Männer nähern sich der Bruchwand mit den Höhlen der leeren, ehemaligen Bandförderstollen. Tief dringt der unsichtbare Strahl der Lampe hinein. Nichts als Leere, hier und da einzelne Lagerrollen-Paare, viele Gesteinsbrocken, und dazwischen, jawohl: dunkle Brocken des Materials, welches Arnold hier zu finden erwartete.

Im Punktstrahl seiner kleinen Echtlicht-Lampe erkennt er dicke schwarze Koksstücke, die teilweise von grünlichen Flechten bedeckt sind. Und da: ein ganzer Haufen, genug für sein Vorhaben.

Der alte Becde hatte also recht gehabt mit seinen Erzählungen von eisigen Wintern, die die Arbeiter damals hier in dem Steinbruch veranlaßten, Koksfeuer zu unterhalten, um die Förderbänder nicht einfrieren zu lassen. Nur, wo sind die – wie sagte noch mal sein Vater?– die Kokskörbe, in denen der Koks entzündet wurde?.

Heinz-Otto stößt Arnold an, und hält den Strahl auf einen mit morschen Holzlatten abgetrennten Raum. Dort stehen viele, grob durchlöcherte Blechtonnen, und aus starkem Flachbanddraht zusammengefügte, runde Gestelle.

Das Echtlicht zeigt sehr starken Rostansatz, aber sie scheinen brauchbar zu sein. Es trifft sich alles sehr gut; und nachdem Arnold Heinz-Otto ein paar Glücksbringer verabreicht hatte, beginnen beide Männer zu schuften.

Das Krachen der zerbrechenden, morschen Holzlatten, und das Rumpeln der Koksstücke wird vom Regenprasseln auf das Wellblechdach übertönt.

,Scheiß Regen, denkt Arnold, arbeitet aber verbissen weiter. Sie haben ihre Schwarzlichtlampen wie Bergleute unter Tage an den Kopf geschnallt, und ein Koksofen nach dem anderen füllt sich: Papier, Putzwolle, Gummischnipsel von alten Förderbändern, mulmiges Holz. Dazu das Treibpulver aus den Patronen ihrer Pistolenmunition, deren Kugeln sei mit den Zähnen herausbrechen. Darin eingebettet je ein Glühzünder, und darauf Koks bis oben an voll.

Stunden vergehen. Der Regen hat aufgehört. Durch die gezackten Öffnungen im Dach fällt das Licht des kupferfarbenen Monds – der Himmel klart auf.

Nun stehen 150 bis 180 gefüllte Körbe, die unter dem weiten Hallendach gleichmäßig verteilt werden müssen. Kurzes Verschnaufen, Heinz-Otto verlangt von Arnold Erklärungen, und bekommt stattdessen noch eine Tablette: »Ich erkläre es dir später. Wir müssen die Körbe noch verteilen.«

Ein Stahlrohr, zu zweit auf der Schulter getragen, ermöglicht ihnen, je zwei der präparierten Körbe aufzunehmen und weg zu tragen.

So hasten die Beiden über Schienen, Gesteinsbrocken, heruntergefallene Dachteile, durch löchrigen Beton. Arnold verbissen keuchend; Heinz-Otto stumpf und wie unbeteiligt.

Nach abermals zwei Stunden steht alles so, wie Arnold es sich ausgedacht hat, mit einem Abstand von je zehn Metern verteilen sich die Feuerkörbe.

Die Beiden ziehen sich zurück. In den Pfützen am Boden spiegelt sich das Mond- und Sternenlicht. Sie hasten bis zur Bruchwand und tarnen sich, bis der Späher-Satellit der O-Truppen irgendwo dort oben vorübergezogen ist.

Der Aufstieg geht schnell, und nun liegen sie oben am Rand des Abgrunds. Arnold nestelt ein kleines Kästchen aus seiner Bekleidung, zieht einen Antennenstab heraus, und drückt einen Knopf.

- Nichts Wahrnehmbares ereignet sich, zunächst nicht, denn elektromagnetische Wellen eilen, lösen einen winzigen Magneten in einem kleinen Plastikröhrchen, daß dieser gegen eine winzige Phiole – mit Säure gefüllt – schnellt und zerschlägt. Die Säure ergießt sich in eine Chemikalie, ein kleines Fünkchen zuckt auf, frißt sich blitzschnell fort, findet neue Nahrung in weiteren Chemikalien. Ein Glimmen pflanzt sich gierig im aufflammenden Pulverfeuer fort, und ergreift feuchtes Papier, mulmiges Holz und Gummi, und glüht weiter. -

Arnold und Heinz-Otto liegen in Deckung, warten, bis sich der erste Feuerschein und dünn säuselnde Rauchfähnchen bemerkbar machen. Gut so; sie bemerken nicht mehr, wie die ersten gepanzerten Fahrzeuge mit Mannschaften in den Bruch hineinrasseln, wie das Flopp-Flopp der ersten Hubschrauber sich nähert, es wird Zeit, sich in den Schutz des Depots zu begeben.

Und als Arnold als letzter die Panzerschleuse des Depots verriegelt sieht er auch nicht, wie die O-Soldaten frontal in die Halle im Steinbruch eindringen, vorwärts stürmend einen Kugelhagel in die brennenden Feuerkörbe abgeben, daß die Funken nur so stieben, und so manch schlecht glühender Feuerkorb nun durch den Beschuß Luft bekommt, und eine kräftige Hitze nach oben strahlt.

Arnold sieht auch nicht, wie die Soldaten und ihre Führer verwirrt zwischen den brennenden Körben herumlaufen und nicht verstehen können, was hier eigentlich brennen soll und warum, außer dem glühenden Koks.

Und da alles so sinnlos erscheint, lassen die Kommandanten alles weiterglühen, ziehen die Soldaten, bis auf eine starke Wache, wieder ab.-

[]

- Sinnlos nicht für Arnold, der an der Funkanlage sitzt, aus der sich gerade Onno Trebert auf der anderen Seite meldet: »Hallo Arnold! Hier hat sich eine neue Lage ergeben. Wir haben nach Norden versetzt. Funkempfang seit zwölf Minuten klar. Hast du versucht, uns zum Fixzeitpunkt zu erreichen?«

»Negativ«, antwortet Arnold, »ich hoffe, ihr seid sicher.«

»Relativ«, sagt Onno, und denkt dabei an die Sicherheit eines vierhundert Meter tiefen Fjords, in den die ihm zugedachte See-Rakete n i c h t einschlägt, sondern an den umliegenden Schären oder Bergen zündet; denn ein Treffer ins Wasser, mit der darauf folgenden gewaltigen Unterwasserdetonation würde in einem engen Fjordgewässer ein U-Boot noch auf viele Kilometer zerschmettern. Die ganze Sicherheit für ein Unterwasserschiff im Falle eines von weit her kommenden Raketenangriffs, wäre also ein Fehlschuß der gegnerischen Raketenbatterie.

Onno macht sich, im Wissen um die Zielgenauigkeit s e i n e r Waffen, wenig Illusionen um Fehlschüsse der O-Truppen, und fragt: »Wie ist es bei Euch? Gibt es was Neues?«

»Jawohl. Wir haben hier ebenfalls eine neue Lage«, sagt Arnold, und schaut Heinz-Otto an, der interessiert näher rückt, läßt sich aber nicht beirren, spult die Daten und Koordinaten wie eine Maschine ab; dann:

»Nun zu Position zwo. Im Verlaufe der Nacht, und im Schutze eines länger anhaltenden Regenfalls haben die Panzer in dem aufgelassenen Steinbruch einen Motorstart geübt. Sie stehen, teilweise getarnt, unter dem Dach eines ausgedehnten Geräte-und Maschinenschuppens. Veranlasse bitte bei EU-NAT Überprüfung durch Infrarot. Wetter zur Zeit ideal, Himmelsbereich wolkenfrei. Ich erwarte Euren Rückruf.«

Nachdem Onno sein »Verstanden« gesendet hatte, schaltet Arnold die Leitung weg, und wendet sich Heinz-Otto zu, der, ungläubig und schwerzüngig brabbelt:

»He, Arne! Bist Du panne? -Das stimmt doch alles garnicht. Was soll der Scheiß? Oder willst du...« Plötzlich zuckt ein Blitz des Verstehens über sein Gesicht: »Arne?! Wir gehen da mit drauf!«

Arnold, froh, endlich zum Punkt gekommen zu sein, sagt: »Na und? Ich habe genau so viel oder genau so wenig zu verlieren wie du: das Leben. – Wenn du willst, kannst du gehen, es steht dir frei. Entscheide dich zeitig, denn drei Stunden vor Zero ist es zu spät, denn sehr weit kommst du in drei Stunden zu Fuß nicht mehr. Möglich, daß du davonkommst, wenn du hier drin bleibst; das ist aber nichts für mich.«

»Warum, warum«, jammert Heinz-Otto: »Der Krieg war doch für uns schon gelaufen. Warum nicht einfach abhauen, irgend wohin.«

»Irgend wohin gibt es nicht mehr«, sagt Arnold: »Irgendwo ist nirgendwo. Schau Dir das Land an, es ist verseucht für Jahrhunderte. Wir entgehen unserem Schicksal nicht.- Aber ich will dabei sein, wenn die Anderen verbrennen.«

»Wer: die Anderen?« fragt Heinz-Otto: »Meinst Du die Stachos?«

»Quatsch! das sind meine Sportsfreunde. Zwar ein Sport, bei dem es immer um Leben und Tod geht, aber die Regeln werden wenigstens eingehalten: Keine Handlung; keine Gegenaktion. – Nein, ich will das elende, dreckige Pack dieser Stadtbevölkerung brennen sehen, ein Pack, welches nur eine Handlungsweise als weise erkennt: Sich den Formen und Kästen anzupassen, die ihnen Schlauere gezimmert haben! Nun zimmere ich ihnen einen schweren, fettigen, öligen Luftsack, in dem sie sich beliebig ausdehnen und verformen können.«

»Arne, ich verstehe dich nicht«, sagt Heinz-Otto, »laß uns doch einfach hier drin bleiben. Wir haben zu Fressen und Saufen, und Drops haben wir auch. Ne Tussi, oder auch zwei, gabeln wir uns schon irgend wie auf. Da können wir es hier lange aushalten.«

»Nein!« schreit Arnold: »Es muß ein Ende haben. – Weißt du, Heio, was die meisten Leute, also die Mehrheit, seit Jahrtausenden tun? Sie beißen und schlagen alle tot, die nicht so sind wie sie, denn je größer die Gruppe, um so geringer die Beißhemmung. – Die Mann-Männer und die Frau-Frauen verfolgen alle, die anders sind wie sie. Dich haben sie verfolgt, weil du eine Macke hast; meinen Vater haben sie verfolgt, und in ihm auch mich. Wir Verfolgten hatten bis jetzt keine Chance gegen die Mehrheit. Aber jetzt ist sie da, die Chance; und die Verfolgten und die ewigen Opfer sind es satt, das Schmier-und Formmittel zu spielen. – Ich löse diese Mehrheit auf, verflüchtige sie. Und du hast mir geholfen, daß dies wirklich geschieht.«

Heinz-Otto weicht von Arnold zurück, sagt: »Arnold. Ich habe Angst vor dir«. Heinz-Otto hat aber auch Angst vor der einzigen Möglichkeit, diese unglaubliche Situation zu meistern, der einzigen Möglichkeit eine Pistole zu ergreifen und zu schießen. Er kommt auch nicht auf die Idee, Sachen zusammen zu packen, um sofort zu verschwinden, nein, er weicht zurück, setzt sich auf die Pritsche, und starrt seinem Gegenüber ins Gesicht, der mit geschlossenen Augen und hektischen Flecken auf den Wangen, dem dunklen Schwärenkreuz auf der kalkweißen Stirn weiterredet:

»Weißt du noch, wie sie vor Jahren gegen ‚Massenvernichtungswaffen‘ demonstrierten, und das Verbot dieser Waffen forderten? Ja, da witterte die Meute Gefahr, selbst drauf zu gehen! Sie, die Gemeinschaft aller Angepaßten, die so gern gerechte Menschen meucheln und als Einzelopfer auswählen, um mit diesen Opfern die Dämonen und Mächte zufrieden zu stellen. Dumpfes Ahnen, daß die Gemeuchelten und Einzelopfer wider Willen nun ernsthaft und gewaltig zurückschlagen könnten, trieb sie damals auf die Straßen.-

Und genauso ist es jetzt gekommen: Mit Hilfe der sogenannten ‚Massenvernichtungswaffen‘ kannst du tatsächlich die formlose Masse – wie es der Name ja beweist – vernichten. Mich kostet das ein wenig Denkarbeit, etwas körperliche Anstrengung und ein Tastendruck, hier auf dem Computer, und... pfft... alles geht hoch.«

»Und du gehst mit«, keift Heinz-Otto von der Pritsche.

»Das ist mir egal. Ich jedenfalls werde das alles umfassende Gefühl, das Wissen um die letzten zehn Sekunden vor der Nullzeit haben. Dem steht das Nicht-Wissen, Hoffen und Wünschen der 25 000 gegenüber. Es wiegt mein Wissen nicht auf...«

»Arne. Hast du denn schon mal daran gedacht, daß auch wirklich Unschuldige draufgehen? Denk an die Kinder.«

»Ja, die Kinder«, so Arnold: »Jene, von denen ich vorhin sprach, haben ihre Kinder in die vordersten Reihen geschickt, als Puffer, als Barriere gegen die Staatsmacht. Im Golfkrieg in Vorderasien sind Zehntausende Kinder mit dem Gewehr in den Händen an die Front geschickt worden. Zehntausende sind umgekommen. Und der einzige Gott, wie hat er das mit den Kindern von Sodoma und Ghomorrha, mit den Kindern von Jericho gehalten? – Nein! Diese Kinder in dieser Stadt da unten, sind vom Fleisch und Blut jener, die brennen müssen. -

Wie haben es jene mit uns, mit mir, also mit den Kindern meines Vaters, mit dem Kind deiner Mutter gehalten? Nein, Heio, du kannst mich nicht davon abbringen. Es würde sowieso kommen, ohne mein Zutun. Wenn die Stachos sich zur Offensive sammeln, knallen unsere hier hinein; wir sind hier in einem Knotenpunkt.- Komm, nimm eine Tablette«, sagt Arnold weiter, und bietet seinem Kameraden ein kleines Medizinröhrchen an.

Dieser schüttelt den Kopf.

Arnold, verblüfft, greift zu Wiskyflasche, schwenkt diese vor Heinz-Ottos Gesicht hin-und her; und als der abermals den Kopf schüttelt, trinkt Arnold selbst einen großen Schluck aus der Flasche.

»Was ist los?« fragt er: »Hast du keine Lust, oder was?«

»Ich habe Angst«, sagt Heinz-Otto.

»Dann geh doch endlich!« brüllt Arnold: »Ich halte dich nicht. es läuft nun alles von selbst, ich brauche dich nicht mehr. – Oder bist du scharf auf etwas Schriftliches, ja?« – Arnold greift in eine Schublade, holt einen Formularblock hervor – »Willst du einen Entlassungsschein, schön mit Unterschrift und Stempel, oder sowas?«

Heinz-Otto schüttelt den Kopf, lächelt ein wenig: »Nee, das ist es nicht. – Was anderes, Arne: wenn es losgeht, du weißt, wenn die Dinger rüber geschoben kommen, dann willst du doch raus?«

Arnold nickt.

»Und wenn ich hier drin bleibe, und mache alles dicht. Habe ich dann ne kleine Chance?«

Arnold wiegt den Kopf: »Wenn du Zero überstehst: Was machst du dann in drei, vier Wochen, wenn die Luftfilter erneuert werden müssen, wenn du sauberes, frisches Wasser brauchst? Wenn du deine Scheiße wegräumen mußt. Was dann? Und wenn du dann tatsächlich trotzdem herausgegangen bist, und du deine Dosis abbekommen hast; Du kotzt dich von oben bis unten voll, deine Haare fallen aus, deine Haut wirft Blasen, die aufplatzen und eitern. Was dann?«

Heinz-Otto hat still zugehört, will etwas entgegnen, wird davon abgehalten, als die Funkanlage sich meldet.

Arnold drückt die Empfangstaste. Aus dem Lautsprecher dringt verrauscht, aber noch verständlich: »Hier S.M.S »Kalak«, Extinktor. Ich suche die Verbindung...«- es folgt eine Reihe von Zahlen und Buchstaben – »... und bitte um Rückruf.«

Arnold braucht nicht lange, bis das Empfangszeichen erscheint, gibt seine Kennung, und spricht: »Hallo, »Kalak«. Habe verstanden. Bitte kommen.«

»Hier Onno Trebert. Habe gerade Bericht von EUNAT erhalten. Bestätigt Angaben über Koordinaten 7 Grad, 2 Minuten östlicher Länge; 51 Grad, 17 Minuten nördlicher Breite. Position zwo. Einsatz ist freigegeben! Ich wiederhole: Einsatz ist freigegeben! Frage: Bleibt es bei der Anforderung?«

Die Stille im Raum breitet sich aus, schwillt an, sie schreit immer deutlicher werdend nach Antwort.

Die Beiden schauen sich an, Heinz-Otto bittend, unsicher; Arnold suchend, leer, und irgendwie verwirrt.

Die dröhnende Stille wird durch fast unerträglich laute Atemzüge betont und gesteigert, wobei nicht ersichtlich ist, ob diese Atemzüge von den Beiden, oder aus dem Lautsprecher der Funkanlage stammen.

»Hallo! Was ist los bei euch? Lebt ihr noch?« knarrt die Stimme Onnos aus dem Lautsprecher.

Arnolds Kopf ruckt herum, beugt sich zum Mikrofon, und sagt laut und bestimmt: »Ja.«

»Na also«, sagt Onno: »Die Koordinaten sind klar. Die Uhrzeit ist: 15.04.199., -

11:52 MESZ. Ich wiederhole: 15.04.199., 11:52 MESZ. – Position eins und zwo abweichend von Anforderung mit Neutronenladung, dazu Position zwo Zündung 200 Meter über Grund. Position drei Plutoniumladung, wie angefordert.«

Onno auf der anderen Seite rasselt langsam die Wiederholung herunter; Arnold starrt geistesabwesend auf das Eingabepult, die Satzfetzen der Stimme treiben träge an seinem Ohr vorbei, halb, und ungehört. Ihn interessiert auch nicht, wie die Stimme aus dem Lautsprecher erklärt: »... die letale Zone mit und ohne Schutzanzug auf der Oberfläche um Epizentrum beträgt 3,8 Kilometer. Todesrate ohne Schutzanzug im Umkreis von 3,8 Kilometer bis 8 Kilometer durch Primäreinwirkungen 85 %, bei 12 Kilometer 40 %, bei 16 Kilometer 10 %, bei 20 Kilometer 2 %. – Ich schätze Jungs, ihr müßt Euch spätestens in zwei Stunden auf die Füße machen. Lauft aber nicht in die falsche Richtung, wenn ihr aufbrecht«, lacht Onno, läßt noch die Formel »Sieg und Glück« los, und meldet sich lapidar mit »Ende« ab.

Arnold sagt: »Ja, Ende«, seine Hand gleitet zum Kopf – Kopfschmerzen –, auch das verletzte Ohr pulst und klopft.

»Du Arschloch!« schreit Heinz-Otto zornig: »Ich bin kaputt wie Hund«, wobei nicht klar war, wen er gemeint hat: Onno, oder Arnold, der gerade in den Medizinschrank greift. Er holt sich ein paar Tabletten, spült diese mit einem Schluck Alkohol hinunter, und legt sich auf die Pritsche.

- Das Ziel ist nahe. Sein Lebensziel, die Welt zu verändern. Zwar kostet es einiges, die offenen Rechnungen zu begleichen, doch beim Gelingen bleibt für ihn Erlös; mag sich um diesen Überschuß der Große Begleicher kümmern.

Noch nie in der Geschichte hat ein einziges Individuum den Teilbaren den gerechten Ausgleich zudiktiert.

Sokrates, Jesus, Savonarola, Giordano! Du, Johanna und Vera; ihr ungezählten Hexen und Hexer! Ihr ungezähltes Fleisch auf den Opfersteinen der Priester, in den Mooren der Tiefebenen, hineingestoßen in Seen und Vulkanschlote! Ihr Opfer, hineingeworfen und verfault in Kellerlöchern. -

Du, Ludwig! Zertrennt, auseinander genommen vor den Augen der teilbaren Gaffer. Du, Maximilian, Pedro, Liu, Karl, M Bongho! Eure Körper, die Medulla oblongata zerfetzt, vom pulverheißen Kupfer und Blei; in den Seilen vornüber sinkend vor den geifernden Schnauzen wollüstiger Dividuen. -

Ihr alle, du Schlomoh und Sarah; auch d u Alter! Ihr werdet gerächt. Nichts mehr wird danach so sein, wie vorher.

Gewiß: Dschinghis Khan, Hitler, Napoleon, Stalin. Massen von Millionen verloren durch und wegen ihnen ihr Leben. Aber Millionen haben willig ihre Hände und Beine bewegt, ihre Köpfe zerbrochen, um die Befehle zu erfüllen. – Ich bediene mich der Technik, ohne euer Wollen oder Nicht-Wollen... -

Arnold starrt auf die weißlackierten Lüftungslamellen an der niedrigen Decke des Raums, seine Gedanken verwirren sich untrennbar, bis ihn das endlose Dunkel eines tiefen Schlafs umfängt.

[]

– Blendende Schwärze, durchbrochen vom Lichtschein farbiger Kugeln, die in stetigem Strom aus den vier Ebenen seines Bewußtseinfelds dahin ziehen, sich in einem Brennpunkt vor ihm treffen und verschwinden.

/ Hallo, nicht so schnell. Ich will mit, ich will eindringen, hinabtauchen. Ich will auf den Grund. /

Die Kugeln schweigen; staubkorn-, erdball-, sonnengroß, ziehen würdevoll in das andere Nichts.

/ Halt! Nehmt mich mit. Ich will auch dort hinein. /

// Nichts geht, du hast nicht die richtige Zeit: Was gewesen war ist; was sein wird ist wahr. Denke richtig, schwing dich in die Denkwelle. //

/ Ja, ja. Es geht ganz leicht, doch viel zu langsam. /

// Es ist die Körperlichkeit. Viel zu schwer. Entledige dich, dich... ich... //

/ Was ist jenseits der Kugeln? /

// Schau selbst, denk richtig. //

/ Ja, ich denke, ich sehe, ich denke, ich erkenne: Es ist ganz leicht, dorthin zu kommen. Ich sehe, ich erkenne: Du bist dahinten? /

// Ja, Arnold. Du kanst nicht zu mir, der falsche Weg, du läßt dich täuschen. //

/ Von wem täuschen? /

// Von dir selbst. //

/ Nein! Ich bin mir s i c h e r. Bist du allein? /

// Sicher, ich bin all eins. Arnold, du mußt weggehen, du bist in Gefahr. Geh weg. Schnell, geh weg! //

/ Ich kenne die Gefahr, es ist eine... eine... meine... /

Die Kugeln ziehen schneller. Oder flieht e r schneller? In die andere Richtung? Das Abbild des Gesichts im Zentrum verzerrt sich wie in vernichtendem Schmerz. Es schwindet, kleiner werdend, zu einem Leuchtfleck, in den die Kugeln stürzen, unaufhörlich; und unaufhörlich lauter werdend, vom schrillen Diskant bis zum bebenden Baß ertönt die Stimme:

// Geh weg! Schnell, geh weg. //

Er hält sich die Ohren zu. Schmerzen. Ein Schwindel erfaßt ihn, und je mehr er sich auf den Anblick der davonflirrenden Kugeln konzentriert, um so stärker erfaßt ihn im Rücken das Gefühl des Fallens in die Endlosigkeit. Immer schneller wirbeln die Kugeln davon, bilden vier gleißende Lichtstrahlen, die unerträglich heiß und grell den fallenden, torkelnden Körper erfassen.

// Schnell weg! Geh weg. // Die Stimme dröhnt.

/ Ich kann nicht, kann doch nicht... doch nicht...doch. /

Der fallende Körper zuckt gräßlich mit Armen und Beinen; Hals, Kopf und Rückgrat bilden einen vorwärts gewölbten gespannten Bogen, die Sehnen knirschen in ihrem Widerlagern. / Pfeil... eil... eil... eil... eil, laß mich nicht allein zurück schnellen, Aaaaa! Nein...! /

- Arnold öffnet erschöpft die Augen. Noch nie war ihm das Flimmern der Leuchtstoffröhren so intensiv aufgefallen wie jetzt. Er starrt zur Decke und glaubt, den schnellen Wandel von Hell und Dunkel wahrzunehmen.

Wer gerade geschrien hat weiß er nicht; ob er selbst, jemand anderes, oder Heinz-Otto, der ihn mit aufgerissenen Augen anstarrt, das Verstauen von Gegenständen in einem Rucksack gerade unterbricht.

»Mensch Arne! Hab ich einen Schreck gekriegt. Was war denn mit dir los? Du hast um dich geschlagen wie ein Wilder, hast gezuckt und gewürgt. Bist du vielleicht ein »Epileppi«? Epileppi, aber happy, oder was?«

Arnold hebt mühsam den Kopf, das verletzte Ohr schmerzt, er betrachtet seine Hand, die von dort zurücksinkt: Blut... Der dunkle, nasse Fleck in seiner Körpermitte auf seiner Hose breitet sich aus. Ein unbestimmbares Gefühl der Angst durchzieht seinen Unterleib – alles ist unsicher. Er richtet seinen Oberkörper mühsam auf, schaut auf Heinz-Otto, der nun hastig weiterpackt.

»Wo willst du hin?«

»Weg«, sagt Heinz-Otto, und schnürt den Sack zu: »Willst du mitgehen?«

Arnold nickt schwach, fährt sich abermals fahrig über die Stirn, als wolle er dort einen imaginären Nebel wegwischen.

»Dann schnell! Wir haben nicht mehr viel Zeit. Mensch, bin ich froh, daß du vernünftig geworden bist. Los, zieh dir ne frische Hose an, hast dich ganz vollgepißt. Angst, wah?«!

Heinz-Otto grinst, wirft Arnold eine Hose zu, greift aus dem Schrank noch Unterwäsche, und legt sie vor Arnold auf den Tisch.

Mühsam zieht Arnold sich um; Heinz-Otto hat das Kugelschott schon geöffnet, am Anfang der Schlupfröhre spielt verwaschenes, rotes Sonnenlicht, milde Luft dringt in den Raum.

»Sollen wir Schutzanzüge mitnehmen?« fragt Heinz-Otto.

Arnold zuckt mit den Schultern.

»Also, dann ohne. Los, wir gehen«, kommandiert Heinz-Otto, und macht sich auf den Weg.

Ein kurzer Blick in die Runde, alles ruhig. Er erhebt sich, schlurft durch das feuchte, funkelnde Gras zum Weidezaun, vorsichtig steigt er mit dem Gepäck auf dem Rücken über den Stacheldraht, gewinnt den Feldweg, und schaut sich nicht mehr um.

Schaut sich nicht um zu dem Mann, der ihm folgt, getreulich in seinen Fußstapfen, schaut sich nicht um zu der Sonnenscheibe, die über den Horizont emporgeklommen ist, schaut sich nicht um zu den hohen Cirrus-Wolken im Osten, die, von der Sonne angestrahlt, lila-blutrotes Licht auf das Land zurückstrahlen; sieht sich erst recht nicht mehr um nach der Stadt ,deren Ansicht sowieso hinter einem Hügel verschwindet, nein, er sieht auf seinen Schatten, der sich weit vor ihm auf dem Boden hinstreckt und achtet darauf, daß sein Schatten immer schräg voraus ist: Er zeigt ihm den Weg, den direkten Weg aus dem herannahenden Untergang, der von Sonnenaufgang kommen wird.

Und am Ende des Schattens hofft er, endlich den langgesuchten Schlüssel zu finden.

Heinz-Otto strebt schnell vorwärts, keucht, und hört das zusammenhangslose Gebrabbel seines Begleiters, der es längst aufgegeben hat, mit ihm ein Gespräch zu beginnen.

Nach ungefähr eineinhalb Stunden gelangen sie an eine Autobahn, die seltsamerweise nicht von O-Truppen befahren wird. Wahrscheinlich Folge der weitreichenden Artillerie der W-Truppen auf dem linken Rheinufer.

Problemlos schlüpfen sie durch eine Unterführung der Autobahn, welche auch nicht bewacht wurde.

Hinter dem Fahrdamm schlagen sie sich in dichtes Unterholz und ausgedehnte Fichtenschonungen des steil abfallenden Tals eines kleinen Flüßchens, welches zum Rhein strebt.

Erschöpft werfen sie sich auf den Boden; Heinz-Otto schätzt zufrieden die Entfernung, die sie in der Zeit zurückgelegt haben; und die Entscheidung, eine kurze Rast einzulegen, wird ihm durch einen Anfall der Bewußtlosigkeit Arnolds abgenommen.

[]

- Währenddessen, in einem Depot der Terries am Westrand einer mittleren Kleinstadt im Rechtsrheinischen, meldet sich aus der eingeschalteten, weit hörbaren Funkanlage eine Stimme:

»Hier Kapitän Trebert, S.M.S »Kalak«, Division »Extinktor«. Hört mich jemand? Bitte um Bestätigung. Hört mich jemand? – Melde Schwierigkeiten bei uns durch Feindeinwirkung. Betrifft Einsatz, Nummer...«, es folgt eine lange Reihe von Zahlen und Buchstaben, »... Datum, 15.04.199., 11:52 MESZ. Einsatz wird vorverlegt! Neue Nullzeit: 15.04.199. 10:25 MESZ.

Auf keinen Fall nunmehr die Schutzräume verlassen! Vorbereitung treffen auf »Alpha«-Fall. – Ich wiederhole: Hier Kapitän Trebert...«

Endlos spult sich die Stimme aus einem Tonträger, fern ab von dem Sender; und die Soldaten der O-Truppen, die bei einem Patrouillengang die gähnende Öffnung eines Depots der Terries entdeckten, handelten durchaus richtig, aufgrund des daraus hervordringenden Stimmengewirrs, vor dem Sturmangriff erst mal ein paar Gasgranaten und mehrere Salven aus ihren Maschinenwaffen hinein zu senden.

Fraglich, ob sie die Kenntnis der nun verstummten Sprache aus dem qualmenden und zerschossenen Computer vor dem Inferno hätte retten können.

[]

Wie lange er bewußtlos gelegen hatte, vermochte Arnold sich nicht einzugestehen, es war auch niemand da, den er fragen könnte.

Ja, wo ist Heinz-Otto? – Teilweises Erinnern. Da ist eine Stadt, und eine Uhrzeit, heute. Dann Panik, Flucht, bis hier her. Warum Panik, warum Flucht? Natürlich Angst. Wovor Angst?

Vor dem auch Heinz-Otto weggelaufen ist, und mich hier liegen gelassen hat. Uhrzeit: Gefahr.-

Er schaut auf seine Digitaluhr, vertieft sich in das rhythmische Aufblinken des Sekundensignals im Display: Zehn Punkt zwanzig; das sagt ihm nichts.

Er weiß nur, daß sie heute Morgen losgelaufen sind, nach Westen. Natürlich! Westen. – Er schaut westwärts durch das Bachtal, sein Blick schweift über ausgedehnte Wälder zur Rheinebene. Von dort kommt das Krachen vereinzelter, schwerer Kanonenschläge. In diese Richtung? – Was war in der entgegengesetzten Richtung? -

Er erhebt sich, Erinnerungsstränge verknoten sich, noch viele Lücken – aber das Netz wird feinmaschiger. An den Knotenpunkten laufen Signale aus dem noch Unbewußten zusammen, dichter und schneller werdend; sie finden, gemäß dem Abruf zusammen zur Empfindung des Erinnerns, gefiltert und geläutert durch das Wesentliche.

Das Wesentliche ist: Er sollte jetzt, zu dieser Zeit, in diesem Moment eigentlich sechs bis acht Kilometer ö s t l i c h sein!

Er verflucht seine Schwäche, nicht fähig zur Einsicht, daß Schwäche auch naturgegeben sein kann, um der Erhaltung des Wesens zu dienen. Heinz-Otto jedenfalls war schwach genug, nicht sterben zu wollen und weg zu laufen. Seine Sache... Arnold empfindet keinen Groll, nur, so war es nicht geplant.

Er schaut sich um, er kennt die Gegend, maximal acht Kilometer von Luppesrath entfernt. Bei neunzig Kilotonnen zum Überleben eine sehr geringe Distanz. Außerdem Ostwind; danach die Wolke.

Verdammt, verdammt! Langsames Krepieren. – Also, in welche Richtung: Osten oder Westen; schnelles Auslöschen, oder langsames Krepieren. -

Es ist ringsum stillgeworden. Kein Vogelgezwitscher. Auch das Krachen aus der Rheinebene ist verstummt. Selbst der Wind ist zum Erliegen gekommen, nur hier und da dreht sich müde ein vorjähriges, vertrocknetes Blatt am Strauche: Aura des winzigen Klumpens gemischter Metalle, welcher hoch in der Stratosphäre von Hyperborea, gemäß seinem Wunsch und Willen heranrast und sich herniedersenkt? Als der Mensch sich endlich entschlossen hatte zu gehen, und zwar in die richtige Richtung, und abschließend nochmals zur Uhr schaut, trifft ihn die Keule aus Licht mit voller Wucht. Ein Seufzen und Knistern ringsum; auch in seinem Körper zucken die – schmerzlosen – Nervenreize auf, die er früher immer bei Röntgenaufnahmen gespürt hatte. Im selben Moment versagt das Sekundensignal seiner Uhr den Dienst. Grellfarbige Blitze durchzucken seinen Schädel, nicht sichtbar den Augen, eher erfühlbar im Gehirn, denn sein Augenhintergrund ist längst ertrunken in der ungeheuren, unfaßbaren Lichtflut, und die Haut an den unbedeckten Stellen seines Körpers wirft sich im Hitzblitz in Blasen. Noch steht der Mensch aufrecht, in dieser gleißenden Stille, die sich aber zunehmend mit brausendem Lärm füllt; umso stärker, je schneller dieses reine, gewaltige weiße Licht zurückgeht.

Der Mensch steht; und nur er allein wird erfahren, ob er der heranwalzenden Wand aus Hitze, Staub, Sturm und Donner standhält, dieser Donnerwand, die brüllend das umliegende Land zurück in eine neue Vorzeit stößt. –